Zu diesem Buch

In einem gemieteten Kloster in Santa Fe ist eine Revolution im Gange. Sie wird nicht von Anarchisten betrieben, sondern von Wissenschaftlern – von Nobelpreisträgern wie dem Physiker Murray Gell-Mann genauso wie von jungen *Science freaks*, die gerade der Universität entlaufen sind. Sie alle sind von einer Idee besessen: eine neue Wissenschaft zu begründen, die Wissenschaft von der Komplexität. Diese Rebellen sind unzufrieden mit dem linearen, reduktionistischen Denken in der traditionellen Forschung. Statt dessen tragen sie ungewohnte Gedanken über die Zusammenhänge zwischen den Dingen zusammen – über Koevolution, Struktur und Ordnung. Vor allem befassen sie sich mit der Frage, wie das Universum es schafft, Inseln im Chaos hervorzubringen, komplexe Strukturen wie Galaxien, Planeten, Tiere, Gehirne, Öko- und Wirtschaftssysteme. Durch all diese Phänomene zieht sich ein roter Faden – und dem sind die Wissenschaftler in Santa Fe auf der Spur.

*Inseln im Chaos* erzählt ihre Geschichte: die vertrackte, lustige, menschliche Geschichte davon, wie neues Wissen entsteht und was für Leute es sind, die es erschaffen. Mit ungehemmter Erzähllust macht Waldrop den Leser mit der «Wissenschaft des 21. Jahrhunderts» vertraut, wie die Forscher von Santa Fe ihr Unternehmen ohne falsche Bescheidenheit nennen.

Foto: Amy Friedlander

Dr. M. Mitchell Waldrop war nach seinem Physikstudium an der University of Wisconsin zehn Jahre lang leitender Redakteur und Autor beim renommierten Wissenschaftsmagazin *Science*. Er lebt heute als freier Publizist in Washington, D. C.

*M. Mitchell Waldrop*

# Inseln im Chaos

*Die Erforschung komplexer Systeme*

**Deutsch von Anita Ehlers**

ro ro ro

*Rowohlt*

rororo science
Lektorat Jens Petersen

Veröffentlicht im Rowohlt Taschenbuch Verlag GmbH,
Reinbek bei Hamburg, Februar 1996

Die Originalausgabe erschien 1992 unter dem Titel
«Complexity: The Emerging Science at the Edge
of Order and Chaos»
im Verlag Simon & Schuster, New York

Umschlaggestaltung Barbara Hanke
(Foto der Computergraphik «Juliamenge»
mit freundlicher Genehmigung der IBM Deutschland GmbH)

Gesamtherstellung Clausen & Bosse, Leck
Printed in Germany
1990-ISBN 3 499 19990 4

Für A. E. F.

# Inhalt

# Visionen des Ganzen

Dies ist ein Buch über die Wissenschaft von der Komplexität – ein Thema, das so neu und umfassend ist, daß zur Zeit niemand genau weiß, wie es sich definieren ließe und wo seine Grenzen liegen. Aber genau darum geht es. Wenn das Gebiet im Augenblick noch schlecht definiert zu sein scheint, dann deshalb, weil die Komplexitätsforschung sich mit Fragen beschäftigt, die sich allen herkömmlichen Einordnungsversuchen widersetzen. Zum Beispiel:

- Warum zerbrach 1989 innerhalb weniger Monate die Vorherrschaft der Sowjetunion in Osteuropa, die vierzig Jahre lang Bestand gehabt hatte? Warum zerfiel die Sowjetunion selbst weniger als zwei Jahre später? Warum war der Zusammenbruch des Kommunismus so rasch und so vollständig? Sicherlich hatte das etwas mit den beiden Männern Gorbatschow und Jelzin zu tun. Aber auch sie wurden anscheinend von Ereignissen mitgerissen, die weit jenseits ihrer Kontrolle lagen. Waren da weltweit Kräfte am Werk, die über Einzelpersönlichkeiten hinausgehen?

- Warum sank der Aktienindex an der Wallstreet an einem einzigen Montag im Oktober 1987 um über fünfhundert Punkte? Zum großen Teil ist das auf die Computerisierung des Handels zurückzuführen. Aber Computer sind schon seit Jahren in Gebrauch. Gibt es einen Grund dafür, warum die Börse ausgerechnet an diesem Montag zusammenbrach?

- Warum bleiben Tier- und Pflanzenarten und Ökosysteme oft, wie Fossilienfunde zeigen, über Jahrmillionen unverändert – und dann sterben sie entweder aus oder verwandeln sich in einer geologischen Sekunde in etwas Neues? Die Dinosaurier wurden vielleicht durch den Einschlag eines Asteroiden ausgelöscht. Aber es gibt nicht *so* viele Asteroiden. Was lief sonst noch ab?

- Warum haben Familien in den Dörfern eines Landes wie Bangladesch auch heute noch durchschnittlich sieben Kinder, obwohl Verhütungsmittel bekannt sind – und obwohl die Menschen dort anscheinend wissen, wie sehr die ungeheure Überbevölkerung und die stagnierende Entwicklung des Landes ihnen selbst schaden? Warum verharren sie weiter in einem Verhalten, das so offensichtlich in die Katastrophe führt?

- Wie brachte es eine Ursuppe aus Aminosäuren und anderen einfachen Molekülen fertig, sich vor etwa vier Milliarden Jahren in die erste lebende Zelle zu verwandeln? Die Moleküle können sich unmöglich zufällig zusammengefunden haben. War das Entstehen des Lebens ein Wunder? Oder lief in der Ursuppe etwas ab, das wir nicht verstehen?

- Warum begannen einzelne Zellen vor etwa 600 Millionen Jahren Verbindungen einzugehen, die sich zu vielzelligen Geschöpfen wie Algen, Quallen, Insekten und schließlich Menschen entwikkelten? Warum etwa verwenden Menschen soviel Zeit und Mühe darauf, sich zu Familien, Stämmen, Nationen und Vereinen aller Arten zusammenzuschließen? Warum sollte die Evolution (oder der Kapitalismus der freien Marktwirtschaft) jemals zu etwas anderem führen als zu rücksichtslosem Wettbewerb zwischen Einzelwesen, wenn es wirklich nur um das Überleben des Tauglichsten, des am besten Angepaßten geht? Warum sollte es in einer Welt, in der Gutmütige nur zu oft das Nachsehen haben, so etwas wie Vertrauen oder Zusammenarbeit geben? Und wie kommt es, daß Vertrauen und Zusammenarbeit trotz alledem nicht nur existieren, sondern geradezu florieren?

- Wie kann die Theorie der natürlichen Auslese nach Darwin solche wundervoll raffinierten Gebilde wie das Auge oder die Niere erklären? Sind so unglaublich komplexe und exakte Abläufe, wie wir sie in Lebewesen finden, wirklich nur das Ergebnis zufälliger evolutionärer Ereignisse? Oder hat sich in den letzten vier Milliarden Jahren noch etwas anderes abgespielt, von dem Darwin nichts wußte?

- Was *ist* Leben überhaupt? Ist es tatsächlich nichts anderes als eine besonders komplizierte Art Kohlenstoffchemie? Oder ist es etwas Subtileres? Und was sollen wir von solchen Dingen wie etwa Computerviren halten? Sind sie nur teuflische Imitationen des Lebens – oder sind sie in irgendeinem tiefen Sinne lebendig?

- Was meinen wir mit Geist und Verstand? Wie ermöglicht ein Klumpen gewöhnlicher Materie, nicht einmal zwei Kilogramm schwer – das Gehirn –, solch unbeschreibliche Vorgänge wie Fühlen, Denken, absichtsvolles Verhalten und Bewußtsein?

- Und schließlich stellt sich die wohl wichtigste Frage: Warum gibt es überhaupt etwas und nicht nichts? Das Weltall entstand aus dem formlosen Miasma des Urknalls. Seitdem ist es, wie es der Zweite Hauptsatz der Thermodynamik beschreibt, von einem unausweichlichen Hang zu Unordnung, Auflösung und Zerfall bestimmt. Aber das Weltall hat auch Strukturen wie Galaxien, Sterne, Planeten, Bakterien, Pflanzen, Tiere und Gehirne hervorgebracht. Wie konnte das geschehen? Entspricht dem kosmischen Drang zur Unordnung ein gleich starker Drang zu Ordnung, Struktur und Organisation? Und wenn ja, wie können beide Vorgänge gleichzeitig ablaufen?

Auf den ersten Blick ist diesen Fragen nicht viel mehr als die Antwort gemein: «Das weiß niemand.» Einige Fragen scheinen nicht einmal wissenschaftlich zu sein. Und doch zeigen sich bei genauerem Hinsehen viele Gemeinsamkeiten. So bezieht sich zum Beispiel jede dieser Fragen auf ein System, das insofern *komplex* ist, als sehr viele unabhängige Aspekte miteinander in sehr vielfältiger Weise wechselwirken. Man denke nur an die Trillionen chemischer Reaktionen zwischen den Proteinen, Fetten und Nukleinsäuren, die eine lebende Zelle ausmachen, oder die Milliarden untereinander verknüpfter Neuronen, aus denen das Gehirn besteht, oder an die Millionen aufeinander angewiesener Menschen, die etwa in einer Stadt oder einer Nation zusammenleben.

In jedem einzelnen Fall erlaubt die Reichhaltigkeit dieser Wechselwirkungen dem Gesamtsystem, Prozesse *spontaner Selbstorganisation* zu durchlaufen. Menschen etwa, die ihre materiellen Bedürfnisse befriedigen möchten, organisieren sich unbewußt durch Myriaden einzelner Akte des Kaufens und Verkaufens zu einem Wirtschaftssystem. All das geschieht, ohne daß irgend jemand dafür die Verantwortung übernimmt und es bewußt plant. Die Gene eines Embryos können sowohl die Entwicklung einer Leberzelle steuern als auch die einer Muskelzelle. Vögel richten sich während des Flugs nach ihren Nachbarn und organisieren sich dadurch unbewußt zu einem Schwarm. Lebewesen passen sich durch Entwicklung und Evolution fortwährend aneinander an und bilden dadurch ein außerordentlich fein abgestimmtes Ökosystem. Atome suchen nach einem niedrigsten Energiezustand; in ihm gehen sie miteinander chemische Bindungen ein, wodurch sie sich zu den Strukturen organisieren, die wir Moleküle nennen. In jedem Fall sind es Gruppen von Agenzien, denen es durch wechselseitige Anpassung und Selbstkonsistenz irgendwie gelingt, über sich selbst hinauszuwachsen, indem sie in der Gemeinschaft Eigenschaften wie Leben, Denken und Zielstrebigkeit entwickeln, die sie allein nie hätten hervorbringen können.

Diese komplexen, sich selbst organisierenden Systeme sind zudem anpassungsfähig, da sie nicht nur passiv auf Ereignisse reagieren, wie etwa ein Felsbrocken bei einem Erdbeben herumgeworfen wird. Sie versuchen vielmehr aktiv, das Geschehen zu ihrem Vorteil zu wenden. So organisiert das menschliche Gehirn seine Milliarden von Nervenverbindungen immer wieder neu und kann dann (jedenfalls manchmal) aus der Erfahrung lernen. So entwickeln sich Arten weiter und haben in einer veränderten Umwelt bessere Überlebenschancen – genau wie Unternehmen und Industrien. Der Handel wiederum reagiert auf neue Moden und Lebensweisen, auf Veränderungen in der Bevölkerungsstruktur, auf technische Entwicklungen, auf Schwankungen der Rohstoffpreise und eine Unmenge anderer Faktoren.

Letztlich laufen in all diesen komplexen, sich selbst organisierenden und anpassungsfähigen Systemen Vorgänge ab, die sie von statischen Objekten wie Computerchips oder Schneeflocken unterscheiden, die «nur» kompliziert sind. Komplexe Systeme sind spontaner, ungeordneter und lebendiger als sie. Gleichzeitig jedoch ist die ihnen eigene Dynamik auch weit von dem seltsam unvorhersehbaren Durcheinander entfernt, das wir Chaos nennen. In den letzten zwanzig Jahren hat die Chaostheorie die Grundlagen der Naturwissenschaft erschüttert, indem sie aufzeigte, daß sehr einfache dynamische Regeln zu außerordentlich verwickeltem Verhalten führen können. Das bezeugen die schäumenden Wirbel eines Flusses genauso wie die unendlich fein gestaltete Schönheit der Fraktale. Und doch erklärt Chaos an sich nicht die Struktur, die Stimmigkeit, den selbstorganisierten Zusammenhalt komplexer Systeme.

Vielmehr haben all diese komplexen Systeme irgendwie die Fähigkeit erworben, Ordnung und Chaos in einer besonderen Art von Balance zu halten. Dieser Gleichgewichtspunkt – oft *Rand des Chaos* genannt – liegt eben dort, wo die Komponenten eines Systems niemals ganz genau zusammenpassen und sich doch auch nicht in Turbulenz auflösen. Der Rand des Chaos liegt dort, wo das Leben stabil genug ist, sich selbst zu erhalten, und schöpferisch genug, um Leben genannt zu werden. Der Rand des Chaos liegt dort, wo neue Ideen und neuartige Genotypen immer wieder am Status quo nagen und wo die alte Garde, auch wenn sie sich noch so verschanzt haben mag, schließlich über Bord geworfen wird. Der Rand des Chaos liegt dort, wo Jahrhunderte von Sklaverei und Rassentrennung plötzlich den Bürgerrechtsbewegungen der sechziger und siebziger Jahre unseres Jahrhunderts Platz machen, wo siebzig Jahre sowjetischer Kommunismus jäh in politischen Aufruhr übergehen oder Äonen evolutionärer Stabilität unvermittelt der völligen Umwandlung von Arten weichen müssen. Der Rand des Chaos ist die sich ständig verschiebende Reibungszone zwischen Stillstand und Anarchie, der eine Ort, an dem ein komplexes System spontan, anpassungsfähig und lebendig sein kann.

Komplexität, Anpassung, Turbulenz am Rand des Chaos – die Gemeinsamkeiten sind auffallend. Es geht, davon sind immer mehr Wissenschaftler überzeugt, um mehr als nur eine Reihe schöner Vergleiche. Das Zentrum dieser Bewegung ist eine Denkfabrik, die als das Santa-Fe-Institut bekannt ist. Das Institut wurde 1985 gegründet und war ursprünglich in einem gemieteten Kloster mitten in der Künstlerkolonie von Santa Fe an der Canyon Road untergebracht. (Die Seminare wurden in der früheren Kapelle abgehalten.) Die dort versammelten Forscher bilden eine bunte Gruppe, zu der Diplomanden mit Zöpfen ebenso gehören wie die Nobelpreisträger Murray Gell-Mann und Philip Anderson, beide Physiker, oder Kenneth Arrow, ein Wirtschaftswissenschaftler. Sie haben alle die Vision einer grundlegenden Einheit, eines gemeinsamen theoretischen Rahmens für die Komplexität, der Natur und Menschheit gleichermaßen erklären kann. Sie glauben, über die dazu erforderlichen mathematischen Hilfsmittel zu verfügen, und sie machen sich die Fortschritte der Forschung der letzten zwanzig Jahre auf solchen Gebieten wie neuronalen Netzen, Ökologie, künstlicher Intelligenz und der Chaostheorie zunutze. Sie glauben, ihre Anwendung dieser Gedanken auf die spontanen, sich selbst organisierenden Vorgänge in der Welt könne ein völlig neuartiges Verständnis ermöglichen – und dadurch auf das Wirtschafts- und Geschäftsleben und selbst die Politik ungeheuer anregend wirken. Sie glauben, die erste wirkliche Alternative zu der Art linearen, reduktionistischen Denkens entwickeln zu können, das seit der Zeit Newtons die Naturwissenschaft beherrscht – und dessen Möglichkeiten zur Bewältigung der Probleme unserer modernen Welt erschöpft zu sein scheinen. Wie George Cowan, der Gründer des Santa-Fe-Instituts, sagt, sind sie davon überzeugt, «die Wissenschaft des 21. Jahrhunderts» zu schaffen.

Hier ist ihre Geschichte.

# 1 Irisches Heldenporträt

Brian Arthur saß allein an einem Tisch gleich neben der Theke und schaute aus dem Fenster der Bar auf die Straße. Er versuchte, die jungen Geschäftsleute zu ignorieren, die nach Feierabend auf einen ersten Drink hereinkamen. Draußen, in den Häuserschluchten des Bankviertels von San Francisco, ging der für die Stadt so typische Nebel in den ebenso typischen Nieselregen über. Arthur war es recht so. An diesem Spätnachmittag des 17. März 1987 war er nicht in der Stimmung, sich von Messingkübeln mit Farnen und Fenstern aus farbigem Glas beeindrucken zu lassen. Er war nicht in der Stimmung, den Namenstag des irischen Nationalheiligen St. Patrick zu feiern. Und schon gar nicht war er in der Stimmung, mit diesen Yuppies zu zechen, die sich durch ein bißchen Grün auf ihren Nadelstreifenanzügen als Iren zu erkennen geben wollten. Lieber trank er mit gedämpftem Zorn und in Ruhe sein Bier für sich allein. William Brian Arthur, Professor an der Universität Stanford, geboren in Belfast in Nordirland, war am Ende.

Und der Tag hatte so gut begonnen.

Am Morgen auf dem Weg nach Berkeley hatte er sich auf die Fahrt wie auf eine Art triumphales Wiedersehen gefreut: Der kleine Junge von nebenan kommt groß heraus. Vor ein paar Jahren, Anfang der siebziger Jahre, hatte er wirklich gern in Berkeley gelebt. Berkeley, in den Hügeln nördlich von Oakland gelegen, nur durch eine Bucht von San Francisco getrennt, war ein aufstrebendes Städtchen, vital, lebendig, voller Menschen aller Arten und Rassen und mit ausgefallenen Ideen. In Berkeley hatte er an der

University of California promoviert, die große blonde Susan Peterson, Doktorandin der Statistik, kennengelernt und geheiratet und an der Fakultät für Wirtschaftswissenschaften sein erstes Jahr als «Postdoc» verbracht. Berkeley war von all den Orten, in denen er seitdem gelebt und gearbeitet hatte, der, zu dem er am liebsten heimkehren wollte.

Und jetzt *kam* er sozusagen heim. Am Vorgang selbst war nichts besonderes: nur ein Mittagessen mit dem Vorstand des Fachbereichs Wirtschaftswissenschaften und einem seiner früheren Professoren. Aber er kam nach Jahren zum erstenmal wieder an seine alte Fakultät zurück, und zum erstenmal konnte er sich wirklich als Kollege fühlen. Nach zwölf Jahren Erfahrung, gesammelt in aller Welt, und mit einer ansehnlichen Reputation auf seinem Spezialgebiet, der Erforschung des Bevölkerungswachstums in der Dritten Welt, kehrte er jetzt als Inhaber eines Lehrstuhls für Ökonomie an die Universität Stanford zurück – und so etwas kann nur selten einer von sich sagen, der unter fünfzig Jahre alt ist. Arthur hatte es als Einundvierzigjähriger auf der akademischen Karriereleiter ganz schön weit gebracht. Und wer weiß – die Leute in Berkeley wollten ja vielleicht sogar über eine Professur reden.

Wie zufrieden mit sich er heute morgen gewesen war. Aber warum hatte er sich auch nicht schon vor Jahren einfach an die Hauptströmung gehalten, statt eine ganz neue Art der Wirtschaftswissenschaften erfinden zu wollen? Warum war er nicht auf Nummer Sicher gegangen, statt zu versuchen, bei einer nebulösen, halb imaginären wissenschaftlichen Revolution mitzumischen?

Weil er sich diesen Gedanken nicht aus dem Kopf schlagen konnte, deshalb. Weil er fast überall auf ihn stieß, wohin er auch schaute. Die Wissenschaftler selbst schienen es meistens gar nicht zu bemerken. Aber nach dreihundert Jahren, in denen sie alles in Moleküle und Atome und Kerne und Quarks zerlegt hatten, kehrten sie den Prozeß anscheinend endlich um. Statt weiter nach den einfachsten Teilen zu suchen, achteten sie jetzt darauf, wie sich diese Teile zu komplexen Gesamtheiten zusammenschließen.

Er konnte das in der Biologie beobachten, wo Forscher während der letzten zwanzig Jahre die molekularen Vorgänge in der DNA und den Proteinen und all den anderen Bestandteilen der Zelle aufgedeckt hatten. Jetzt fingen auch sie an, sich mit dem eigentlichen Geheimnis zu befassen: Wie können mehrere Trillionen solcher Moleküle sich von selbst zu einer Einheit zusammenfinden, die sich bewegt, die reagiert, sich reproduziert, die *lebendig* ist?

Er konnte es in den Wissenschaften beobachten, die sich mit dem Gehirn beschäftigen: Neurowissenschaftler, Psychologen, Computerwissenschaftler und Erforscher der künstlichen Intelligenz versuchten zu verstehen, was den Geist ausmacht: Wie rufen Milliarden eng zusammenhängender Nervenzellen in unserem Schädel Gefühle, Gedanken, zielgerichtetes Handeln und Bewußtsein hervor?

Er konnte es sogar in der Physik beobachten, wo die Wissenschaftler sich immer noch darum bemühten, die mathematische Chaostheorie zu erfassen, die raffinierte Schönheit der Fraktale und die sonderbaren Vorgänge in Festkörpern und Flüssigkeiten. Darin lag ein tiefes Geheimnis: Warum verhalten sich einfache Teilchen, die einfachen Regeln gehorchen, gelegentlich höchst überraschend und unvorhersehbar? Und warum organisieren sich einfache Teilchen zu so komplexen Strukturen wie Sternen, Galaxien, Schneeflocken und Wirbelstürmen – fast so, als ob sie einem verborgenen Drang nach Organisation und Ordnung folgten?

Die Anzeichen waren überall zu sehen. Arthur konnte das Gefühl nicht ganz in Worte fassen. Das konnte seines Wissens niemand. Aber irgendwie fühlte er, daß all diese Fragen eigentlich auf eine einzige Frage hinausliefen. Irgendwie begannen sich die alten Kategorien der Naturwissenschaft aufzulösen. Irgendwie wartete eine neue einheitliche Naturwissenschaft auf ihre Entstehung. Sie würde eine strenge Wissenschaft sein, genauso «streng» wie die Physik und genauso auf Naturgesetze gegründet. Aber statt nach den letzten Teilchen zu suchen, würde sie mit Fließen und Strömen, mit Veränderung und Wandel, mit Bildung und Auflösung von

Strukturen zu tun haben. Statt alles zu ignorieren, was nicht gleichförmig und vorhersagbar ist, würde sie der Individualität und dem Zufall Raum geben. In ihr ginge es nicht um Einfachheit, sondern um Vielschichtigkeit – eben um Komplexität.

Und genau dort hatte Arthurs neue Wirtschaftslehre ihren Platz. Die herkömmliche Wirtschaftslehre von der Art, die er studiert hatte, war von dieser Sicht der Komplexität so weit entfernt, wie man es sich nur vorstellen kann. Vertreter der theoretischen Wirtschaftswissenschaft sprachen endlos über die Stabilität des Marktes und das Gleichgewicht von Angebot und Nachfrage. Sie übertrugen das Konzept in mathematische Gleichungen und bewiesen dazu Theoreme. Sie bekannten sich zum Evangelium des Adam Smith und sahen darin die Grundlage einer Art Staatsreligion. Wenn es aber zu *In*stabilität und Veränderung in der Wirtschaft kam – dann war ihnen diese Vorstellung anscheinend höchst unbehaglich; darüber sprach man lieber nicht.

Arthur dagegen hatte die Instabilität zu seinem Thema gemacht. Schaut doch zum Fenster hinaus, sagte er zu seinen Kollegen. Ob es euch gefällt oder nicht, der Markt ist nicht stabil. Die *Welt* ist nicht stabil. Überall sieht man Entwicklung, Umbruch, Überraschungen. Die Wirtschaftswissenschaften müssen dieses Gären berücksichtigen. Jetzt glaubte er mit dem als «zunehmende Erträge» bezeichneten Prinzip einen Weg gefunden zu haben. Biblisch gesprochen läuft es auf «Wer hat, dem wird gegeben» hinaus. Warum siedeln sich die meisten amerikanischen Hightech-Betriebe im Silicon Valley um Stanford herum an und nicht in Ann Arbor oder in Berkeley? Weil in der Gegend von Stanford schon früher viele solcher Firmen ansässig waren. Wer hat, dem wird gegeben. Warum hatte das VHS-System den Videomarkt fast ganz an sich reißen können, obwohl das Beta-System technisch gesehen etwas besser war? Weil am Anfang zufällig mehr Menschen mehr VHS-Systeme gekauft hatten. Das führte dazu, daß die Videotheken mehr VHS-Filme anboten, was wiederum dazu führte, daß mehr Menschen VHS-Geräte kauften und so weiter. Wer hat, dem wird gegeben.

Die Beispiele ließen sich endlos fortführen. Arthur war zu der Überzeugung gekommen, daß zunehmende Erträge den Weg in die Wirtschaft der Zukunft weisen, in eine Zukunft, in der er und seine Kollegen mit Physikern und Biologen zusammenarbeiten würden, um das Durcheinander, den Umbruch und die spontane Selbstorganisation der Welt zu verstehen. Er war zu der Überzeugung gekommen, daß zunehmende Erträge die Grundlage einer neuen und ganz anderen Wirtschaftswissenschaft sein könnten.

Leider jedoch waren seine Versuche, auch andere davon zu überzeugen, nicht sehr erfolgreich gewesen. Außerhalb seines engsten Kreises in Stanford hielten die meisten Wirtschaftswissenschaftler seine Gedanken für – nun ja, seltsam. Die Herausgeber von Zeitschriften sagten ihm, seine Idee mit den zunehmenden Erträgen sei «keine Wirtschaftswissenschaft». In Seminaren reagierte ein großer Teil der Zuhörer mit Entsetzen: Wie konnte er es *wagen* zu behaupten, die Wirtschaft sei nicht im Gleichgewicht!? Arthur verblüffte diese Heftigkeit. Offensichtlich brauchte er Verbündete, Menschen, die offen waren und hören konnten, was er ihnen zu sagen versuchte. Das war ein ebenso wichtiger Grund gewesen, nach Berkeley zu fahren, wie sein Wunsch, die alte Heimat wiederzusehen.

Sie waren auch gekommen, und sie waren zusammen zum Mittagessen gegangen. Tom Rothenberg, einer seiner ehemaligen Professoren, hatte die unvermeidliche Frage gestellt: «Nun, Brian, an was arbeitest du?» Arthur hatte zunächst lakonisch geantwortet: «Zunehmende Erträge.» Al Fishlow, Dekan der Fakultät Wirtschaftswissenschaften, hatte ihn entgeistert angestarrt.

«Aber – wir wissen doch, es gibt keine zunehmenden Erträge.»

«Außerdem», hatte Rothenberg grinsend eingeworfen, «wenn es sie gäbe, müßten wir sie verbieten!»

Und dann hatten sie gelacht. Nicht unfreundlich. Es war ein Witz für Eingeweihte. Arthur *wußte*, daß es ein Witz war. Es war eine Nebensache, aber irgendwie hatte der Tonfall all seine Erwartungen zerstört. Er saß da und rang um Worte. Hier waren zwei der

Ökonomen, die er am meisten schätzte, und sie – wollten einfach nicht zuhören. Plötzlich kam Arthur sich dumm vor. Töricht. Wie ein alberner kleiner Ire, der nicht genug wußte und deshalb noch an zunehmende Erträge glauben konnte. Irgendwie war dies ein letzter Hoffnungsschimmer gewesen.

Er hatte das Ende des Essens kaum abwarten können. Als sie sich alle höflich voneinander verabschiedet hatten, war er in seinen klapprigen Volvo gestiegen und über die Brücke nach San Francisco gefahren. Er hatte die erste mögliche Abfahrt zum Embarcadero genommen und an der erstbesten Bar angehalten. Und da saß er nun zwischen Messingkübeln mit Farn und erwog ernsthaft, die Wirtschaftslehre endgültig an den Nagel zu hängen.

Als er das zweite Bier fast ausgetrunken hatte, bemerkte Arthur, daß es in der Bar mittlerweile richtig laut geworden war. Die jungen Geschäftsleute versammelten sich zu Ehren des irischen Nationalheiligen. War wohl Zeit, nach Hause zu fahren – so jedenfalls erreichte er überhaupt nichts. Er stand auf und ging zu seinem Auto. Es nieselte noch immer.

Er wohnte fünfzig Kilometer südlich, in Palo Alto, einem Vorort von Stanford. Die Sonne stand schon tief am Horizont, als er endlich ankam. Seine Frau öffnete die Haustür. «Wie war es in Berkeley?» fragte sie. «Haben ihnen deine Ideen gefallen?»

«Es war das Letzte», entgegnete Arthur. «Niemand dort glaubt an zunehmende Erträge.»

Susan Arthur hatte ihren Mann schon früher von akademischen Gefechten zurückkehren sehen. «Es wäre wohl kaum eine Revolution», sagte sie, «wenn jeder von Anfang an daran glauben würde. Oder?»

Arthur schaute seine Frau an, zum zweitenmal an diesem Tag sprachlos. Und dann konnte er einfach nicht anders. Er mußte lachen.

Wenn man als Katholik in Belfast aufwächst, sagt Brian Arthur in der weichen, hohen Stimmlage der Menschen dieser Stadt, stellt sich ganz von selbst ein gewisser rebellischer Geist ein. Nicht, daß er sich jemals wirklich unterdrückt gefühlt hätte. Sein Vater war Bankangestellter, und seine Familie gehörte zur oberen Mittelschicht. Der einzige Vorfall, bei dem er je persönlich wegen seiner Religion angegriffen worden war, hatte sich an einem Nachmittag ereignet, als er in der Schulkleidung seiner Konfessionsschule nach Hause ging: Eine Gruppe protestantischer Jungen bewarf ihn mit zerbrochenen Ziegelsteinen; ein Stein traf ihn an der Stirn. (Er konnte vor lauter Blut, das ihm in die Augen floß, kaum noch etwas sehen – aber er warf den Stein doch zurück.) Er hatte auch nicht das Gefühl, die Protestanten seien die Bösen. Seine Mutter war protestantisch gewesen und erst zum Katholizismus konvertiert, als sie geheiratet hatte. Er hatte sich auch niemals besonders für Politik interessiert. Philosophie interessierte ihn viel mehr.

Nein, das Rebellische lag einfach in der Luft. «Dort lernt man nicht das Anführen, sondern das Untergraben», sagt er. «Alle irischen Helden waren Umstürzler. Der Gipfel des Heldentums ist es, eine ganz und gar *hoffnungslose* Revolution anzuführen und dann am Hafen die flammendste Rede seines Lebens zu halten – in der Nacht, bevor man gehenkt wird.»

«In Irland», sagt er, «ist es absolut zwecklos, auf Autorität zu pochen.»

Auf eine merkwürdige Weise, fügt Arthur hinzu, hat dieses irische Rebellentum ihm bei seiner akademischen Karriere geholfen. Das katholische Belfast hatte sicher keine besonders hohe Meinung von Intellektuellen. Deswegen mußte er natürlich einer werden. Er kann sich daran erinnern, wie er schon als Vierjähriger «Wissenschaftler» werden wollte, lange bevor er wußte, was ein Wissenschaftler überhaupt ist. Als der junge Brian sich diesen Gedanken einmal in den Kopf gesetzt hatte, war er fest dazu entschlossen. Er lernte soviel Technik und Physik und reine Mathematik wie nur möglich. An der Queens University in Belfast schloß er sein Studium der Elektrotechnik 1966 mit Auszeichnung ab. «Ich glaube, du wirst einmal irgendwo ein kleiner Professor», sagte seine Mutter, die sehr stolz auf ihn war.

Im selben Jahr noch führte ihn seine Entschlossenheit über die Irische See nach England und an die Universität Lancaster, wo er sein Studium mit einer hochmathematischen Wissenschaft, der Unternehmensforschung (Operations Research) fortsetzte – sie besteht im wesentlichen aus einer Reihe von Rechenverfahren dafür, wie sich beispielsweise eine Fabrik so organisieren läßt, daß mit möglichst wenig Aufwand die besten Ergebnisse erzielt werden.

Als sich herausstellte, wie unerträglich altmodisch und herablassend die Professoren in Lancaster waren – «Nun», sagt Arthur in einem Tonfall, der gelangweilte britische Herablassung nachahmen soll, «es ist schön, einen Iren in unserer Fakultät zu haben – das verleiht dem Ganzen etwas Farbe» –, ging er 1967 in die USA, an die Universität von Michigan in Ann Arbor. «Dort habe ich mich vom ersten Augenblick an wohl gefühlt», sagt er. «Das waren die sechziger Jahre. Die Menschen waren offen, für Andersartiges aufgeschlossen, die wissenschaftliche Ausbildung war ausgezeichnet. In den USA schien alles möglich zu sein.»

Arthur vermißte in Ann Arbor nur das Meer und die Berge, die ihm beide sehr lieb waren. Deshalb richtete er es so ein, daß er seine Promotion vom Herbst 1969 an in Berkeley abschließen konnte. Um im Sommer davor Geld zu verdienen, bewarb er sich bei McKinsey and Company, einer der wichtigsten Unternehmensberatungsfirmen der Welt.

Arthur wurde erst später klar, welchen Glückstreffer er bei seiner Jobsuche gelandet hatte. Man raufte sich um eine Stelle bei McKinsey. Und die Firma fand, wie sich später herausstellte, Gefallen an seiner Erfahrung in der Unternehmensforschung und an seinen Deutschkenntnissen. Sie brauchten jemanden für ihre Düsseldorfer Niederlassung. Ob er interessiert sei?

Keine Frage. Arthur hätte sich nichts Besseres vorstellen können. Bei seinem letzten Deutschlandaufenthalt hatte er als Arbeiter in der Stunde DM 2,75 verdient. Jetzt beriet er als Dreiundzwanzigjähriger den Vorstand von BASF, was die Firma mit einem Unternehmensbereich für Öl und Gas oder einem anderen für Dünger tun sollte, bei denen es um Hunderte von Milliarden Dollar ging. «Ich habe damals gelernt, daß es sich ganz oben genauso leicht arbeiten läßt wie ganz unten», lacht er.

Aber es war mehr als nur ein Egotrip. Im Grunde verkaufte McKinsey moderne amerikanische Managementmethoden. «McKinsey war wirklich erstklassig», erzählt Arthur. «Die verkauften keine Theorien und auch keine Modelaunen, sondern ließen sich wirklich auf die Komplexität ein, lebten und atmeten damit. Sie blieben fünf oder sechs Monate bei einer Firma und erforschten die sehr komplizierten Zusammenhänge, bis irgendwie bestimmte Muster klarwurden. Wir hockten dann alle auf den Schreibtischen, und jemand sagte: ‹Dieses muß so sein, weil jenes so ist›, und jemand anders sagte: ‹Daraus folgt dann dieses.› Dann gingen wir hin, um das nachzuprüfen. Vielleicht sagte dann der leitende Angestellte vor Ort: ‹Ja, Sie haben fast recht, aber dieses oder jenes haben Sie vergessen.› So haben wir Monate damit verbracht, die Dinge immer weiter zu klären, bis die Antwort sich von selbst ergab.»

Arthur brauchte nicht lange, um sich klarzumachen, daß die eleganten Gleichungen und die schöne Mathematik, auf die er im Studium soviel Zeit verwandt hatte, nichts als Hilfsmittel waren – und recht beschränkte dazu –, wenn es um die Komplexitäten der wirklichen Welt ging. Entscheidend war vielmehr die Einsicht, die Fähigkeit, Zusammenhänge zu erkennen. Und ausgerechnet diese Erfahrung führte ihn zu den Wirtschaftswissenschaften. Er erinnert sich noch lebhaft an die Umstände. Es war kurz vor seiner Abreise nach Berkeley. Er und George Taucher, sein amerikanischer Chef, fuhren eines Abends die Ruhr entlang durch das Industriezentrum Deutschlands. Taucher erzählte während der Fahrt aus der Geschichte der Betriebe, an denen sie vorbeifuhren – wem was hundert Jahre lang gehört hatte und wie das Ganze organisch, historisch gewachsen war. Für Arthur war das eine Offenbarung. «Mir wurde plötzlich klar: Das ist Wirtschaftswissenschaft!» Wenn er diese verworrene Welt je verstehen wollte, die ihn so faszinierte, wenn er das Leben der Menschen je wirklich beeinflussen wollte, dann mußte er Ökonomie studieren.

Mit diesem Plan im Kopf machte sich Arthur auf den Weg nach Berkeley. Doch was er in den Lehrveranstaltungen hörte, weckte seinen Widerspruchsgeist. «Nach der Erfahrung bei McKinsey war ich sehr enttäuscht. Da war nichts von dem Drama der Geschichte zu spüren, das mich im Ruhrgebiet fasziniert hatte.» In den Vorlesungen in Berkeley schien die Wirtschaftslehre ein Zweig der reinen Mathematik zu sein. «Neoklassische» Wirtschaftslehre, wie die grundlegende Theorie genannt wurde, hatte die reiche Komplexität der Welt auf einen engen Bereich abstrakter Prinzipien reduziert, die sich auf wenigen Seiten niederschreiben ließen. Ganze Lehrbücher enthielten praktisch nur Gleichungen. Die gescheitesten jungen Wirtschaftswissenschaftler schienen ihre Karrieren dem Beweis von Theorem auf Theorem auf Theorem zu widmen – unabhängig davon, ob solche Theoreme nun viel mit der Wirklichkeit zu tun hatten oder nicht.

Arthur konnte sich nicht helfen, aber die Theorie kam ihm einfach viel zu geordnet vor. Er hatte nichts gegen mathematische Strenge. Er mochte Mathematik. Nach all diesen Jahren seines Studiums der Elektrotechnik und der Unternehmensforschung verfügte er zudem über einen viel besseren mathematischen Hintergrund als die meisten seiner Kommilitonen in den Wirtschaftswissenschaften. Nein, Sorge bereitete ihm die sonderbare Unwirklichkeit von alldem. Die mathematischen Ökonomen hatten ihr Fach so erfolgreich in eine Scheinphysik verwandelt, daß ihre Theorien aller menschlichen Schwäche und Leidenschaft entbehrten. Sie beschrieben das Wesen Mensch als eine Art Elementarteilchen: Der «Wirtschaftsmensch» war ein gottähnliches Wesen; seine Vernunft war immer tadellos, und seine Ziele verfolgte er immer völlig gelassen im leicht vorhersagbaren Selbstinteresse. Genau wie Physiker vorhersagen können, wie ein Teilchen auf vorgegebene Kräfte reagiert, konnten die Ökonomen vorhersagen, wie der Wirtschaftsmensch auf eine bestimmte wirtschaftliche Situation reagiert: Er optimiert einfach seine «Nützlichkeitsfunktion».

Die neoklassischen Wirtschaftswissenschaften beschreiben zudem eine Gesellschaft, in der die Wirtschaft immer in vollkommenem Gleichgewicht verharrt, wo das Angebot immer genau der Nachfrage entspricht, wo der Börsenmarkt weder von Kurssteigerungen noch von Zusammenbrüchen erschüttert wird, wo keine Firma je so groß wird, daß sie den Markt beherrscht, und wo die Zauberkraft eines völlig freien Marktes alles zum Besten wendet. Diese Vision erinnerte Arthur vor allem an die Aufklärung des 18. Jahrhunderts; damals sahen die Philosophen den Kosmos als eine Art riesiges Uhrwerk, dessen reibungsloser Lauf durch die von Isaac Newton gefundenen Gesetze gesichert ist. Die Wirtschaftswissenschaftler sahen – und das war der einzige Unterschied – die menschliche Gesellschaft als eine vollkommen geölte Maschine, die von der «unsichtbaren Hand» des Adam Smith regiert wird.

Das konnte Arthur so nicht akzeptieren. Sicher, der freie Markt war eine großartige Sache und Adam Smith ein brillanter Denker gewesen. Die neoklassischen Theoretiker hatten auch sicherlich verdienstvoll das Grundmodell mit allen möglichen Ergänzungen versehen. Sie hatten es an die Steuergesetzgebung, das Monopolwesen, den internationalen Handel, den Arbeitsmarkt, das Bankwesen, die Geldpolitik angepaßt – an alles, worüber Wirtschaftswissenschaftler nachdenken. Aber niemand hatte auch nur eine der Grundannahmen verändert. Die Theorie beschrieb noch immer nicht das Durcheinander und die Irrationalität der Welt der Menschen, wie sie Arthur an der Ruhr erlebt hatte – und die er im übrigen auch tagtäglich auf den Straßen von Berkeley beobachten konnte.

Und doch – in Arthur gab es eine Stimme, die die neoklassische

Theorie atemberaubend schön fand. Als intellektuelle Glanzleistung konnte sie es mit der Physik Newtons oder Einsteins aufnehmen. Sie hatte die Klarheit und Genauigkeit, die dem Mathematiker in ihm einfach gefallen mußten. Er konnte auch sehen, warum die Ökonomen sie früher einmal begeistert begrüßt hatten. Er hörte Horrorgeschichten darüber, wie es früher einmal um die Wirtschaftswissenschaften gestanden hatte. In den dreißiger Jahren hatte der britische Nationalökonom John Maynard Keynes einmal gesagt, wenn man fünf Wirtschaftswissenschaftler in einen Raum sperrt, würden dabei sechs verschiedene Meinungen herauskommen. Nach allem, was man hörte, war das noch freundlich ausgedrückt. Die Ökonomen der dreißiger und vierziger Jahre hatten viele Einsichten gewonnen, aber oft hatte es ihnen an logischer Stringenz gemangelt, und oft waren sie, konfrontiert mit demselben Problem, zu ganz unterschiedlichen Schlußfolgerungen gekommen, weil sie sich von unterschiedlichen, nicht ausdrücklich festgelegten Annahmen hatten leiten lassen. Deshalb bestritten damals Splittergruppen die großen Auseinandersetzungen über die Regierungspolitik oder die Theorien des Wirtschaftskreislaufs. Die Ökonomen, die in den vierziger und fünfziger Jahren die mathematische Theorie erarbeitet hatten, waren seinerzeit reformfreudige junge Wissenschaftler gewesen, ungestüme Aufsteiger, die entschlossen waren, die Augias-Ställe zu reinigen und die Wirtschaftslehre zu einer so strengen und exakten Wissenschaft zu machen, wie es die Physik war. Und sie waren ihrem Ziel bemerkenswert nahe gekommen. Die zornigen jungen Männer von damals hatten es verdient, jetzt die großen Alten, das neue Establishment, zu sein.

Außerdem, wenn man Wirtschaftswissenschaften studieren wollte – und Arthur war dazu fest entschlossen –, welche Theorie kam überhaupt sonst in Frage? Der Marxismus? Karl Marx hatte in Berkeley seine Anhänger. Aber Arthur gehörte nicht dazu. Er glaubte nicht an Klassenkampf und die ideale kommunistische Gesellschaft. Wie ein Zocker einmal sagte, das Spiel ist zwar getürkt, aber es gibt nur dieses. Arthur besuchte also weiter die Vorlesungen, entschlossen, das theoretische Rüstzeug zu erwerben, an das er nicht ganz glauben konnte.

Während dieser Zeit arbeitete Arthur natürlich auch weiter an seiner Dissertation auf dem Gebiet der Unternehmensforschung. Sein Doktorvater, der Mathematiker Stuart Dreyfus, hatte sich als ausgezeichneter Lehrer und als Gleichgesinnter erwiesen. Arthur erinnert sich, wie er sich ihm 1969 kurz nach seiner Ankunft in Berkeley vorstellen wollte. Vor dessen Arbeitszimmer begegnete er einem Studenten mit Flechtzöpfen und Rastaperlen. «Ich möchte zu Professor Dreyfus», sagte Arthur. «Können Sie mir sagen, wann er wiederkommt?»

«Ich bin Dreyfus», sagte der Mann.

Dreyfus, damals schon um die Vierzig, bestätigte alles, was Arthur bei McKinsey gelernt hatte, und stellte damit ein Gegengewicht zu den Vorlesungen in Wirtschaftswissenschaften her. «Er hielt es für wichtig, zum Kern eines Problems vorzudringen», sagt Arthur. «Ihm lag nicht soviel an der Lösung unglaublich komplizierter Gleichungen, vielmehr lehrte er mich, das Problem so lange zu vereinfachen, bis ich etwas gefunden hatte, mit dem ich umgehen konnte. Es geht darum, das eigentliche Problem zu erkennen, den entscheidenden Faktor, die entscheidende Voraussetzung, die entscheidende Lösung.» Dreyfus ließ ihn nicht mit raffinierter Mathematik um der Mathematik willen davonkommen.

Arthur nahm sich diese Lehre zu Herzen. «Es hatte Vor- und Nachteile», sagt er etwas betrübt. Seine Theorie der zunehmenden Erträge hätte wohl später bei den traditionellen Wirtschaftswissenschaftlern mehr Erfolg gehabt, wenn er sie im Dickicht mathematischer Formeln versteckt hätte. Seine Kollegen drängten ihn sogar dazu. Er weigerte sich. «Ich wollte es so klar und einfach wie möglich ausdrücken», sagt er.

1970 verbrachte Arthur die Sommermonate wieder bei McKinsey in Düsseldorf; er fand diesen Aufenthalt so fesselnd wie den ersten. Manchmal fragt er sich, ob er seine Kontakte dort nicht besser hätte pflegen sollen, um nach seinem Studium ein erstklassiger Unternehmensberater zu werden. Er hätte sich dann einen sehr luxuriösen Lebensstil leisten können.

Aber das tat er nicht. Er fühlte sich vielmehr zu einem Spezialgebiet hingezogen, das vertrackter war als die Probleme der europäischen Industrienationen: dem Bevölkerungswachstum in der Dritten Welt.

Nicht zu verachten war dabei, daß ihm dieses Spezialgebiet Gelegenheit bot, immer wieder nach Honolulu zu reisen, wo er am East-West Population Institute arbeitete und wo sein Surfboard am Strand lag. Aber es war ihm ernst damit. Damals, Anfang der siebziger Jahre, wurde das Problem der Überbevölkerung immer brisanter. Der Biologe Paul Ehrlich von der Universität Stanford hatte gerade seinen apokalyptischen Bestseller *‹Bevölkerungswachstum und Umweltkrise›* geschrieben. In der Dritten Welt gab es immer mehr Länder – frühere Kolonien –, die ihre Unabhängigkeit erklärten und nun auf sich gestellt um das wirtschaftliche Überleben kämpften. Die Wirtschaftswissenschaftler steckten voller Theorien, wie zu helfen sei. Die Standardpolitik jener Zeit lief darauf hinaus, sich auf die ökonomische Eigendynamik zu verlassen: Damit ein Land seine «optimale» Bevölkerung erreiche, brauche es seinen Einwohnern nur die richtigen wirtschaftlichen Anreize zu bieten, um die Geburtenraten unter Kontrolle zu halten. Dann würden sie von selbst und vernünftig im Eigeninteresse handeln. Insbesondere mußte nach Meinung vieler Ökonomen ein Land, das sich zu einem – natürlich nach westlichen Gesichtspunkten – modernen Industriestaat entwickelte, auf natürliche Weise einen «Bevölkerungswandel» durchlaufen, bei dem sich automatisch die Geburtenraten verringerten, bis sie denen in europäischen Ländern entsprächen.

Arthur hingegen war davon überzeugt, einen besseren oder jedenfalls angemesseneren Ansatz zu haben: Er wollte Möglichkeiten der Lenkung von Bevölkerungswachstum mit Hilfe einer Theorie der «zeitverzögerten» Kontrolle analysieren. Das war das

Thema seiner Dissertation. «Das Problem ist die zeitliche Abstimmung», sagt er. «Wenn eine Regierung es schafft, heute die Geburtenrate zu senken, wirkt sich das in etwa zehn Jahren auf den Schulbesuch aus, in zwanzig auf den Arbeitsmarkt, in dreißig auf die Größe der nächsten Generation und in etwa sechzig Jahren auf die Anzahl der Rentner. Mathematisch gesehen ähnelt das dem Versuch, eine Raumsonde zu kontrollieren, die weit draußen im Sonnensystem ist, so daß die Befehle viele Stunden brauchen, um sie zu erreichen, oder dem Versuch, die Temperatur des Duschwassers zu regeln, wenn zwischen dem Aufdrehen des Hahns und der Ankunft des heißen Wassers eine halbe Minute verstreicht. Wenn man diese Verzögerung nicht berücksichtigt, kann man sich verbrennen.»

Diese Bevölkerungsanalyse baute Arthur 1973 als letztes Kapitel in seine Dissertation ein. Der mit Gleichungen gefüllte Wälzer hatte den Titel ‹*Dynamisches Programmieren, angewandt auf die Theorie der zeitverzögerten Kontrolle*›. «Das Ganze lief auf einen technischen Ansatz für das Bevölkerungsproblem hinaus», erläutert Arthur in reumütigem Rückblick. «Es waren einfach nur Zahlen.» Trotz all seiner Erfahrungen mit McKinsey und Dreyfus und trotz seiner Unzufriedenheit mit übermäßig mathematisierter Wirtschaftstheorie trieb ihn noch immer jener Impuls an, der ihn zur Unternehmensforschung geführt hatte, nämlich die Hoffnung, die Gesellschaft mit Hilfe von Naturwissenschaft und Mathematik vernünftig erfassen zu können. «Die meisten Menschen, die sich mit wirtschaftlichen Entwicklungen beschäftigen, haben diese Einstellung», sagt er. «Sie sind die Missionare dieses Jahrhunderts. Sie bringen nicht den Heiden das Christentum, sondern versuchen, der Dritten Welt die wirtschaftliche Entwicklung zu bescheren.»

Was ihn ganz plötzlich in die Wirklichkeit zurückbrachte, war eine Anstellung in einer kleinen Denkfabrik in New York, dem Population Council, die sich mit Problemen des Bevölkerungswachstums beschäftigte. Das war 1974. Hier standen genug Mittel zur Verfügung, um ernsthafte Forschung zu Empfängnisverhütung, Familienplanung und wirtschaftlicher Entwicklung zu betreiben.

Und besonders wichtig war aus Arthurs Sicht, daß das Population Council von den Forschern erwartete, möglichst vor Ort und nicht nur am Schreibtisch zu arbeiten.

«Brian», fragte der Direktor eines Tages, «was weißt du über Bevölkerung und Wirtschaft in Bangladesch?»

«Sehr wenig.»

«Hättest du Lust, mehr darüber zu erfahren?»

Bangladesch wurde für Arthur zu einem Wendepunkt. Er reiste 1975 mit dem Demographen Geoffrey McNicoll dorthin, einem australischen Kommilitonen aus Berkeley, der Arthur auch die Stelle im Population Council vermittelt hatte. Ihr Flugzeug war das erste, das nach einem Putsch Landeerlaubnis erhielt. Noch waren die Schüsse der Maschinengewehre zu hören. Sie fuhren ins Landesinnere, wo sie sich wie neugierige Journalisten verhielten: «Wir unterhielten uns mit den Häuptlingen in den Dörfern, mit den Frauen, mit jedem. Wir führten ein Gespräch nach dem anderen, um zu verstehen, was in der ländlichen Gesellschaft abläuft.» Vor allem versuchten sie herauszufinden, warum die Familien in den Dörfern immer noch durchschnittlich sieben Kinder hatten, wo doch moderne Mittel der Geburtenkontrolle zur Verfügung standen – und sich selbst die Dorfbewohner der ungeheuren Überbevölkerung und der stagnierenden wirtschaftlichen Entwicklung bewußt waren.

«Wir fanden dabei heraus, daß die schreckliche Zwangslage in Bangladesch das Ergebnis einer Vernetzung der Interessen des einzelnen und der Gruppe schon auf der Dorfebene war», erklärt Arthur. Da Kinder schon früh mitarbeiten konnten, war es für die einzelne Familie vorteilhaft, möglichst viele Kinder zu zeugen. Da Verwandte und Nachbarn einer Witwe ohne weiteres ihr Hab und Gut wegnehmen konnten, lag einer jungen Frau viel daran, so bald wie möglich so viele Söhne wie möglich zu haben, damit sie sich im Alter von ihren erwachsenen Söhnen beschützen lassen konnte. Und so ging es weiter: «Patriarchen, Frauen, die versuchten, ihre Männer zu halten, die Notwendigkeit, das Land zu bewässern – all diese

Interessen trugen dazu bei, daß Kinder gezeugt wurden und die Entwicklung stagnierte.»

Nach sechs Wochen in Bangladesch kehrten Arthur und McNicoll in die USA zurück, um all die gewonnenen Informationen zu verdauen und anhand von Fachzeitschriften weiterzuforschen. Eine der ersten Stationen Arthurs war die Fakultät für Wirtschaftswissenschaften in Berkeley, wo er nach Literatur suchte. Dort stieß er zufällig auf das neueste Vorlesungsverzeichnis. Es waren noch etwa die gleichen Vorlesungen, wie er sie selbst vor gar nicht so langer Zeit gehört hatte. «Aber ich hatte dieses sehr merkwürdige Gefühl, neben mir zu stehen; die Wirtschaftswissenschaften schienen sich in dem Jahr, in dem ich nicht dagewesen war, verändert zu haben. Und dann dämmerte es mir: Nicht die Wirtschaftslehre, sondern *ich* hatte mich verändert.» Nach Bangladesch schienen all die neoklassischen Theoreme, die er mit soviel Mühe gelernt hatte, irgendwie unwichtig. «Plötzlich fühlte ich mich um hundert Prozent leichter – als ob mir ein Stein vom Herzen gefallen war. Ich brauchte all das nicht mehr zu glauben! Ich erlebte das als eine große Freiheit.»

Arthur und McNicoll veröffentlichten 1978 einen achtzigseitigen Bericht, heute eine Art Klassiker der Sozialwissenschaften, der in Bangladesch sofort verboten wurde. (Zum Ärger der Elite in Dakka hatten sie betont, daß die Regierung außerhalb der Hauptstadt praktisch keinerlei Kontrolle hätte; auf dem Lande regierten im wesentlichen die dort ansässigen Feudalherren.) Aber andere Untersuchungen des Population Council in Syrien und in Kuwait bestätigten diese Erfahrung: Der quantitative technische Ansatz – der Gedanke, Menschen würden wie Maschinen mit einer Verhaltensänderung auf abstrakte wirtschaftliche Anreize reagieren – war bestenfalls außerordentlich begrenzt. Das Wirtschaftsleben war, wie jeder Historiker oder Anthropologe es ihm sofort hätte sagen können, untrennbar mit Politik und Kultur verwoben. Vielleicht war das ganz offensichtlich, sagt Arthur. «Aber ich mußte Lehrgeld zahlen.»

Diese Einsicht brachte ihn auch dazu, jede Hoffnung auf eine allgemeine, deterministische Theorie für das Bevölkerungswachstum aufzugeben. Statt dessen sah er jetzt die Geburtenziffer im Rahmen eines konsistenten Musters von Traditionen, Mythen und gesellschaftlichen Verhaltensnormen – eines Musters, das in jeder Kultur anders war. «Man könnte in einem Land so etwas wie Einkommen und Geburtenrate bestimmen und in einem anderen Land bei dem einen dasselbe und bei dem anderen ein völlig anderes Ergebnis erhalten. Das Muster ist eben ein anderes.» Alles ist miteinander verbunden, und kein Bruchstück läßt sich isoliert vom anderen sehen: «Die Kinderzahl hängt mit der Art und Weise zusammen, wie die Gesellschaft organisiert ist, und wie die Gesellschaft organisiert ist, hat wiederum viel mit der Kinderzahl zu tun.»

Muster. Als Arthur diesen Sprung gemacht hatte, sah er, wie stimmig dieser Gedanke war. Muster und Strukturen hatten ihn schon sein ganzes Leben lang interessiert. Wenn er irgend konnte, wählte er im Flugzeug einen Fensterplatz, um die sich ständig ändernde Landschaft betrachten zu können. Meistens sah er überall die gleichen Elemente: Gestein, Erde, Eis, Wolken und so weiter. Aber sie bildeten Strukturen, die sich vielleicht eine halbe Flugstunde lang nicht änderten. «Ich fragte mich also: Warum gibt es dort diese geologische Struktur? Warum gibt es hier bestimmte Gesteinsformationen und mäandernde Flüsse, und eine halbe Flugstunde später sieht alles ganz anders aus?»

Jetzt begann er überall Muster zu sehen. So zum Beispiel, als er 1977 vom Population Council zu dem gemeinsam von den USA und der Sowjetunion geförderten Internationalen Institut für Angewandte Systemanalyse, abgekürzt IIASA, wechselte. Es war von Breshnew und Nixon als Symbol der Entspannung gegründet worden und in einem ehemaligen Jagdschloß Maria Theresias in Laxenburg, einem kleinen Dorf etwa fünfzehn Kilometer außerhalb von Wien, untergebracht. Von dort aus waren, wie Arthur schnell herausfand, die Skihänge der Tiroler Alpen bequem zu erreichen.

«Mir fiel auf», erzählt er, «daß einem in den Alpendörfern immer die gleichen reichverzierten Dächer und Balustraden und Balkone mit den typischen Dachneigungen und Giebeln und Fensterläden begegnen. Aber ich hielt sie nicht mehr einfach für Teile eines schönen Puzzles, sondern mir wurde deutlich, daß jedes einzelne Teil im Dorf Sinn und Zweck hat und mit allen anderen Teilen zusammenhängt. Die Neigungen der Dächer haben damit zu tun, daß die richtige Schneemenge auf dem Dach liegenbleibt, um im Winter das Haus zu isolieren. Der Grad des Überhangs der Giebel über die Balkone verhindert, daß der Schnee auf die Balkone fällt. Es machte mir Spaß, mir diese Dörfer anzusehen und zu überlegen, welche Aufgabe dieses Teil erfüllt und welche jenes und wie sie alle miteinander verbunden sind.»

Ihm fiel auch auf, daß in den Dolomiten, gleich jenseits der italienischen Grenze, die Dörfer plötzlich ganz anders aussahen als in Tirol. Es war keine bestimmte Eigenheit, die den Unterschied ausmachte. Vielmehr waren es die vielen kleinen Unterschiede, die zu einem völlig anderen Ganzen führten. Und doch hatten die Dörfer in Oberitalien und in Österreich beide im wesentlichen dieselben Probleme mit dem Schnee. «Im Laufe der Zeit hatten die beiden Kulturkreise verschiedene, aber in sich jeweils konsistente Lösungen gefunden.»

## *Erleuchtung am Strand*

Jeder hat seinen eigenen Forschungsstil, sagt Arthur. Wenn man ein wissenschaftliches Problem mit einer mittelalterlichen befestigten Stadt vergleicht, gehen viele Forscher ganz direkt zum Angriff über und rammen die Mauern wie Widder. Sie stürmen die Tore und versuchen, die Verteidigung allein mit intellektueller Kraft und Schärfe zu besiegen.

Arthur hatte niemals das Gefühl, seine Stärke liege im Rammen. «Ich lasse mir gern Zeit zum Denken», sagt er. «Ich schlage mein Lager außerhalb der Stadt auf. Ich warte. Und denke nach. Bis eines Tages – vielleicht beschäftige ich mich gerade mit einem ganz anderen Problem – die Zugbrücke fällt und die Verteidiger sagen:

‹Wir geben auf!› Die Antwort auf das Problem kommt plötzlich und von selbst.»

Das, was er später die Wirtschaft der zunehmenden Erträge nannte, hatte er ziemlich lange belagert. McKinsey. Bangladesch. Seine allgemeine Desillusionierung angesichts der herkömmlichen Wirtschaftslehre. Muster. Nichts hatte so ganz die richtige Antwort geliefert. Aber er erinnert sich lebhaft an den Moment, da die Zugbrücke zu fallen begann.

Es war im April 1979. Seine Frau hatte nach Abschluß ihrer Promotion in Statistik Erholung dringend nötig, und Arthur hatte beim IIASA einen zweimonatigen Urlaub beantragt, damit sie beide in Honolulu endlich einmal wohlverdiente Ferien machen konnten. Für ihn war es eine Art Arbeitsurlaub. Von neun Uhr früh bis drei Uhr nachmittags schrieb er am East-West Population Institute an einer Forschungsarbeit, während Susan schlief – buchstäblich fünfzehn Stunden pro Tag. Am späten Nachmittag fuhren sie dann an den Hauula-Strand im Norden von Oahu. An diesem winzigen, fast verlassenen Sandstreifen badeten sie in der Brandung, tranken Bier, aßen Käse und lasen. Dort öffnete Arthur an einem solchen faulen Nachmittag bald nach ihrer Ankunft das Buch, das er sich für eine solche Gelegenheit mitgebracht hatte: ein Sechshundert-Seiten-Wälzer mit dem Titel *‹Der achte Tag der Schöpfung›* von Horace Freeland Judson, die Geschichte der Molekularbiologie.

«Ich war aus dem Häuschen,», erinnert er sich. Mit Spannung verfolgte er, wie James Watson und Francis Crick 1952 die Doppelhelix-Struktur der DNA entdeckt hatten. Wie zwischen 1950 und 1970 der genetische Code geknackt wurde. Wie Wissenschaftler allmählich die so verwickelten Strukturen der Proteine und Enzyme entwirrten. Er, ein ewiger Labortrottel – «Ich habe noch in keinem Labor etwas Vernünftiges zustande gebracht» – las von den mühsamen Experimenten, denen diese Wissenschaft ihr Leben verdankt, von den Fragen, die dieses oder jenes Experiment erforderten, den Monaten, die für die Planung der Versuche und den Aufbau der Geräte nötig waren, und dann von dem Triumph oder der

Niedergeschlagenheit, wenn die Antwort gefunden war. «Judson hatte die Fähigkeit, das Drama der Wissenschaft lebendig werden zu lassen.»

Was ihn wirklich elektrisierte, war die Erkenntnis, daß es eine ganze verworrene Welt – das Innere einer lebenden Zelle – gab, die mindestens so kompliziert war wie die verworrene Welt der Menschen. Und doch ging es dabei um *Naturwissenschaft*. «Mir wurde klar, daß ich in bezug auf die Biologie schrecklich oberflächlich gewesen war. Wenn man wie ich Mathematik und Ingenieurwesen und Wirtschaftswissenschaften gelernt hat, neigt man dazu, die Naturwissenschaft als etwas zu sehen, das untrennbar mit der Anwendung physikalischer Gesetze und mathematischer Formeln verbunden ist. Schaute ich aber aus dem Fenster hinaus ins wirkliche Leben, in die Welt der Organismen, der Natur, hatte ich immer das Gefühl, die Naturwissenschaft reiche nicht aus.» Wie sollte man einen Baum oder einen Einzeller in eine mathematische Gleichung fassen? Unmöglich. «Ich hatte die vage Vorstellung, Biochemie und Molekularbiologie seien nur eine Menge Klassifikationen dieses oder jenes Moleküls. Sie halfen einem nicht wirklich, wenn man etwas verstehen wollte.»

Falsch. Auf jeder Seite bewies ihm Judson, daß die Biologie eine ebenso exakte Naturwissenschaft ist wie die Physik – daß diese verworrene, organische, nichtmechanische Welt von einigen wenigen Grundsätzen bestimmt wird, die so fundamental sind wie Newtons Bewegungsgesetze. In jeder lebenden Zelle gibt es lange, spiralförmige DNA-Moleküle. Diese Kette von chemisch verschlüsselten Anweisungen – Genen – stellt einen Bau- und Funktionsplan für die Zelle dar. Die genetischen Baupläne können sich von einem Organismus zum anderen stark unterscheiden. Aber in beiden gilt für die Gene im wesentlichen derselbe Code. Dieser Code wird durch den gleichen molekularen Mechanismus entschlüsselt. Und der dabei entstehende Bauplan wird in den gleichen molekularen Werkstätten in Proteine verwandelt, die wiederum Membranen und andere Zellstrukturen synthetisieren.

Für Arthur war dies eine Offenbarung, wenn er an die Vielfalt der irdischen Lebensformen dachte. Auf der Ebene der Moleküle sind sich lebende Zellen erstaunlich ähnlich. Die grundlegenden Mechanismen sind universell. Und doch genügt eine winzige Mutation im genetischen Bauplan, um im Lebewesen als Ganzem eine gewaltige Veränderung hervorzurufen. Geringfügige molekulare Umschaltungen hier oder dort genügen, um den Unterschied zwischen braunen und blauen Augen, einem Turner und einem Sumo-Ringer, zwischen strahlender Gesundheit und blasser Blutarmut zu bewirken. Geringfügige Umschaltungen, die sich in Millionen von Jahren durch natürliche Auslese summiert hatten, machten den Unterschied zwischen einem Menschen und einem Schimpansen, zwischen einem Feigenbaum und einem Kaktus, zwischen einer Amöbe und einem Wal aus. In der biologischen Welt, erkannte Arthur, werden kleine Zufallsereignisse vergrößert, genutzt, erweitert. Ein winziger Zufall kann alles verändern. Das Leben entwickelt sich. Es hat eine *Geschichte*. Vielleicht, dachte er, erscheint uns diese biologische Welt deshalb als so spontan, organisch – lebendig.

Vielleicht kam ihm auch deshalb die Phantasiewelt der Wirtschaftswissenschaftler, in der ein vollkommenes Gleichgewicht herrscht, so statisch, maschinenartig und tot vor. Dort konnte gar nicht viel passieren; winzige zufällige Schwankungen verschwanden ja angeblich genauso schnell, wie sie aufgetreten waren. Arthur konnte sich nichts vorstellen, was dem wirklichen Wirtschaftsleben weniger ähnelte, in dem ständig neue Produkte, Technologien und Märkte entwickelt wurden und alte immerzu ausstarben. Was sich wirklich in der Wirtschaft abspielte, hatte nichts mit Maschinen zu tun, sondern eher mit der ganzen Spontaneität und Komplexität, die er dank Judson in der Welt der Molekularbiologie zu sehen gelernt hatte. Arthur hatte noch keine Idee, wozu diese neue Einsicht gut sein könnte. Aber sie regte seine Phantasie an.

Er las weiter und fand noch mehr: «Von all dem Aufregenden in dem Buch sprach mich am meisten das an, was Jacob und Monod getan hatten.» Die französischen Biologen François Jacob und

Jacques Monod vom Institut Pasteur in Paris hatten Anfang der sechziger Jahre entdeckt, daß ein kleiner Bruchteil der vielen tausend Gene, die entlang eines DNA-Moleküls aufgereiht sind, als winzige Schalter wirken können. Wenn einer von ihnen angeschaltet wird – indem man die Zelle zum Beispiel einem bestimmten Hormon aussetzt –, schicken die neu aktivierten Gene ein chemisches Signal an die anderen Gene. Dieses Signal läuft dann am ganzen DNA-Molekül entlang und stellt andere genetische Schalter an oder ab. Diese Gene wiederum beginnen, selbst chemische Signale auszusenden (oder sie stellen die Aussendung von Signalen ein). Und dadurch werden immer mehr genetische Schalter angesprochen, bis alle Gene der Zelle sich zu einem neuen, stabilen System zusammengefunden haben.

Für Biologen hatte diese Entdeckung, für die Jacob und Monod später den Nobelpreis erhielten, gewaltige Konsequenzen: Die DNA in einem Zellkern ist nicht nur ein Bauplan der Zelle – eine Anleitung, wie dieses oder jenes Protein herzustellen ist –, sondern vielmehr der Vorarbeiter für den Bau. Die DNA ist eine Art Computer auf molekularer Ebene, der festlegt, wie die Zelle sich selbst aufbaut und repariert und wie sie mit der Außenwelt wechselwirkt. Darüber hinaus löste die Entdeckung von Jacob und Monod das alte Rätsel, wie sich eine befruchtete Eizelle teilen und in Muskelzellen, Gehirnzellen, Leberzellen und all die anderen Zellarten differenzieren kann, aus denen ein Neugeborenes besteht. Jede Zellart entspricht einem anderen System aktivierter Gene.

Arthur war überwältigt, als er von diesen Dingen las. Wieder ging es um in sich konsistente Muster, die sich bilden und entwickeln und unter dem Einfluß der Außenwelt verändern. Das Ganze erinnerte ihn sehr an ein Kaleidoskop, in dem einige kleine Glasstückchen ein Muster ergeben, das bleibt – bis ein langsames Drehen der Röhre sie plötzlich zu einem anderen Bild zusammenfallen läßt. Einige wenige Stückchen und unendlich viele mögliche Muster. Irgendwie, auch wenn er es nicht genau sagen konnte, machte dies anscheinend das Wesen des Lebens aus.

Als Arthur Judsons Buch ausgelesen hatte, stöberte er in der Universitätsbuchhandlung in Hawaii nach Büchern über Molekularbiologie. Zurück am Strand, verschlang er sie alle. Als er im Juni zum IIASA zurückkehrte, war er von reinem intellektuellen Adrenalin beseelt. Er wußte noch immer nicht, wie er dies alles auf die Wirtschaft anwenden sollte, aber das Gefühl ließ ihn nicht mehr los, daß er die wesentlichen Hinweise schon hatte. Den ganzen Sommer über las er Biologiebücher. Und im September beschäftigte er sich, dem Vorschlag eines Physikers am IIASA folgend, mit Festkörperphysik – dem, was in Flüssigkeiten und festen Körpern vorgeht.

Er war genauso überrascht wie am Strand von Hauula. Er hatte nicht gedacht, daß Physik etwas mit Biologie zu tun haben könnte. Dies *war* natürlich keine Biologie. Die Atome und Moleküle, mit denen sich Physiker gewöhnlich beschäftigten, waren viel einfacher als Proteine und DNA. Und doch, wenn man sich ansah, wie größere Mengen dieser einfachen Atome und Moleküle miteinander wechselwirkten, sah man genau die gleichen Erscheinungen: Winzige anfängliche Unterschiede wachsen sich zu ganz verschiedenen Endzuständen aus. Einfache Dynamik führt zu erstaunlich komplexem Verhalten. Einige wenige Teile ergeben fast unendlich viele Muster. Auf einer sehr tiefen Ebene – Arthur konnte es nicht genau fassen – stimmten Physik und Biologie überein.

Andererseits gab es in praktischer Hinsicht einen sehr wichtigen Unterschied: Die Systeme, die Physiker untersuchen, sind einfach genug, um streng mathematisch analysiert zu werden. Plötzlich fühlte Arthur sich wieder wohl. Jetzt wußte er, daß er es mit einer exakten *Wissenschaft* zu tun hatte. «Das waren keine vagen Begriffe», sagt er.

Am meisten beeindruckten ihn die Bücher des belgischen Physikochemikers Ilya Prigogine, der 1977 für seine Arbeit auf dem Gebiet der «Nichtgleichgewichtsthermodynamik» den Chemie-Nobelpreis erhielt. Im Grunde ging es Prigogine um die Frage: Warum gibt es in der Welt Ordnung und Struktur? Woher kommen sie?

Diese Frage mag zunächst einfach erscheinen, erweist sich aber bei genauerer Betrachtung als sehr schwierig, besonders wenn man die allgemeine Neigung der Welt zum Zerfall bedenkt. Eisen rostet, umgestürzte Bäume verrotten, Badewasser kühlt sich auf die Temperatur der Umgebung ab. Die Natur scheint mehr an der Zerstörung von Strukturen interessiert zu sein als an ihrer Erschaffung; sie scheint die Dinge zu einer Art Mittelwert vermischen zu wollen. Der Drang zu Unordnung und Zerfall scheint unausweichlich zu sein – so sehr, daß die Physiker im 19. Jahrhundert den Zweiten Hauptsatz der Thermodynamik formulierten, der sich etwa auf den Nenner «Aus Rührei kann kein rohes Ei werden» bringen läßt. Sich selbst überlassen, streunen Atome unberechenbar umher und vermischen sich soviel wie möglich. Deshalb rostet Eisen: Die Atome im Eisen versuchen ständig, sich mit dem Sauerstoff in der Luft zu Eisenoxid zu verbinden. Badewasser kühlt ab, weil schnelle Moleküle auf der Wasseroberfläche mit langsameren Luftmolekülen zusammenstoßen und ihnen allmählich ihre Energie übertragen.

Trotz alledem jedoch sehen wir um uns herum viel Ordnung und Struktur. Umgestürzte Baumstämme verrotten – junge Bäume wachsen nach. Wie läßt sich dieses Strukturwachstum mit dem Zweiten Hauptsatz der Thermodynamik vereinbaren?

Die Antwort liegt, wie Prigogine und andere in den sechziger Jahren erkannten, in den so harmlosen Worten: «Sich selbst überlassen...» In der wirklichen Welt sind Atome und Moleküle fast niemals ganz sich selbst überlassen; sie sind immer einer bestimmten Menge Energie und Materie, die von außen hinzukommt, ausgesetzt. Und wenn dieser Strom von Energie und Materie stark genug ist, läßt sich der vom Zweiten Hauptsatz konstatierte Verfall teilweise umkehren. In einem begrenzten Bereich kann ein System sogar spontan eine ganze Reihe komplexer Strukturen bilden.

Das uns sicher vertrauteste Beispiel ist ein Topf Suppe auf dem Herd. Ist die Herdplatte abgestellt, passiert nichts. In Übereinstimmung mit dem Zweiten Hauptsatz hat die Suppe Zimmertemperatur und ist im Gleichgewicht mit ihrer Umgebung. Stellt man den

Herd auf ganz kleine Flamme, passiert immer noch nicht viel. Das System ist nicht mehr im Gleichgewicht – Wärmeenergie steigt vom Topfboden durch die Suppe hoch –, aber der Unterschied ist nicht groß genug, um eine stärkere Perturbation hervorzurufen. Jetzt aber stellt man die Flamme etwas höher, bringt das System also aus dem Gleichgewicht. Plötzlich wird die Suppe durch die Zufuhr von Wärmeenergie instabil. Winzige Zufallsbewegungen der Suppenmoleküle mitteln sich nicht mehr weg. Einige Bewegungen werden stärker. Teile der Flüssigkeit steigen auf, andere fallen. Sehr schnell erfaßt die Bewegung der Suppe größere Bereiche. Schaut man von oben in den Topf, sieht man ein Bienenwabenmuster aus Konvektionszellen, in dem die Flüssigkeit in der Mitte hochsteigt und an den Seiten niedersinkt. In der Suppe gibt es jetzt Ordnung und Struktur. Mit anderen Worten, sie beginnt zu kochen.

Solche sich selbst organisierenden Strukturen gibt es in der Natur überall, sagt Prigogine. Ein Laser ist ein sich selbst organisierendes System, in dem Lichtteilchen – Photonen – sich spontan zu einem einzigen starken Strahl zusammenfinden und sich im Gleichschritt bewegen. Ein Hurrikan ist ein sich selbst organisierendes System, das aus dem stetigen Energiestrom der Sonne seine Kraft erhält, der den Wind antreibt und Regenwasser aus dem Ozean zieht. Und auch eine lebende Zelle – viel zu kompliziert, um mathematisch analysiert werden zu können – ist ein solches sich selbst organisierendes System, das überlebt, indem es Energie in Form von Nahrung aufnimmt und als Wärme und Schlacken wieder abgibt.

Man kann sich sogar vorstellen, schrieb Prigogine in einem Aufsatz, daß die Wirtschaft ein sich selbst organisierendes System ist, in dem sich die Marktstrukturen durch Dinge wie die Nachfrage nach Arbeit und nach Gütern und Dienstleistungen spontan selbst regulieren.

Arthur horchte auf, als er diese Worte las. «Die Wirtschaft ist ein sich selbst organisierendes System.» Das war's! Genau das hatte er gedacht, seit er ‹*Der achte Tag der Schöpfung*› gelesen hatte, wenn er auch nicht gewußt hatte, wie er es ausdrücken sollte. Prigogines Prinzip der Selbstorganisation, die spontane Dynamik lebender Systeme – jetzt konnte Arthur endlich sehen, wie das alles mit Wirtschaftssystemen zusammenhing.

In der Rückschau war alles so offensichtlich. Mathematisch gesprochen war Prigogines Hauptargument, daß Selbstorganisation von Selbstverstärkung abhängt; kleine Wirkungen neigen demnach dazu, unter geeigneten Bedingungen größer zu werden, statt zu verschwinden. Es war genau dieselbe Botschaft, wie sie implizit in der Arbeit von Jacob und Monod über die DNA steckte. Und plötzlich, berichtet Arthur, «erkannte ich darin das, was wir Ingenieure positive Rückkopplung nennen». Winzige Molekularbewegungen werden zu Konvektionszellen. Milde tropische Winde wachsen sich zu einem Hurrikan aus. Positive Rückkopplung ist anscheinend unabdingbar für Veränderung, Überraschung, das Leben selbst.

Und dennoch, so machte sich Arthur klar, ist positive Rückkopplung genau das, was es in der herkömmlichen Wirtschaftstheorie nicht gibt. Im Gegenteil. Die neoklassische Theorie nimmt an, die Wirtschaft sei vollständig durch *negative* Rückkopplung bestimmt; nach diesem Konzept neigen kleine Wirkungen dazu, sich selbst auszulöschen. Er erinnert sich, wie er verwundert zugehört hatte, als seine Professoren in Berkeley diesen Punkt immer wieder herausstrichen. Natürlich nannten sie es nicht negative Rückkopplung. Die Tendenz zur Selbstauslöschung lag implizit in der Wirtschaftslehre von den «abnehmenden Erträgen», der Vorstellung, daß der zweite Riegel Schokolade nicht annähernd so gut schmeckt wie der erste, daß die doppelte Menge Dünger nicht den doppelten Ertrag liefert, daß alles um so weniger nützlich, profitabel oder erfreulich ist, je mehr man schon davon getan hat. Aber Arthur sah, daß es auf dasselbe hinauslief: Genau wie negative Rückkopplung kleine Störungen daran hindert, außer Rand und Band zu geraten und physikalische Systeme zu zerstören, stellt die Abnahme der

Erträge sicher, daß keine einzelne Firma und kein einzelnes Erzeugnis den Markt je allein beherrschen kann. Wenn die Leute keine Schokolade mehr mögen, essen sie eben Äpfel oder etwas anderes. Sind an allen geeigneten Orten Wasserkraftwerke gebaut worden, beginnen die Elektrizitätswerke mit dem Bau von Kohlekraftwerken. Wenn mehr Dünger nichts bewirkt, düngen die Bauern nicht weiter. Letztlich liegt der ganzen neoklassischen Sicht von Harmonie, Stabilität und Gleichgewicht in der Wirtschaft das Prinzip der negativen Rückkopplung oder der abnehmenden Erträge zugrunde.

Doch schon damals in Berkeley hatte der Ingenieur in Arthur sich fragen müssen: Was würde passieren, wenn es in der Wirtschaft positive Rückkopplung gäbe? Oder, in der Sprache der Wirtschaft, wenn die Erträge zunehmen würden?

«Machen Sie sich darüber keine Gedanken», hatten ihm seine Lehrer gesagt. «Solche Situationen sind außerordentlich selten und haben keinen Bestand.» Und da Arthur kein bestimmtes Beispiel im Sinn hatte, hielt er lieber seinen Mund und beschäftigte sich mit anderen Dingen.

Aber jetzt, bei der Lektüre von Prigogines Arbeiten, erinnerte er sich wieder. Positive Rückkopplung, zunehmende Erträge – vielleicht gab es diese Dinge im wirklichen Wirtschaftsleben doch. Vielleicht erklärten sie die Lebendigkeit, die Vielfalt, die Reichhaltigkeit, die er in der ihn umgebenden Wirtschaftswelt überall beobachtete.

Vielleicht. Je mehr er darüber nachdachte, um so klarer wurde ihm, welchen ungeheuren Unterschied zunehmende Erträge für die Wirtschaft bedeuteten. Zum Beispiel in bezug auf die Effizienz. Die neoklassische Theorie will uns glauben machen, daß ein freier Markt immer die besten und effizientesten Verfahren fördert. Und tatsächlich leistet der Markt in dieser Hinsicht Beträchtliches. Aber, so fragte sich Arthur, wie läßt sich dann die übliche QWERTZ-Anordnung der Buchstaben auf praktisch jeder Schreibmaschinen- oder Computertastatur der westlichen Welt erklären? (Der Name

QWERTZ ergibt sich, wenn man die ersten sechs Buchstaben der oberen Buchstabenreihe von links nach rechts tippt.) Ist dies die effizienteste Anordnung der Buchstaben? Keineswegs. Ein Mechaniker namens Christopher Scholes hatte sie 1873 ausdrücklich in der Absicht entwickelt, das Schreiben zu verlangsamen, da sich die Typenhebel der damaligen Maschinen bei zu schnellem Tippen verhakten. Als dann die Nähmaschinenfabrik Remington mit der Serienfertigung von Schreibmaschinen diese Tastatur einführte, lernten viele, mit ihr umzugehen; daraufhin boten auch andere Schreibmaschinenhersteller dieses System an, was dazu führte, daß immer mehr Menschen das Schreiben darauf lernten und so weiter. Wer hat, dem wird gegeben, dachte Arthur – zunehmende Erträge. Und jetzt ist QWERTZ Standard für Millionen und im wesentlichen für immer eingerastet, verfestigt.

Ein anderes Beispiel: der Wettlauf der Videosysteme Mitte der siebziger Jahre. Schon 1979 war klar, daß VHS den Markt beherrschen würde, obwohl es nach Meinung vieler Fachleute ursprünglich dem Beta-System technisch unterlegen war. Wie hatte es dazu kommen können? Die VHS-Anbieter hatten das Glück gehabt, in der Anfangsphase einen etwas größeren Marktanteil zu bekommen, was ihnen trotz der Unterschiede in der Technik einen enormen Vorteil verschaffte: Die Videotheken wollten keinesfalls alle Filme doppelt führen, und niemand wollte einen veralteten Videorecorder kaufen. So hatten alle großes Interesse daran, mit dem Marktführer konform zu gehen. Das vergrößerte den Anteil des VHS-Systems weiter, und der anfänglich kleine Unterschied wuchs sich rasch zu einem großen aus. Wiederum: zunehmende Erträge.

Plötzlich wurde Arthur klar, warum man in einem System immer wieder Muster findet: Ein Gemisch aus vielen positiven und negativen Rückkopplungen *muß* einfach Muster erzeugen. Wenn man etwas Wasser auf eine gut polierte Fläche spritzt, entsteht ein kompliziertes Tröpfchenmuster, weil zwei entgegengesetzte Kräfte wirken. Die Schwerkraft versucht, das Wasser so zu verteilen, daß die ganze Fläche mit einem dünnen Film überzogen ist. Das ist negative

Rückkopplung. Die Oberflächenspannung jedoch, die Anziehung zwischen den Wassermolekülen untereinander, versucht, die Flüssigkeit zu kompakten Gebilden zusammenzuziehen. Das ist positive Rückkopplung. Beide Kräfte gemeinsam erzeugen das komplexe Perlmuster. Ein einzigartiges Muster. Beim nächstenmal ergibt sich eine völlig andere Anordnung der Tröpfchen. Winzige Zufälle – kleinste Staubteilchen und unsichtbare Unregelmäßigkeiten auf der Oberfläche – führen durch positive Rückkopplung zu sehr unterschiedlichen Ergebnissen.

Das, dachte Arthur, erklärt vermutlich auch, warum ein Unglück selten allein kommt. Zunehmende Erträge können auf reinem Zufall beruhen – wer wem im Flur begegnete, auf welchem Campingplatz man zufällig übernachtet, wo Handelsstationen eingerichtet wurden, wo sich ein italienischer Eishersteller zufällig niederließ – und das System doch so verstärken, daß die Entwicklung nicht rückgängig gemacht werden kann. Wurde eine bestimmte junge Schauspielerin nur aufgrund ihres Talents zum Star? Wohl kaum. Das Glück, in einem einzigen Erfolgsfilm mitgewirkt zu haben, gab ihrer Karriere allein deswegen den entscheidenden Schub, weil ihr Name bekannt war, während ihre ebenso talentierten Kolleginnen es zu nichts brachten. Wer hat, dem wird gegeben.

Zunehmende Erträge, eingerastete, verfestigte Zustände – die «Lock-ins» –, Unvorhersagbarkeit, winzige Ereignisse, die ungeheure Folgen für das spätere Geschehen haben – «diese Eigenschaften der Ökonomie der zunehmenden Erträge schockierten mich zunächst», sagt Arthur. «Als ich aber erkannte, daß jede Eigenschaft in der nichtlinearen Physik, mit der ich mich gerade beschäftigte, eine Entsprechung hatte, war ich fasziniert.» Wirtschaftswissenschaftler hatten, wie er jetzt merkte, schon seit Generationen über solche Dinge nachgedacht. Aber ihre Bemühungen waren immer vereinzelt und verstreut geblieben. Er hatte das Gefühl, der erste zu sein, der bemerkte, daß all diese Probleme auf dasselbe hinausliefen. «Ich kam mir vor wie jemand, der in Aladins Höhle hineingeht und einen Schatz nach dem anderen findet.»

Bis zum Herbst hatten sich seine Gedanken geordnet, und am 5. November 1979 setzte er sich hin, schrieb auf eine Seite seines Notizbuchs oben die Worte «Wirtschaftslehre alt und neu», und darunter notierte er in zwei Spalten:

| WIRTSCHAFTSLEHRE ALT | WIRTSCHAFTSLEHRE NEU |
|---|---|
| O Abnehmende Erträge. | O Viel Gewicht auf zunehmende Erträge. |
| O Beruht auf der Physik des 19. Jahrhunderts (Gleichgewicht, Stabilität, deterministische Dynamik). | O Beruht auf der Biologie (Struktur, Muster, Selbstorganisation, Lebenszyklus). |
| O Menschen sind gleich. | O Betont die Individualität; Menschen sind und handeln verschieden. |
| O Wenn es keine Außenfaktoren gäbe und alle die gleichen Fähigkeiten hätten, wären wir im Nirwana. | O Außenfaktoren und Unterschiede sind die Antriebskräfte. Kein Nirwana. Das System entfaltet sich ständig. |
| O Die Elemente sind Mengen und Preise. | O Die Elemente sind Muster und Möglichkeiten. |
| O Keine wirkliche Dynamik, weil alles im Gleichgewicht ist. | O Die Wirtschaft geht immer mit der Zeit. Sie drängt vorwärts, strukturiert sich ständig neu, zerfällt und ändert sich. |

| WIRTSCHAFTSLEHRE ALT | WIRTSCHAFTSLEHRE NEU |
| --- | --- |
| ○ Sieht ihren Bereich als strukturell einfach. | ○ Sieht ihren Bereich als in sich komplex. |
| ○ Wirtschaftslehre als einfache Physik. | ○ Wirtschaftslehre als Wissenschaft von hochkomplexen Systemen. |

Und so weiter, drei Seiten lang. Es war sein Manifest für eine völlig neue Art der Wirtschaftslehre. Nach all diesen Jahren, sagt er, «hatte ich schließlich eine eigene Meinung. Eine Vision. Eine Lösung.» Es war eine Vision, die der des griechischen Philosophen Heraklit ähnelte: Man steigt nicht zweimal in denselben Fluß. In Arthurs neuer Ökonomie gehört die Welt der Wirtschaft zur Welt des Menschen. Sie ist immer gleich und doch niemals dieselbe. Sie ist im Fluß, immer veränderlich und lebendig.

## *Wozu das Ganze?*

Es wäre untertrieben, würde man sagen, Arthur sei vor Begeisterung aus den Nähten geplatzt. Aber es dauerte nicht lange, bis er erkannte, daß seine Begeisterung überhaupt nicht ansteckte, schon gar nicht andere Wirtschaftswissenschaftler. «Ich dachte, wer etwas Neues und Wichtiges tut – und der Gedanke der zunehmenden Erträge erklärte meiner Meinung nach eine Menge wirtschaftlicher Phänomene und wies in eine dringend benötigte neue Richtung –, der wird triumphal empfangen und auf Händen getragen. So naiv kann man sein.»

Noch bevor der November vorüber war, fand er sich bei einem Spaziergang im Park nahe des Habsburger Schlößchens des IIASA im Gespräch mit dem Ökonomen Victor Norman, einem Gast aus

Norwegen. Er hatte ihm aufgeregt sein Konzept der zunehmenden Erträge erläutert und plötzlich bestürzt gemerkt, daß Norman, ein angesehener Theoretiker auf dem Gebiet des internationalen Handels, ihn verwirrt ansah: Wozu das Ganze? Ganz ähnlich war die Reaktion, als er 1980 begann, die Lehre von den zunehmenden Erträgen zum Thema seiner Vorträge und Seminare zu machen. Etwa die Hälfte seiner Zuhörer war im allgemeinen sehr interessiert, während die andere Hälfte verwundert, skeptisch oder gar feindselig reagierte. Was sollte das alles? Und was hatten diese ominösen zunehmenden Erträge mit *wirklicher* Ökonomie zu tun?

Solche Fragen brachten Arthur in Verlegenheit. Wieso merkten sie es nicht? Es kam darauf an, die Welt so zu sehen, wie sie ist, nicht, wie sie nach irgendeiner eleganten Theorie sein sollte. Das Ganze erinnerte ihn an die Medizin der Renaissance. Die Ärzte waren theoretisch sehr bewandert, ließen sich aber nur selten dazu herab, einen Patienten anzufassen. Gesundheit war damals einfach eine Frage des Gleichgewichts. Ob man nun Sanguiniker oder Choleriker oder sonstwas war, man brauchte nur seinen Flüssigkeitshaushalt wieder ins Gleichgewicht zu bringen. «Aber wir wissen aus dreihundert Jahren medizinischer Forschung, daß der menschliche Organismus sehr kompliziert ist. Deshalb erwarten wir jetzt, daß ein Arzt seinem Patienten ein Stethoskop auf die Brust setzt und jeden Einzelfall betrachtet.» In der Tat, erst als die Mediziner ihre Aufmerksamkeit den wirklichen Komplikationen des Körpers zuwandten, konnten sie Verfahren und Medikamente entwickeln, die wirklich Heilung versprachen.

Für die Ökonomie sah Arthur in der Idee der zunehmenden Erträge einen Schritt auf diesem Weg. «Es kommt darauf an, das wirkliche Wirtschaftsleben zu beobachten. Es ist kompliziert, es entwickelt sich, es ist offen, und es ist organisch.»

Sehr schnell jedoch wurde klar, daß seine Kritiker sich eigentlich über die Vorstellung einer Wirtschaft aufregten, in der Strukturen auf unvorhersehbare Weise einrasten. Wenn die Welt sich selbst in so vielen verschiedenen möglichen Weisen ordnen kann, fragten sie, und wenn das schließlich gewählte Muster nichts als ein historischer Zufall ist, wie läßt sich dann irgend etwas vorhersagen? Und wie kann man etwas Wissenschaft nennen, bei dem sich nichts vorhersagen läßt?

Das war, wie Arthur zugeben mußte, eine gute Frage. Die Wirtschaftswissenschaftler waren schon seit langer Zeit davon überzeugt, ihr Gebiet sei so «wissenschaftlich» wie die Physik, alles sei also mit mathematischer Genauigkeit vorhersehbar. Es dauerte eine Weile, bis er begriff, daß die Physik nicht die einzige Naturwissenschaft ist. War Darwin «unwissenschaftlich», weil er nicht vorhersagen konnte, welche neuen Arten sich in den nächsten Millionen Jahren entwickeln werden? Sind Geologen unwissenschaftlich, weil sie nicht genau vorhersagen können, wo das nächste Erdbeben stattfinden oder das nächste Gebirge entstehen wird? Sind Astronomen unwissenschaftlich, weil sie nicht genau vorhersagen können, wo der nächste Stern geboren werden wird?

Vorhersagen sind schön und gut, wenn man sie machen kann. Aber das Wesentliche der Naturwissenschaft liegt in der *Erklärung*, im Aufzeigen der grundlegenden Mechanismen der Natur. Das tun Biologen, Geologen und Astronomen auf ihren Gebieten. Und das wollte Arthur für die zunehmenden Erträge tun.

Es überrascht nicht, daß solche Überlegungen niemanden überzeugten, der nicht sowieso überzeugt werden wollte. Bei einer Gelegenheit im Februar 1982 zum Beispiel, als Arthur am IIASA nach einer Vorlesung über zunehmende Erträge Fragen beantwortete, erhob sich ein amerikanischer Besucher, ebenfalls Wirtschaftswissenschaftler, und forderte ziemlich ärgerlich: «Geben Sie mir ein Beispiel für eine technische Entwicklung, in die wir eingerastet sind, die historisch gesehen ihren Konkurrenten nicht überlegen ist!»

Arthur schaute auf die Uhr im Auditorium, weil seine Zeit fast verstrichen war, und sagte, fast ohne zu überlegen: «Oh! Die Uhr!»

Die Uhr? Ja, erklärte er, all unsere Uhren haben heute Zeiger, die sich «im Uhrzeigersinn» bewegen. Nach seiner Theorie jedoch sei zu vermuten, daß es früher andere, jetzt tief im Schoß der Geschichte verborgene Vorfahren gegeben habe, die genauso gut hätten sein können wie die jetzige. Zufällig gewannen nicht sie das Übergewicht. «Vielleicht hat es früher einmal Uhren gegeben, deren Zeiger andersherum liefen. Sie könnten genauso gebräuchlich gewesen sein wie die unsrigen heute.»

Der Fragesteller war wenig beeindruckt. Ein anderer angesehener amerikanischer Ökonom stand auf und bemerkte schnippisch: «Ich kann nicht sehen, daß da etwas eingerastet ist. Ich trage eine Digitaluhr.»

Aus Arthurs Sicht hatte er nicht begriffen, um was es ging. Aber die Zeit war abgelaufen. Außerdem hatte er nur eine Vermutung geäußert. Etwa drei Wochen später jedoch erhielt er eine Postkarte von James Vaupel, einem Kollegen am IIASA, der in Florenz Urlaub machte. Die Postkarte zeigte die 1443 von Paolo Uccello entworfene Uhr des Doms von Florenz, deren Zeiger sich entgegen dem heute üblichen Uhrzeigersinn drehen. (Das Zifferblatt gibt zudem alle 24 Stunden an.) Auf die andere Seite hatte Vaupel nur geschrieben: «Herzlichen Glückwunsch!»

Uccellos Uhr gefiel Arthur so gut, daß er eine Folie von der Abbildung machen ließ, die er bei all seinen späteren Vorträgen über Verfestigungsprozesse, das *Lock-in*, auf die Leinwand projizieren konnte. Das Bild löste immer starke Reaktionen aus. Einmal zeigte er es während eines Vortrags in Stanford, als ein Student aufsprang, die Folie umdrehte, so daß alles seitenverkehrt war, und triumphierend sagte: «Sehen Sie! Es ist Betrug. Die Uhr läuft im Uhrzeigersinn!» Glücklicherweise hatte Arthur sich in der Zwischenzeit mehr mit Uhren beschäftigt und konnte eine andere Folie auf den Projektor legen, die eine rückwärts laufende Uhr mit einer lateinischen Inschrift zeigte. «Wenn Sie dies nicht für Leonardo da Vincis Spiegelschrift halten wollen, müssen Sie zugeben, daß diese Uhren rückwärts laufen», kommentierte er.

Arthur konnte seinen Zuhörern damals schon beliebig viele Beispiele für eingerastete Zustände geben. Außer dem Wettbewerb der Videosysteme und QWERTZ konnte er zum Beispiel den merkwürdigen Fall des Verbrennungsmotors anführen. Gegen Ende des 19. Jahrhunderts, als die amerikanische Autoindustrie noch in den Kinderschuhen steckte, hatte, wie Arthur entdeckte, Benzin in den Augen der Zeitgenossen wenig Aussicht, der Treibstoff der Zukunft zu werden. Sein Hauptrivale, die Dampfkraft, war hochentwickelt, vertraut und sicher. Benzin dagegen war teuer, lärmte, konnte gefährlich explodieren, mußte die richtige Oktanzahl haben und brauchte einen ganz anderen Motor mit komplizierten neuen Teilen. Benzinmotoren hatten zudem einen viel geringeren Wirkungsgrad. Wenn die Dinge anders gelaufen wären und Dampfmaschinen ebenso von neunzig Jahren Entwicklungsarbeit hätten profitieren können wie Benzinmotoren, könnten wir heute mit wesentlich geringerer Luftverschmutzung leben, und unsere Wirtschaft wäre viel weniger vom Erdöl abhängig.

Aber das Benzin setzte sich durch – zum größten Teil, jedenfalls in den USA, aufgrund einer Reihe historischer Zufälle. 1895 gewann zum Beispiel eine Duryea mit einem Benzinmotor ein Autorennen, das die Zeitung *Times-Herald* in Chicago ausgeschrieben hatte – von sechs gestarteten Fahrzeugen erreichten nur zwei das Ziel. Vielleicht veranlaßte dieses Ergebnis den Fabrikanten Ransom Olds, 1896 ein Patent für einen Benzinmotor anzumelden, und schon bald lohnte es sich für ihn, diesen Prototyp serienmäßig herzustellen. Dadurch konnte der Benzinmotor seinen Fehlstart aufholen. Dann brach 1914 in Nordamerika eine Maul- und Klauenseuche aus, was dazu führte, daß die Pferdetränken entfernt wurden – und nur dort konnten die Dampfautos Wasser nachfüllen. Als die Gebrüder Stanley ein Kondensator- und Boilersystem entwickelt hatten, das Wassertanks alle fünfzig, sechzig Kilometer überflüssig machte, war es schon zu spät. Das Dampfauto konnte sich nicht mehr erholen. Benzinmotoren waren bald selbstverständlich.

Ein weiteres Beispiel: die Kernkraft. Als die USA 1956 ihr Programm zur zivilen Nutzung der Kernkraft verabschiedeten, waren mehrere Reaktortypen im Gespräch: Reaktoren, die mit Gas, mit gewöhnlichem Leichtwasser, seltenerem Schwerwasser oder sogar mit flüssigem Natrium gekühlt werden konnten. Jedes Modell hatte seine technischen Vor- und Nachteile. Aus dreißig Jahren Distanz sind viele Experten heute der Auffassung, daß ein gasgekühltes Hochtemperatursystem deutlich sicherer und wirksamer ist als alle anderen. Aber technische Überlegungen waren für die Entscheidung fast bedeutungslos. Als die Sowjets im Oktober 1957 den *Sputnik* starteten, wollte die Regierung Eisenhower unbedingt sofort einen Reaktor vorweisen – irgendeinen. Damals war der einzige Typ, der sich relativ schnell fertigstellen ließ, eine sehr kompakte Variante der mit Leichtwasser betriebenen Reaktoren, die von der Marine als atomarer Antrieb für ihre Unterseeboote entwickelt worden war. Also wurde das Modell der Marine in aller Eile auf eine kommerziell nutzbare Größe gebracht und in Betrieb genommen. Das führte zur technischen Weiterentwicklung dieses Reaktortyps, der dann um 1960 in den USA alle anderen verdrängt hatte.

Arthur erinnert sich, wie er 1984 bei einem Vortrag auf den Leichtwasserreaktor zu sprechen kam. «Ich führte ihn als ein einfaches Beispiel dafür an, wie sich die Wirtschaft gelegentlich auf ein minderwertiges Ergebnis festlegt. Woraufhin ein sehr angesehener Wirtschaftswissenschaftler aufstand und rief: ‹Gut, aber in einer wirklich freien kapitalistischen Marktwirtschaft könnte das nicht passieren!› Er führte eine Menge technischer Gründe an, aber es lief darauf hinaus, daß der perfekte Kapitalismus, wenn nur eine Reihe zusätzlicher Voraussetzungen erfüllt seien, die Welt des Adam Smith wiederherstellen würde.»

Vielleicht hatte er recht. Etwa ein halbes Jahr später hielt Arthur jedoch den gleichen Vortrag in Moskau. Woraufhin einer der Zuhörer, Mitglied des Obersten Sowjet, aufstand und rief: «Was Sie da beschreiben, kann vielleicht im Westen passieren, aber niemals in einer perfekten sozialistischen Planwirtschaft. Wir würden das richtige Ergebnis erhalten.»

Solange QWERTZ, Dampfautos und Wasserreaktoren nur vereinzelte Beispiele waren, konnten die Kritiker natürlich *Lock-in-*

Effekte und zunehmende Erträge immer als selten und pathologisch abtun. Die *normale* Wirtschaft, sagten sie, sei mit Sicherheit nicht so verworren und unvorhersehbar. Und zuerst vermutete Arthur, sie könnten damit recht haben. Meistens ist der Markt wirklich ziemlich stabil. Erst viel später, als er eine Vorlesung für Studenten höherer Semester vorbereitete, wurde ihm plötzlich klar, warum sich die Kritiker irrten. Zunehmende Erträge sind keineswegs selten: Im High-Tech-Bereich ist dieses Prinzip sogar die Regel.

Man sehe sich, erläutert Arthur, ein Software-Produkt wie Windows von Microsoft an. Die Firma gab für Forschung und Entwicklung 50 Millionen Dollar aus, bis sie das erste Exemplar vorlegen konnte. Das zweite kostete – wieviel? Vielleicht 10 Dollar Materialkosten? Genauso ist es in der Elektronik, bei der Computer-Hardware, bei Arzneimitteln, selbst bei Flugzeugen. «Die Nebenkosten sind praktisch null, deshalb wird das Erzeugnis mit jeder Kopie billiger.» Mehr noch, jede Kopie bietet Gelegenheit zum Lernen, wie noch mehr auf einen Mikroprozessorchip paßt und so weiter. Eine größere Produktion wird also enorm belohnt – kurz, das System wird von zunehmenden Erträgen regiert.

Für die an den High-Tech-Erzeugnissen interessierten Kunden lohnt es sich ebenfalls, bei einem System zu bleiben. «Wenn ich eine Fluggesellschaft vertrete und mich für den Kauf einer Boeing entscheide», sagt Arthur, «will ich viele kaufen, damit meine Piloten sich nicht umzustellen brauchen.» Entsprechend wird jede Firma daran interessiert sein, lauter gleiche PCs für ihre Mitarbeiter zu kaufen, damit alle die gleiche Software benutzen können. Das führt dazu, daß die Spitzentechnologien sich sehr bald auf relativ wenige Standardmarken beschränken.

Vergleichen wir das einmal mit den üblichen Massenwaren wie Getreide, Dünger oder Zement: Das für ihre Produktion notwendige Know-how wurde zum größten Teil vor vielen Generationen erworben. Heute stellen Arbeit, Land und Rohstoffe die größten Kostenfaktoren dar, Bereiche, in denen es bald zu abnehmenden Erträgen kommen kann. (Um zum Beispiel mehr Getreide anzubauen, werden Bauern weniger fruchtbares Land bearbeiten müssen.) Dieses sind gewöhnlich stabile, ausgereifte Industrien, die sich hinreichend genau durch die herkömmliche neoklassische Wirtschaftslehre beschreiben lassen. «In diesem Sinne ersetzt die Theorie der zunehmenden Erträge keineswegs die Standardtheorie», erklärt Arthur. «Sie hilft, die Standardtheorie zu vervollständigen. Sie gilt einfach in einem anderen Bereich.»

Praktisch bedeutet dies, so fügt er hinzu, daß die Politiker in den USA sehr vorsichtig sein sollten, wenn sie etwa Überlegungen über die Handelsbeziehungen zu Japan anstellen. «Wenn man sich auf die Standardtheorie verläßt, kann man ganz schön in die Irre gehen.» Vor mehreren Jahren habe er an einer Konferenz teilgenommen, auf der der britische Wirtschaftswissenschaftler Christopher Freeman erklärte, der Erfolg Japans auf dem Gebiet der Verbraucherelektronik und in anderen hochtechnisierten Märkten sei unvermeidlich. Man sehe sich nur an, wie niedrig dort die Kapitalkosten sind, sagte Freeman, und bringe sie in Verbindung mit ihren gewieften Geschäftsbanken, den mächtigen Kartellen und dem Zwang, wegen des Mangels an Öl und Bodenschätzen alle technischen Möglichkeiten auszuschöpfen.

«Ich war der nächste Sprecher», erzählt Arthur. «Ich sagte also: ‹Stellen wir uns vor, Thailand oder Indonesien hätte sich so entwickelt, und Japan dämmere noch vor sich hin. Die Ökonomen alter Schule würden dann alle auf genau diese Gründe verweisen, um Japans Rückständigkeit zu erklären. Die günstigen Zinssätze bedeuten eine geringe Rendite, deshalb gibt es keine Investitionsanreize. Kartelle sind bekanntlich marktbehindernd. Kollektive Entscheidung bedeutet zähe Entscheidung. Banken sind nicht risikofreudig. Und Volkswirtschaften sind benachteiligt, wenn sie weder Öl noch Bodenschätze haben. Wie hat es also zu dieser Entwicklung der japanischen Wirtschaft kommen können?›»

Da sich die japanische Wirtschaft ganz offensichtlich doch entwickelt hat, bevorzugt Arthur eine andere Erklärung. «Ich behauptete, die japanischen Firmen seien nicht deshalb erfolgreich gewesen, weil sie über Zauberkräfte verfügten, die den amerikanischen und europäischen Firmen abgingen, sondern weil das Bemühen um zunehmende Erträge die Märkte im High-Tech-Bereich instabil, lukrativ und angreifbar macht – und weil Japan das besser und früher verstanden hat als andere Länder. Die Japaner haben sehr schnell von anderen Menschen gelernt. Und sie gehen sehr geschickt bei der Eroberung von Märkten vor, indem sie mit großen Warenmengen in sie hineindrängen und die Dynamik zunehmender Erträge nutzen, ihren Vorteil zu sichern.»

Er glaube das immer noch, sagt Arthur. Genauso vermutet er, einer der Hauptgründe für die großen Probleme der USA mit dem «Wettbewerb» liege darin, daß die Regierungspolitiker genau wie die wichtigen Wirtschaftsführer nur sehr langsam das Wesen eines Marktes durchschauten, bei dem der Gewinner alles einsteckt. Etwa von 1970 bis 1985 befolgte die US-Regierung eine «Hände weg von der Wirtschaft»-Politik, die auf konventionellem wirtschaftlichen Denken beruhte und nicht erkannte, wie wichtig es ist, einen frühen Vorsprung zu gewinnen, bevor die andere Seite den Markt beherrscht. Deshalb wurden die Elektronikindustrien genauso behandelt wie die anderen Massenindustrien. Jede «Industriepolitik», die aufkeimenden Industriezweigen einen Anstoß hätte geben können, wurde als Angriff auf den freien Markt diskreditiert. Das Ziel blieb freier und offener Handel. In den neunziger Jahren ändert sich dieses Denken langsam, aber nur wenig. Arthur behauptet deshalb, es sei höchste Zeit, die herrschende Lehre unter dem Gesichtspunkt der zunehmenden Erträge zu überdenken. «Wenn wir weiterhin unseren Wohlstand auf unser Wissen gründen wollen, müssen wir uns die neuen Regeln zu eigen machen.»

Während Arthur auf Dutzende von Beispielen für zunehmende Erträge stieß, suchte er zugleich nach Möglichkeiten, dieses Phänomen mathematisch zu analysieren. «Ich habe gar nichts gegen Mathematik an sich», sagt er. «Ich verwende sie immerzu. Ich bin nur dagegen, sie am falschen Ort anzuwenden, wenn sie zum Formalismus um seiner selbst willen wird. Wenn man etwas mathematisch erfaßt, erkennt man das Wesentliche.»

Außerdem war Arthur sicher, seine Theorie würde für Wirtschaftswissenschaftler niemals mehr als eine Beispielsammlung sein, wenn er das Konzept der zunehmenden Erträge nicht streng mathematisch analysierte. Man brauchte nur daran zu denken, was bei allen früheren Bemühungen um die Einführung dieses Begriffs passiert war. Der große britische Volkswirt Alfred Marshall hatte ihm 1891 in seinen ‹*Principles of Economics*› – dem Buch, in dem er auch den Begriff der abnehmenden Erträge einführte – relativ viel Raum gewidmet «Marshall hat sehr gründlich über zunehmende Erträge nachgedacht», sagt Arthur. «Aber er hatte nicht die mathematischen Hilfsmittel, um sie analytisch zu erfassen.» Vor allem habe Marshall schon damals erkannt, daß zunehmende Erträge in der Wirtschaft zu mehr als nur einem Ergebnis führen könnten, und das habe die Ökonomen vor die grundsätzliche Frage gestellt, warum eine bestimmte Entwicklung und nicht eine andere die Oberhand gewinnt. An diesem Punkt seien sie seitdem immer wieder gescheitert. «Immer wenn mehr als ein Gleichgewichtszustand möglich war, hielt man das Ergebnis für unbestimmt. Und das war schon das Ende der Überlegungen. Es gab keine *Theorie* darüber, wie ein Gleichgewichtspunkt selektiert wird, und deswegen konnten die Volkswirtschaftler mit dem Begriff zunehmende Erträge nichts anfangen.»

Also machte sich Arthur an die Arbeit. Er suchte nach einem mathematischen Rahmen, der die *Dynamik* berücksichtigte – und ausdrücklich, Schritt für Schritt, zeigte, wie der Markt angesichts verschiedener möglicher Ergebnisse seine Wahl trifft. «In der wirklichen Welt kommt ein Ergebnis nicht einfach so zustande. Zuerst gibt es kleine Zufallsereignisse, die durch positive Rückkopplung verstärkt werden.» Nach vielen Beratungen mit seinen Freunden und Kollegen stellte er 1981 schließlich eine Reihe abstrakter Gleichungen auf, die auf einer raffinierten Theorie nichtlinearer Zufallsprozesse beruhten. Das seien ganz allgemeingültige Gleichungen, sagt er, die eigentlich für alle Situationen gelten, in denen es um zunehmende Erträge gehe. Begrifflich jedoch sei das etwa so: Nehmen wir an, jemand wolle ein Auto kaufen. (Damals kauften die Leute beim IIASA Volkswagen und Fiats.) Und nehmen wir der Einfachheit halber an, es stünden nur zwei Modelle zur Wahl. Wir nennen sie A und B. Man liest also die Broschüren, aber weil sich die beiden Modelle sehr ähnlich sind, weiß man immer noch nicht, welches man kaufen soll. Was tut man? Normalerweise fragt man seine Freunde. Und dann passiert es, rein zufällig, daß die ersten zwei, drei Menschen, die man darauf anspricht, erzählen, sie führen Automarke A und seien zufrieden damit. Also kauft man auch dieses Auto.

Jetzt gibt es also einen Typ-A-Besitzer mehr. Wenn der nächste prospektive Autokäufer sich erkundigt, ist die Wahrscheinlichkeit, daß er auf einen Typ-A-Fahrer stößt, ein bißchen größer. Dieser Mensch wird also mit etwas größerer Wahrscheinlichkeit Typ A kaufen als man selbst. Wenn solche kleinen glücklichen Zufälle oft genug passieren, wird Typ A zum Marktführer.

Andererseits könnte es auch gerade entgegengesetzt gelaufen sein. Man könnte Modell B gewählt haben, und dann hätte Auto B den Vorsprung gehabt.

Es läßt sich, so Arthur, mathematisch zeigen, daß ein solcher Prozeß mit wenigen Zufallsentscheidungen zu Beginn zu jedem möglichen Ausgang führen kann. Die Verkaufszahlen können schließlich im Verhältnis von 40 Prozent A zu 60 Prozent B oder von 89 Prozent A zu 11 Prozent B oder irgendwie anders liegen. Und das ist alles reiner Zufall. Es hat nichts mit Qualität zu tun. «Dieser Beweis war für mich die größte Herausforderung, der ich mich je gestellt habe», sagt Arthur. Aber 1981 hatte er ihn in Zusammenarbeit mit Jurij Jermoljew und Jurij Kanjowskij von der Skorochod-Schule in Kiew gefunden. Die beiden Mathematiker – «zwei der besten Wahrscheinlichkeitstheoretiker der Welt» – waren beim IIASA seine Kollegen gewesen. Die drei veröffentlichten die erste ihrer Arbeiten zu dem Thema 1983 in der sowjetischen

Fachzeitschrift *Kibernetika.* «Jetzt konnten die Volkswirte nicht nur den ganzen Prozeß verfolgen, aus dem *ein* Resultat hervorgeht, sondern mathematisch begründen, wie unterschiedliche zufällige Ereignisse radikal verschiedene Ergebnisse zur Folge haben können.»

Jetzt – und das ist Arthur am wichtigsten – waren zunehmende Erträge nicht mehr, wie der große österreichische Wirtschaftswissenschaftler Joseph Alois Schumpeter gesagt hat, «ein Chaos, das sich der analytischen Kontrolle entzieht».

## *Das Sakrileg*

1982 stellte Arthur plötzlich fest, daß das IIASA viel weniger gastfreundlich war als früher, was an dem sich rapide dem Gefrierpunkt nähernden Kalten Krieg lag. Die Regierung Reagans war bemüht, jeden Verdacht einer Annäherung an das Reich des Bösen zu vermeiden, und hatte die Beteiligung der USA am IIASA abrupt zurückgezogen. Arthur ging mit Bedauern. Er hatte gern mit seinen russischen Kollegen zusammengearbeitet, und er konnte sich keinen schöneren Arbeitsplatz denken als das Jagdschloß der Kaiserin. Aber die Dinge liefen auch so nicht schlecht. Als Überbrückung nahm Arthur eine einjährige Gastprofessur in Stanford an, wobei ihm sein Ruf als Bevölkerungswissenschaftler gut zustatten kam. Kurz bevor das Jahr herum war, rief ihn die Dekanin an: «Unter welchen Umständen würden Sie hierbleiben?»

Arthur, in der Gewißheit, Angebote von der Weltbank, der Londoner School of Economics und der Universität Princeton praktisch schon in der Tasche zu haben, antwortete: «Ich weiß, daß hier eine Stiftungsprofessur frei wird...»

Die Dekanin war schockiert. Stiftungsprofessuren genießen besonderes Ansehen. Sie werden im allgemeinen nur mit den renommiertesten Gelehrten besetzt. Wer auf einem solchen Stuhl sitzt, hat ausgesorgt. «Über Stiftungsprofessuren wird nicht verhandelt!» erklärte sie.

«Ich wollte nicht verhandeln», sagte Arthur. «Sie haben mich gefragt, unter welchen Umständen ich hierbleiben würde.»

Also wurde er berufen. Mit 37 Jahren wurde Arthur 1983 Dean-und-Virginia-Morrison-Professor für Bevölkerungswissenschaft und Volkswirtschaftslehre. «Meine erste Dauerstelle in der akademischen Welt!» lacht er. Er war einer der Jüngsten, die in Stanford je eine solche Professur besetzt haben.

Er genoß den Augenblick – und im Rückblick war das gut so. Es sollte für ihn lange Zeit wenige solche Augenblicke geben. Seine Arbeit als Bevölkerungswissenschaftler mochte seinen Kollegen ja gut gefallen, aber viele hielten seine Vorstellungen von zunehmenden Erträgen für haarsträubend.

Seine heftigsten Kritiker waren fast immer Amerikaner. «Jedesmal wenn ich meine Gedanken in den USA vortrug, war die Hölle los. Die Menschen spielten schon bei der Vorstellung verrückt, daß es zunehmende Erträge geben könnte.»

Arthur verstand die Feindseligkeit seiner Landsleute nicht, und sie verstörte ihn. Einiges davon schrieb er ihrer wohlbekannten Vorliebe für die Mathematik zu. Wenn man seine Laufbahn damit verbracht hat, Sätze über die Existenz des ökonomischen Gleichgewichts, seine Eindeutigkeit und Effizienz zu beweisen, dann ist man vermutlich wenig begeistert, von jemandem zu hören, mit dem Gleichgewicht sei etwas nicht in Ordnung.

Arthur spürte jedoch, daß die Feindseligkeit tiefer ging. Amerikanische Volkswirte bekennen sich besonders leidenschaftlich zu den Grundsätzen der freien Marktwirtschaft. Diese Leidenschaft hatte, wie Arthur allmählich klar wurde, ihre Ursache in der Verquickung des Ideals der freien Marktwirtschaft mit den amerikanischen Idealen der Rechte des einzelnen und der individuellen Freiheit: Beide beruhen auf der Vorstellung, daß es für die Gesellschaft am besten ist, wenn die Menschen, vom Staat ungestört, tun können, was sie wollen.

«Jede demokratische Gesellschaft hat ihre eigenen Probleme zu lösen», sagt Arthur. «Wie kann man das Gemeinwohl wahren, wenn jeder sich nur um sich selbst kümmert? In Deutschland wird das Problem dadurch gelöst, daß jeder jeden vom Fenster aus beobachtet. Da kommt einfach jemand her und sagt: «Setzen Sie dem Kind eine Mütze auf!»

In England sei man davon überzeugt, weise Leute müßten die Sache von oben her unter Kontrolle halten. «O ja, da wurde diese Königliche Kommission gebildet, unter dem Vorsitz von Lord So-und-So. Wir haben alle Interessen berücksichtigt und bauen morgen in Ihrem Garten einen Kernreaktor.»

In den USA sei das Ideal größtmögliche individuelle Freiheit – oder, wie Arthur es ausdrückt, «jeder kann sein eigener John Wayne sein und mit einem Gewehr herumlaufen». Wenn es auch mit der praktischen Verwirklichung dieses Ideals nicht so weit her sei, gehe von ihm doch immer noch eine mythische Kraft aus.

Die Idee, die Wirtschaft lasse zunehmende Erträge zu, verletzt diesen Mythos zutiefst. Wenn es von kleinen Zufallsereignissen abhängt, welches von mehreren möglichen Ergebnissen tatsächlich «einrastet», ist das so selektierte Ergebnis vielleicht *nicht* das beste. Die größtmögliche Freiheit des einzelnen – und der freie Markt – führen dann *nicht* unbedingt zur besten aller möglichen Welten. Indem Arthur die Idee der Zunahme von Erträgen verfocht, betrat er unwissentlich ein Minenfeld.

Arthur muß zugeben, daß er sich einen Teil der Querelen selbst zuzuschreiben hat. «Wäre ich jemand gewesen, der unter seinen Kollegen nach Verbündeten sucht – das Ganze wäre wohl glatter abgelaufen. Aber ich gehöre nicht von selbst immer gleich dazu. Ich bin einfach kein Vereinsmeier.»

Sein irischer Hang zur Rebellion regte sich erneut, als es darum ging, seine Gedanken zu formulieren. Er wollte sie nicht in viel überflüssige Fachsprache und Scheinanalysen verpacken, nur um sie denen, die mit dem Hauptstrom der Forschung schwammen, schmackhaft zu machen. Und deshalb beging er einen entscheidenden taktischen Fehler: Im Sommer 1983 schrieb er seine erste Arbeit über zunehmende Erträge, die zur offiziellen Veröffentlichung vorgesehen war, in einer mehr oder weniger allgemeinverständlichen Sprache.

«Ich war davon überzeugt, daß ich auf etwas für die Wirtschaft Entscheidendes gestoßen war», erklärt er. «Deshalb beschloß ich, es so eingängig wie möglich zu beschreiben, auf einem Niveau, das auch Studenten in den Anfangssemestern verstehen konnten. Ich dachte, die Mathematik würde die Überlegungen nur verschleiern. Ich dachte auch: ‹Meine Güte, ich habe schon genug schwierige mathematische Arbeiten veröffentlicht. Das brauche ich nicht mehr zu beweisen.›»

Falsch. Die Theoretiker unter den Wirtschaftswissenschaftlern verwenden ihr mathematisches Können wie Hirsche ihr Geweih: Sie kämpfen damit um die Vorrangstellung. Ein Hirsch ohne Geweih ist kein Hirsch. Es war gut, daß Arthur sein Manuskript im Herbst als Arbeitspapier des IIASA kursieren ließ. Die offizielle veröffentlichte Fassung sah das Licht der Welt erst sechs Jahre später.

Die angesehenste amerikanische Fachzeitschrift, *The American Economic Review,* schickte die Arbeit Anfang 1984 mit einem Brief des Herausgebers zurück, der im wesentlichen besagte: «Kommt nicht in Frage!» *The Quarterly Journal of Economics* schrieb, die Gutachter hätten zwar keinen Fehler finden können, meinten aber, die Arbeit tauge nichts. *The American Economic Review,* diesmal unter einem neuen Herausgeber, nahm die Arbeit, als sie ihr zum zweitenmal vorgelegt wurde, zunächst an, reichte sie aber intern zweieinhalb Jahre lang weiter; während dieser Zeit verlangten die Gutachter unzählige Änderungen und Umarbeitungen, um sie dann doch wieder abzulehnen. Die britische Fachzeitschrift *The Economic Journal* sagte einfach «Nein!» (Nach etwa vierzehn Überarbeitungen wurde die Arbeit schließlich vom *Economic Journal* angenommen und im März 1989 unter dem Titel «Competing Technologies, Increasing Returns and Lock-In by Historical Events» veröffentlicht.)

Arthur war in seiner Wut völlig hilflos. Martin Luther hatte seine

95 Thesen ans Portal der Schloßkirche zu Wittenberg genagelt, so daß sie jeder lesen konnte. Aber im modernen Forschungsbetrieb gibt es keine Kirchenportale. Einen Gedanken, der nicht in einer etablierten Zeitschrift nachzulesen ist, gibt es offiziell nicht. Bittere Ironie lag in der für Arthur besonders frustrierenden Tatsache, daß der Gedanke einer Zunahme der Erträge in derselben Zeit langsam Fuß faßte. Er führte zu einer regelrechten Bewegung in den Wirtschaftswissenschaften – aber solange die Arbeit nicht gedruckt war, hatte er keinen Anteil daran.

Zum Beispiel waren die Wirtschaftshistoriker daran interessiert – die Forscher, die sich empirisch mit Technikgeschichte, dem Entstehen von Industrien und der Entwicklung der Wirtschaftssysteme beschäftigten. In Stanford hatten sie zu Arthurs ersten und begeistertsten Anhängern gehört. Jahrelang hatten sie unter der Tatsache gelitten, daß die neoklassische Theorie, nimmt man sie wirklich beim Wort, die Geschichte als nebensächlich erscheinen läßt. Eine Volkswirtschaft im perfekten Gleichgewicht ist unabhängig von historischen Entwicklungen. Der Markt verhilft ganz unabhängig davon, welche Zufälle der Geschichte es auch geben mag, der besten aller möglichen Welten zum Zuge. Allerdings nahmen nur sehr wenige Ökonomen diese strenge Deutung völlig ernst – und doch erwogen viele wirtschaftswissenschaftliche Fakultäten, das Fach Wirtschaftsgeschichte aus ihrem Lehrplan zu streichen. Die Historiker also fanden Gefallen an Arthurs Ideen. Sie interessierten sich für das *Lock-in.* Ihnen gefiel die Vorstellung, kleine Ereignisse könnten große Folgen haben. Sie sahen in Arthurs Konzept der zunehmenden Erträge etwas, das ihnen eine Existenzberechtigung gab.

Ein überzeugter Verfechter dieser Sehweise war Arthurs Kollege Paul David, ebenfalls an der Universität Stanford, der um 1975 unabhängig von ihm einige Gedanken über zunehmende Erträge und Wirtschaftsgeschichte veröffentlicht hatte. Aber aus Arthurs Sicht war auch Davids Unterstützung keine Hilfe. Auf der Jahresversammlung der amerikanischen Economics Association Ende

1984 nahm David an einer Podiumsdiskussion zum Thema «Welchen Nutzen hat die Geschichte?» teil. Vor achthundert Fachleuten erläuterte er sein *Lock-in*-Konzept – das Einrasten historischer Entwicklungen – und die Pfadabhängigkeit, die Möglichkeit der Wahl, am Beispiel der QWERTZ-Tastatur. Der Vortrag war eine Sensation. Auch die überzeugtesten mathematischen Ökonomen waren beeindruckt: Hier fanden sie eine *theoretische* Begründung des Einflusses geschichtlicher Vorgänge. Schon bald wurde Arthur gefragt: «Ah, Sie kommen von Stanford. Kennen Sie die Arbeiten von Paul David über *Lock-in* und Pfadabhängigkeit?»

«Es war schrecklich», erinnert sich Arthur. «Ich hatte etwas zu sagen und konnte es nicht sagen – und meine Ideen wurden anderen zugeschrieben. Es sah so aus, als ob ich den Ereignissen hinterherlief, anstatt sie in Gang zu setzen. Ich hatte das Gefühl, im falschen Film zu sein – ohne Happy-end.»

Er hatte Alpträume: «Ungefähr dreimal in der Woche träumte ich von einem startenden Flugzeug – und ich kam nicht mit. Ich hatte das Gefühl, daß ich endgültig abgehängt worden war.» Er erwog, die Wirtschaftswissenschaften aufzugeben und sich wieder ganz der Bevölkerungswissenschaft zuzuwenden. Seine akademische Laufbahn schien beendet zu sein.

Allein seine Sturheit hielt ihn aufrecht. «Ich machte einfach immer weiter», sagt er. «Ich glaubte einfach weiter daran, daß das System irgendwo nachgeben würde.»

Und er hatte recht. Er brauchte nicht einmal sehr lange zu warten.

# 2 Die Revolte der alten Strategen

Etwa einen Monat nach seinem unseligen Besuch in Princeton schlenderte Brian Arthur an einem sonnigen Apriltag über das Gelände der Stanford University und bemerkte gedankenverloren, wie ein Fahrrad neben ihm hielt. Ein stattlicher Mann im Jackett, mit Krawatte und zerbeultem weißen Schutzhelm, stieg ab. «Hallo», sagte er, «ich wollte Sie gerade anrufen.»

Es war Kenneth Arrow. Arthur war sofort auf der Hut. Nicht, daß er Angst vor ihm gehabt hätte. Zwar hatte Arrow die Art hypermathematischer Wirtschaftswissenschaften, gegen die Arthur sich auflehnte, zum großen Teil entwickelt, doch galt er als umgänglicher, offener Mann, dem nichts lieber war als eine deftige Auseinandersetzung und der einem Menschen auch dann freundschaftlich gesonnen blieb, wenn er dessen Argumente zuvor in der Luft zerrissen hatte. Es war eher so, daß ein Gespräch mit Arrow einer Audienz beim Papst glich. Arrow genoß den Ruf, der bedeutendste lebende Nationalökonom der Welt zu sein. Vor über zehn Jahren hatte er den Nobelpreis bekommen. Jetzt war er 65 Jahre alt, dachte noch immer blitzschnell und war ausgesprochen ungeduldig, wenn jemand schlampig argumentierte. Er konnte allein dadurch, daß er den Raum betrat, die ganze Atmosphäre in einem Hörsaal verändern. Der Vortragende äußerte sich dann nur noch mit größter Vorsicht. Die Zuhörer ließen alle Späße sein und nahmen Haltung an. Jeder konzentrierte sich dann auf das Thema. Fragen und Bemerkungen wurden mit großer Sorgfalt formuliert. Vor Ken Arrow wollte sich niemand bloßstellen.

«Oh, guten Tag», sagte Arthur.

Arrow war offenbar in Eile und erklärte rasch, er helfe dabei, in einem kleinen Institut in Santa Fe ein Treffen von Wirtschaftswissenschaftlern und Physikern zu organisieren. Es solle gegen Ende des Sommers stattfinden, sagte er. Der Plan sei, daß er zehn Wirtschaftswissenschaftler einladen solle und Phil Anderson, der Festkörperphysiker, zehn Physiker. «Könnten Sie kommen und einen Vortrag über *Mode-locking* halten?» fragte er.

«Na klar», hörte Arthur sich sagen. *Mode-locking*? Was zum Teufel war das? Meinte Arrow etwa seine Arbeit über *Lock-in* und zunehmende Erträge? Kannte Arrow seine Arbeit über zunehmende Erträge überhaupt? «Äh, wo ist dieses Institut?»

«In Santa Fe, im Vorgebirge der Rocky Mountains», sagte Arrow und bestieg wieder sein Rad. Mit einem hastigen Gruß und dem Versprechen, später weitere Informationen zu schicken, fuhr er davon; sein weißer Helm war noch lange auf den von Palmen flankierten Wegen Stanfords zu sehen.

Arthur starrte ihm nach und überlegte, auf was in aller Welt er sich da wohl eingelassen hatte. Er wußte nicht, worüber er sich mehr wundern sollte: daß Physiker mit Ökonomen reden wollten – oder daß Arrow mit *ihm* reden wollte.

Einige Wochen später, im Mai 1987, erhielt Arthur einen Anruf von einem Mann mit freundlicher, leiser Stimme, der sich als George Cowan vom Sante-Fe-Institut vorstellte. Cowan dankte ihm für seine Zusage, am Wirtschaftstreffen im Herbst teilzunehmen. Er und seine Kollegen hielten diese Konferenz für sehr wichtig, erklärte er. Das Institut sei eine kleine private Organisation, eingerichtet von dem Physiker Murray Gell-Mann und anderen; man wolle dort bestimmte Aspekte komplexer Systeme untersuchen, womit alles mögliche gemeint sei, von der Festkörperphysik bis zur Gesellschaft als Ganzem – einfach alles, bei dem es viele stark miteinander wechselwirkende Teile gebe. Das Institut habe weder einen Lehrkörper noch Studenten. Aber man versuche dort, ein möglichst weites Netzwerk von Forschern zu knüpfen. Die Wirtschaftswissenschaften spielten dabei eine wichtige Rolle.

Aber eigentlich rufe er an, fügte Cowan hinzu, weil Ken Arrow vorgeschlagen habe, Arthur möge im Herbst für längere Zeit Gast des Instituts sein. Er könne dann mehrere Wochen vor dem Wirtschaftstreffen kommen und einige Wochen länger bleiben, so daß er mit den anderen dort arbeitenden Wissenschaftlern reden und arbeiten könnte. Ob er Interesse hätte?

«Sicherlich», sagte Arthur. Sechs Wochen im Herbst in Santa Fe und noch dazu auf Spesen – warum nicht? Außerdem mußte er zugeben, daß ihn die geballte akademische Sprengkraft dort beeindruckte. Nach Arrow und Anderson war Gell-Mann der dritte Nobelpreisträger, von dem er in Verbindung mit diesem Institut in Santa Fe hörte. Gell-Mann hatte die Idee mit den «Quarks» gehabt, den kleinen Dingern, die im Innern von Protonen und Neutronen herumhüpfen. Arthur hatte immer noch keine deutliche Vorstellung davon, was dieser Cowan mit «komplexen Systemen» meinte. Aber das Ganze klang verrückt genug, um interessant zu sein.

«Übrigens» sagte Arthur, «ich glaube, Ihr Name wurde noch nie erwähnt. Was machen Sie dort?»

Es entstand eine Pause, und Arthur hörte ein Hüsteln am anderen Ende der Leitung. «Ich bin der Präsident», sagte Cowan.

## *George Cowan*

Arthur war nicht der einzige, der sich über das Institut in Santa Fe wunderte. Die erste Begegnung hinterließ bei allen einen kleinen Schock. Das Institut paßte einfach in keine Schublade. Es war von älteren Gelehrten gegründet worden, reich an Privilegien, Ruhm und Nobelpreisen – von Menschen also, von denen man meinen sollte, sie seien mit dem Status quo zufrieden. Und doch nutzten sie ihn als Plattform einer von ihnen selbst geschürten wissenschaftlichen Revolution.

An diesem Institut arbeiteten vor allem waschechte Physiker und Computerfachleute aus Los Alamos, dem früheren geheimen Kernwaffenzentrum, und doch sprach man überall auf den Fluren aufgeregt über die neue Wissenschaft der «Komplexität». Es ging um eine Art Große Vereinigte Ganzheitlichkeit, die die ganze Reichweite der Themen von der Evolutionsbiologie bis zu so schwer eingrenzbaren Komplexen wie Wirtschaft, Politik und Geschichte umfaßte – und letztlich um die Frage, was die Wissenschaften zur Schaffung einer beständigeren und friedlicheren Welt beitragen können.

Kurz gesagt, es war ein Widerspruch in sich. Auf die Geschäftswelt übertragen liefe es etwa darauf hinaus, daß der Direktor der IBM-Unternehmensforschung in seiner Garage einen kleinen esoterischen Beratungsdienst einrichtet – und dann Vorsitzende von Daimler-Benz, BMW und Siemens zum Mitmachen überredet.

Noch bemerkenswerter wurde das Ganze durch den Organisator. George A. Cowan, früher Forschungsleiter in Los Alamos, entspricht so wenig dem Bild eines Esoterikers, wie man es nur denken kann. Als Arthur ihn kennenlernte, war er 66 Jahre alt, ein zurückhaltender, freundlicher Mann, der ein bißchen an Mutter Teresa mit Polohemd und Strickjacke erinnerte. Wegen seines Charismas ist er nicht gerade berühmt; in Gruppen steht er gewöhnlich etwas außerhalb und hört zu. Auch mit seinem rhetorischen Talent ist es nicht weit her. Wenn man ihn fragt, warum er das Institut gegründet hat, wird man mit großer Wahrscheinlichkeit in eine detaillierte, scharfsinnige Reflexion über das Wesen der Naturwissenschaft im 21. Jahrhundert verwickelt und über die Notwendigkeit, wissenschaftliche Gelegenheiten zu nutzen – in jener Vortragsart, die in Leitartikeln anspruchsvoller Wissenschaftszeitschriften gepflegt wird.

Doch hört man ihm länger zu, dämmert es einem langsam, daß Cowan in seiner durchgeistigten Art eigentlich ein leidenschaftlicher und entschiedener Mann ist. Er sieht im Santa-Fe-Institut überhaupt keinen Widerspruch. Es verkörpert für ihn ein Ziel, das viel wichtiger ist als George A. Cowan, Los Alamos oder irgendeiner der anderen Zufälle, die zu seiner Entstehung geführt haben – und viel wichtiger als das Institut selbst. Wenn das Institut sein Ziel jetzt nicht erreichen wird, sagt er oft, wird es jemand in zwanzig Jahren an der nächsten Straßenecke noch einmal versuchen müssen. Aus Cowans Sicht bietet das Santa-Fe-Institut die Gelegenheit, der Wissenschaft als Ganzes eine Art Erlösung und Wiedergeburt zu ermöglichen.

Es gab eine Zeit, die heute lange vergangen zu sein scheint, in der sich ein idealistischer junger Wissenschaftler durchaus der Entwicklung von Kernwaffen widmen konnte, wenn er sich für eine bessere Welt einsetzen wollte. Und George Cowan hat sich nie veranlaßt gesehen, diesen Einsatz zu bereuen. «Ich habe immer wieder darüber nachgedacht. Aber Reue aus moralischen Gründen? Nein. Ohne Kernwaffen wären wir vielleicht mit biologischen und chemischen Waffen der Zerstörung noch näher gekommen. Ich fürchte, ohne die vierziger Jahre wäre die Geschichte der letzten fünfzig Jahre für die Menschheit nicht so glimpflich abgelaufen.»

Damals, sagt er, war die Arbeit an Kernwaffen fast eine moralische Forderung. Während des Krieges sahen Cowan und seine Kollegen sich in einem verzweifelten Kampf gegen die Nazis. In Deutschland lebten trotz allem noch einige der weltbesten Physiker, von denen man – irrtümlich, wie sich herausstellte – annahm, sie hätten bei der Entwicklung der «Uranbombe» einen großen Vorsprung. «Wir wußten, daß Hitler die Bombe kriegen würde, wenn wir nicht loslegten – und das wäre das Ende gewesen.»

Er fand sich in die Bemühungen um die Bombe verstrickt, noch bevor es das Manhattan-Projekt gab. Im Herbst 1941, als er, einundzwanzigjährig, gerade das Chemiestudium am Polytechnikum seiner Heimatstadt Worcester im Staat Massachusetts abgeschlossen hatte, war er nach Princeton gegangen. Dort hatte er eine Stelle am Zyklotron-Projekt angenommen, wo Physiker den neu entdeckten Vorgang der Kernspaltung an Uran-235, einem Uran-Isotop, untersuchten. Er hatte nebenher Physikvorlesungen hören wollen, mußte seinen Vorsatz aber am 7. Dezember 1941 für unbestimmte Zeit aufgeben, als das Labor plötzlich die Siebentagewoche einführte. Schon damals fürchtete man, die Deutschen könnten an einer Atombombe arbeiten, und die Physiker wollten herausfinden, ob so etwas überhaupt möglich war. «Die Messungen, die wir damals anstellten, waren absolut notwendig, um zu entscheiden, ob sich im Uran eine Kernreaktion auslösen ließe», sagt Cowan. Die Antwort war, wie sich herausstellte, positiv, und die Regierung sah sich plötzlich sehr auf die Mitarbeit des Herrn Cowan angewiesen. «Diese spezielle Mixtur von Chemie und Kernphysik machte mich zu einem Fachmann für eine Reihe von Dingen, die für das Bombenprojekt wichtig waren.»

Von 1942 bis Kriegsende arbeitete er am Metallurgie-Labor der Universität Chicago, wo der italienische Physiker Enrico Fermi die Vorbereitungen für den Bau des «Pile» leitete – eines einfachen Reaktors, in dem die erste kontrollierte Kernkettenreaktion ausgelöst werden sollte. Als sehr junges Mitglied der Forschungsgruppe wurde Cowan zu einer Art Faktotum. Er goß Uranmetall, stellte die Graphitblöcke her, die die Reaktionsgeschwindigkeit bremsen sollten, und tat einfach alles, was zu tun war. Als aber Fermis Atommeiler im Dezember 1942 fertiggestellt war, merkte Cowan, daß er aufgrund seiner Erfahrung für das Manhattan-Projekt zu einem Experten für die Chemie radioaktiver Elemente geworden war. Die Projektleiter schickten ihn zum Beispiel nach Oak Ridge in Tennessee, wo er den Ingenieuren an dem hastig errichteten Brüter half auszurechnen, wieviel Plutonium sie eigentlich erzeugten. «Ich war unverheiratet, deshalb wurde ich im ganzen Land herumgereicht. Wenn es irgendwo einen Engpaß gab, war ich einer von denen, die losgeschickt wurden, um die Sache wieder in Ordnung zu bringen.» In der Tat gehörte Cowan zu den wenigen, die zwischen den verschiedenen Teilen des Projekts hin- und herreisen durften, das aus Sicherheitsgründen in strikt getrennte Unterabteilungen gegliedert war. «Ich weiß nicht, warum sie mir vertrauten», lacht er.

«Ich habe genausoviel getrunken wie alle anderen.» Er bewahrt noch ein Erinnerungsstück aus dieser Zeit auf: ein Brief des Personalbüros in Chicago an seine Musterungskommission in Worcester, in dem steht, Mr. Cowan verfüge über Fähigkeiten, die für die Kriegsführung unersetzlich seien, der Präsident persönlich habe ihm die Rückstellung zugesichert und man möge doch *bitte* davon absehen, ihn immer wieder zum Militärdienst einziehen zu wollen.

Nach dem Krieg ging der verzweifelte Wettlauf der Wissenschaftler gegen Hitler in ein angstgetriebenes Rennen gegen die Russen über. Es war eine scheußliche Zeit, sagt Cowan. Stalins Vereinnahmung von Osteuropa, die Berlin-Blockade und dann Korea – der Kalte Krieg konnte im Handumdrehen ein sehr heißer Krieg werden. Die Sowjets, das wußte man, arbeiteten an ihren eigenen Atomwaffen. Es schien, als ob ein prekäres Kräftegleichgewicht sich nur aufrechterhalten ließe – und Demokratie und Freiheit nur dann verteidigt werden konnten –, wenn auch in den USA die Kernwaffen weiterentwickelt wurden. Dieses Gefühl der Dringlichkeit brachte Cowan im Juli 1949 zurück nach Los Alamos, nachdem er ein dreijähriges Studium am Carnegie Tech in Pittsburgh mit der Promotion abgeschlossen hatte. Es war keine selbstverständliche Entscheidung. Er traf sie nach langem Nachdenken und sorgfältiger Gewissensprüfung. Daß sie für ihn richtig gewesen war, zeigte sich schon bald.

Ein, zwei Wochen nach seiner Ankunft kam, wie Cowan sich erinnert, der Leiter der Abteilung Radiochemie vorbei und fragte ihn *en passant*, ob sein neues Labor völlig frei von radioaktiver Kontamination sei. Als Cowan das bejahte, wurden er und sein Labor sofort für eine höchst geheime und dringliche Untersuchung eingespannt. Es ging um die Analyse von Luftproben, die noch in derselben Nacht eingeflogen wurden. Man sagte ihm nicht, woher sie kamen, aber es lag auf der Hand, daß sie aus der Nähe der russischen Grenze stammten. Und als er und seine Kollegen die verräterischen Anzeichen radioaktiven Fallouts entdeckt hatten, gab es keinen Zweifel mehr: Die Russen hatten eine Atombombe gezündet.

«Schließlich schickten sie mich zu dieser Arbeitsgruppe in Washington», erzählt Cowan. «*Streng* geheim.» Das Team aus jungen Atomphysikern trug den kryptischen Namen «Bethe Panel» – der erste Direktor war der aus Deutschland emigrierte Physiker Hans Bethe von der Cornell University; die Aufgabe war, die Entwicklung der sowjetischen Kernwaffen zu verfolgen. Cowan war damals dreißig Jahre alt. Hochrangige Regierungsbeamte hatten sich zunächst geweigert zu glauben, der von den Chemikern entdeckte radioaktive Fallout stamme von einer Atombombenexplosion. So weit *konnte* doch Stalin noch nicht sein. Also war den Sowjets ein Reaktor durchgegangen. «Aber das Schöne an der Radiochemie ist, daß sich genau sagen läßt, was passiert ist», erklärt Cowan. Die in einem Reaktor erzeugten radioaktiven Isotope sind ganz anders verteilt als die einer Bombenexplosion. «Es brauchte lange, bis wir sie überzeugt hatten.» Am Ende jedoch mußten die Beamten der harten Wirklichkeit ins Auge sehen. Die sowjetische Bombe, nach Iossif Stalin «Joe-I» genannt, ließ sich nicht länger verleugnen, und das atomare Wettrüsten hatte begonnen.

Nein, sagt Cowan, er brauche sich nicht dafür zu rechtfertigen, daß er früher an Kernwaffen mitgearbeitet habe. Aber eines bedauere er sehr, wenn er an jene Jahre zurückdenke: Nach seinem Eindruck habe die Gemeinschaft der Wissenschaftler unisono die Verantwortung für das, was sie getan hat, von sich gewiesen.

Natürlich nicht sofort und nicht einhellig. Einige Wissenschaftler, die am Manhattan-Projekt mitarbeiteten, verfaßten in Chicago eine Petition, in der sie forderten, man solle die Bombe auf einer unbewohnten Insel explodieren lassen und nicht auf Japan abwerfen. Nachdem die Bomben Hiroshima und Nagasaki zerstört hatten und der Krieg vorbei war, fanden sich viele der am Projekt beteiligten Wissenschaftler zu politisch aktiven Gruppen zusammen, die sich für eine strenge Kontrolle der Kernwaffen einsetzten – und zwar eine zivile, nichtmilitärische. Damals wurde *The Bulletin of the Atomic Scientists* gegründet, eine Zeitschrift, die sich mit den gesellschaftlichen und politischen Folgen dieser neuen Form der Macht beschäftigte und die Bildung aktivistischer Organisationen wie der Federation of Atomic Scientists (heute die Federation of American Scientists) vorantrieb, zu der auch Cowan gehörte. «Man hörte den Leuten vom Manhattan-Projekt, die nach Washington gingen, sehr genau zu. Nach der Bombe sah man in den Physikern so etwas wie Wunderwesen. Sie waren maßgeblich an der Abfassung einer Gesetzesvorlage beteiligt, die die Atomenergiekommission einsetzte und die Atomenergie unter zivile Kontrolle stellte.»

«Aber die Bemühungen wurden von den Wissenschaftlern nicht so entschieden unterstützt, wie es möglich gewesen wäre», sagt Cowan. Als das sogenannte McMahon-Gesetz im Juli 1946 in Kraft trat, war es mit dem Engagement der Wissenschaftler zum großen Teil vorüber. Die Forscher kehrten an ihre Forschungsstätten zurück und überließen den Krieg den Generälen und die Politik den Politikern. Dabei, sagt Cowan, verpaßten sie eine Gelegenheit, Einfluß und Zugang zur Macht zu gewinnen, die sich vielleicht nie wieder bieten wird.

Cowan nimmt sich selbst nicht aus, obwohl er sich stärker engagierte als andere. So war er zum Beispiel 1954 Präsident einer Vereinigung von Wissenschaftlern aus Los Alamos, die auf dem Höhepunkt des von McCarthy angestachelten Antikommunismus gegen die Hexenjagd protestierten und sich für mehr Informationsfreiheit und weniger Geheimhaltung im Labor einsetzten. Sie versuchten auch – ohne viel Erfolg – J. Robert Oppenheimer, den früheren Leiter des Manhattan-Projekts, zu verteidigen, dem man die Unbedenklichkeitsbescheinigung mit der Begründung entzogen hatte, er könnte Verbindung zu Leuten gehabt haben, die in den dreißiger Jahren KP-Mitglieder gewesen waren.

Nachdem im August 1949 Joe-I gezündet worden war, hatte Los Alamos sich mit aller Kraft dem Bau einer viel gewaltigeren thermonuklearen Waffe zugewandt, der Wasserstoffbombe. Und als die erste H-Bombe im Herbst 1952 getestet worden war, arbeitete das Labor mit voller Kraft weiter an dem Versuch, die Bomben kleiner, leichter und zuverlässiger zu machen. Das alles geschah während des Korea-Krieges und der ständigen Konfrontation in Europa. Cowan: «Wir alle hatten das Gefühl, die Kernwaffen könnten das Gleichgewicht der Macht zur einen oder zur anderen Seite hin verschieben. Wir hatten also eine ungeheuer wichtige Aufgabe.»

Obendrein wurde Cowan in Los Alamos immer mehr mit Verwaltungsaufgaben betraut, die ihm nicht viel Zeit für die Forschung ließen. Als Teamleiter mußte er seine eigenen Versuche am Wochenende durchführen. «Meine wissenschaftliche Karriere ist deshalb wenig befriedigend», sagt er mit einer Spur von Trauer.

Die Fragen von Macht und Verantwortung beschäftigten ihn jedoch unterschwellig auch weiterhin. Und 1982, als Cowan nicht mehr Forschungsleiter in Los Alamos war und einen Sitz im Wissenschaftsrat des Weißen Hauses übernommen hatte, kehrten sie mit voller Wucht zurück – gerade, als er die Möglichkeit eines zweiten Anfangs sah.

Zumindest erinnerten die Sitzungen des Wissenschaftsrates Cowan wieder daran, warum all jene Forscher 1946 so bereitwillig in ihre Labors zurückgekehrt waren. Cowan saß dort am Konferenztisch im Weißen Haus mit einer Reihe der angesehensten Wissenschaftler der USA zusammen. Dann legte ihnen der Wissenschaftsberater des Präsidenten – George Keyworth war ein Jahr zuvor dazu ernannt worden, als er unter Cowan in Los Alamos ein junger Abteilungsleiter war – eine Liste der Probleme vor, die auf der Tagesordnung standen. Und Cowan mußte sich eingestehen, daß er keine Ahnung hatte, was er dazu sagen sollte.

«Aids war damals noch kein großes Thema», sagt er. «Aber man war plötzlich irgendwie alarmiert. Das Thema wurde bei jedem Treffen angesprochen. Und offen gesagt, ich wußte nicht, wie ich mich dazu äußern sollte.» War es ein Problem des Gesundheitswesens? Ein Problem der Moral? Die Antwort war damals keineswegs klar.

«Ein anderes Problem war die Kontroverse zwischen bemanntem und unbemanntem Raumflug. Man hatte uns gesagt, der Kongreß würde keinen Pfennig für den unbemannten Raumflug ausgeben, wenn nicht auch der bemannte eingeplant würde. Ich hatte keine Ahnung, ob das stimmte oder nicht. Es war viel eher eine politische als eine wissenschaftliche Frage.»

Dann wurden ihnen die Pläne vorgelegt, die Präsident Reagan für den «Krieg der Sterne» entwickelt hatte; dieses SDI-(Strategic Defense Initiative)-Programm sollte das Land durch einen Verteidigungsschild im Weltall vor einem Raketenangriff schützen. War das technisch machbar? Ließ es sich realisieren, ohne das Land bankrott zu machen? Und selbst wenn, war es klug? Würde es nicht das Machtgleichgewicht stören und die Welt wiederum in ein zerstörerisches Wettrüsten stürzen?

Und wie stand es mit der Kernkraft? Wie ließen sich das Risiko eines Reaktorunfalls und die Schwierigkeiten mit der Entsorgung radioaktiver Abfälle gegen die Gewißheit abwägen, daß das Verbrennen fossiler Brennstoffe den Treibhauseffekt verstärken würde?

Und so weiter. Für Cowan war es eine bedrückende Erfahrung. «Das waren sehr herausfordernde Lektionen über die Verknüpfung von Naturwissenschaft, Politik, Wirtschaft, Umwelt, ja sogar Religion und Moral.» Er fühlte sich nicht dazu in der Lage, relevante Ratschläge zu geben. Den anderen Wissenschaftlern im Wissenschaftsrat schien es nicht besser zu gehen. Wie auch? Diese Fragen erfordern sehr umfassende Kenntnisse. Aber als Menschen der Wissenschaft und der Verwaltung waren die meisten von ihnen ihr ganzes Leben lang Spezialisten gewesen, was in der Wissenschaft, wie sie heute betrieben wird, gar nicht anders möglich ist.

«Der Königsweg zu einem Nobelpreis führt gewöhnlich über den Reduktionismus», erläutert Cowan. Die Welt wird in ihre kleinsten und einfachsten Teile zerlegt. «Man sucht nach der Lösung eines mehr oder weniger idealisierten Problems, das etwas abgehoben ist von der wirklichen Welt und so weit eingegrenzt, daß sich eine

Lösung finden läßt. Und das führt zu einer immer stärkeren Aufspaltung der Naturwissenschaft. Die wirkliche Welt jedoch braucht – auch wenn mir das Wort nicht gefällt – einen ganzheitlicheren Ansatz.» Alles beeinflußt alles, und man muß das ganze Gewebe der Zusammenhänge verstehen.

Noch belastender war das Gefühl, die Lage würde für die jüngeren Wissenschaftler immer schwieriger. Sie waren in eine Kultur hineingewachsen, die immer bruchstückhafteres Wissen verlangte. Als Institutionen sind Universitäten äußerst konservativ. Junge Doktoranden wagen es nicht, gegen den Strom zu schwimmen. Sie müssen sich meist jahrelang um eine Dauerstellung bemühen, was bedeutet, daß sie besser auf einem Gebiet forschen, das gefragt ist, damit sie Aussicht haben, bei der Vergabe von Assistentenstellen oder bei Berufungen berücksichtigt zu werden. Sonst bekommen sie zu hören: «Sie haben ja mit den Biologen zusammen sehr interessante Sachen gemacht. Aber leider beweist das nicht, daß Sie hier in der Physik an der richtigen Stelle sind.» Ältere Forscher wiederum müssen sich praktisch den ganzen Tag lang darüber Gedanken machen, wo sie Gelder loseisen können, mit denen sie ihre Forschungsvorhaben oder ihre Studenten unterstützen können, was bedeutet, daß sie ihre Projekte möglichst auf die Kategorien zuschneiden, die Stiftungen und staatliche Institutionen gern fördern. Sonst bekommen sie zu hören: «Der Vorschlag ist ausgezeichnet – aber dafür sind wir nicht zuständig.» Und jeder muß dafür sorgen, daß seine Arbeiten in den angesehenen Fachzeitschriften veröffentlicht werden – die sich fast immer auf ein anerkanntes Spezialgebiet beschränken.

Nach einigen Jahren, sagt Cowan, wird diese beschränkte Sehweise zu einer Selbstverständlichkeit und fällt gar nicht mehr auf. Nach seiner Erfahrung war es bei den Forschern in Los Alamos um so schwieriger, sie zur Zusammenarbeit zu bringen, je mehr sie sich der wissenschaftlichen Forschung verpflichtet fühlten. «Ich habe mich dreißig Jahre lang damit abgeplagt», sagt er.

Beim Nachdenken über diese Zerstückelung erkannte er, daß deren schlimmste Auswirkung die Wissenschaft als Ganzes betraf. Die traditionellen Fachbereiche hatten sich so verschanzt und isoliert, daß sie sich selbst das Wasser abzugraben drohten. Es gab überall reichlich Gelegenheit zu wissenschaftlicher Forschung, aber zu viele Wissenschaftler schienen sie zu ignorieren.

Andererseits – im letzten Jahrzehnt hatte Cowan, vor allem bei Gesprächen mit Wissenschaftlern in Los Alamos, immer wieder das Gefühl bekommen, die alte reduktionistische Schule sei in eine Sackgasse geraten. Selbst einige Physiker, die zum harten Kern gehörten, schienen die mathematischen Abstraktionen satt zu haben, die die wirklichen Komplexitäten der Welt ignorierten. Sie schienen, noch halb unbewußt, nach neuen Denkweisen zu suchen – und dabei überschritten sie die herkömmlichen Grenzen in einem Maß wie seit Jahren nicht mehr. Vielleicht seit Jahrhunderten.

Wichtige Impulse kamen aus der Molekularbiologie, kein Bereich, von dem man gewöhnlich denkt, er würde für ein Waffenlabor interessant sein. Und doch, sagt Cowan, haben Physiker von Anfang an viel mit der Molekularbiologie zu tun gehabt. Viele der Pioniere auf diesem Gebiet waren zuerst Physiker. Ein starker Beweggrund zum Umdenken war ein Büchlein mit dem Titel ‹*Was ist Leben?*›. Diese provozierenden Spekulationen über die physikalischen und chemischen Grundlagen des Lebens hatte der österreichische Physiker Erwin Schrödinger, einer der Mitbegründer der Quantenmechanik, 1944 veröffentlicht. (Schrödinger hatte nach seiner Flucht vor Hitler die Kriegsjahre in einem sicheren Versteck in Dublin verbracht.) Einer von denen, die das Buch nachhaltig beeinflußten, war Francis Crick, der gemeinsam mit James Watson 1953 die Molekularstruktur der DNA herleitete – wobei er Daten zugrunde legte, die er mit Hilfe der Röntgenkristallographie erhalten hatte, einem submikroskopischen Abbildungsverfahren, das Jahrzehnte zuvor von Physikern entwickelt worden war. Crick hatte zunächst Experimentalphysik studiert. George Gamow, ein aus der Sowjetunion emigrierter theoretischer Physiker und einer der ersten Verfechter der Urknalltheorie, war Anfang der fünfziger

Jahre von der Struktur des genetischen Codes so fasziniert gewesen, daß er andere Physiker angeregt hatte, sich damit zu beschäftigen. «Die erste wirklich gehaltvolle Vorlesung, die ich darüber hörte, hat Gamow gehalten», erinnert sich Cowan.

Seitdem hatte ihn die Molekularbiologie immer fasziniert, vor allem als die Biologen nach Entwicklung der Gentechnik die Möglichkeit erhielten, Formen des Lebens Molekül für Molekül zu untersuchen und zu manipulieren. Als er 1978 Direktor des Nationalen Forschungslabors wurde, unterstützte er deshalb bald ein größeres Forschungsvorhaben auf diesem Gebiet – offiziell mit der Begründung, man wolle Strahlungsschäden in Zellen untersuchen, tatsächlich aber, um Los Alamos auf breiterer Basis an der Molekularbiologie zu beteiligen. Die Zeit war damals besonders günstig. Unter der Leitung Harold Agnews war Los Alamos in den siebziger Jahren fast um das Doppelte vergrößert worden und hatte sich einer weniger streng klassifizierten Grundlagen- und angewandten Forschung geöffnet. Cowans Engagement für die Molekularbiologie stieß also auf offene Ohren, und dieses Programm wiederum beeinflußte das Denken der Leute in den Laboratorien nachhaltig. Besonders sein eigenes.

«Physik und die ihr verwandten Wissenschaften sind geradezu definitionsgemäß Fächer, die durch begriffliche Eleganz und analytische Einfachheit charakterisiert sind. Also macht man daraus eine Tugend und ignoriert alles andere.» Physiker sind dafür berüchtigt, daß sie die Nase rümpfen, wenn «softe» Wissenschaften wie Soziologie oder Psychologie versuchen, die Komplexität der wirklichen Welt zu erfassen. Die Molekularbiologie jedoch beschreibt äußerst komplizierte lebende Systeme, die dennoch durch tiefliegende Gesetze bestimmt sind. «Wenn man sich mit der Biologie zusammentut», sagt Cowan, «gibt man also die Eleganz und Einfachheit auf. Man steckt im Wirrwarr. Von dort ist es dann viel einfacher, Zugang zu Fragen der Wirtschaft und der Gesellschaft zu bekommen. Wenn man schon mal im Wasser steht, kann man ruhig auch anfangen zu schwimmen.»

Gleichzeitig begannen die Wissenschaftler aber auch deshalb immer mehr über komplexe Systeme nachzudenken, weil sie nun darüber nachdenken *konnten.* Mit wie vielen Unbekannten, fragt Cowan, kann man umgehen, ohne sich zu verheddern, wenn man mathematische Gleichungen allein mit Bleistift und Papier lösen soll? Mit dreien? Vielleicht mit vier? Wenn ein Computer leistungsfähig genug ist, können es beliebig viele sein. Anfang der achtziger Jahre gab es schon überall Computer. Auf den Schreibtischen der Wissenschaftler standen außerordentlich leistungsfähige Graphic Workstations. In den großen Laboratorien schossen die Supercomputer wie Pilze aus dem Boden. Plötzlich sahen haarige Gleichungen mit endlos vielen Unbekannten gar nicht mehr so haarig aus. Es schien auch nicht mehr so unmöglich, sich den Überfluß der Daten zunutze zu machen. Ganze Kolonnen von Zahlen und Kilometer von Datenstreifen ließen sich in farbkodierte Karten der Ernteerträge oder ölführenden Schichten tief in der Erdkruste verwandeln. «Computer», sagt Cowan mit leichtem Understatement, «sind großartige Buchhaltungsmaschinen.»

Sie können viel mehr sein als das. Richtig programmiert bringen Computer ganze Welten hervor, die Wissenschaftler mit dem Ziel erforschen können, die wirkliche Welt besser zu verstehen. Die Computersimulation war schon in den achtziger Jahren so leistungsfähig geworden, daß einige Leute sie als «dritte Form der Wissenschaft» zwischen Theorie und Experiment einordneten. Die Computersimulation eines Gewitters zum Beispiel ähnelt insofern einer Theorie, als es im Innern des Computers nichts anderes gibt als die Gleichungen, die Sonnenlicht, Wind und Wasserdampf beschreiben. Aber die Simulation gleicht auch einem Experiment, weil diese Gleichungen viel zu kompliziert sind, als daß sie sich mit Papier und Bleistift lösen ließen. Wenn die Wissenschaftler also auf ihren Bildschirmen die Simulation eines Gewitters beobachten, sehen sie, wie ihre Gleichungen sich zu Mustern entfalten, die sie niemals hätten vorhersagen können. Selbst sehr einfache Gleichungen rufen manchmal erstaunliche Entwicklungen hervor. Die Mathematik eines Gewitters beschreibt, wie jeder Luftstoß Impulse an seine Umgebung weitergibt, wie jedes bißchen Wasserdampf kondensiert und verdunstet und viele andere solcher Vorgänge, die sich im kleinen Maßstab abspielen. Da ist nicht ausdrücklich die Rede von «einer aufsteigenden Luftsäule mit zu Hagel gefrierendem Regen» oder «einem kalten regenhaltigen Abwind, der aus der Unterseite der Wolke hervorbricht und sich auf dem Boden verteilt», doch wenn der Computer die Gleichungen stundenlang und kilometerweit verfolgt, führen sie zu genau diesem Verhalten. Darüber hinaus erlaubt der Computer den Wissenschaftlern, mit Modellen in einer Weise zu experimentieren, wie sie es in der wirklichen Welt nie tun könnten. Was führt zu diesen Auf- und Abwinden? Wie verändern sie sich, wenn ich andere Temperatur- und Feuchtigkeitswerte eingebe? Welche Faktoren sind für dieses Gewitter wirklich wichtig und welche nicht? Und sind dieselben Faktoren auch bei anderen Gewittern wichtig?

Anfang der achtziger Jahre waren solche numerischen Experimente schon fast selbstverständlich geworden. Das Verhalten eines neuen Flugzeugtyps im Flug, die Wirbel von interstellarem Gas im Rachen eines Schwarzen Loches, die Bildung von Galaxien als Nachwirkungen des Urknalls – zumindest für die physikalischen Wissenschaften war die Computersimulation ein weithin akzeptiertes Hilfsmittel. «Man konnte also daran denken, *sehr* komplexe Systeme in Angriff zu nehmen.»

Aber die Komplexität war aus einem noch tieferen Grund so faszinierend, sagt Cowan. Teils anhand der Computersimulationen, teils aufgrund neuer mathematischer Einsichten hatten die Physiker Anfang der achtziger Jahre erkannt, daß viele komplizierte, unüberschaubare Probleme mittels der «nichtlinearen Dynamik» beschrieben werden konnten. Und in der Anwendung dieser Theorie stießen sie auf einen irritierenden Umstand: Das Ganze kann tatsächlich mehr sein als die Summe seiner Teile.

Das erscheint den meisten Menschen ziemlich offensichtlich, und es irritierte die Physiker auch nur deshalb, weil sie die letzten dreihundert Jahre lang lineare Systeme so liebgewonnen hatten – in denen nun mal das Ganze genau *gleich* der Summe seiner Teile ist. Der Gerechtigkeit zuliebe sei gesagt, daß sie guten Grund zu dieser Sehweise gehabt hatten. Wenn ein System genau gleich der Summe seiner Teile ist, kann jede Komponente sich unabhängig von dem verhalten, was woanders geschieht. (Der Name «linear» bezieht sich auf die Tatsache, daß die graphische Darstellung einer solchen Gleichung in einem kartesischen Koordinatensystem eine Gerade ist.) Tatsächlich scheint sich ein großer Teil der Natur so zu verhalten. Der Schall ist ein Beispiel für ein lineares System; deshalb hören wir eine Oboe, die mit Streicherbegleitung spielt, heraus und können beide Klänge auseinanderhalten. Die Schallwellen vermischen sich und bewahren doch ihre Eigenheit. Auch das Licht ist ein lineares System, und deshalb können wir selbst an einem sonnigen Tag die Farbsymbole einer Ampel erkennen: die Lichtstrahlen, die von der Ampel in unser Auge fallen, werden von dem von oben einfallenden Sonnenlicht *nicht* zur Erde gedrängt. Die Lichtstrahlen verlaufen unabhängig voneinander und durchdringen sich, als ob nichts da wäre, was stören könnte. In mancher Hinsicht ist selbst die Wirtschaft ein lineares System, denn kleine ökonomische Faktoren können unabhängig voneinander wirken. Wenn sich jemand zum Beispiel am Kiosk eine Zeitung holt, hat das keinen Einfluß auf den Entschluß eines anderen, in der Drogerie Zahnpasta zu kaufen.

Andererseits läßt es sich nicht leugnen, daß vieles in der Natur *nicht* linear ist – unter anderem die meisten wirklich interessanten Phänomene. Unser Gehirn zum Beispiel ist mit Sicherheit nicht linear: Zwar sind der Klang einer Oboe und der Streicherklang voneinander unabhängig, wenn sie unser Ohr erreichen, doch kann die Wirkung des Gesamtklangs auf unser Gefühl viel größer sein als die jedes Einzelklangs. (Davon leben schließlich die Symphonieorchester.) Und auch die Wirtschaft ist nicht wirklich linear. Millionen einzelner Entschlüsse, etwas zu kaufen oder nicht, können einander verstärken und zu einem Wirtschaftsaufschwung oder einer

Rezession führen. Und dieses Wirtschaftsklima kann sich dann wieder auf die Kaufentschlüsse auswirken, die es erzeugten. Mit Ausnahme der allereinfachsten physikalischen Systeme ist praktisch alles und jeder in der Welt in ein weit gespanntes nichtlineares Netz von Verstärkungen und Beschränkungen und Verknüpfungen eingewoben. Die kleinste Veränderung an einem Ort ruft Nachbeben an allen anderen Orten hervor. Wir können nicht umhin, das Weltall zu stören, hat T. S. Eliot einmal geschrieben. Das Ganze ist fast immer erheblich größer als die Summe seiner Teile. Und der mathematische Ausdruck für diese Eigenschaft – soweit sich solche Systeme mathematisch überhaupt beschreiben lassen – ist eine *nichtlineare* Gleichung, also eine, deren graphische Abbildung eine Kurve ist.

Nichtlineare Gleichungen sind im allgemeinen ohne Hilfsmittel schwierig zu lösen, und deshalb haben die Wissenschaftler lange versucht, sie zu vermeiden. Sobald sie jedoch in den fünfziger und sechziger Jahren begannen, mit dem Computer zu spielen, erkannten sie, daß es diesem ganz gleich ist, ob eine Gleichung linear ist oder nichtlinear. Er errechnet einfach die Lösung. Als die Wissenschaftler sich diese Fähigkeit zunutze machten und die Computer immer andere Arten von nichtlinearen Gleichungen lösen ließen, stießen sie auf seltsame und wunderbare Abläufe, die sie aufgrund ihrer Erfahrung mit linearen Systemen niemals erwartet hätten.

Fließendes Wasser in einem flachen Kanal zum Beispiel offenbarte tiefe Verbindungen zu bestimmten subtilen dynamischen Prozessen in der Quantenfeldtheorie; beides sind Beispiele für isolierte, sich selbst erhaltende Energiewellenpakete, sogenannte Solitonen. Auch der Große Rote Fleck in der Jupiteratmosphäre könnte ein solches Soliton sein. Dieser Wirbelsturm, größer als die Erde, erhält sich seit mindestens vierhundert Jahren selbst.

Auch die sich selbst organisierenden Systeme, deren Erforschung Ilya Prigogine so entschieden vorangetrieben hat, werden von einer nichtlinearen Dynamik bestimmt, ja es zeigte sich, daß etwa der selbstorganisierten Bewegung kochender Suppe eine Dynamik zugrunde liegt, die der nichtlinearen Bildung anderer Arten von Mustern, etwa Zebrastreifen oder den Punkten auf einem Schmetterlingsflügel, ähnelt.

Am verblüffendsten von allem ist das als Chaos bekannte nichtlineare Phänomen. In unserer Alltagswelt wundert sich keiner, wenn ein kleines Ereignis *hier* zu einer gewaltigen Wirkung *dort* führt. Kleine Ursache, große Wirkung. Als aber die Physiker sich erstmals in ihren eigenen Gebieten mit nichtlinearen Systemen befaßten, merkten sie, wie grundsätzlich dieses Prinzip ist. Die Gleichungen für Windrichtung oder Feuchtigkeit zum Beispiel sahen ziemlich einfach aus, bis klar wurde – ein seither geradezu sprichwörtlich gewordenes Phänomen –, daß die Bewegung eines Schmetterlingsflügels in Südfrankreich sich eine Woche später auf das Verhalten eines Sturms über der Nordsee auswirken kann. Oder daß der Sturm in eine ganz andere Richtung gedriftet wäre, wenn der Flügel des Schmetterlings einen Millimeter weiter nach links geschlagen hätte. In jedem dieser Fälle läuft es auf dasselbe hinaus: Alles hängt miteinander zusammen, und das oft mit unglaublicher Sensibilität. Winzige Perturbationen bleiben nicht immer winzig. Unter den richtigen Umständen kann sich eine kleine Schwankung auswachsen, bis das zukünftige Verhalten des Systems völlig unvorhersagbar wird – in einem Wort: chaotisch.

Umgekehrt machten sich die Forscher allmählich klar, daß selbst ganz einfache Systeme erstaunlich vielfältige Verhaltensmuster hervorbringen können. Dazu gehört nur ein bißchen Nichtlinearität. Das Tröpfeln des Wassers aus einem undichten Wasserhahn zum Beispiel kann zum Verrücktwerden regelmäßig sein, wie ein Metronom, tropf, tropf, tropf – solange es langsam genug tröpfelt. Läßt man aber das Wasser auch nur ein klein wenig schneller laufen, wechseln die Tropfen schon bald zwischen großen und kleinen ab: TROPF-tropf-TROPF-tropf. Dreht man den Hahn noch etwas weiter auf, kommen die Tropfen bald in Folgen von je vier – und dann acht, sechzehn und so weiter. Schließlich wird die Folge so komplex, daß die Tropfen zufällig zu kommen scheinen – wieder:

Chaos. Dieses Muster zunehmender Komplexität läßt sich auch in Populationsschwankungen beobachten, in der Wirbelbewegung von Flüssigkeiten und in zahllosen anderen Bereichen.

Kein Wunder, daß die Physiker irritiert waren. Sie hatten natürlich gewußt, daß in der Quantenmechanik und im Innern Schwarzer Löcher und dergleichen seltsame Dinge geschehen. Aber in den dreihundert Jahren seit Newton hatten sie sich daran gewöhnt, die Alltagswelt als einen im Grunde ordentlichen und vorhersagbaren Ort zu sehen, der wohlbekannten Gesetzen gehorcht. Jetzt war es, als hätten sie die letzten drei Jahrhunderte auf einer winzigen Insel gelebt und alles um sie herum ignoriert. «Sowie man sich von der linearen Näherung entfernt», sagt Cowan, «steuert man auf ein weites Meer hinaus.»

Los Alamos bot ein geradezu ideales Ambiente für die Erforschung nichtlinearer Prozesse. Das Labor war seit den fünfziger Jahren in der Computerentwicklung tonangebend gewesen, und die Forscher, die dort arbeiteten, hatten sich von Anfang an mit nichtlinearen Problemen beschäftigt: Teilchenphysik, Flüssigkeitsdynamik, Kernfusionsforschung, thermonukleare Stoßwellen – alles mögliche. Anfang der siebziger Jahre stand fest: Im Grunde sind viele dieser nichtlinearen Probleme in dem Sinne identisch, daß sie die gleiche mathematische Struktur haben. Man konnte sich offensichtlich viel Mühe ersparen, wenn man diese Probleme gemeinsam bearbeitete. Begeistert gefördert von den Theoretikern in Los Alamos, führten diese Überlegungen zu einem umfassenden Programm zur Erforschung nichtlinearer Phänomene und schließlich zu einem eigenständigen «Center for Nonlinear Systems».

Und doch, so faszinierend Molekularbiologie und Computersimulation und nichtlineare Wissenschaft jede für sich schon waren – Cowan hatte den Verdacht, sie seien nur der Anfang. Es war zunächst nicht mehr als ein Gefühl. Aber er spürte, daß es eine grundlegende Einheit gab, die schließlich nicht nur Physik und Chemie, sondern auch Biologie, Informationsverarbeitung, Ökonomie, politische Wissenschaften und alle anderen Aspekte menschlichen

Daseins umfassen würde. Cowan hatte einen geradezu mittelalterlichen Begriff des Gelehrtentums im Sinn. Wenn es diese Einheit wirklich gäbe, dachte er, würde man eine Welt ergründen, die wenig Unterschiede zwischen Biologie und Physik macht – oder auch zwischen diesen Wissenschaften und Geschichte oder Philosophie. «Früher», sagt Cowan, «gab es keine Brüche in der geistigen Erfassung der Welt.» Vielleicht könne sich die moderne Forschung wieder zu einem nahtlosen System vereinen.

Cowan jedenfalls schien jetzt die Gelegenheit für einen solchen Wandel gekommen zu sein. Warum stürzten sich die Wissenschaftler in den Universitäten nicht darauf? Gut, in mancher Hinsicht taten sie das, hier und da. Aber die wirklich umfassende Sehweise, nach der er suchte, schien ihnen irgendwie zu entgehen. Sie lag ihrem Wesen nach außerhalb der Zuständigkeitsbereiche jeder einzelnen Disziplin. Sicher, die Universitäten waren voller «interdisziplinärer Forschungsinstitute», aber aus Cowans Sicht waren diese Institute selten mehr als eine Ansammlung von Leuten, die gelegentlich ein gemeinsames Büro benutzten. Professoren und Studenten der höheren Semester fühlten sich immer noch ihren Fachbereichen verbunden, denn dort war die Macht, die akademische Würden, Stipendien und Ämter vergab. Wenn die Universitäten sich selbst überlassen blieben, dachte Cowan, würden sie noch mindestens eine Generation lang nicht in die Erforschung komplexer Systeme einsteigen.

Leider schien auch Los Alamos nicht einsteigen zu wollen. Dabei bietet ein Waffenlabor für diese Art umfassender multidisziplinärer Forschung ein viel besseres Umfeld als eine Universität. Wissenschaftler, die Los Alamos besuchen, sind von diesem Umstand oft überrascht, und doch geht er bis auf die Gründung zurück, sagt Cowan. Das Manhattan-Projekt begann mit einer ganz bestimmten Forschungsaufgabe – dem Bau der Bombe – und brachte Wissenschaftler aus allen dafür wichtigen Bereichen zusammen, die diese Aufgabe gemeinsam lösen sollten. Eine erlauchte Runde hatte sich da versammelt: Robert Oppenheimer, Enrico Fermi, Niels Bohr,

John von Neumann, Hans Bethe, Richard Feynman, Eugene Wigner – nicht ganz zu Unrecht wurde sie als imposanteste Ansammlung von Geistesgrößen seit dem alten Athen bezeichnet. Aber auch nach der Gründungszeit wurde die Forschung in diesem Labor immer so gesehen. Die Verwaltung hatte die Aufgabe sicherzustellen, daß die richtigen Spezialisten miteinander sprachen. «Ich kam mir manchmal vor wie ein Heiratsvermittler», erzählt Cowan.

Das einzige Problem bestand darin, daß Cowans große Synthese nicht zu den Hauptaufgaben des Labors gehörte. Sie hatte nun einmal nichts mit der Entwicklung von Kernwaffen zu tun. Dinge, die der Hauptaufgabe des Labors nicht förderlich waren, hatten aber letztlich keine Aussicht auf finanzielle Unterstützung. Das Labor, dachte Cowan damals, würde sicherlich auch weiterhin hier und da Komplexitätsforschung betreiben – aber viel mehr war nicht zu erwarten.

Nein, es gab wirklich nur eine Möglichkeit. Cowan fing an, sich ein neues, unabhängiges Institut auszumalen, ein Institut, welches das beste aus beiden Welten vereint: Es sollte so breit gefächert sein wie eine Universität, aber die für Los Alamos typische Fähigkeit bewahren, die verschiedenen Disziplinen zu vermischen. Es sollte räumlich von Los Alamos getrennt sein und doch nahe genug liegen, um sich die Mannschaft und die Computeranlagen des Labors zunutze machen zu können. So geriet ihm Santa Fe ins Blickfeld, die fünfzig Kilometer entfernte nächstgelegene größere Stadt. Aber wo auch immer dieses Institut gegründet würde, dachte er, es sollte ein Ort sein, wohin man hervorragende Wissenschaftler – Leute, die sich in ihrem Fach wirklich auskennen – einladen und wo man ihnen ein viel breiteres Arbeitsfeld bieten kann, als ihnen gewöhnlich zur Verfügung steht. Es sollte ein Ort sein, wo erfahrene Gelehrte ihren spekulativen Gedanken nachgehen können, ohne von Kollegen ausgelacht zu werden, und wo brillante junge Wissenschaftler mit hochrangigen Forschern zusammenarbeiten können, was ihnen die Chance böte, Ansehen zu erlangen.

Es sollte, kurz gesagt, ein Ort sein, an dem Wissenschaftler eines Typs ausgebildet werden konnten, wie er nach dem Zweiten Weltkrieg nur allzu selten geworden war: «Eine Art Renaissancemensch des 21. Jahrhunderts, der mit wissenschaftlichem Handwerk beginnt, aber in der Lage ist, sich mit der Wirrnis der wirklichen Welt auseinanderzusetzen, die alles andere als elegant ist und mit der die herkömmliche Naturwissenschaft nichts am Hut hat.»

Natürlich klang das alles sehr naiv. Aber sollte es nicht dennoch realisierbar sein? dachte Cowan. Es mußte doch Menschen geben, die sich von der Vision dieser großen wissenschaftlichen Herausforderung verlocken ließen. Er stellte sich selbst die Frage: Welche Art von Wissenschaft *muß* fähigen Naturwissenschaftlern in den achtziger und neunziger Jahren vermittelt werden?

Und wer würde zuhören wollen? Und, keineswegs unwichtig, wer hätte den für ein solches Projekt nötigen Einfluß? Bei einem Besuch in Washington unternahm Cowan einen Vorstoß, indem er dem Wissenschaftsberater Jay Keyworth und seinem Kollegen David Packard, Mitbegründer von Hewlett-Packard, seine Idee erklärte. Erstaunlich – sie lachten nicht. Sie machten ihm sogar beide Mut. Im Frühling 1983 entschloß sich Cowan deshalb, die Idee beim wöchentlichen Mittagessen seinen Kollegen, den «senior fellows» von Los Alamos, vorzutragen.

Sie gefiel ihnen.

## *Die Mitstreiter*

Von außen betrachtet schienen diese Herren wunderliche alte Käuze zu sein, die zudem mit einem lächerlich hohen Gehalt gesegnet waren. Die Gruppe bestand aus etwa einem halben Dutzend Forschern, die lange in Los Alamos gearbeitet und dort wie Cowan treue Dienste geleistet hatten; jetzt wurden sie dafür mit Forschungsstellen belohnt, befreit von allen Verwaltungsaufgaben oder anderen bürokratischen Tätigkeiten. Als Gruppe waren sie nur dazu verpflichtet, sich einmal in der Woche zum Mittagessen in der Cafeteria zu treffen und gelegentlich den Direktor des Labors in Fragen der Institutspolitik zu beraten.

In Wirklichkeit aber waren diese alten Strategen ein bemerkenswert munterer Haufen – jene Sorte Mensch, die im Hinblick auf ihren neuen Status sagt: «Gott sei Dank, endlich komme ich dazu, in Ruhe zu arbeiten.» Und da die meisten von ihnen früher einmal mit wichtigen Verwaltungsaufgaben betraut gewesen waren, hielten sie sich nicht zurück, wenn ihnen danach zumute war, dem Direktor zu sagen, was er zu tun hatte, ob es ihm nun paßte oder nicht. Als Cowan ihnen seine Gedanken über das Institut darlegte, hoffte er auf Rat und vielleicht auch Verbündete. Er bekam beides.

Pete Carruthers zum Beispiel teilte sofort Cowans Gefühl, es liege etwas Neues in der Luft – und auch er spürte, daß *jetzt* die Gelegenheit da war. Hinter seinem zerknitterten Äußeren und seinem zynischen Gebaren steckte eine leidenschaftliche Begeisterung für «komplexe» Systeme – «der nächste große Vorstoß in den Naturwissenschaften», wie er erklärte. Er hatte guten Grund, enthusiastisch zu sein. Man hatte ihn 1973 – auf Empfehlung einer Berufungskommission, der Cowan vorgestanden hatte – von der Cornell University geholt. Als Leiter der «Theoretischen Abteilung» in Los Alamos hatte er fast hundert Forscher angestellt und ein halbes Dutzend neue Forschungsgruppen eingerichtet, obwohl das Budget für solche Unternehmungen immer weiter reduziert wurde. Unter anderem hatte er 1974 darauf bestanden, eine Handvoll unbändiger junger Wissenschaftler anzustellen, die auf einem Gebiet arbeiten sollten, das damals noch als obskures Teilgebiet der nichtlinearen Dynamik galt. («Womit soll ich die denn bezahlen?» hatte Vizedirektor Mike Simmons gefragt. Carruthers: «Sie werden das Geld irgendwo auftreiben.») Unter Carruthers war dieses Teilgebiet aufgeblüht; Los Alamos war dadurch weltweit zum Zentrum dessen geworden, was bald Chaosforschung genannt wurde. Wenn Cowan also auf diesen Grundlagen aufbauen wollte, war Carruthers zur Hilfe bereit.

Der Senior Fellow Stirling Colgate, ein Astrophysiker, begeisterte sich aus einem anderen Grund für die Idee: «Wir brauchten etwas, das imstande war, die geistige Leistungsfähigkeit in diesem Staat zu aktivieren und zu organisieren», sagt er. Los Alamos war trotz all seiner Bemühungen, sich der Welt zu öffnen, immer noch eine wissenschaftliche Enklave, oben auf der Hochebene in unnahbarer Abgeschiedenheit. Aus seinen zehn Jahren als Präsident des Instituts für Bergbautechnik in Socorro, dreihundert Kilometer südlich von Los Alamos, wußte Colgate nur zu gut, wie schön New Mexico ist, aber er kannte auch die Rückständigkeit dieses Bundesstaates. All die Milliarden, von der Regierung in Washington seit den vierziger Jahren in das Gebiet gepumpt, hatten in den Schulen und der Industrie enttäuschend wenig bewirkt. Die Universitäten galten bestenfalls als mittelmäßig. Und größtenteils deshalb machten Unternehmer, die dem überbevölkerten Kalifornien entkommen wollten, gewöhnlich einen weiten Bogen um New Mexico und ließen sich in Texas oder weiter im Osten der USA nieder.

Gemeinsam mit Carruthers hatte Colgate kürzlich versucht, die Regierung von New Mexico dazu zu bewegen, ihr Hochschulsystem wesentlich zu verbessern. Sie hatten den Versuch bald wieder aufgegeben: Der Staat war einfach zu arm. So war Cowans Institut ein letzter Hoffnungsschimmer. «Alles, was geeignet war, das intellektuelle Klima in unserer Gegend zu verbessern, lag nicht nur in unserem persönlichen Interesse, sondern in dem des Labors und vor allem im Interesse der Bevölkerung», erklärt Colgate.

Auch Nick Metropolis gefiel Cowans Gedanke, weil dabei Computer eine so große Rolle spielten. Er hatte guten Grund dazu: Metropolis galt in Los Alamos als Mister Computer persönlich. Ende der vierziger Jahre hatte er den Bau der ersten elektronischen Rechenanlage nach den Plänen des legendären ungarischen Mathematikers John von Neumann vom Institute for Advanced Study in Princeton geleitet; von Neumann war damals Berater des Labors und hielt sich häufig in Los Alamos auf. (Die Maschine wurde MANIAC genannt, eine Abkürzung für Mathematical Analysator,

Numerator, Integrator, And Computer.) Metropolis hatte gemeinsam mit dem polnischen Mathematiker Stanislaus Ulam der Kunst der Computersimulation den Weg bereitet. Nicht zuletzt war es Metropolis zu verdanken, daß Los Alamos jetzt über einen der schnellsten und größten Supercomputer der Welt verfügte.

Und doch hatte Metropolis das Gefühl, das Laboratorium sei auch auf diesem Gebiet nicht innovativ genug. Gemeinsam mit Gian-Carlo Rota, einem Mathematiker vom MIT, der oft in Los Alamos zu Gast war, wies Metropolis vor dem Kollegium darauf hin, daß sich in den Computerwissenschaften ähnliche Veränderungen abspielten wie in der Biologie und in der Erforschung nichtlinearer Phämomene. Allein bei der Hardware gebe es geradezu revolutionäre Neuerungen. Die herkömmlichen Computer, die nur einen Schritt zur Zeit machten, seien nun an die Grenzen ihrer Rechengeschwindigkeit gestoßen, und es würden inzwischen neue Computertypen erforscht, die Hunderte oder Tausende oder auch Millionen von Rechenschritten parallel ausführen könnten. Und das sei gut so: Jeder, der sich ernsthaft mit der Art komplexer Probleme beschäftigen wolle, von denen Cowan spreche, brauche ein solches Gerät.

Aber die Computerwissenschaften gingen weit über solche technischen Innovationen hinaus. Rota insbesondere meinte, sie sollten sich, ausgehend von der These, Denken und Informationsverarbeitung seien im Grunde dasselbe, noch viel mehr mit der Erforschung des menschlichen Geistes befassen. In diesem auch als Kognitionswissenschaft bekannten Gebiet sci zur Zeit die Hölle los. Es wäre gut, wenn Neurowissenschaftler, die sich mit der Vernetzung des Gehirns beschäftigten, mit Psychologen zusammenarbeiten könnten, die den Denkvorgang Schritt für Schritt analysierten, und mit den KI-Forschern, die versuchten, jene Denkprozesse in einem Computer nachzuahmen; selbst mit den Sprachwissenschaftlern und den Anthropologen gebe es gemeinsame Interessen.

Das wäre, so ließen Rota und Metropolis Cowan wissen, ein interdisziplinäres Thema, das seines Instituts würdig sei.

Ein anderer Gastwissenschaftler war David Pines, der sich, einer Einladung von Metropolis folgend, seit dem Sommer 1982 an den Gesprächen beteiligt hatte. Pines, theoretischer Physiker an der University of Illinois, war Herausgeber der Fachzeitschrift *Reviews of Modern Physics* und Vorsitzender des Fachbeirats der Theory Division in Los Alamos. Auch er stimmte Cowans Vorstellungen von einer großen Synthese der Wissenschaften von ganzem Herzen zu. Schließlich hatte sich ein Großteil seiner eigenen Forschung, angefangen mit seiner Dissertation 1950, auf neue Wege zum Verständnis des «kollektiven» Verhaltens von Vielteilchensystemen konzentriert. Die Beispiele reichten vom Schwingungsverhalten massereicher Atomkerne bis zum Quantenfluß in flüssigem Helium. Und Pines war dafür bekannt, laut darüber nachzudenken, ob nicht eine ähnliche Analyse zu einem besseren Verständnis kollektiven menschlichen Verhaltens in Organisationen und Gesellschaften führen könnte. «Ich stand also dieser Idee sehr aufgeschlossen gegenüber», sagt er. Begeistert schloß er sich Cowans Vision eines neuen Instituts an. Er hatte selbst viel Erfahrung auf diesem Gebiet, denn er war Gründungsrektor des Center for Advanced Study in Illinois und einer der Mitbegründer des Center for Physics in Aspen / Colorado gewesen. «Bleiben Sie am Ball», sagte er zu Cowan. Er konnte es kaum abwarten. «Ich freue mich immer wie ein Kind, wenn viele gute Leute zusammenkommen, um über etwas ganz Neues zu reden», sagt Pines. «Ein neues Institut zu gründen kann genausoviel Spaß machen, wie eine gute wissenschaftliche Arbeit zu schreiben.»

Auch unzählige praktische Fragen wurden erörtert. Wie groß sollte das Institut sein? Wie viele Studenten sollte es geben? Sollte es überhaupt welche geben? Wie eng sollte die Verbindung mit Los Alamos sein? Sollte es einen festen Lehrkörper geben, oder sollten die Forscher ihren eigenen Institutionen verbunden bleiben und nur begrenzte Zeit dort arbeiten? Allmählich, bevor es ihnen noch ganz klar war, wurde dieses hypothetische Institut immer realer.

Das Problem war leider, daß jeder ein anderes Bild davon im Kopf hatte. «Jede Woche», seufzt Cowan, «mußten wir wieder von vorn anfangen und alles noch einmal überdenken.»

Der größte Zankapfel war die grundsätzlichste Frage: Womit sollte sich das Institut beschäftigen?

Auf der einen Seite exponierten sich Metropolis und Rota, die der Meinung waren, das Institut solle sich ausschließlich mit Computerwissenschaften befassen. Eine große «Synthese» sei schön und gut, argumentierten sie. Aber wenn niemand genau sagen könne, worin diese Synthese bestehen solle, wie sollten sie da je hoffen können, daß ihnen jemand 400 Millionen Dollar schenken würde? Soviel Geld sei schließlich nötig, wenn man ein Institut ausrüsten wolle, das der Größe nach zum Beispiel mit dem Rockefeller-Institut vergleichbar wäre. Natürlich sei es in keinem Fall einfach, zu soviel Geld zu kommen. Wenn man sich aber ausschließlich mit Informationsverarbeitung und Kognitionswissenschaften beschäftigte, erreichte man eine Menge von dem, was Cowan am Herzen läge, und möglicherweise würde einer dieser jungen Computermilliardäre das Geld stiften.

Die Gegenposition wurde von Carruthers, Pines und den meisten anderen vertreten. Keine Frage – Computer seien eine gute Sache, und Metropolis und Rota hätten in bezug auf das Geld sicherlich recht. Aber verdammt noch mal, brauchte man denn *noch* ein Computerforschungszentrum? Konnte das wirklich irgend jemanden vom Sessel reißen? Das Institut mußte doch mehr sein als das – selbst wenn man nicht genau bestimmen konnte, was. Und das war das Problem. Jeder hatte das Gefühl, Cowan habe recht, es braue sich etwas Neues zusammen. Aber niemand konnte etwas anderes tun, als vage über «neue Denkweisen» zu reden.

Cowan selbst hielt sich eher bedeckt. Er wußte, wo er stand: Insgeheim stellte er sich ein «Institut für die Kunst des Überlebens» vor. Das bedeutete für ihn ein möglichst breitgefächertes und ungebundenes Programm. Gleichzeitig war er davon überzeugt, daß eine Übereinstimmung darüber, in welche Richtung das Institut gehen sollte, viel wichtiger war als Geld und alle Einzelheiten. Als Ein-Mann-Show würde dieses Institut nichts erreichen. So viel wußte er nach dreißig Jahren im Wissenschaftsbetrieb: Das Projekt konnte nur dann zu etwas führen, wenn sich viele Leute dafür begeistern ließen. «Man muß *sehr* gute Leute davon überzeugen», sagte er. «Damit meine ich die obere Hälfte des ersten Prozents. Eine Elite. Wenn man das einmal erreicht hat, ist Geld kein einfaches, aber das kleinere Problem.»

Es war nichts zu machen. Die Runde war in aller Freundschaft, aber entschieden in zwei Lager gespalten. Und George Cowan mußte sich fragen, ob dies alles je zu irgend etwas führen würde.

## *Murray Gell-Mann*

Die Stockung wurde schließlich von Murray Gell-Mann durchbrochen. Er war damals 55 Jahre alt, Professor am Caltech und das *enfant terrible* der Teilchenphysik.

Gell-Mann hatte Cowan im August 1983 angerufen. Pines habe ihm von der Institutsidee erzählt. Eine großartige Sache. Er habe selbst sein Leben lang etwas Ähnliches tun wollen. Zum Beispiel interessierten ihn Probleme wie der Aufstieg und Verfall alter Zivilisationen und das Überleben unserer *eigenen* auf lange Sicht – Fragen also, die die Grenzen zwischen den Disziplinen deutlich überschritten. Er habe keinerlei Erfolg gehabt, als er so etwas am Caltech anregen wollte. Könnte er also bitte an den Gesprächen über das Institut teilnehmen, wenn er das nächstemal in Los Alamos sei? (Gell-Mann war schon seit den fünfziger Jahren Berater des Labors und hielt sich dort häufig auf.)

Cowan mochte seinem Glück kaum trauen: «Auf jeden Fall, kommen Sie!» Wenn irgend jemand zu diesem oberen halben Prozent gehörte, dann Murray Gell-Mann. Und er stellte sein Licht nicht unter den Scheffel. Das Selbstvertrauen des in New York City aufgewachsenen Wissenschaftlers grenzte fast schon an Arroganz.

Nicht wenige fanden ihn unerträglich. Er war sein Leben lang der Klassenerste gewesen. Am Caltech, wo der Physiker Richard Feynman gearbeitet hatte, dessen Memoiren unter dem Titel ‹*Sie belieben wohl zu scherzen, Mr. Feynman!*› erschienen waren, sagte man, Gell-Mann müsse seine Memoiren «Du hast mal wieder recht, Murray!» nennen. Bei den seltenen Gelegenheiten, wenn einmal etwas nicht nach seinem Willen ging, neigte Gell-Mann zu überaus kindischen Verhaltensweisen. Kollegen hatten beobachtet, daß seine Unterlippe sich dann in einer Weise vorschob, die einem Schmollmund verdächtig ähnelte.

Murray Gell-Mann ist eine der Hauptfiguren der Naturwissenschaft des 20. Jahrhunderts. Als er Anfang der fünfziger Jahre promovierte, schien die subatomare Welt noch ein sinnloses Durcheinander zu sein – ein Mischmasch aus Pi-Teilchen, Sigma-Teilchen, Rho-Teilchen und so weiter, das ganze griechische Alphabet rauf und runter. Doch schon zwei Jahrzehnte später hatten die Physiker im wesentlichen aufgrund von Konzepten Gell-Manns vereinheitlichte Theorien für die Kräfte zwischen den Teilchen aufgestellt; den Mischmasch der Teilchen konnten sie nun als verschiedene Kombinationen von «Quarks» klassifizieren – einfacher subatomarer Bausteine, die Gell-Mann nach einem Phantasiewort aus James Joyces ‹*Finnegans Wake*› benannt hatte. «Eine Generation lang», sagte ein theoretischer Physiker, der ihn seit zwanzig Jahren kennt, «hat Murray die Forschungsschwerpunkte der Teilchenphysik bestimmt. Worüber er nachdachte, war das, worüber alle hätten nachdenken *sollen.* Er wußte, wo die Wahrheit lag, und führte Menschen zu ihr.»

Diese dreißigjährige Beschäftigung mit dem Innenleben von Protonen und Neutronen hatte Gell-Mann spontan zum Anhänger von Cowans Vision eines wissenschaftlichen Holismus werden lassen. Es läßt sich kaum etwas vorstellen, das noch reduktionistischer ist als die Teilchenphysik. Hinzu kam jedoch, daß Gell-Mann von einer unbezwingbaren Neugier getrieben wird, und das in einem so weiten Spektrum der Interessen, daß niemand sie vollständig aufzählen könnte. Man weiß, daß er sich von Fremden, die im Flugzeug neben ihm sitzen, stundenlang ihre Lebensgeschichte erzählen läßt. Zur Naturwissenschaft hatte ihn seine Liebe zur Naturgeschichte gebracht, und diese stammte aus seiner Kindheit. Sein älterer Bruder hatte ihn schon als Fünfjährigen bei Spaziergängen in den Parks von Manhattan auf die Wunder der Natur aufmerksam gemacht. «Wir stellten uns New York als einen Wald aus lauter Schierling vor, der gerodet worden war», erzählt er. Seitdem hatte er sich als passionierter Hobby-Ornithologe betätigt und sich in verschiedenen Organisationen für den Umweltschutz eingesetzt.

Gell-Mann interessiert sich außerdem für Psychologie, Archäologie und Sprachwissenschaften. (Er hat an der Yale University Physik ursprünglich nur studiert, um seinen Vater zu beruhigen, der befürchtete, er würde nach einem Archäologiestudium erwerbslos sein.) Er spricht den Namen eines Wissenschaftlers immer mit genau dem richtigen Akzent aus der Herkunftssprache – und das in mehreren Dutzend Sprachen. Ein Kollege erinnert sich, wie Gell-Mann reagierte, als er erwähnte, er werde demnächst seine Schwester in Irland besuchen.

«Wie heißt sie?» fragte Gell-Mann.

«Gillespie.»

«Was bedeutet das?»

«Auf Gälisch heißt das, glaube ich, ‹Diener eines Bischofs›.»

Gell-Mann dachte einen Augenblick nach. «Nein – im schottischen Gälisch des Mittelalters bedeutete es eher ‹Jünger eines Bischofs›.»

Auch konnte Gell-Mann, wie wohl jeder in Los Alamos wußte, diese sprachlichen Fähigkeiten mit ungeheurer Überzeugungskraft einsetzen. «Murray kann aus der Laune eines Augenblicks heraus eine mitreißende Rede halten», sagt Carruthers. «Nicht gerade Churchill, aber doch überwältigend klar und brillant.» Sobald er an den Gesprächen über das Institut teilnahm, gaben seine Argumente für ein Institut mit möglichst breit gefächertem Themenspektrum den Ausschlag. Allmählich zeichnete sich in den Köpfen der meisten Fellows etwas ab, wozu sie ja sagen konnten, und die Vorstellung eines auf Computer spezialisierten Instituts verlor bald an Reiz.

Gell-Manns große Stunde kam kurz nach Weihnachten 1983. Wieder einmal berief Cowan eine Versammlung ein, ein weiterer Versuch, mit der Institutsgründung voranzukommen. Und Gell-Mann zog alle Register. Diese engen Vorstellungen seien nicht großzügig genug, rief er den Versammelten zu. «Wir müssen uns selbst eine wirklich große Aufgabe stellen. Und deshalb gilt es, die großen Synthesen ins Visier zu nehmen – solche, an denen viele, viele Disziplinen beteiligt sind.» Darwins Theorie der biologischen Evolution sei ein Beispiel für eine solche Synthese des 19. Jahrhunderts. Sie verknüpfte Befunde der Biologie, denen zufolge gewisse Pflanzen- oder Tierarten offensichtlich miteinander verwandt sind, mit Erkenntnissen der Geologie, aus denen hervorging, daß die Erde schon ungeheuer alt ist und die Vergangenheit einen immensen Ausblick in die Zeit bietet, und Hinweisen aus der Paläontologie, die zeigten, daß die Pflanzen und Tiere, die in diesen lang vergangenen Zeiten gelebt haben, ganz anders waren als jene, die heute leben. Und erst vor kurzer Zeit, fuhr er fort, sei es zu einer anderen großen Synthese gekommen: der Urknalltheorie.

«Ich sagte, ich hätte das Gefühl, wir sollten nach den großen Synthesen Ausschau halten, die sich heute abzeichnen und die in so hohem Maße interdisziplinär sind», erzählt Gell-Mann. Einige, etwa die Molekularbiologie, die Erforschung nichtlinearer Prozesse und die Kognitionswissenschaften, waren schon recht weit gediehen. Aber es bildeten sich noch andere Synthesen heraus, und ihnen sollte sich dieses neue Institut widmen.

Auf jeden Fall, fügte er hinzu, sollten Themen gewählt werden, die die Hilfe dieser riesigen, schnellen Computer erforderten, von denen überall die Rede sei – nicht nur, weil wir die Maschinen bräuchten, um Modelle zu entwickeln, sondern auch, weil diese Maschinen selbst Beispiele für komplexe Systeme seien. Metropolis und Rota hätten völlig recht: Computer könnten sich sehr wohl selbst als ein Teil dieser Synthese herausstellen. Aber man solle nicht im voraus Scheuklappen tragen. Wolle man das ganze überhaupt anpacken, schloß er, dann auch richtig.

Seine Zuhörer waren gefesselt. «Ich hatte das alles schon vorher gepredigt», sagt Gell-Mann, «aber vielleicht nicht so überzeugend.»

Gell-Manns Redekunst hatte durchschlagenden Erfolg. In mitreißenden Worten hatte er jene Vision beschworen, die Cowan und die Mehrheit der Professoren schon seit fast einem Jahr zu artikulieren versuchten. Danach waren die meisten Zweifel ausgeräumt: Es sollte ein Institut gegründet werden, das die Vielfalt interdisziplinärer Forschung pflegt. Und wenn Gell-Mann bereit war, potentielle Geldgeber in die Mangel zu nehmen – und das schien der Fall zu sein –, dann war jetzt wohl die Zeit zum Handeln gekommen.

Als dies geklärt war, mußte die Gruppe sich mit weniger erhabenen Fragen abgeben: Wer sollte das Projekt in Gang bringen? Wer sollte die Verantwortung für dieses Institut übernehmen?

Alle schauten in dieselbe Richtung.

Wenn Cowan eine Aufgabe widerstrebte, dann war es diese. Okay, das Institut war seine Idee gewesen. Er glaubte daran. Aber er hatte praktisch sein Leben lang mit Verwaltung zu tun gehabt. Er hatte es satt, immer wieder Gelder lockermachen zu müssen, Freunden zu sagen, ihr Etat sei gekürzt, und seine eigene Forschung immer nur am Wochenende betreiben zu können. Er war 63 Jahre alt, und seine Notizbücher steckten voller Ideen, für die er nie Zeit gefunden hatte. Die Suche nach Sonnen-Neutrinos, die Erforschung einer äußerst seltenen und faszinierenden Form des sogenannten doppelten Betazerfalls – solche Probleme hatten ihn immer schon gereizt. Und jetzt endlich wollte er daran arbeiten.

Als Pines vorschlug, er solle das Ganze leiten, sagte er also natürlich: «Ja.» Die Situation kam für ihn nicht überraschend, da Pines vorher mit ihm darüber gesprochen hatte. Was ihn schließlich überzeugte, war das, was ihn schon in Los Alamos immer wieder veranlaßt hatte, Verwaltungsaufgaben zu übernehmen: «Management kriegen auch andere hin – aber ich hatte immer das Gefühl, irgendwie machen sie's nicht richtig.» Außerdem riß sich niemand sonst um die Aufgabe.

Okay, sagte er der Gruppe. Er sei bereit, Feuerwehrmann zu spielen und alles Nötige zu tun, jedenfalls solange sie keinen anderen Dummen finden könnten, die Aufgabe zu übernehmen. Aber eine Bedingung müsse er stellen: In der Zwischenzeit sollte Murray der Wortführer sein.

«Wenn man sich um Gelder bemüht», sagt Cowan, «möchten die Leute immer hören, wie man morgen die Energiekrise lösen wird. Aber wir fingen ja viel bescheidener an. Ich dachte, es kann Jahre dauern, bevor wir außer unserer neuen Sicht von der Welt irgend etwas Nützliches vorzeigen könnten. Man muß sich also sagen: ‹Hier ist Professor Soundso, der seine Quarks-Forschungen an den Nagel hängt, um sich mit etwas zu beschäftigen, was mehr mit unseren Alltagssorgen zu tun hat.› Die Leute wissen dann zwar nicht genau, wovon man spricht, aber sie hören zu.»

Die Kollegen stimmten zu. Cowan sollte Direktor des Instituts, Gell-Mann Vorsitzender des Verwaltungsrats sein.

## *George Cowan*

Es war keine Frage, Cowan war wirklich der richtige Mann für diese Aufgabe. Seine Kontakte reichten überallhin. Die Bevölkerung New Mexicos ist überschaubar, so daß jeder, der in Los Alamos mit der Verwaltung zu tun hat, bald alle kennt, die dort etwas zu sagen haben.

Cowan war schon im Sommer 1983 klargeworden, wie nötig das Institut Startgeld brauchte, und er bat seinen alten Freund Art Spiegel, der sein Vermögen mit einem Versandhaus gemacht hatte, um Hilfe. Er und Spiegel gehörten einer Initiative an, der die Oper von Santa Fe ihre Existenz verdankte, und er wußte, daß es Spiegel und seiner Frau gelungen war, viel Geld für das Symphonieorchester von New Mexico aufzutreiben. Spiegel selbst hatte keine klare Vorstellung davon, was Cowan meinte, wenn er von seinem Institut sprach. Aber es schien ihm eine gute Sache zu sein. Er unterstützte deshalb Cowan dabei, die vielen Reichen in Santa Fe zu bearbeiten.

Im Frühling 1984 hatte Spiegel bei einer Telefongesellschaft und einer florierenden Spar- und Darlehenskasse (die später bankrott ging) Geld loseisen können. Es war nicht viel. Aber Cowan sah es auch nicht als seine Hauptaufgabe an, Geld herbeizuschaffen. Ihm schien es wichtiger zu sein, die Grundlagen zu sichern. Um Ostern 1984 herum zahlte er zum Beispiel 300 Dollar aus seiner eigenen Tasche für ein Essen, zu dem die einflußreichen Bürger von Santa Fe eingeladen wurden. «Wir hielten es für politisch wünschenswert, sie mit unserem Vorhaben bekannt zu machen und um ihr Interesse und ihre Unterstützung zu werben. Sie sollten nicht aus der Zeitung erfahren, daß ein paar Eierköpfe aus Los Alamos plötzlich in Santa Fe auftauchen, um etwas zu tun, wovon sie noch nie etwas gehört hatten.»

Auch dieses Essen brachte kein Geld ein. Aber es war eine gute Vorübung. Gell-Mann kam und hielt eine Rede. Das gefiel der Menge: ein Nobelpreisträger!

Als nächstes ging es um die Eintragung ins Handelsregister. Wenn man Leute um Geld bitten will, sollte man etwas mehr vorweisen können als nur das eigene Girokonto. Cowan und Nick Metropolis gingen deshalb zu Jack Campbell, einem alten Freund und früheren Gouverneur des Staates, der inzwischen einer angesehenen Rechtsanwaltspraxis in Santa Fe vorstand. Campbell war begeistert. Er sorgte dafür, daß seine Firma die nötigen Vertragsentwürfe kostenlos ausarbeitete, und beriet Cowan auch, wie die Steuerbehörden davon zu überzeugen seien, das zu gründende Institut als gemeinnützige Institution anzuerkennen. (Die Steuerbehörden sind solchen Anträgen gegenüber äußerst skeptisch; Cowan mußte nach Dallas fliegen und den Fall persönlich vortragen.)

Im März 1984 wurde das Santa-Fe-Institut ins Handelsregister aufgenommen. Es hatte noch keinen Standort und keine Mitarbeiter, und von finanziellen Mitteln konnte im Grunde auch keine Rede sein. Eigentlich war es nicht mehr als ein Postfach und eine Telefonnummer, unter der man das Büro von Al Spiegel in Albuquerque erreichte. Und es hatte noch nicht einmal den richtigen Namen: Die Bezeichnung «Santa-Fe-Institut» hatte ein Therapiezentrum schützen lassen, und deshalb mußten sich Cowan und die Mitbegründer mit dem Namen «Rio-Grande-Institut» zufriedengeben. (Der Rio Grande fließt einige Kilometer westlich von der Stadt.) Aber es existierte.

Es blieb jedoch die quälende Frage nach der Aufgabenstellung. Niemand war bereit, mehrere hundert Millionen Dollar auf den Tisch zu legen, bevor er nicht genau wußte, welchem Programm sich das Institut verschrieben hatte und wie es dieses zu erfüllen gedachte. «Herb, wie fangen wir bloß an?» fragte Cowan den Los Alamos-Veteranen Herb Anderson in diesem Frühling. Am besten wäre es, antwortete Anderson, ein paar gute Leute zu einer Arbeitstagung zusammenzutrommeln, bei der jeder sagen könne, was ihm am Herzen lag. Man könnte durch die Auswahl der Eingeladenen all die verschiedenen Disziplinen abdecken, und wenn es tatsächlich irgendwelche Annäherungen zwischen diesen Disziplinen gebe, so würden sie sich in den Gesprächen herauskristallisieren.

«Ich sagte also: ‹Gut, fang mit der Vorbereitung an›», berichtet Cowan, «und das tat er dann.» Kurz darauf erklärte Pines sich bereit, eine solche Konferenz zu organisieren, und Herb Anderson überließ ihm die Arbeit gern.

## *Philip Anderson*

Am 29. Juni 1984 erhielt Philip Anderson in Princeton einen Brief von Pines: Ob er im Herbst an einer Arbeitstagung über «Neue Synthesen in den Naturwissenschaften» teilnehmen würde?

Anderson war, gelinde gesagt, skeptisch. Er hatte von diesem Projekt gehört. Gell-Mann erzählte allen davon, wohin er auch kam, und nach Andersons Eindruck schien das Unternehmen sich zu einem gemütlichen Heim für alternde Nobelpreisträger auszuwachsen – einschließlich üppiger Stiftungsgelder und viel wissenschaftlichem Glanz und Glitter.

Dabei konnte es Anderson in jeder Hinsicht mit Murray Gell-Mann aufnehmen. Ihm war 1977 der Nobelpreis für seine Arbeit in der Festkörperphysik verliehen worden, und er hatte dreißig Jahre lang auf diesem Gebiet ebenso wichtige Beiträge geleistet wie Gell-Mann auf seinem. Doch Anderson verachtete Glanz und Glitter, und es widerstrebte ihm, an Problemen zu arbeiten, nur weil sie gerade *en vogue* waren. Sobald er das Gefühl bekam, andere Theoretiker stürzten sich auf ein Thema, mit dem er sich gerade befaßte, wandte er sich instinktiv anderen Fragen zu.

Besonders unerträglich fand er die Art, wie so mancher junger Aufsteiger sein Spezialgebiet, ob er es darin schon zu etwas gebracht hatte oder nicht, wie ein Abzeichen seines akademischen Rangs vor sich hertrug: «Schaut mich an, ich bin ein Teilchenphysiker! Seht nur, ich bin ein Kosmologe!» Und die kalte Wut stieg in ihm hoch, wenn er zusehen mußte, wie der Kongreß Geld für neue Teleskope und ungeheuer kostspielige neue Beschleuniger verschwendete, während kleinere – und seiner Meinung nach ergiebigere – Vorhaben verkümmern mußten.

Außerdem, dachte er, gebärden sich diese Leute in Santa Fe wie reine Amateure. Was wußte Murray Gell-Mann schon davon, wie man ein interdisziplinäres Institut gründen sollte? Er hatte in seinem ganzen Leben noch nicht an einem einzigen interdisziplinären Projekt mitgewirkt. Pines hatte zumindest eine Zeitlang mit Astrophysikern zusammengearbeitet und Erkenntnisse der Festkörperphysik auf die Analyse des Aufbaus von Neutronensternen anzuwenden versucht, ein kleines Problem, das er und Anderson gerade gemeinsam zu lösen versuchten. Aber die anderen? Anderson hatte den größten Teil seiner eigenen Karriere als Forscher an den Bell Telephone Laboratories zugebracht, und dort herrschte ein beispielhaft interdisziplinäres Ambiente. Er wußte also, wie schwierig solche Unternehmungen sein konnten. Die akademische Landschaft ist gepflastert mit den Leichen ehemals hoffnungsvoller Institute, die erbärmlich versagt haben.

Und doch ließ Anderson dieses Santa-Fe-Institut nicht los. Dort sollte die Welle des Reduktionismus umgekehrt werden – das sprach ihn an, führte er doch selbst schon seit Jahren einen Guerillakrieg gegen den Reduktionismus.

Was ihn zuerst bewogen hatte, aktiv zu werden, war, wie er sich erinnert, schon im Jahre 1965 die Lektüre einer Vorlesung des Teilchenphysikers Victor Weisskopf gewesen, in der dieser ganz selbstverständlich davon auszugehen schien, daß die «Grundlagenphysik» – also die Teilchenphysik und Teile der Kosmologie – irgendwie anders und besser sei als die mehr anwendungsbezogenen Disziplinen wie die Festkörperphysik. Tief getroffen, hatte Anderson sofort eine deftige Widerlegung verfaßt, die schließlich 1972 in der Wissenschaftszeitschrift *Science* unter dem Titel «More Is Different» erschienen war. Und seitdem vertrat er seinen Standpunkt bei jeder sich bietenden Gelegenheit.

Er würde, sagt er, als erster zugeben, daß es eine «philosophisch richtige» Form des Reduktionismus gibt: die Überzeugung nämlich, daß das Weltall von Naturgesetzen bestimmt sei. Die große Mehrheit der Wissenschaftler stimme dieser Behauptung aus ganzem Herzen zu, und es sei ja auch schwierig, sich eine Naturwissenschaft ohne diese Prämisse vorzustellen. An Naturgesetzlichkeit zu glauben laufe aber auf die Überzeugung hinaus, daß das Weltall letztlich verstehbar sei – daß dieselben Kräfte, die das Schicksal einer Galaxie bestimmen, auch den Fall eines Apfels hier auf der Erde lenkten, daß dieselben Atome, die das auf einen Brillanten fallende Licht reflektieren, auch eine Zelle bilden könnten, daß dieselben Elektronen, Neutronen und Protonen, die im Urknall entstanden seien, heute Gehirn, Geist und Seele des Menschen hervorbrächten. Der Glaube an das Naturgesetz sei der Glaube daran, daß die Natur in tiefstem Grunde eine Einheit bilde.

Aus diesem Glauben, fährt Anderson fort, folge jedoch keineswegs, daß allein die fundamentalen Gesetze und die fundamentalen Teilchen der Untersuchung wert seien und daß sich alles andere vorhersagen lasse, wenn man nur einen hinreichend großen Computer hätte, eine Auffassung, zu der anscheinend auch heute noch sehr viele Wissenschaftler neigten. 1932 behauptete der Physiker, der das Positron – das Antiteilchen des Elektrons – entdeckt hatte: «Der Rest ist Chemie!», und vor wenigen Jahren noch hatte Murray Gell-Mann die Festkörperphysik als «schmutzige Physik» abgetan. Das war genau die Art Arroganz, über die Anderson so verärgert war. Er schrieb dazu in seinem Artikel von 1972: «Wenn wir in der Lage sind, alles auf einfache Naturgesetze zu reduzieren, folgt daraus noch lange nicht, daß wir von diesen Gesetzen ausgehend das Weltall rekonstruieren können. Im Gegenteil – je mehr uns die Elementarteilchenphysiker über das Wesen der fundamentalen Gesetze sagen, um so weniger relevant scheinen sie für die ganz realen Probleme der übrigen Naturwissenschaft zu sein, von gesellschaftlichen Fragen ganz zu schweigen.»

Der Alles-andere-ist-Chemie-Schwachsinn, erklärt er, scheitere gleich an zwei Hindernissen: der Größenordnung und der Komplexität. Betrachten wir zum Beispiel das Wasser. Ein Wassermolekül ist nicht sehr kompliziert: Es ist einfach ein großes Sauerstoffatom mit zwei kleinen Wasserstoffatomen, die wie Mickeymaus-Ohren an ihm kleben. Sein Verhalten ist durch die wohlbekannten Gleichungen der Atomphysik bestimmt. Wenn man aber Unmengen dieser Moleküle in einen Topf wirft, erhält man plötzlich eine Substanz, die glänzt und gurgelt und spritzt. Diese ungeheuer vielen Moleküle haben kollektiv eine Eigenschaft angenommen – nämlich flüssig zu sein –, über die keines allein verfügt. Wenn man nicht ganz genau weiß, wo und wie man danach suchen soll, steckt in den wohlbekannten Gleichungen der Atomphysik nichts, was eine solche Eigenschaft auch nur vermuten ließe. Sie ergibt sich erst aus dem Zusammenwirken sehr vieler Moleküle und wird deshalb «emergent» genannt.

Auf ähnliche Weise, erläutert Anderson, führen solche emergenten Eigenschaften oft zu emergentem Verhalten. Kühlt man zum Beispiel Wasser ab, bewegen sich die Wassermoleküle bei einer Temperatur von 0 Grad Celsius nicht mehr zufällig und ungeordnet. Sie machen vielmehr einen «Phasenübergang» durch und verfestigen sich von selbst zu der geordneten Kristallstruktur, die wir Eis nennen. Erhitzt man andererseits die Flüssigkeit, fliegen genau dieselben Wassermoleküle plötzlich auseinander und durchlaufen einen Phasenübergang zu Wasserdampf. Für ein einzelnes Molekül hätte keiner dieser Phasenübergänge irgendeinen Sinn.

Und so geschieht es überall, sagt Anderson. Das Wetter ist eine emergente Eigenschaft: Wasserdampf über dem Golf von Mexico in Wechselwirkung mit Sonne und Wind kann sich zur emergenten Struktur eines Hurrikans organisieren. Das Leben selbst ist eine solche «emergente» Eigenschaft, das Erzeugnis von DNA-Molekülen und Eiweißmolekülen und Milliarden anderer Moleküle, die alle den Gesetzen der Chemie gehorchen. Denken und Fühlen sind «emergente» Eigenschaften, das Werk etlicher Milliarden Neuronen, die den für eine Zelle geltenden biologischen Gesetzen gehorchen. Man kann sich, wie Anderson in seiner Arbeit von 1972 ausführt, sogar das Weltall hierarchisch aufgebaut denken: «Auf jeder Ebene der Komplexität zeigen sich völlig neue Eigenschaften; auf jeder Stufe sind völlig neue Gesetze, Begriffe und Verallgemeinerungen nötig, die genausoviel Phantasie und Kreativität erfordern wie auf der früheren. Die Psychologie ist keine angewandte Biologie und die Biologie keine angewandte Chemie.»

Niemand, der diesen Aufsatz las oder sich mit seinem Verfasser unterhielt, konnte den geringsten Zweifel hegen, wofür dessen Herz schlug. Für Anderson lag das größte Geheimnis, mit dem die Naturwissenschaften konfrontiert waren, in all den unendlich vielen Spielarten der Emergenz. Wie langweilig mußte es dagegen sein, Quarks zu zählen! Deshalb hatte er sich ja der Festkörperphysik zugewandt: Sie war ein Wunderland emergenter Phänomene. (Den Nobelpreis erhielt er 1977 für seine theoretische Erklärung der subtilen Phasenübergänge, durch die bestimmte Metalle von

Elektrizitätsleitern zu Isolatoren werden.) Deshalb genügte ihm auch die Festkörperphysik niemals völlig. Als Pines' Einladung ihn im Juni 1984 erreichte, war Anderson gerade damit beschäftigt, mit Hilfe seiner in der Physik entwickelten Verfahren die dreidimensionale Struktur von Eiweißmolekülen zu ergründen und das Verhalten neuronaler Netze zu analysieren – Anordnungen einfacher Prozessoren, die Informationen auf ähnliche Weise verarbeiten sollten wie die Nervennetze im Gehirn. Er hatte sich sogar an eines der tiefsten Geheimnisse herangewagt und ein Modell dafür vorgeschlagen, wie sich die ersten Lebensformen auf der Erde durch kollektive Selbstorganisation aus einfachen chemischen Bausteinen zusammengesetzt haben könnten.

Wenn dieses Santa-Fe-Projekt wirklich etwas taugte, dachte Anderson, wollte er gern zuhören. *Wenn* es etwas taugte.

Wenige Wochen nachdem er Pines' Einladung erhalten hatte, bot sich ihm eine Gelegenheit, das herauszufinden. In diesem Sommer führte er den Vorsitz im Verwaltungsrat des Aspen Center for Physics, einem Ort, an den sich theoretische Physiker im Sommer zurückziehen können, um in Ruhe an ihren Projekten zu arbeiten. Anderson hatte sich dort sowieso mit Pines treffen wollen, um einige Berechnungen zum Aufbau der Neutronensterne durchzugehen. Gleich bei ihrer ersten Begegnung in Pines' Büro fiel er mit der Tür ins Haus: «Ist diese Santa-Fe-Geschichte Spinnerei, oder wird etwas daraus?» Er wußte genau, was Pines sagen würde – «Daraus wird etwas» –, aber er wollte spüren, wie die Antwort *klang*.

Pines tat sein Bestes, sie gut klingen zu lassen. Ihm war Andersons Teilnahme sehr wichtig. So skeptisch und zurückhaltend er war, sein breitgefächertes Interesse und seine Kenntnisse konnten es allemal mit denen Gell-Manns aufnehmen. Er hatte also das Format, das nötige Gegengewicht zu liefern, und nicht zuletzt würde sein Nobelpreis dem Institut zusätzliche Glaubwürdigkeit verleihen.

So redete Pines mit Engelszungen auf Anderson ein. Das Institut werde sich wirklich um die Berührungspunkte zwischen den Disziplinen kümmern, nicht nur um Themen, die gerade aktuell seien. Und keinesfalls würde es nur ein Aushängeschild für Murray Gell-Mann oder ein Anhängsel des Los-Alamos-Labors sein – mit dem Anderson, wie Pines wußte, nichts zu tun haben wollte. Cowan spiele eine Hauptrolle. Pines spiele eine Hauptrolle. Und er würde dafür sorgen, daß auch er, Anderson, eine Hauptrolle bekäme, wenn er mitmachen wollte. Und dann fragte er Anderson, ob ihm vielleicht noch Leute einfielen, die auf der geplanten Tagung Vorträge halten könnten.

Das gab den Ausschlag. Als Anderson sich laut über Namen und Themen nachdenken hörte, wurde ihm klar: Er hatte angebissen. Die Gelegenheit, Einfluß zu nehmen, war zu verführerisch. «Es war das Gefühl, da kann ich wirklich was bewirken», sagt er. «Wenn daraus wirklich etwas werden sollte, wollte ich den Gang der Dinge gern mitbestimmen; ich wollte Fehler der Vergangenheit vermeiden helfen und dafür sorgen, daß es mehr oder weniger richtig lief.»

Die Gespräche über die Tagungen und das Institut wurden den ganzen Sommer über fortgeführt, da auch Gell-Mann und Carruthers in Aspen waren. Und gleich nachdem Anderson im Spätsommer nach Princeton zurückgekehrt war, füllte er drei, vier Seiten mit Vorschlägen, wie das Institut so zu organisieren sei, daß sich die üblichen Fallgruben umgehen ließen. (Der Hauptpunkt: Keine getrennten Fachbereiche!)

Und er reservierte für den Herbst einen Flug nach Santa Fe.

## «*Was soll* ich *eigentlich hier?*»

Es erforderte viel Fingerspitzengefühl, die Tagung zu organisieren. Das Geld, das sie dafür brauchten – rund 60000 Dollar –, erhielten sie von verschiedenen Firmen und Stiftungen. Viel schwieriger war dagegen die Entscheidung, wer eingeladen werden sollte. Cowan: «Die Frage war: Können wir die Leute dazu bringen, miteinander zu reden, sich zum Gedankenaustausch darüber anzuregen, was an den Grenzen zwischen den Disziplinen passiert? Und können wir ein Gemeinschaftsgefühl entwickeln, das solchem Denken förderlich ist?»

Vor allem, berichtet Cowan, brauchten sie Wissenschaftler, die in einem etablierten Bereich wirkliche Kompetenz und Kreativität bewiesen hatten und doch zugleich neuen Gedanken aufgeschlossen gegenüberstanden. Das erwies sich als deprimierend seltene Kombination, selbst (oder besonders) unter den Koryphäen. Die Suche nach geeigneten Protagonisten aus möglichst vielen verschiedenen Forschungsbereichen nahm einen ganzen Sommer in Anspruch. Aber schließlich hatten sie «eine imposante Liste guter Leute» zusammengestellt, von Physikern über Archäologen bis hin zu klinischen Psychologen. Was würde wohl passieren, wenn alle diese Menschen zusammensäßen?

*Alle* ließen sich von vornherein nicht unter einen Hut bringen. Pines mußte die Tagung wegen Terminproblemen auf zwei Wochenenden verteilen, nämlich auf den 6. und 7. Oktober und den 10. und 11. November 1984. Aber Cowan erinnert sich, daß selbst die geschrumpfte erste Gruppe zumindest am Anfang Startschwierigkeiten hatte. Gell-Mann eröffnete die Sitzung am 6. Oktober mit einem Vortrag über «Das Konzept des Instituts», dem eine ausführliche Diskussion darüber folgte, wie diese Vorstellungen in ein wirkliches wissenschaftliches Programm und ein wirkliches Institut eingebettet werden könnten. «Es gab kleine Machtkämpfe», sagt Cowan. Zu Beginn habe sich keine Möglichkeit abgezeichnet, wie sich eine gemeinsame Basis schaffen ließe.

So betonte der Neurophysiologe Jack Cowan (nicht verwandt) von der University of Chicago, es sei für die Molekularbiologen und Neurowissenschaftler höchste Zeit, theoretischen Konzepten mehr Aufmerksamkeit zu widmen, wenn sie die ungeheuren Mengen von Daten verstehen wollten, die sie über einzelne Zellen und Moleküle zusammentrugen. Sofort wurde eingewandt, Zellen und Biomoleküle seien das Ergebnis entwicklungsgeschichtlicher Zufälle und deshalb als Bezugspunkte theoretischer Erwägungen schlecht geeignet. Aber Jack Cowan kannte diese Argumente schon aus früheren Diskussionen und ließ sich nicht einschüchtern. Er wies zum Beispiel auf die Halluzinationen hin, die von Peyote oder LSD verursacht werden. Diese, führte er aus, bildeten viele Muster: Gitter, Spiralen und Trichter. Und jedes von ihnen lasse sich als lineare Wellen eines elektrischen Stroms in der Sehrinde erklären. Möglicherweise könne man diese Wellen mit Hilfe der von Physikern verwendeten mathematischen Feldtheorien beschreiben.

Douglas Schwartz von der School for American Research, dem archäologischen Forschungszentrum in Santa Fe, in dem die Tagung stattfand, behauptete, die Archäologie sei ganz besonders aufgeschlossen für den Austausch mit anderen Disziplinen. Die Forscher stünden auf diesem Gebiet drei fundamentalen Geheimnissen gegenüber. Erstens: Wann erwarben die Primaten zuerst die Wesenszüge der Menschlichkeit, zu denen ja komplexe Sprache und Kultur gehören? Geschah das vor etwa einer Million Jahren mit dem *Homo erectus*? Oder erst vor wenigen zehntausend Jahren, als die Neandertaler dem modernen Menschen, dem *Homo sapiens sapiens*, Platz machten? Und was verursachte den Wandel? Millionen Arten sind mit viel kleineren Gehirnen als dem unseren gut zurechtgekommen. Warum ist unsere Art anders? Zweitens: Warum ersetzten Ackerbau und Viehzucht und damit Seßhaftigkeit das Jagen und Sammeln der Nomaden? Und drittens: Welche Kräfte lösten die Entwicklung der kulturellen Komplexität aus, einschließlich der Spezialisierung des Handwerks, der Herausbildung von Eliten und der auf Wirtschaft und Religion beruhenden Machtverhältnisse?

Auf keine dieser Fragen habe man bis heute eine befriedigende Antwort, sagte Schwartz, obwohl die archäologischen Funde, die vom Aufstieg und Verfall der Anasazi-Kultur im Südwesten der USA zeugten, eine wunderbare Gelegenheit zur Untersuchung der beiden letzteren böten. Die einzige Hoffnung auf Antwort bestehe nach seinem Eindruck in einer viel stärkeren Zusammenarbeit zwischen Archäologen und anderen Spezialisten, als sie alle es gewohnt seien. Die Feldforscher brauchten mehr Kontakt zu Physikern, Chemikern, Geologen und Paläontologen, um das Auf und Ab des Klimas und der Ökosysteme in diesen alten Zeiten verfolgen zu können. Und noch mehr brauchten sie den Kontakt zu Historikern, Wirtschaftswissenschaftlern, Soziologen und Anthropologen, die ihnen helfen könnten zu verstehen, welche Motive diese Menschen bewegt haben.

Diese Gedanken sprachen Robert McCormack Adams an, einen Archäologen von der University of Chicago, der nur wenige Wochen zuvor zum Sekretär der Smithsonian Institution ernannt worden war. Seit mindestens zehn Jahren, erklärte er, werde er immer unzufriedener mit dem gradualistischen Ansatz der Anthropologen, dem zufolge sich die Zivilisation allmählich entwickelt habe. Bei seinen Ausgrabungen in Mesopotamien habe er festgestellt, daß diese alten Kulturen geradezu chaotische Schwankungen und Umwälzungen durchgemacht hätten. Mehr und mehr sei er dazu übergegangen, Aufstieg und Verfall von Kulturen als ein sich selbst organisierendes Phänomen zu sehen, in dem Menschen zu verschiedenen Zeiten in Reaktion auf die jeweils unterschiedlich wahrgenommene Umwelt verschiedene Cluster kultureller Möglichkeiten wählen.

Das Thema der Selbstorganisation wurde in ganz anderer Weise auch von Stephen Wolfram vom Institute for Advanced Study in Princeton aufgenommen, einem damals fünfundzwanzigjährigen Wunderkind aus England. Er versuchte, Komplexität auf ihrer fundamentalsten Ebene zu erforschen, und verhandelte gerade mit der University of Illinois über die Gründung eines Forschungszentrums für komplexe Systeme. Wann immer man sich in Physik oder Biologie sehr komplizierte Systeme ansehe, erklärte er, finde man gewöhnlich, daß die Grundbestandteile und die grundlegenden Gesetze ganz einfach seien; die Komplexität ergebe sich, weil sehr viele dieser einfachen Komponenten gleichzeitig miteinander wechselwirkten. Die Komplexität liege eigentlich in der Organisation – der Vielzahl der möglichen Wege, wie die Komponenten eines Systems in Wechselwirkung träten.

Kürzlich hätten er und viele andere Theoretiker damit begonnen, Komplexität mit Hilfe zellulärer Automaten zu untersuchen. Das seien im wesentlichen Programme, die entsprechend den vom Programmierer vorgegebenen Regeln auf dem Bildschirm Strukturen erzeugten. Zelluläre Automaten hätten den Vorteil, genau definiert zu sein, so daß sie sich im einzelnen analysieren ließen. Andererseits seien sie aber so reichhaltig, daß sehr einfache Regeln Muster von überraschender Dynamik und Komplexität hervorbrächten. Die Herausforderung für den Theoretiker bestehe in der Formulierung allgemeiner Gesetze, die beschreiben, wann und wie solche komplexen Strukturen in der Natur auftreten. Zwar habe man darauf noch keine Antwort gefunden, aber er sei sehr optimistisch.

In der Zwischenzeit, fügte er hinzu, sollte man unabhängig davon, welche Aufgaben dieses Institut sonst haben würde, sicherstellen, daß jedem Forscher ein Computer auf dem neuesten Stand der Technik zur Verfügung stünde. Computer seien für die Erforschung komplexer Phänomene das wesentliche Hilfsmittel.

Und so ging es weiter. Wie sollte das Institut organisiert sein? Robert Wilson, Gründungsrektor des Fermi National Accelerator Laboratory, sagte, für das Institut sei die enge Zusammenarbeit mit den Wissenschaftlern in den Labors ausschlaggebend. Wenn man zuviel Theorie betreibe, sähe man am Ende nur noch den eigenen Bauchnabel. Louis Branscomb, Leiter der IBM-Forschungsabteilung, trat entschieden für ein Institut ohne Trennungen zwischen den verschiedenen Bereichen ein. «Es ist wichtig, daß die Menschen einander die Gedanken stehlen!» sagte er.

Gegen Mittag des ersten Tages, erzählt Cowan, hatten sich die Teilnehmer mit ihrer Aufgabe angefreundet. «Sie fingen an zu begreifen, daß hier etwas Wichtiges passierte, und sie wurden offener», und am zweiten Tag, dem Sonntag, sei diese Erregung noch deutlicher spürbar gewesen. Als die Teilnehmer am Montag abreisten, war jedem klar, daß sich hier vielleicht der Kern einer neuen Wissenschaft gebildet hatte.

Carruthers: «Hier waren viele der kreativsten Leute aus den verschiedensten Bereichen zusammen, und sie hatten sich viel zu sagen. Ich kann mich an Gespräche mit Jack Cowan, Marc Feldman und mehreren Mathematikern erinnern; wir sind alle auf ganz unterschiedlichen Gebieten tätig und entdeckten doch, daß sich unsere Arbeit in weiten Teilen überschneidet, sowohl in den Methoden als auch in der ganzen Struktur. Das mag natürlich auch daran liegen, daß sich das menschliche Denken nun einmal in bestimmten Bahnen bewegt. Aber dieses Treffen gab uns allen eine neue Orientierung.»

Für Ed Knapp, der von Los Alamos als Direktor der National Science Foundation nach Washington gegangen war und schon an einigen der früheren Gespräche über das Institut teilgenommen hatte, war es überwältigend, so viele Koryphäen auf einem Haufen zu erleben. Einmal kam er zu Carruthers und fragte: «Was soll *ich* eigentlich hier?»

Das zweite Treffen, einen Monat später mit ganz anderen Teilnehmern, erwies sich als genauso effektiv wie das erste. Selbst Anderson war beeindruckt, und seine letzten Zweifel schwanden. Das war wirklich etwas anderes als all die übrigen Forschungsinstitute, von denen er gehört hatte. «Dieses Institut sollte viel interdisziplinärer sein und sich wirklich mit den Zonen zwischen den Spezialgebieten beschäftigen.» Außerdem zeigten sich Ergebnisse. «Ob alle diese Dinge angepackt werden *könnten*, wußte niemand, wohl aber, daß viele von ihnen angepackt werden *müßten*.»

Mehr noch, die Tagungen brachten mehr Klarheit in Cowans Vision einer vereinigten Wissenschaft. «Wir stießen auf phantastische Ähnlichkeiten», erinnert sich Gell-Mann. «Man mußte nur aufmerksam hinhören. Wenn man erstmal das Fachkauderwelsch durchdrungen hatte, war es da.»

Vor allem machten diese Gründungstreffen klar, daß jedes Thema von Interesse im Kern aus einem System vieler einzelner

«Agenzien» besteht. Diese Agenzien können Moleküle oder Neuronen oder Arten oder Verbraucher oder auch Unternehmen sein. Woraus auch immer sie bestehen, sie organisieren und reorganisieren sich ständig im Konflikt gegenseitiger Anpassung und Rivalität zu größeren Strukturen. Moleküle bilden Zellen, Neuronen Gehirne, Arten Ökosysteme, Verbraucher und Unternehmen Wirtschaftssysteme und so weiter. Auf jeder Ebene bilden sich neue emergente Strukturen, die neue emergente Verhaltensmuster entwickeln. Mit anderen Worten, die Erforschung komplexer Systeme ist im Grunde eine Wissenschaft der Emergenz, eine Wissenschaft vom Werden. Die Herausforderung, die Cowan versucht hatte zu artikulieren, bestand darin, die fundamentalen Gesetze dieser Emergenz zu ergründen.

Es war kein Zufall, daß diese neue integrative Wissenschaft etwa zu dieser Zeit den Namen «Erforschung komplexer Systeme» erhielt. «Diese Bezeichnung beschrieb das, was wir tun, viel besser als alle anderen Namen, die wir verwendet hatten», sagt Cowan. «Sie umfaßte alles, an dem ich und sicher auch alle anderen im Institut interessiert waren.»

Nach den beiden Tagungen waren Cowan und seine Kollegen also auf dem Weg. Jetzt brauchte nur noch der märchenhafte Stifter herbeizueilen, um ihnen das Geld zu überreichen.

## *John Reed*

Fünfzehn Monate später warteten sie noch immer. Im Rückblick behauptet Cowan, er habe immer darauf vertraut, daß nach all der Aufregung das Geld schon kommen würde. «Es war eine Inkubationszeit. Ich hatte sowieso das Gefühl, alles ging etwas zu schnell.» Doch manche seiner Mitstreiter knabberten auf den Fingernägeln herum. «Wir hatten immer stärker das Gefühl, nun wird's langsam Zeit», erinnert sich Pines. «Wenn wir den Schwung nicht behielten, würden wir die Unterstützung verlieren.»

Es war einiges in dieser Zeit geschehen. Cowan und seine Kollegen hatten genug Geld für einige Arbeitstreffen zusammengebracht. Sie hatten über viele organisatorische Einzelheiten nachgedacht und sie erledigt. Sie hatten Mike Simmons aus der Theoretischen Abteilung von Los Alamos dazu überredet, dem Institut einen Teil seiner Zeit zu widmen; er konnte Cowan viel Verwaltungsarbeit abnehmen. Sie hatten auch den Namen bekommen, den sie so gern haben wollten. Nachdem sie bereits über ein Jahr lang als «Rio-Grande-Institut» ins Register eingetragen waren, hatte sich eine ortsansässige Firma an sie gewandt, die gerade diesen Namen haben wollte. «Klar», hatten die Leute im Institut gesagt, «wenn ihr dafür sorgt, daß wir den Namen bekommen, den wir gern hätten.» Die Firma hatte daraufhin der sowieso kurz vor dem Bankrott stehenden therapeutischen Einrichtung den Namen «Santa-Fe-Institut» abgekauft, und der Handel war perfekt.

Noch wichtiger war aber wohl, daß Cowan und seine Gruppe eine gefährliche Situation mit Murray Gell-Mann geschickt hatten klären können. Gell-Mann hielt weiterhin höchst anregende Vorträge, und er hatte dank seiner Beziehungen eine Reihe neuer Mitglieder für den Verwaltungsrat gewonnen. Als Vorstand jedoch – und damit als Kassenwart, der allen voran Geld beschaffen sollte – hatte er die Erwartungen enttäuscht. Cowan war verzweifelt: «Murray schwirrte immer irgendwo anders herum.» Gell-Mann mischte an allen Ecken und Enden mit, keineswegs nur in Santa Fe. Auf seinem Schreibtisch stapelte sich die unerledigte Korrespondenz, und er erwiderte auch keine Anrufe, was die Leute verrückt machte. Eine Lösung wurde erst im Juli 1985 bei einer Vorstandssitzung in Pines' Haus in Aspen gefunden. Gell-Mann erklärte sich bereit, auf den Vorstandsvorsitz zu verzichten und die Leitung des neu gegründeten Wissenschaftsrats zu übernehmen, eine Position, die es ihm ermöglichte, das Forschungsprogramm des Instituts zu gestalten. Neuer Vorstandsvorsitzender wurde Ed Knapp.

Und doch waren noch immer nicht die 100 Millionen Dollar in Sicht, die sie brauchten, um ihre Pläne zu realisieren. Den großen

Stiftungen war das Vorhaben zu vage. «Wir wollten ja alle ungelösten Probleme der modernen Welt lösen», sagt Carruthers. «Viele Menschen lachten nur darüber.»

Bei der Vorstandssitzung am 9. März 1986 ging es deshalb vor allem um die Suche nach Leuten, die Geld beschaffen konnten. Viele Ideen wurden erwogen. Erst gegen Ende der Sitzung hob Bob Adams zaghaft die Hand.

Er sei kürzlich in New York bei einem Treffen des Vorstands der Russell-Sage-Stiftung gewesen, berichtete er, die viel Geld für wirtschaftswissenschaftliche Forschung ausgebe. Dort habe er mit seinem alten Freund John Reed gesprochen, dem neuen Vorstandsvorsitzenden der großen New Yorker Bank Citicorp. Reed sei ein ziemlich interessanter Typ. Er sei gerade 47 geworden, also einer der jüngsten führenden Bankleute des Landes.

Bei einer Kaffeepause, sagte Adams, habe er ihm vom Institut erzählt, und Reed sei sehr interessiert gewesen. 100 Millionen Dollar habe er natürlich nicht so ohne weiteres zu vergeben. Aber er habe sich gefragt, ob das Institut ihm nicht helfen könnte, die Weltwirtschaft besser zu verstehen. Immer wenn es um die Finanzmärkte der Welt gehe, so Reed, hüllten sich die Wirtschaftswissenschaftler in beredtes Schweigen. Unter Reeds Vorgänger Walter Wriston habe Citicorp gerade eigene traurige Erfahrungen mit der Schuldenkrise der Dritten Welt machen müssen. Die Bank habe in einem Jahr 1 Milliarde Dollar verloren und noch immer 13 Milliarden an Anleihen ausstehen, die vermutlich niemals zurückgezahlt werden würden. Und keiner der hauseigenen Analytiker habe dies vorhergesehen – im Gegenteil, ihre Ratschläge hätten die Lage noch verschlimmert.

Reed meine also, es sei nötig, ganz anders über Wirtschaft nachzudenken, erzählte Adams, und er habe ihn gebeten herauszufinden, ob das Santa-Fe-Institut daran interessiert sei, sich mit diesem Problem zu beschäftigen. Reed sei bereit, selbst nach Santa Fe zu kommen und darüber zu reden.

«Ich dachte etwa sechs Mikrosekunden über den Vorschlag nach», erzählt Pines, «und sagte dann: ‹Das ist ein ausgezeichneter Gedanke!›» Cowan brauchte nicht viel länger: «Laß ihn kommen, ich treibe das nötige Geld auf.» Gell-Mann und die anderen stimmten ebenfalls zu. Es schien ihm zwar ungefähr zwanzig Jahre zu früh, um ein derart komplexes System wie die Wirtschaft ins Visier zu nehmen – «Es betraf ja menschliches Verhalten», sagt Cowan –, aber so wie die Sache stand, konnten sie es sich nicht leisten, irgend jemandem nein zu sagen. Es war den Versuch wert.

Ja, Dave, sagte Phil Anderson am Telefon zu Pines. Ja, die Wirtschaft interessiert mich. Es ist fast so was wie ein Hobby von mir. Und dieses Treffen mit Reed – klingt wirklich interessant. Aber nein, Dave, ich kann nicht kommen. Ich habe zuviel zu tun.

Aber, Phil, sagte Pines, der wußte, wie ungern Anderson reiste. Wenn wir es richtig anstellen, kannst du mit Reeds Privatflugzeug herkommen. Deine Frau kann dich begleiten, und ihr könnt euch den Spaß gönnen, ganz privat im Jet zu fliegen. Das spart sechs Stunden Zeit, von Tür zu Tür gerechnet. Du hast dann Gelegenheit, Reed kennenzulernen und das Programm mit ihm zu besprechen. Du kannst...

Okay, sagte Anderson. Schon gut – ich komme.

So bestiegen am 6. August 1986, einem Mittwoch, Anderson und seine Frau Joyce den Gulfstream-Jet der Citicorp. Anderson fand Reed gerade so, wie Adams ihn beschrieben hatte: klug, direkt und offen. In der Gegend um New York stand er in dem Ruf, massenweise Leute zu feuern. Aber persönlich erschien er Anderson gelassen und unprätentiös. Nobelpreisträger schüchterten ihn offenbar nicht im geringsten ein. Er freue sich auf dieses Treffen, erklärte er. «Solche Dinge machen mir Spaß. Sie geben mir Gelegenheit, mit Leuten zu reden, die die Welt ganz anders sehen als ich in meinem Alltagsleben. Ich profitiere davon, wenn ich alle Seiten sehe.»

Für Anderson erwies sich der Flug nach Santa Fe als reizvolle Gelegenheit zum Gedankenaustausch über Physik, Wirtschaftswissenschaften und die Unwägbarkeiten des globalen Kapitalstroms. Er bemerkte, daß sich vor allem Eugenia Singer, die Assistentin Reeds, beharrlich an dem Gespräch beteiligte. Sie hatte für Reed eine Übersicht über ökonometrische Modelle erstellt – die großen Computersimulationen der Weltwirtschaft, wie sie die Federal Reserve Bank, die Bank von Japan und andere Großbanken verwenden – und war mitgekommen, um die Ergebnisse vorzutragen. Sie gefiel Anderson auf den ersten Blick.

«Ich hatte einen schrecklichen Bammel vor dem Auftritt, zu dem John mich verdonnert hatte!» lacht sie. Da saß sie nun mit wenig mehr als einem Studium der mathematischen Statistik und so gut wie keiner praktischen Erfahrung auf dem Gebiet. «Und dann sollte ich dahin fahren und vor all den Nobelpreisträgern reden! – Es war das erste Mal, daß ich versucht habe, mich vor einem Auftrag von John zu drücken. Aber er sagte so ganz selbstverständlich und nebenher: ‹Ach, Eugenia, das wird schon gutgehen. Du weißt darüber mehr als sie.›» Deshalb also war sie gekommen. Und Reed sollte recht behalten.

Die Begegnung, die Adams und Cowan gemeinsam leiteten, begann am nächsten Morgen auf einer Ferienranch etwa fünfzehn Kilometer außerhalb von Santa Fe. Nur etwa ein Dutzend Leute nahmen an diesem Treffen teil. Es sollte ja noch nicht wirklich der wissenschaftlichen Erörterung dienen, sondern war eher ein Gedankenaustausch, bei dem jede Seite versuchte, die andere zu etwas zu überreden, das sie sowieso gern tun wollte.

Reed, ausgerüstet mit einem Stapel Folien für den Tageslicht-Projektor, begann mit seinen Ausführungen. Im Grunde, sagte er, sei sein Problem, daß er bis zum Hals in einem Weltwirtschaftssystem stecke, das sich jeder Wirtschaftsanalyse widersetze. Die existierende neoklassische Theorie und die darauf basierenden Computermodelle vermittelten ihm einfach nicht die Informationen, die er brauche, um bei all den Risiken und der Unsicherheit Echtzeit-Entscheidungen zu fällen. Einige dieser Computermodelle seien unglaublich detailliert. Eines, von dem Singer später berichten werde, zerlege die ganze Welt in viereinhalbtausend Gleichungen und sechstausend Unbekannte. Aber keines dieser Modelle berücksichtige wirklich die gesellschaftlichen und politischen Faktoren, und die seien oft die wichtigsten Variablen. Bei den meisten müsse man die Zinsraten, die Wechselkurse und andere Variablen selbst einsetzen – das seien aber genau die Größen, die ein Bankier gern *prognostiziert* haben möchte. Und praktisch alle Modelle setzten voraus, daß die Welt im großen und ganzen in einem statischen Wirtschaftsgleichgewicht verharre, obwohl sie doch in Wirklichkeit ständig Schocks und Erschütterungen erlebe. Kurz, die großen ökonometrischen Modelle liefen für Reed und seine Kollegen auf wenig mehr hinaus, als daß sie ihrem Instinkt vertrauen sollten – das Ergebnis könne man sich denken.

Ein Beispiel sei der letzte weltweite wirtschaftliche Umbruch, der sich in der Ernennung von Paul Volker zum Vorsitzenden des Federal Reserve Board* durch Präsident Carter versinnbildliche. Dieser Umbruch habe eigentlich schon 1940 begonnen, erklärte Reed, als die Regierungen in aller Welt sich damit abquälten, die wirtschaftlichen Folgen der beiden Weltkriege und der großen Depression der zwanziger Jahre in den Griff zu bekommen. Ihre Bemühungen, die ihren Höhepunkt 1944 im Bretton-Woods-Abkommen** fanden, hätten weithin zu der Erkenntnis geführt, daß sich die Weltwirtschaft zu einem stark vernetzten System entwickelt habe. Unter dieser neuen Prämisse hätten die Nationen begonnen,

* Das «Federal Reserve System», das zweistufige Notenbanksystem der USA, besteht aus dem für die Geld- und Kreditpolitik zuständigen «Board of Governors», der vom Präsidenten der USA ernannt wird, und zwölf «Federal Reserve Banks», deren Hauptfunktion in der Geld- und Kapitalversorgung der ihnen angeschlossenen Mitgliedsbanken und deren Kontrolle besteht. Paul Volker wurde 1979 zum Board-Vorsitzenden ernannt. *Anm. d. Red.*

** Nach dem Tagungsort Bretton Woods im US-Bundesstaat New Hampshire benannte Verträge über die Gründung des Internationalen Währungsfonds und der Weltbank. *Anm. d. Red.*

Isolationismus und Protektionismus als Instrumente nationaler Politik zu verwerfen; statt dessen seien sie übereingekommen, durch internationale Institutionen wie die Weltbank, den Internationalen Währungsfonds und die allgemeinen Handelsabkommen wie GATT Einfluß auszuüben. Und das habe sich bewährt. Zumindest in finanzieller Hinsicht sei die Welt ein Vierteljahrhundert lang bemerkenswert stabil geblieben.

Dann aber kamen die siebziger Jahre. Die Ölkrisen von 1973 und 1979, die Entscheidung der Nixon-Regierung, den Dollarpreis auf dem Weltmarkt freizugeben, die zunehmende Arbeitslosigkeit, die immer weiter um sich greifende «Stagflation» – das in Bretton Woods beschlossene System begann sich aufzulösen. Das Geld kursierte immer schneller rund um die Welt. Die Länder der Dritten Welt, die einmal nach Investitionen gelechzt hatten, nahmen jetzt Kredite auf, um ihre eigenen Wirtschaftssysteme aufzubauen – wobei ihnen europäische und amerikanische Unternehmen halfen, die ihre Produktion zur Kostenersparnis in diese Länder verlegten.

Auf den Rat ihrer Ökonomen hin, fuhr Reed fort, seien Citicorp und viele andere internationale Banken bereit gewesen, diesen Entwicklungsländern Milliardenbeträge zu leihen. Niemand habe wirklich daran geglaubt, als Paul Volker vor dem Federal Reserve Board gelobte, er würde auf jeden Fall die Inflation im Zaum halten, selbst wenn dadurch die Zinsraten steigen und es zu einer Rezession kommen könnte, und die Banken und ihre Wirtschaftsberater hatten es versäumt, ähnliche Verlautbarungen aus Ministerien überall auf der Welt zur Kenntnis zu nehmen. Keine Demokratie durfte solches Leid dulden! Und deshalb, so Reed, hatten Citicorp und die anderen Banken den Entwicklungsländern weiterhin Geld geliehen – bis Anfang 1982, als zuerst Mexiko, dann Argentinien, Brasilien, Venezuela, die Philippinen und viele andere Länder erklärten, daß die vom Kampf gegen die Inflation ausgelöste Rezession ihnen die Rückzahlung ihrer Kredite unmöglich mache.

Seit er 1984 in die Chefetage aufgerückt sei, sagte Reed, habe er den größten Teil seiner Zeit mit dem Versuch verbracht, Ordnung in dieses Durcheinander zu bringen. Es habe die Citibank schon mehrere Milliarden Dollar gekostet – bis jetzt – und den Banken weltweit Verluste von etwa 300 Milliarden Dollar gebracht.

Welche Alternative suche er? Natürlich erwarte er nicht, daß eine neue Wirtschaftstheorie die Ernennung einer bestimmten Person wie etwa Paul Volker würde vorhersagen können. Aber eine Theorie, die der gesellschaftlichen und politischen Wirklichkeit besser angepaßt wäre, hätte vielleicht die Ernennung von *jemandem* wie Volker prognostiziert, der ja schließlich – und zwar mit großer Kompetenz – nur das getan habe, was politisch notwendig gewesen sei, um die Inflation zu steuern.

Wichtiger sei, daß eine bessere Theorie den Banken hätte helfen können, die Bedeutung von Volkers Aktionen richtig einzuschätzen, während sie passierten. «Wir sollten alles tun, um die Dynamik der wirtschaftlichen Situation, in der wir uns befinden, besser zu verstehen», erklärte Reed. Und nach allem, was er über die moderne Physik und die Chaostheorie gehört habe, seien den Physikern offenbar einige Gedanken gekommen, die sich darauf anwenden ließen. Konnte das Santa-Fe-Institut helfen?

Die Santa-Fe-Leute waren fasziniert; die meisten hatten noch nie von diesen Problemen gehört. Auch Eugenia Singers detaillierter Überblick über Computermodelle beeindruckte sie. Dazu gehörten Project Link (das Modell mit den sechstausend Variablen), das Multi-Country-Modell der Federal Reserve Bank, das Global-Development-Modell der Weltbank und andere. Keines erfülle die Erwartungen, schloß sie, besonders wenn es darum gehe, Veränderungen und Umbrüche zu erfassen.

Und wieder stand die Frage im Raum: Konnte Santa Fe helfen?

Ein großer Teil des Nachmittags war der Vorstellung des Instituts gewidmet. Anderson sprach über mathematische Modelle für emergentes kollektives Verhalten. Andere sprachen über die Verwendung hochentwickelter Computergraphik, die Berge von Daten in anschauliche Muster verwandelt; über den Einsatz von Verfahren aus dem Bereich der künstlichen Intelligenz zur Entwicklung von Modellen für Agenzien, die sich aufgrund von Erfahrung anpassen und entwickeln können, also lernfähig sind; und über die Möglichkeit, die Chaostheorie zur Untersuchung und Vorhersage von Schwankungen der Börsenkurse, des Wetters und anderer zufällig scheinender Phänomene zu nutzen. Und schließlich herrschte, wenig überraschend, zu beiden Seiten des Tisches Übereinstimmung darüber, daß die Antwort auf die Frage, ob das Institut helfen könne, Ja lauten müsse: Ein Wirtschaftsprogramm war den Versuch wert. «Wir waren alle der Meinung», erinnert sich Anderson, «daß sich hier eine mögliche Denkrichtung abzeichnete. Was fehlte der modernen Theorie vom ökonomischen Gleichgewicht, daß sie Umbrüche der Art, wie Reed sie erwähnt hatte, nicht zulassen konnte?»

Dennoch – Vorsicht war geboten. So lieb Cowan und seinen Freunden das Geld von Citicorp war, wollten sie doch Reed auch klarmachen, daß sie ihm keine Wunder versprechen konnten. Ja, sie hatten einige Ideen, aber dies war ein risikoreiches Unterfangen mit ungewissem Ausgang. Am wenigsten konnte dem aufstrebenden Institut eine Menge hochgeschraubter Erwartungen und leerer Versprechungen nützen.

Das verstehe er vollkommen, entgegnete Reed. «Ich habe nie gedacht, wir würden etwa Greifbares mitnehmen können», erinnert er sich. Er habe einfach neue Gedanken kennenlernen wollen. So versprach er, er werde keine Zeitgrenze setzen und schon gar nicht zu definieren versuchen, was bei den Aktivitäten des Instituts herauskommen sollte. Er würde zufrieden sein, wenn Santa Fe mit der Arbeit begänne und von Jahr zu Jahr sichtbare Fortschritte machte.

«Das fachte meine Begeisterung für diese Sache weiter an», sagt Anderson. Als nächstes, verabredeten sie, mußte ein weiteres Treffen vorbereitet werden, bei dem eine größere Zahl von Wirtschaftswissenschaftlern und Physikern gemeinsam die Themen erarbeiten und einen konkreten Arbeitsplan festlegen sollte. Wenn Reed einige tausend Dollar beisteuern könnte, würde das Santa-Fe-Institut es übernehmen, die Tagung zu organisieren.

Man einigte sich. Am nächsten Morgen ließ Reed sich und seine Begleiter um 5 Uhr wecken. Er wollte so früh wie möglich in New York sein.

## *Ken Arrow*

Nein, David, sagte Anderson. Ich habe nicht die Zeit, diese neue Tagung zu organisieren.

Aber Phil, sagte Pines am Telefon, du hast so viele interessante Sachen gesagt, als wir uns mit Reed getroffen haben. Und dieses neue Treffen ist für uns *die* Chance. Du lädst die Physiker ein, und ich bitte einen Top-Wirtschaftsexperten, die Ökonomen einzuladen.

Nein.

Ich weiß, sagte Pines, dies bedeutet noch mehr Arbeit, aber ich bin überzeugt, sie wird für dich wirklich interessant. Denk mal darüber nach. Sprich mit Joyce. Und wenn du zusagst, helfe ich dir. Du stehst nicht allein davor.

Okay, seufzte Anderson. Schon gut, Dave. Ich mach's.

Was war zu tun? Anderson mußte zunächst jemanden finden, der den wirtschaftswissenschaftlichen Teil der Tagung leiten würde. Er rief den Nobelpreisträger James Tobin an, den er von seiner Schulzeit her kannte. Jim, sagte er am Telefon, wärst du an so etwas interessiert?

Er sei nicht der richtige Mann dafür, erklärte Tobin, nachdem Anderson ihm geschildert hatte, worum es ging. Aber Ken Arrow in Stanford vielleicht. Er würde auch selbst mit ihm sprechen, falls Anderson das wünsche.

Tobin hatte das Vorhaben offenbar in glühenden Farben geschildert. Als Anderson Arrow anrief, zeigte dieser sich sehr interessiert. «Ken und ich haben ziemlich lange miteinander telefoniert», berichtet Anderson. «Es stellte sich heraus, daß wir sehr ähnliche Vorstellungen hatten.» Arrow ist einer der Begründer der etablierten Wirtschaftswissenschaften, aber er war dabei – wie Anderson – immer etwas aufsässig geblieben. Er kannte die Nachteile der Standardtheorie nur zu gut, ja er konnte sie genauer benennen als die meisten Kritiker. Gelegentlich veröffentlichte er einen seiner «Dissidentenartikel», wie er sie nannte, in denen er zu neuen Denkweisen aufrief. So drängte er zum Beispiel die Ökonomen, sich mehr um Psychologie zu kümmern; kürzlich war er von der Möglichkeit fasziniert gewesen, die Mathematik nichtlinearer Systeme und der Chaostheorie auf die Wirtschaftswissenschaften anzuwenden. Wenn also Anderson und die Leute in Santa Fe glaubten, sie könnten in neue Richtungen gehen – «Nun», sagt er, «das klang nicht uninteressant.»

Anderson und Arrow stellten also Namenslisten auf, wobei sie sich von denselben Kriterien leiten ließen, die beim Gründungstreffen gegolten hatten: Sie wollten Leute mit exzellentem wissenschaftlichem Hintergrund, die gleichzeitig aufgeschlossen für Alternativen waren.

Arrow hielt vor allem nach Teilnehmern Ausschau, die die orthodoxen Lehren der Wirtschaftswissenschaften beherrschten. Er hatte nichts gegen Kritik am Standardmodell, solange die Kritiker nur genau wußten, was sie kritisierten. Er dachte nach und schrieb ein paar Namen auf.

Und dann wollte er einige Leute einbeziehen, die sich um die empirischen Aspekte kümmerten. Es wäre nicht klug, eine undurchdringliche Phalanx neoklassischer Theoretiker aufzustellen, dachte er. Man brauchte Leute, die ihre Finger auf die wunden Punkte der Standardtheorie legten. Mal sehen – vielleicht dieser junge Kerl, dessen Vorlesung er im letzten Jahr gehört hatte, der sich mit Demographie so gut auskannte und immer von zunehmenden Erträgen redete. Interessanter Mann.

Arthur, schrieb er auf die Liste. Brian Arthur.

# 3 Die Geheimnisse des Alten

Im Herbst 1986, noch während Phil Anderson und Ken Arrow sich Namen von Teilnehmern für das Wirtschaftstreffen überlegten, schloß George Cowan mit der Erzdiözese von Santa Fe einen dreijährigen Mietvertrag für das Kloster von Cristo Rey ab, einem einstöckigen Adobebau in einer verwinkelten Straße, der Canyon Road, gleich hinter den avantgardistischen Kunstgalerien.

Es wurde höchste Zeit. Cowan und seine Kollegen hatten, nachdem ihnen von der MacArthur-Stiftung Gelder bewilligt worden waren, einige Mitarbeiter anstellen können. Sie brauchten unbedingt etwas, das sie ihr eigen nennen konnten. Außerdem brauchte das Institut angesichts des kommenden Wirtschaftstreffens und mehrerer anderer geplanter Tagungen dringend etwas Büroraum, der mit Telefonen und Schreibtischen ausgestattet und den Gästen zur Verfügung gestellt werden konnte. Cowan fand das Kloster klein, aber brauchbar – und die Miete war so günstig, daß man sich das Angebot einfach nicht entgehen lassen konnte. Im Februar 1987 zogen die Mitarbeiter des Instituts ein. Innerhalb weniger Tage war der winzige Ort zum Bersten gefüllt.

## *Chaos*

Er blieb auch voll. Als Brian Arthur am Montag, dem 24. August 1987, das Kloster zum erstenmal betrat, fiel er am Empfang fast über den Schreibtisch; er war in eine Nische geklemmt und ließ der Tür nur wenige Zentimeter Spielraum. Auf den Fluren stapelten sich Umzugskartons mit Büchern und Papier. Der Kopierer stand in einem Wandschrank. Das «Büro» eines der Mitarbeiter war in einer Ecke des Flurs untergebracht. Das Ganze war ein Chaos. Hier fühlte sich Arthur sofort zu Hause.

Als die Programmleiterin des Instituts, Ginger Richardson, ihn herumführte, gingen sie über rissiges Linoleum und bewunderten liebevoll geschnitzte Türen, polierte Kaminfassungen und erlesene Stuckdecken. Sie zeigte ihm den Weg zur Kaffeemaschine in der Fünfziger-Jahre-Küche. Um dorthin zu kommen, mußte man das Büro der Äbtissin durchqueren, wo sich jetzt Cowan als Präsident eingerichtet hatte. Sie zeigte ihm die frühere Kapelle, jetzt ein großer Konferenzraum. An der Rückwand hatte einmal der Altar gestanden; jetzt spielte das Licht aus den bemalten Fenstern auf einer Wandtafel voller Gleichungen und Diagramme. Sie zeigte ihm die Reihe winziger vollgestopfter Arbeitszimmer für die Besucher; in diesen ehemaligen Zellen der Klosterfrauen standen einfache Metallschreibtische und Bürostühle – und die Fenster führten den Blick auf eine sonnenüberströmte Patio hinaus und auf die Berge von Sangre de Cristo.

Arthur, zum erstenmal in New Mexico, war schon in der Stimmung eingetroffen, sich entrücken zu lassen. Die Berge, das klare Sonnenlicht der Wüste, die weite Aussicht hatten auf ihn dieselbe Wirkung, die sie auf Generationen von Malern und Fotografen zuvor gehabt hatten. Und er fühlte sofort den besonderen Zauber des Klosters. «Die ganze Atmosphäre war einfach überwältigend. Die Bücher, die dort aufgestellt waren, die Artikel, die überall herumlagen, das Gefühl der Freiheit, die Zwanglosigkeit – ich konnte nicht glauben, daß es so einen Ort gab.»

Wie die Räumlichkeiten nun einmal waren, teilten sich immer zwei oder drei Besucher ein Arbeitszimmer; ihre Namen standen handgeschrieben auf Zetteln, die an den Türen klebten. An einer Bürotür fand Arthur einen Namen, der ihn aufhorchen ließ: Stuart Kauffman von der University of Pennsylvania. Arthur war Kauffman vor zwei Jahren bei einer Konferenz in Brüssel kurz begegnet, wo er von Kauffmans Vortrag über die Zelldifferenzierung in Embryonen ungeheuer beeindruckt gewesen war. Zellen, so hatte Kauffman ausgeführt, schicken chemische Botenstoffe aus, die die Entwicklung anderer Zellen des Embryos in einem differenzierten, in sich fein abgestimmten Netzwerk anregen, wodurch ein kohärenter Organismus entsteht und nicht nur ein Klumpen Protoplasma. Diese Auffassung paßte gut zu Arthurs Gedanken über in sich konsistente, einander wechselseitig stützende Beziehungsnetze in menschlichen Gesellschaften, und er erinnert sich, wie er nach der Rückkehr von dieser Konferenz zu seiner Frau Susan gesagt hatte: «Eben habe ich den besten Vortrag meines Lebens gehört!»

Sowie er sich in seinem eigenen Arbeitszimmer eingerichtet hatte, ging er also zu Kauffmans Zelle hinüber: Hallo, sagte er, erinnern Sie sich an unser Treffen vor zwei Jahren...?

Nein, ehrlich gesagt, Kauffman erinnerte sich nicht. Aber kommen Sie doch herein. Der achtundvierzigjährige Kauffman, sonnengebräunt, kraushaarig, locker, war ein umgänglicher Mensch. Arthur ebenso, und noch dazu in einer Stimmung, in der er die Welt hätte umarmen können. Die beiden Männer verstanden sich auf der Stelle. «Stu ist ein ungeheuer warmherziger Mensch», sagt Arthur, «jemand, den man umarmen möchte – und das tue ich normalerweise nicht.»

Bald schon sprachen sie über Wirtschaftsfragen. Angesichts des bevorstehenden Treffens dachten sie natürlich vor allem über dieses Thema nach – und keiner von ihnen hatte die leiseste Ahnung, was sie da erwartete. Arthur erzählte Kauffman etwas von seiner Arbeit über zunehmende Erträge. «Und das», lacht er, «gab Stuart einen guten Grund, mich zum Zuhörer zu machen und mir von *seinen* neuesten Ideen zu erzählen.»

Ein solcher Grund fand sich immer. Kauffman war, wie Arthur bald merkte, ein ungeheuer kreativer Mensch, wie ein Komponist, in dessen Kopf unaufhörlich neue Melodien entstehen. Es war ein

Ideenfeuerwerk, wenn er redete, und er redete sehr viel mehr, als er zuhörte. Das schien seine Art zu sein, Dinge zu durchdenken: laut darüber zu reden. Und darüber zu reden. Und darüber zu reden.

Am Santa-Fe-Institut wußte man das schon. Im Laufe des Vorjahrs war Kauffman dort allgegenwärtig geworden. Als Sohn und Erbe eines rumänischen Einwanderers, der als Grundstücksmakler und Versicherungsagent ein kleines Vermögen gemacht hatte, war er einer der wenigen Wissenschaftler, die es sich leisten konnten, in Santa Fe ein zweites Domizil zu haben und sich dort monatelang aufzuhalten. Bei den Planungssitzungen des Instituts machte Kauffman mit seinem sanften, zuversichtlichen Bariton einen Vorschlag nach dem anderen, und bei jedem Seminar konnte man ihn während der Diskussion laut darüber nachdenken hören, wie das jeweilige Thema begrifflich zu fassen sei: «Stellen wir uns einmal eine Reihe von Glühlampen vor, die nach dem Zufallsprinzip verknüpft werden, und...» Zwischen solchen Gelegenheiten trug er jedem, der zum Zuhören bereit war, seine neuesten Gedanken vor. Es geht das Gerücht, einmal habe er einige der diffizilsten Probleme der theoretischen Biologie dem Mann erläutert, der den Kopierer reparieren sollte. Wenn gerade keine Besucher zugegen waren, erklärte er seine Gedanken einfach dem nächsten Kollegen. Ausführlich. In allen Einzelheiten.

Das reichte aus, um seine besten Freunde in die Flucht zu treiben. Schlimmer noch, es hatte Kauffman allgemein und selbst unter Kollegen, die im nächsten Atemzug sagen, wie gern sie ihn haben, den Ruf eingebracht, aufgeblasen zu sein und sich dabei doch zutiefst unsicher zu fühlen. Es sah so aus, als wollte er um jeden Preis hören: «Ja, Stuart, das ist ein toller Gedanke. Du bist sehr klug.» Ob diese Beobachtung zutraf oder nicht, Kauffman konnte nun einmal nicht anders. Fast ein Vierteljahrhundert lang war er von einer Vision erfüllt gewesen – einer Vision, die er so mächtig, so zwingend und so überwältigend schön fand, daß es ihm unmöglich war, sie für sich zu behalten.

Am ehesten läßt sie sich mit dem Begriff «Ordnung» umschreiben. Aber das Wort fängt nicht ein, was er damit meint. Wenn Kauffman von Ordnung spricht, ist es, als werde eine Art ursprüngliches Geheimnis in der Sprache der Mathematik, der Logik und der Naturwissenschaften ausgedrückt. Für Kauffman ist Ordnung die Antwort auf das Geheimnis der menschlichen Existenz, eine Erklärung dafür, wie wir als denkende Geschöpfe überhaupt in einem Weltall leben können, das von Zufall, Chaos und blindem Naturgesetz beherrscht wird. Aus Kauffmans Sicht erlaubt uns der Begriff «Ordnung» zu verstehen, wie wir eine Laune der Natur sein können – und doch sehr viel mehr als *nur* ein Zufall.

Ja, beeilt sich Kauffman stets hinzuzufügen, Charles Darwin hat absolut recht gehabt. Menschen und alle anderen Lebewesen sind zweifellos die Erben von vier Milliarden Jahren zufälliger Mutationen, zufälliger Katastrophen und zufälliger Kämpfe um das Überleben; wir sind weder das Ergebnis göttlicher Verfügung noch die Nachkommen Außerirdischer. Aber, so betont er, Darwins Konzept der natürlichen Selektion ist nur die halbe Wahrheit. Darwin wußte noch nichts über Selbstorganisation – die unaufhörlichen Versuche der Materie, sich zu immer komplexeren Strukturen zu organisieren, auch wenn unablässig Tendenzen, wie sie der Zweite Hauptsatz der Thermodynamik beschreibt, zur Auflösung drängen. Darwin wußte auch nicht, daß die Kräfte, die Ordnung und Selbstorganisation bewirken, bei der Erschaffung von Lebewesen genauso wirksam sind wie bei der Bildung von Schneeflocken oder dem Auftreten von Konvektionszellen in einer köchelnden Suppe. Die Geschichte des Lebens ist in der Tat die Geschichte des Zufalls, erklärt Kauffman. Sie ist aber auch die Geschichte der Ordnung, einer Art tiefer, innerer Kreativität, die aufs engste mit der Natur verwoben ist.

«Ich mag diese Geschichte», sagt er. «Ich liebe sie geradezu. Mein ganzes Leben ist der Entfaltung dieser Geschichte gewidmet.»

## *Ordnung*

Welche wissenschaftliche Institution der Welt Sie auch immer betreten, Sie brauchen gewöhnlich nicht lange die Flure entlangzugehen, um auf ein Plakat mit einem Bild von Albert Einstein zu stoßen. Einstein, in einen Mantel gewickelt, wie er geistesabwesend durch den Schnee stapft. Einstein, wie er seelenvoll in die Kamera starrt, einen Federhalter am Ausschnitt seines abgetragenen Pullovers. Einstein, mit einem leicht verrückten Lächeln, der der Welt die Zunge herausstreckt. Der Schöpfer der Relativitätstheorie ist weltweit schon fast ein Held der Wissenschaft, ein Sinnbild für tiefgründiges Denken und einen freien schöpferischen Geist.

Damals, Anfang der fünfziger Jahre, als Stuart Kauffman im kalifornischen Sacramento heranwuchs, war Einstein wirklich sein Held. «Ich habe Einstein ungeheuer bewundert», erzählt er. «Nein – bewundert ist das falsche Wort. Geliebt. Ich war ergriffen von seinem Gedanken, die Theorie sei die freie Erfindung des menschlichen Geistes, und ich begeisterte mich für seine Maxime, Naturwissenschaft sei die Suche nach den Geheimnissen des Alten» – so nannte Einstein den Schöpfer der Welt. Kauffman erinnert sich besonders lebhaft daran, wie er 1954, als Fünfzehnjähriger, erste Bekanntschaft mit Einsteins Gedanken machte. Er las damals *‹Die Evolution der Physik›*, das allgemeinverständliche Buch von Einstein und seinem Mitarbeiter Leopold Infeld. «Es war so aufregend für mich, daß ich es verstehen konnte oder jedenfalls dachte, ich verstünde es. Irgendwie hatte Einstein durch seine Freiheit und seinen Einfallsreichtum in seinem Kopf eine ganze Welt erschaffen. Ich erinnere mich, wie herrlich ich es fand, daß jemand das kann. Und ich erinnere mich auch daran, wie ich bei seinem Tod [1955] weinte. Es war, als hätte ich einen alten Freund verloren.»

Bis zur Lektüre des Buches war Kauffman ein guter, aber kein besonders hervorragender Schüler gewesen. Danach erfüllte ihn eine Leidenschaft – allerdings noch nicht für die Naturwissenschaften. Er hatte nicht das Gefühl, er müsse genau Einsteins Vorbild folgen, aber er spürte das gleiche Verlangen, in die Tiefe zu dringen. «Man betrachtet ein kubistisches Gemälde und durchschaut die dahinterliegende Struktur – so etwas wünschte ich mir.» So erwachte in ihm der Wunsch, Licht und Dunkel der menschlichen Seele literarisch zu ergründen. Er begann, Stücke zu schreiben. Sein erster Versuch, ein Musical, das er zusammen mit seinem Lehrer Fred Todd verfaßte, war «einfach grauenhaft». Und doch bedeutete der Kitzel, von einem Erwachsenen – Todd war damals 24 Jahre alt – ernstgenommen zu werden, für Kauffman einen ganz entscheidenden Schritt in seinem intellektuellen Erwachen.

Als er 1957 in Dartmouth zu studieren begann, fühlte er sich ganz als Dramatiker. Er rauchte sogar Pfeife, weil ein Freund ihm erzählt hatte, als Dramatiker *müsse* man Pfeife rauchen.

Doch bald schon merkte Kauffman, wie päpstlich sich die Charaktere in seinen Stücken äußerten. «Sie laberten über den Sinn des Lebens und darüber, was einen guten Menschen ausmacht – sie redeten, statt etwas zu tun.» Ihm wurde klar, daß er weniger an den Stücken interessiert war als an den Gedanken, mit denen sich seine Charaktere beschäftigten. «Ich wollte zu etwas Verborgenem, Mächtigem, Wunderbarem Zugang finden – ohne sagen zu können, was es war. Als ich hörte, daß mein Freund Dick Green in Harvard Philosophie studieren wollte, war ich schrecklich durcheinander. Ich wünschte, ich könnte auch Philosoph werden. Aber das ging ja nicht – schließlich war ich angehender Dramatiker. Ein Verzicht darauf wäre ein Verzicht auf die Identität gewesen, die ich für mich selbst gefunden hatte.»

Nach etwa einer Woche schwerer Gewissenskämpfe, erinnert er sich, kam ihm eine tiefe Offenbarung: «Ich mußte nicht unbedingt Bühnenautor sein – ich konnte auch ein Philosoph werden! Also studierte ich sechs Jahre lang mit großer Leidenschaft Philosophie.» Er begann natürlich mit der Ethik. Schon in seinen Theatertexten hatte er das Problem von Gut und Böse verstehen wollen, was anderes also konnte er als Philosoph tun? Aber er fand sich bald zur Erkenntnis- und Wissenschaftstheorie hingezogen. «Dort vermutete ich die Grundlagen», sagt er. Wie kommt es, daß Wissenschaft es uns ermöglicht, das Wesen der Welt zu entdecken? Und wie können wir mit unseren Geisteskräften die Welt erkennen?

Diese Leidenschaft trieb ihn an; er machte den Studienabschluß in Dartmouth als drittbester Student seines Jahrgangs und verbrachte die Jahre von 1961 bis 1963 als Marshall-Stipendiat in Oxford. Dort angekommen, war er sofort in seinem Element. «Ich war zum erstenmal in meinem Leben von lauter Leuten umgeben, die gescheiter waren als ich.»

Kauffmans Wunsch, Wissenschaft und Geist zu verstehen, bestimmte seinen Vorlesungsplan in Oxford, der vor allem Philosophie, Psychologie und Physiologie umfaßte. Zu seinem Studium gehörten nicht nur die herkömmliche Philosophie, sondern auch Vorlesungen in Neurophysiologie, etwa über die Anatomie des Sehsinns oder die Vernetzung der Nervenzellen im Gehirn. Kurzum, es ging um die Frage: Was kann die Naturwissenschaft darüber aussagen, wie der Geist *wirklich* funktioniert? Einer seiner Tutoren war der Psychologe Stuart Sutherland, ebenfalls sehr einflußreich für sein Leben. Sutherland saß gewöhnlich hinter seinem Schreibtisch und bombardierte von da aus seine Studenten mit den alten Fragen: «Kauffman! Wie kann ein visuelles System zwei Lichtpunkte unterscheiden, die auf der Netzhaut auf benachbarte Zapfen treffen?» Kauffman entdeckte, wie sehr ihm diese Herausforderungen gefielen. Er fand, daß er sich mit Leichtigkeit Modelle ausdenken konnte, die eine zumindest plausible Antwort zuließen. («Nun, das Auge steht ja nicht still, sondern zittert. Vielleicht verteilt sich die Empfindung über mehrere Stäbchen und Zapfen, und...») Solcherart improvisierte Modelle zu entwickeln ist ihm seitdem zur Gewohnheit geworden.

Und genau diese Fähigkeit, sich Modelle auszudenken, führte ihn dazu, die Philosophie zugunsten von etwas viel Irdischerem an den Nagel zu hängen: Er begann, Medizin zu studieren.

«Ich habe mich dazu auf eine Art entschlossen, die bewies, daß ich kein großer Philosoph war», lacht er. «Die Überlegung ging so: ‹Ich werde niemals so klug sein wie Kant. Als Philosoph kann man erst gelten, wenn man so klug ist wie Kant. Deshalb sollte ich Medizin studieren.› Sie merken selbst, das ist kein Syllogismus.»

Im Ernst, sagt er, die Philosophie habe ihn ungeduldig gemacht. «Ich mochte die Philosophie. Aber ich mißtraute einer gewissen Leichtfertigkeit im Umgang mit ihr. Zeitgenössische Philosophen, jedenfalls die der fünfziger und sechziger Jahre, beschäftigten sich mit Begriffen und den Folgerungen aus Begriffen – nicht mit der tatsächlichen Welt. Man konnte also herausfinden, ob die Überlegungen zwingend, treffend, kohärent und so weiter waren. Aber man konnte nicht herausfinden, ob man *recht* hatte. Und das befriedigte mich nicht.» Er wollte in die Wirklichkeit eintauchen, den Geheimnissen des Alten auf die Schliche kommen. «Könnte ich wählen, wäre ich lieber Einstein als Wittgenstein.»

Außerdem mißtraute er einer gewissen Leichtfertigkeit in sich selbst. «Ich habe immer eine gute Vorstellungskraft gehabt. In ihrer besten Ausprägung ist sie der tiefste Teil von mir, Gottes größte Gabe. In der schlechtesten Form jedoch ist sie oberflächlich. Und deswegen sagte ich mir: ‹Ich studiere Medizin; die Leute dort werden mir keine Oberflächlichkeiten und angeberische Klugscheißereien durchgehen lassen – denn ich muß mich um Menschen kümmern. Sie werden mich zwingen, Fakten zu lernen.›»

Das taten sie. Aber irgendwie konnten sie Kauffman nicht davon abbringen, vom Spiel der Gedanken fasziniert zu sein. Sie erhielten im Grunde auch nie Gelegenheit dazu. Da er über keinerlei medizinische Vorbildung verfügte, richtete er es so ein, daß er vom Herbst 1963 an in Berkeley ein Jahr lang die einführenden Vorlesungen besuchen konnte, um dann auf der anderen Seite der Bucht, an der University of California in San Francisco, weiterzustudieren. In Berkeley hörte er also seine erste Vorlesung über Entwicklungsbiologie.

Er war wie vom Donner gerührt. «Das war vollkommen unfaßbar. Am Anfang ist da ein befruchtetes Ei, und dann entfaltet sich dieses vertrackte Ding, und es wird ein geordnetes Neugeborenes und schließlich ein Erwachsener daraus.» Irgendwie schafft es die einzelne Eizelle, sich zu teilen und sich in Nervenzellen und Muskelzellen und Leberzellen zu differenzieren – in hunderterlei Zelltypen – und das Ganze mit höchst erstaunlicher Genauigkeit. Das Merkwürdige ist nicht, daß es Geburtsfehler gibt, so tragisch sie auch sind. Das Merkwürdige ist, daß die meisten Babies vollkommen und ganz geboren werden. «Dies ist immer noch eines der schönsten Geheimnisse der Biologie», sagt Kauffman. «Ich war jedenfalls absolut gefesselt vom Problem der Zelldifferenzierung und machte mich sofort daran, intensiv darüber nachzudenken.»

Die Zeit war dafür gerade richtig: François Jacob und Jacques Monod hatten zwischen 1961 und 1963 ihre ersten Arbeiten über genetische Schaltkreise veröffentlicht. 1965 erhielten sie für diese Arbeit den Nobelpreis (die wiederum sechzehn Jahre später Brian Arthur an der Küste von Hauula in ihren Bann ziehen sollte). Kauffman lernte also bald ihre Untersuchungen kennen, die zeigen, daß jede Zelle eine Reihe von «Regulatorgenen» enthält, die Schalterfunktion haben können. «Diese Arbeit war für alle Biologen eine Offenbarung. Wenn Gene als Schalter fungieren können, kommt man zu genetischen Schaltkreisen. Irgendwie muß das Genom eine Art biochemischer Computer sein. Dieses geordnete Verhalten des Gesamtsystems bestimmt, wie sich eine Zelle von einer anderen differenziert.»

Die Frage war, wie sie das schafft.

Die meisten Forscher, sagt Kauffman, hätten damals (und das gelte in vieler Hinsicht auch heute noch) nicht besonders intensiv über diese Frage nachgedacht. Sie sprachen vom «Zellentwicklungsprogramm», als ob der DNA-Computer tatsächlich seine genetischen Anweisungen in ähnlicher Weise ausführt, wie die Zentraleinheit eines IBM-Computers ein in FORTRAN geschriebenes Programm umsetzt: immer einen Schritt nach dem anderen. Außerdem glaubten sie anscheinend, diese genetischen Instruktionen seien außerordentlich präzise organisiert; alle Fehler seien durch die natürliche Auslese so gründlich beseitigt worden wie in einem von Programmierern ausgetesteten Computercode. Wie konnte es anders sein? Der kleinste Fehler im genetischen Programm kann eine sich entwickelnde Zelle wuchern lassen oder sie töten. Deshalb arbeiteten ja schon Hunderte von Molekularbiologen in ihren Labors eifrig daran, die biochemischen Mechanismen zu entziffern, wie Gen A Gen B aktiviert und auf welche Weise die Gene C, D und E an diesem Umschaltvorgang beteiligt sind. Es kam, so spürten sie, auf jede Einzelheit an.

Je mehr Kauffman über dieses Bild nachdachte, um so wichtiger schien ihm die Frage nach dem «Wie» zu sein. Das Genom war ein Computer, okay. Aber es ähnelte nicht im geringsten den Geräten, die IBM herstellte. In einer wirklichen Zelle, erkannte er, können sehr viele Regulatorgene gleichzeitig aktiv sein. Statt also die Anweisungen schrittweise auszuführen, wie es die von Menschen erbauten Computer tun, kann der Genom-Computer die meisten oder alle genetischen Anweisungen simultan, parallel zueinander, ausführen. Und somit, überlegte er, kommt es nicht darauf an, ob *dieses* Regulatorgen *jenes* Regulatorgen in einer genau festgelegten Folge aktiviert, sondern darauf, ob das Genom als ganzes sich zu einem stabilen, konsistenten *Muster* aktiver Gene arrangieren kann. Die Regulatorgene könnten höchstens einen Zyklus von zwei oder drei oder vier Konfigurationen durchlaufen – sicherlich nur wenige; sonst würde die Zelle in ein chaotisches Verhalten übergehen, und die Gene würden einander wahllos an- oder abschalten. Natürlich ist das Muster, das die aktiven Gene einer Leberzelle bilden, ein ganz anderes als das einer Muskel- oder Gehirnzelle. Aber vielleicht kommt es gerade darauf an, dachte Kauffman. Daß ein einzelnes Genom viele verschiedene stabile Aktivierungszustände haben kann, könnte genau die Voraussetzung sein, die es ihm ermöglicht, im Laufe der Entwicklung viele verschiedene Zelltypen hervorzubringen.

Auch die stillschweigende Annahme, es komme vorrangig auf

die Einzelheiten an, bereitete Kauffman Unbehagen. Die biomolekularen Details sind wichtig, keine Frage. Aber wenn das Genom wirklich so vollkommen organisiert und genau abgestimmt sein muß, bevor es überhaupt funktionieren kann, wie hat es sich dann in dem evolutionären Spiel von Versuch und Irrtum überhaupt herausbilden können? Das wäre ja, als mische man ein ungezinktes Spiel Karten gut durch und teile sich dennoch lauter Pik aus: Möglich, aber nicht sehr wahrscheinlich. «Irgendwas stimmte daran nicht. Soviel will man weder von Gott noch von der natürlichen Auslese fordern. Wenn wir die Ordnung in der Biologie nur aufgrund vieler einzelner, äußerst unwahrscheinlicher Auswahleffekte erklären müßten und immer ganz ad hoc; wenn alles, was wir sehen, zunächst ein schwerer Kampf war – dann gäbe es uns nicht. Es gab einfach weder genug Welt noch genug Zeit, als daß der Zufall das zustande gebracht haben könnte.»

Dazu muß noch mehr gehören, dachte er. «Irgendwie wünschte ich mir, die Ordnung wäre einfach von Anfang an da gewesen, ohne daß sie eingebaut werden, ohne daß sie sich entwickeln mußte. Ich wollte darauf hinaus, daß die Ordnung in einem genetischen Regulatorsystem *natürlich* ist, quasi unvermeidbar. Irgendwie, dachte ich, muß es die Ordnung gratis geben. Sie entsteht spontan.» Wenn das zuträfe, überlegte er, dann wäre dieses spontane Selbstorganisierungspotential des Lebens die andere Seite der natürlichen Selektion. Die einzelnen genetischen Eigenschaften eines jeden Lebewesens wären dann ein Produkt zufälliger Mutationen und der natürlichen Auslese, so wie Darwin sie beschrieben hat. Aber die Organisation des Lebens selbst, die Ordnung, wäre grundlegender. Sie würde sich allein aus der Struktur des Netzwerks ergeben, nicht aus den Einzelheiten. Ordnung also zählte zu den Geheimnissen des Alten.

Für den vierundzwanzigjährigen Medizinstudenten war die Frage nach der Ordnung wie ein Jucken, das nicht weggehen will. Er fragte sich: Was würde es bedeuten, wenn die genetische Ordnung eine «Gratisgabe» wäre? Man schaue sich die genetischen

Schaltkreise in wirklichen Zellen an, erläutert er. Sie sind offensichtlich in Millionen von Jahren der Evolution zustande gekommen. Aber was sonst ist wirklich außergewöhnlich an ihnen? Sind sie unter all den Unmengen möglicher genetischer Schaltkreise die einzigen, die geordnete, stabile Konfigurationen ergeben können? Wäre das der Fall, glichen sie den Bridgekarten, die alle Pik zeigen; es wäre dann wirklich ein Wunder, daß die Evolution das Glück hatte, so etwas zu erschaffen. Oder sind stabile Netzwerke tatsächlich etwas so Gewöhnliches wie die übliche Mischung von Pik, Kreuz, Herz und Karo? Dann wäre es für die Evolution natürlich leicht gewesen, ein nützliches Netzwerk zustande zu bringen; die Netzwerke der wirklichen Zellen wären dann genau jene, die zufällig die natürliche Auslese überlebt haben.

Die Antwort, entschied Kauffman, ließ sich nur finden, wenn er sozusagen die Karten neu mischte und «ausgesprochen typische» genetische Schaltkreise austeilte, um zu sehen, ob sie wirklich zu stabilen Konfigurationen führten. «Ich begann also sofort, darüber nachzudenken, was passieren würde, wenn man einfach Abertausende von Genen aneinanderhängte. Was würden sie tun?»

Dies war ein Problem, mit dem er umgehen konnte: Er hatte sich in Oxford bis zum Überdruß mit neuronalen Schaltkreisen beschäftigt. Wirkliche Gene sind natürlich ziemlich kompliziert. Aber Jacob und Monod hatten gezeigt, daß zumindest die Regulatorgene im wesentlichen einfach Schalter sind. Und an einem Schalter ist das Entscheidende, daß er sich zwischen zwei Zuständen hin- und herbewegen kann. Kauffman stellte sich die Gene gern als Glühlampen vor – AN und AUS – oder als eine logische Aussage: Wahr – falsch. Aber welches Vorstellungsbild auch immer den Sachverhalt am besten traf, er hatte das Gefühl, daß in der An-aus-Alternative das Wesen des Regulatorgens lag. Übrig blieb das Netzwerk der Wechselwirkungen zwischen den Genen. Zu der Zeit, als die Protagonisten der Studentenrevolte in Berkeley flammende Reden hielten, verbrachte er jede freie Minute auf dem Dach seiner Wohnung in Oakland und zeichnete immer wieder in kleinen

Diagrammen auf, wie sich die Regulatorgene zu Schaltanordnungen vernetzen, und versuchte zu verstehen, wie sie einander an- und abschalten.

Diese fixe Idee ließ ihm auch keine Ruhe, als er dann in San Francisco Medizin studierte. Zunächst fand er die Schaltkreise äußerst verwirrend. Er verstand viel von abstrakter Logik, aber fast nichts von Mathematik. Und in den Computerlehrbüchern aus der Bibliothek fand er kaum etwas, das ihm weiterhalf. «Die Automatentheorie, damals schon ziemlich etabliert, beschäftigte sich vor allem mit logischen Schaltkreisen. Diese Bücher vermittelten mir nur, wie man ein System mit bestimmten Eigenschaften künstlich herstellt oder welche allgemeinen Grenzen der Kapazität komplexer Automaten gesetzt sind. Ich interessierte mich aber für die Naturgesetze komplexer Systeme. Woher kommt die Ordnung? Darüber dachte offenbar niemand nach. Jedenfalls niemand, den ich kannte.» Er zeichnete also weiter auf Bergen von Papier seine Diagramme und versuchte, ein Gefühl dafür zu bekommen, wie sich diese Netzwerke wohl verhalten könnten. Die Mathematik, die er dazu brauchte, erfand er, so gut es ging, selbst.

Schon bald wuchs in ihm eine Überzeugung: Wenn das Netzwerk so verknäuelt ist wie Spaghetti auf dem Teller, so daß jedes Gen durch viele andere kontrolliert wird, bleibt dem System gar nichts anderes übrig, als in chaotisches Verhalten zu verfallen. In der Glühlampenanalogie ist es, als ob eine Lichtreklame verrückt spielt und alle Lampen völlig willkürlich aufleuchten. Keinerlei Ordnung.

Kauffman überzeugte sich auch davon, daß das Verhalten des Netzwerks zu einfach wäre, wenn jedes Gen von höchstens *einem* anderen Gen reguliert würde, das Netzwerk also nur sehr wenige interne Verbindungen aufwiese. Das gliche einer Lichtreklame, bei der die meisten Lampen nur gelegentlich aufblitzen. Auch das war nicht die Ordnung, die Kauffman vorschwebte. Er wollte, daß sich seine genetischen Glühlampen zu interessanten Mustern zusammenfanden, analog zu tanzenden Flamingos oder Palmen, die sich im Wind wiegen. Außerdem wußte er, daß sehr sparsam verbundene Netzwerke unrealistisch sind: Jacob und Monod hatten nachgewiesen, daß wirkliche Gene im allgemeinen von mehreren anderen Genen kontrolliert werden. (Inzwischen hat man festgestellt, daß es gewöhnlich zwei bis zehn sind.)

Kauffman konzentrierte sich auf Netzwerke mit wenigen, aber nicht zu wenigen Verbindungen. Damit es nicht zu kompliziert wurde, analysierte er Netzwerke aus Genen, die genau zwei Eingänge hatten. Und dabei wurde er auf ein besonderes Phänomen aufmerksam. Er wußte schon, daß dicht verknüpfte Netzwerke äußerst störungsanfällig sind: Wenn man eines dieser Gene von, sagen wir, AN auf AUS umschaltet, löst man eine ganze Lawine von Veränderungen aus, die sich in endloser Folge kaskadenartig durch das Netzwerk hindurch ausbreiten. Deshalb neigen dicht verwobene Netze zu chaotischem Verhalten. Sie können sich nicht wieder beruhigen. In seinen Netzwerken mit den zwei Eingängen dagegen entdeckte Kauffman, daß das An- oder Abschalten eines Gens im allgemeinen *nicht* zu einer unaufhörlich hin- und herschwappenden Welle der Veränderung führte. Meistens schaltete sich das Gen einfach wieder ab und fiel in den Zustand zurück, in dem es sich zuvor befunden hatte. Solange die beiden Genaktivitäten nicht zu verschieden waren, neigten sie sogar dazu, zu konvergieren. «Dadurch wurde alles einfacher», erinnert sich Kauffman. «Ich konnte sehen, daß Glühlampen die Tendenz haben, entweder an- oder ausgeschaltet zu bleiben.» Mit anderen Worten, diese Netzwerke mit zwei Eingängen waren wie eine Lichtreklame, deren Lichter zuerst ganz willkürlich blinken und sich doch letztlich immer zu einem Flamingo oder einem Sektglas formieren.

Ordnung! Er stahl seinem Medizinstudium soviel Zeit wie möglich, füllte seine Notizbücher mit willkürlich geknüpften Netzen aus Elementen mit zwei Eingängen und untersuchte das Verhalten jedes einzelnen Netzwerks genau. Eine quälende und frustrierende Arbeit. Das Gute daran war, daß sich diese Netzwerke fast immer sehr schnell zu stabilisieren schienen. Sie durchliefen immer wieder höchstens eine Handvoll verschiedener Zustände – genau so wie man es sich für eine stabile Zelle wünscht. Schlimm war nur, daß er nicht sagen konnte, ob seine Modelle überhaupt irgend etwas mit wirklichen genetischen Regulatornetzen zu tun hatten. Und doch gerieten Kauffmans papierene Netzwerke schon außer Rand und Band, wenn sie nur fünf oder sechs Gene enthielten. Wollte man alle möglichen Zustände und ihre Übergänge in einem Netz aus sieben Genen verfolgen, brauchte man eine Matrix mit 128 Reihen und vierzehn Spalten. Ein Netzwerk mit acht Genen hätte eine doppelt so große Matrix erfordert und so weiter. «Beim Ausfüllen mit der Hand war die Gefahr, Fehler zu machen, sehr groß. Ich sehnte mich nach meinen Netzwerken mit sieben Elementen. Ich mochte gar nicht daran denken, was es bedeutete, eines mit acht zu berechnen.»

«Dennoch», sagt er, «irgendwann in meinem zweiten Studienjahr hielt ich es nicht mehr aus. Ich hatte zu lange damit herumgespielt. Deshalb ging ich in ein Rechenzentrum und fragte, ob mir jemand beim Programmieren helfen würde. Sie sagten: ‹Klar, wenn Sie's bezahlen.› Also zückte ich meine Brieftasche. Bezahlen wollte ich wohl.»

Nachdem sich Kauffman erst einmal entschlossen hatte, Computer zu Hilfe zu nehmen, wollte er es auch gleich richtig machen und ein Netz aus einhundert Genen simulieren. «Wenn ich jetzt daran zurückdenke», lacht er, «war es nur gut, daß ich nicht wußte, worauf ich mich da eingelassen hatte.» Man stelle es sich vor: Ein einzelnes Gen kann nur zwei Zustände haben: *an* und *aus*. Ein Netz aus zwei Genen kann 2 mal 2, also vier Zustände haben: *an-an, an-aus, aus-an, aus-aus.* Ein Netzwerk aus dreien kann 2 mal 2 mal 2, also acht Zustände haben und so weiter. Um die Anzahl der Zustände in einem Netzwerk von einhundert Genen zu erhalten, müßte man also 2 hundertmal mit sich selbst multiplizieren, und das ist fast genau eine Million Billion Billionen – eine 1 mit dreißig Nullen. Unglaublich viele Möglichkeiten also, sagt Kauffman. Im Prinzip gebe es außerdem keinen Grund, warum sein simuliertes

Netzwerk nicht willkürlich in diesem Raum herumwandern sollte; schließlich habe er es ja absichtlich nach dem Zufallsprinzip verknüpft. Dann aber wäre seine Idee der Zellzyklen hoffnungslos gewesen. Der Computer hätte etwa eine Million Billion Billion Übergänge vollziehen müssen, bevor er je einen Schritt wiederholt hätte. Das wäre wohl eine Art Zellzyklus gewesen, aber er läge jenseits aller Grenzen der Vorstellungskraft. «Wenn der Computer eine Mikrosekunde braucht, um von einem Zustand zum nächsten zu kommen», erläutert Kauffman, «und wenn er etwa eine Million Billion Billion Mikrosekunden laufen müßte, wäre das milliardenmal mehr, als die Welt alt ist. Ich hätte das Medizinstudium nie zu Ende bringen können!»

Glücklicherweise hatte Kauffman das damals noch nicht durchgerechnet. Gemeinsam mit einem Programmierer kodierte er ein simuliertes Netzwerk mit einhundert Genen, die je zwei Verbindungen hatten, und gab dann unbekümmert seinen Stapel Lochkarten ab. Die Antwort kam zehn Minuten später auf einigen Blättern Endlospapier. Genau wie er es erwartet hatte, zeigte sich, daß sein Netzwerk sich schnell auf einen geordneten Zustand einstellte, in dem die meisten Gene entweder an- oder ausgeschaltet waren, während die übrigen zyklisch einige wenige Stellungen durchliefen. Diese Muster ähnelten natürlich nicht Flamingos oder irgend etwas Erkennbarem; wäre sein Netz eine Lichtreklame mit hundert Glühlampen gewesen, hätten die geordneten Zustände etwa schwingenden Flecken geglichen. Aber sie waren da, und sie waren stabil.

«Ich war außer mir vor Begeisterung!» erzählt Kauffman. «Und ich hatte damals wie heute das Gefühl, es gehe um Grundsätzliches. Ich hatte etwas gefunden, was damals keiner geahnt hatte.» Statt einen Raum mit einer Million Billion Billion Zuständen zu durchsuchen, hatte sich sein Netz aus Elementen mit je zwei Verbindungen rasch in ein ganz kleines Eckchen dieses Raum zurückgezogen und war dort geblieben. «Es hat sich niedergelassen und ist durch einen Zyklus von fünf oder sechs oder sieben Zuständen oszilliert oder auch, was sich als typisch herausstellte, etwa zehn. Das ist erstaunlich viel Ordnung!»

Diese erste Simulation war nur der Anfang. Kauffman hatte noch keine Idee, *warum* diese nur sparsam verknüpften Netzwerke solche Zauberwirkung entfalteten. Aber sie entfalteten sie, und er hatte das Gefühl, sie hätten ihm eine völlig neue Art des Nachdenkens über Gene und die Embryonalentwicklung erschlossen. Auf der Grundlage des ursprünglichen Programms, das er nach Bedarf abänderte, begann er in endloser Vielfalt Simulationen ablaufen zu lassen. Er wollte wissen, wann und warum dieses geordnete Verhalten auftrat. Und er wollte eine Antwort auf die keineswegs nebensächliche Frage finden, wie sich seine Theorie anhand wirklicher Daten überprüfen ließe.

Eine offensichtliche Implikation seines Modells war, daß wirkliche genetische Netze sparsam verbunden sein müssen. Engverbundene Netzwerke schienen nicht in der Lage zu sein, in stabilen Zyklen zur Ruhe zu kommen. Er erwartete nicht, daß sie, wie seine Modelle, für jedes Gen genau zwei Eingänge hätten. Die Natur ist niemals ganz regelmäßig. Aber aus seinen Computersimulationen und endlosen Berechnungen ging hervor, daß die Verknüpfungen in einem bestimmten statistischen Sinne sparsam sein mußten – und genau diese Art Sparsamkeit schien sich, wenn man die Daten analysierte, bei wirklichen Netzwerken zu zeigen!

So weit, so gut. Er konnte seine Theorie weiter überprüfen, indem er sich ein Lebewesen mit einem bestimmten Satz von Regulatorgenen vorstellte und sich fragte, wie viele Zelltypen es herstellen kann. Ihm war klar, daß er keine spezifischen Angaben machen konnte, da seine Untersuchung ja darauf ausgerichtet war, das *typische* Verhalten von Netzwerken zu erforschen. Aber er konnte nach einer statistischen Beziehung suchen. Bis jetzt hatte er angenommen, ein Zelltyp müsse einem stabilen Zustand entsprechen. Er ließ also immer größere Simulationen laufen und achtete darauf, wie viele Zustandszyklen auftraten, wenn das Netzwerkmodell größer wurde. Als er zu Netzen mit vier- bis fünfhundert Genen gekommen war, stellte er fest, daß die Anzahl der Zyklen etwa der Quadratwurzel der Anzahl der Gene in dem Netz entsprach. Inzwischen hatte er jede freie Minute in der medizinischen Bibliothek verbracht und obskure Publikationen nach Hinweisen auf vergleichbare Daten über wirkliche Organismen durchsucht. Und als er schließlich alles zusammenfaßte, trat klar zutage: Die Anzahl der Zelltypen in einem Organismus entspricht etwa der Quadratwurzel aus der Anzahl seiner Gene.

Es sei die schönste Erfahrung gewesen, die er je gemacht habe, sagt Kauffman. Am Ende seines zweiten Studienjahrs als Medizinstudent mußte er mehrere hundert Dollar für Computerrechnungen zahlen. Er tat es, ohne mit der Wimper zu zucken.

Zu Beginn seines dritten Jahrs als Medizinstudent, 1966 also, schrieb Kauffman einen Brief an den Neurophysiologen Warren McCulloch vom MIT. Er beschrieb darin seine Arbeit an Modellen eines genetischen Netzwerks und schloß mit der Frage, ob McCulloch daran interessiert sei.

Es sei, gesteht Kauffman, eine gewisse Unverfrorenheit nötig gewesen, um diesen Brief zu schreiben. McCulloch, ursprünglich selbst Mediziner, war eine der Koryphäen der Neurophysiologie. In den letzten beiden Jahrzehnten hatten er und eine Reihe treuer Mitarbeiter Gedanken weiterverfolgt, die er zuerst 1943 vertreten hatte. Gemeinsam mit dem achtzehnjährigen Mathematiker Walter Pitts veröffentlichte er damals einen Aufsatz mit dem Titel «A Logical Calculus of the Ideas Immanent in Nervous Activity», der um die These kreiste, die Hirntätigkeit lasse sich modellhaft als Netz logischer Operationen wie «und», «oder», «nicht» und so weiter beschreiben. Das war damals ein revolutionärer Gedanke, der sich als ungeheuer einflußreich erweisen sollte. Nicht nur war das McCulloch-Pitts-Modell das erste Beispiel für etwas, das man heute als neuronales Netz bezeichnet, es war auch der erste Versuch, geistige Vorgänge als eine Form von Informationsverarbeitung zu betrachten – eine Sehweise, die der Erforschung künstlicher Intelligenz ebenso wichtige Impulse gab wie der kognitiven Psychologie. Ihr Modell lieferte auch den ersten Hinweis darauf, daß ein Netz sehr einfacher logischer Schaltungen außerordentlich komplexe Berechnungen durchführen kann – eine Einsicht, die bald in die allgemeine Theorie von Rechenmaschinen Eingang fand.

Koryphäe oder nicht, McCulloch schien der einzige Naturwissenschaftler zu sein, dem Kauffman von seiner Arbeit erzählen konnte. «McCulloch war der einzige Mensch, von dem ich wußte, daß er sich viel mit neuronalen Netzen befaßt hatte. Und es war klar, daß genetische Netze und neuronale Netze im Grunde dasselbe sind.»

Außerdem brauchte Kauffman zu dieser Zeit dringend etwas Unterstützung von außen. Das Medizinstudium erwies sich als zweifelhaftes Vergnügen. Sicher, er lernte hier die «Fakten», nach denen er sich als Philosophiestudent in Oxford gesehnt hatte. Aber sie schmeckten ihm nicht besonders. «Ich glaube, ich rieb mich innerlich daran, daß ich glauben mußte, was andere Leute sagten. Als angehender Mediziner muß man die Fakten meistern, die Diagnose beherrschen, die Perlen diagnostischer Weisheit schlucken und dann die richtigen Maßnahmen ergreifen. Die Ausführung kann schon eine gewisse Freude bereiten, aber sie hatte nicht die Schönheit, die ich mir wünschte. Es war nicht die Suche nach den Geheimnissen des Alten.»

Seinen Professoren wiederum war es suspekt, daß Kauffman diese Schönheit in seinen genetischen Netzen fand. «Einige unserer Lehrer hatten das Gefühl, sie seien die Tempelhüter der Medizin. Wenn man nicht die richtige Einstellung zum Arztberuf habe, könne man niemals ein wirklicher Arzt sein.»

Kauffman erinnert sich besonders an seinen Chirurgie-Professor. «Er glaubte wohl, ich dächte an etwas anderes – und er hatte recht. Ich erinnere mich, wie er mir sagte, er würde mir auf jeden Fall die schlechteste Note geben, selbst wenn ich die beste Arbeit schriebe. Ich schrieb eine gute Arbeit, und er gab mir eine schlechte Note.»

«Man muß sich vorstellen, wie das ist, wenn man Medizin studiert und sich mies fühlt und dann in Chirurgie eine schlechte Note bekommt – es brachte mich durcheinander. Ich war immer ein erfolgreicher Schüler und Student gewesen, und nun mußte ich ums Überleben in der medizinischen Ausbildung kämpfen, und mein Chirurgie-Professor erzählte mir, was für ein Versager ich war.»

Fast der einzige Lichtblick in jener Zeit war, daß er gerade Elizabeth Ann Bianchi geheiratet hatte, eine Kunststudentin aus New York, die er in Oxford kennengelernt hatte. «Ich hielt ihr die Tür auf und dachte: ‹Das ist ein hübsches Mädchen!› Seitdem halte ich ihr immer die Tür auf.»

Inmitten dieses Tumults erhielt er Antwort von McCulloch: «Ganz Cambridge ist begeistert von Ihrer Arbeit.» Kauffman lacht, wenn er sich daran erinnert. «Ich brauchte ungefähr ein Jahr, bis ich herausgefunden hatte, was er damit meinte: Er hatte bei der Lektüre meiner Arbeit ein gewisses Interesse gespürt.»

Damals traf ihn McCullochs Antwort wie ein Stromschlag. Das hatte er nicht erwartet! Er nahm all seinen Mut zusammen und schrieb ihm, in seiner Universität werde man als Medizinstudent dazu ermutigt, ein Vierteljahr woanders Erfahrung zu sammeln. Ob er wohl ans MIT kommen und mit McCulloch arbeiten dürfe?

Sicherlich, schrieb McCulloch zurück. Und Kauffman und seine Frau könnten dort auch bei ihm wohnen.

Sie nahmen die Einladung ohne Zögern an. Kauffman wird dieses erste Treffen mit McCulloch nie vergessen: Es war gegen neun Uhr abends, im Winter; er und Liz hatten sich nach ihrer langen Reise über den ganzen Kontinent in dem ihnen so fremden Cambridge hoffnungslos verfahren. «Und dann stand da plötzlich Warren; er war mit seinem langen Bart wie ein Gespenst aus dem Nebel aufgetaucht und hieß uns willkommen.» Während seine Frau die erschöpften Gäste bewirtete, rief McCulloch Marvin Minsky an, den Guru der Gruppe, die am MIT über künstliche Intelligenz forscht: «Kauffman ist angekommen.»

McCulloch, ein Quäker, war ein aufmerksamer und faszinierender Gastgeber. Geheimnisvoll, schwärmerisch, mit einem Geist, der frei durch ungeheure Landschaften streifte, hatte er sich der Frage verschrieben, wie sich Gedanken im Gehirn formen. Er liebte Rätsel und Wortspiele. Und er erwies sich als einer der wenigen, die selbst Kauffman in Grund und Boden reden konnten.

«Warren neigte dazu, einen in endlose Unterhaltungen zu verwickeln.» Wenn Kauffman duschen wollte, folgte ihm McCulloch gewöhnlich ins Badezimmer und redete dann, auf dem Klodeckel sitzend, voller Wonne über Netzwerke und logische Funktionen aller Art, während Kauffman versuchte, sich den Seifenschaum aus den Ohren zu spülen.

Am wichtigsten jedoch war, daß McCulloch für Kauffman zum Mentor, Lehrer und Freund wurde. Da er von Kauffmans Hoffnung wußte, am MIT wirklich große Computersimulationen durchführen zu können, um detaillierte statistische Informationen über das Verhalten seiner Netzwerke zu erhalten, machte McCulloch ihn mit Minsky und seinem Kollegen Seymour Papert bekannt, der wiederum dafür sorgte, daß Kauffman Zugang zu jenem Hochleistungsrechner erhielt, der damals für das Projekt MAC (Machine-Aided Cognition) installiert worden war. McCulloch arrangierte auch, daß Kauffman Programmierhilfe von einem jüngeren Studenten erhielt, der viel mehr über Computercodes wußte als er. Schließlich simulierten sie das Verhalten von Tausenden von Genen.

Gleichzeitig führte McCulloch Kauffman in die kleine, aber lebendige Welt der theoretischen Biologen ein. In McCullochs Wohnzimmer lernte er den Neurophysiologen Jack Cowan kennen, der in den Jahren um 1960 McCullochs Forschungsassistent gewesen war und nun theoretische Biologie an der University of Chicago lehrte. In McCullochs Arbeitszimmer traf Kauffman Brian Goodwin von der Universität Sussex in England, seither einer seiner besten Freunde.

«Warren war der erste Mensch, der mich als jungen Wissenschaftler ernst nahm und nicht als Studenten sah.» Leider starb

McCulloch nur wenige Jahre später, 1969. In mancher Hinsicht sieht Kauffman sich noch immer als sein Erbe. «Warren hat mich in die Welt, in der ich seitdem lebe, buchstäblich hineinkatapultiert.»

Kauffman hatte, noch bevor er ans MIT gegangen war, beschlossen, sich nach dem Studienabschluß der Wissenschaft zuzuwenden und nicht der praktischen Medizin. Die Menschen, denen er bei McCulloch begegnet war, hatten ihn in die Gemeinschaft der Wissenschaftler aufgenommen.

«Durch Jack Cowan, Brian Goodwin und andere wurde ich 1967 zu meiner ersten wissenschaftlichen Konferenz eingeladen», sagt er. Es war die dritte einer Reihe von Konferenzen über theoretische Biologie, die der britische Embryologe Conrad Waddington organisiert hatte. «Diese Treffen waren damals, Mitte der sechziger Jahre, ein früher Versuch, etwas auf die Beine zu stellen, was heute das Santa-Fe-Institut verwirklicht», erläutert Kauffman. «Es war wunderbar. Von Blutabnahmen und Stuhlprobenanalysen morgens um vier – man sage nicht, ich hätte keinen Bezug zur Wirklichkeit gehabt! – nach Italien an den Comer See in die Villa Serbelloni. Absolut großartig. Und da traf man all diese erstaunlichen Menschen. John Maynard-Smith war da. René Thom entwickelte gerade seine Katastrophentheorie. Dick Lewontin und Dick Levins aus Chicago. Lewis Wolpert aus London. Wir alle sind heute noch Freunde.»

«Ich hielt also meinen Vortrag über Ordnung in genetischen Netzen und die Anzahl der Zellarten und so weiter. Und nachher tranken wir unseren Kaffee auf der Terrasse, von der aus man die drei Arme des Sees überblicken kann. Jack Cowan kam dazu und fragte mich, ob ich eine Stelle in Chicago annehmen wolle. Ich dachte genau eine Nanosekunde darüber nach und sagte ‹Natürlich!› Anderthalb Jahre lang habe ich Jack nicht gefragt, wieviel ich da eigentlich verdienen würde.»

## *Tod und Leben*

Um die Mittagszeit dieses ersten Tages, den Arthur am Santa-Fe-Institut verbrachte, gingen er und Kauffman durch die Laubengänge der Kunstgalerien entlang der Canyon Road zu Babe's, einem der Lieblingsrestaurants Kauffmans. Dort trafen sie sich dann in den nächsten zwei Wochen fast täglich.

Bei ihren Gesprächen merkte Arthur immer wieder, wie Kauffman jäh in schwermütige Stimmungen verfiel. Mitten in seinem unaufhörlichen Redefluß hielt er gelegentlich inne. Ein Hauch von Trauer. Und eines Abends kurz nach seiner Ankunft in Santa Fe, als Arthur und seine Frau Susan mit den Kauffmans zum Essen ausgingen, erzählte ihnen Stuart Kauffman die Geschichte: Wie er und Liz im vorigen Oktober eines Nachts nach Hause gekommen waren und dort erfahren mußten, daß ihre dreizehnjährige Tochter Merit angefahren worden war und mit lebensgefährlichen Verletzungen im Krankenhaus lag. Wie sie mit ihrem Sohn Ethan ins Krankenhaus gerast waren und ihnen dort mitgeteilt wurde, daß ihre Tochter eine Viertelstunde zuvor gestorben war.

Heute, über ein halbes Jahrzehnt später, kann Kauffman davon erzählen, ohne zusammenzubrechen. Damals nicht. «Alles war zerstört», sagt er. «Wir gingen zu ihr. Da lag der zerbrochene Körper meiner Tochter auf einem Tisch und wurde kalt. Es war unerträglich. Wir drei haben uns in dieser Nacht im Bett aneinander geschmiegt und geweint. Sie war so lebhaft und munter und hatte doch ein Gespür für Menschen, das wir immer bewundert haben. Wir alle hatten das Gefühl, sie sei der beste Mensch von uns vieren gewesen.»

«Man sagt, Zeit heilt Wunden», fügt er hinzu. «Aber das stimmt nicht ganz. Der Schmerz bricht nur weniger oft durch.»

Bei ihren Spaziergängen auf den Straßen und Hügeln um das Kloster herum spürte Arthur, wie ihn Kauffmans Konzept von Ordnung und Selbstorganisation immer mehr faszinierte. Die Ironie dabei war, daß Kauffman das Wort «Ordnung» offensichtlich für genau dasselbe verwendete, was Arthur mit dem Wort «Verworrenheit» bezeichnete – nämlich Emergenz, den unausweichlichen Drang komplexer Systeme, sich zu Strukturen zu organisieren. Aber genau betrachtet, war es gar nicht so überraschend, daß Kauffman das entgegengesetzte Wort verwendete; er näherte sich dem Begriff ja auch von der entgegengesetzten Richtung. Arthur sprach von «Verworrenheit», weil er von der eisigen, abstrakten Welt des ökonomischen Gleichgewichts ausgegangen war, in dem die Gesetze des Marktes angeblich alles so genau regeln wie die Gesetze der Physik die Vorgänge in der Natur. Kauffman sprach von «Ordnung», weil er von der verworrenen, der Kontingenz unterworfenen Welt Darwins ausgegangen war, in der es keine Gesetze gab – nur Zufall und natürliche Selektion. Trotz ihrer völlig verschiedenen Ausgangspunkte waren sie im wesentlichen zu demselben Ergebnis gekommen.

Von Arthurs Begriff der zunehmenden Erträge war Kauffman so fasziniert wie verwirrt. «Ich hatte Mühe zu begreifen, was daran neu war. Biologen hatten sich schon seit Jahren mit positiver Rückkopplung befaßt.» Es brauchte lange, bis er durchschaut hatte, wie statisch und unveränderlich die neoklassische Weltsicht im Grunde ist.

Kauffmans Interesse war endgültig geweckt, als Arthur auf ein anderes Problem zu sprechen kam, mit dem er sich schon seit langem herumplagte, nämlich die durch den Fortschritt der Technik bedingten Veränderungen. Dieses Thema war in der Politik mittlerweile zu einem heißen Eisen geworden. Man konnte die Sorge in fast jeder Zeitung und Zeitschrift spüren: Ist unsere westliche Wirtschaft noch wettbewerbsfähig? Haben wir unseren berühmten Einfallsreichtum verloren, unsere alte technische Überlegenheit? Machen die Japaner all unsere Industrien kaputt?

Gute Fragen. Das Problem sei, erklärte Arthur, daß die Ökonomen darauf keine Antworten hätten – jedenfalls nicht im Rahmen einer grundlegenden Theorie. Die ganze technische Entwicklung war wie eine Black Box. «Bis vor fünfzehn, zwanzig Jahren dachte man, technische Entwicklungen seien zufallsbedingt; Technik fiel in Form von Blaupausen für die Herstellung von Stahl oder Siliziumchips oder was auch immer vom Himmel. Alle diese Dinge wurden von Erfindern möglich gemacht – von klugen Leuten wie Thomas Edison, die wie einst Archimedes im Bad eine Idee hatten und dem himmlischen Buch der Blaupausen eine Seite hinzufügten.» Strenggenommen sei Technik nicht Teil der Ökonomie, sondern «exogen», durch wirtschaftsfremde Prozesse herbeigezaubert. In letzter Zeit habe es eine Reihe von Bemühungen gegeben, die Technik als «endogen» darzustellen, was bedeutet, daß sie im Wirtschaftssystem selbst entsteht. Aber gewöhnlich liefen diese Ansätze darauf hinaus, daß man die Technik als Ergebnis von Investitionen in Forschung und Entwicklung sehe, fast wie eine Ware. Daran könne durchaus etwas Wahres sein, doch habe er nicht das Gefühl, es treffe den Kern der Sache.

Lasse man die graue Theorie einmal beiseite und betrachte die reale Wirtschaftsgeschichte, so sehe man, daß die Technik eigentlich überhaupt nicht einer Ware gleiche. Sie ähnele eher einem Ökosystem, das der Evolution unterworfen sei. «Neue Entwicklungen geschehen selten in einem Vakuum. Sie beruhen gewöhnlich auf anderen neuen Entwicklungen, die sich schon bewährt haben. So ist zum Beispiel ein Laserdrucker im Grunde eine Kopiermaschine mit einem Laser und einem kleinen Computerschaltkreis, der dem Laser sagt, wo er auf der Kopiertrommel eine Spur hinterlassen soll. Ein Laserdrucker setzt also Computertechnik, Lasertechnik und ein Kopierverfahren voraus. Er wurde jedoch nur möglich, weil schneller Druck von guter Qualität gefragt war.»

Kurz, Technologien bildeten ein dichtes Gewebe – oder, in Kauffmans Sprache, ein Netzwerk. Außerdem seien diese technologischen Gewebe sehr dynamisch und instabil. Sie wüchsen gelegentlich fast organisch. Ein Beispiel: Laserdrucker hätten zur Entwicklung von Software geführt, die die Herstellung druckreifer Vorlagen erlaubte, und dies wiederum habe den Graphik-Programmen eine Marktnische eröffnet. «Die Verfahren A, B und C ermöglichten das Verfahren E und so weiter. So konnte ein Netzwerk aller möglichen Technologien entstehen, die alle miteinander verknüpft waren und um so größer wurden, je mehr Möglichkeiten sich ergaben. Deshalb wird die Wirtschaft immer komplexer.»

Außerdem durchliefen diese technologischen Gewebe genau wie biologische Systeme Phasen evolutionärer Kreativität, die von weitreichendem Aussterben begleitet seien. Als zum Beispiel ein neues technisches Produkt, das Auto, ein älteres Fortbewegungsmittel, das Pferd, ersetzt habe, seien zusammen mit dem Pferd Schmiede, Pferdebahnen, Wassertröge, Ställe und so weiter verschwunden. Das ganze vom Pferd abhängige Subsystem der Wirtschaft sei plötzlich zusammengebrochen. Der Nationalökonom Joseph Schumpeter spreche von einem «Sturm der Zerstörung». Aber mit dem Auto seien gepflasterte Straßen, Tankstellen, Raststätten, Verkehrspolizisten, Verkehrsampeln und die Verkehrssünderkartei gekommen. Ein ganz neues Netzwerk von Gütern und Dienstleistungen habe sich herausgebildet, und jedes fülle eine Nische, die von älteren Gütern und Dienstleistungen geräumt werde.

In der Tat, sagte Arthur, sei dieser Vorgang ein ausgezeichnetes Beispiel für das, was er mit zunehmenden Erträgen meine: Wenn eine neue technische Entwicklung erst einmal neue Nischen für andere Güter und Dienstleistungen eröffne, hätten die Menschen, die diese Nischen füllten, jeden Anreiz, dieser Entwicklung zu Wachstum und Profit zu verhelfen. Außerdem sei dieser Vorgang eine wichtige Triebkraft, die auf ein *Lock-in*, ein Einrasten hinwirke: Je mehr Nischen infolge einer neuen Entwicklung frei würden, um so schwerer lasse sich diese technische Entwicklung verändern – bis etwas viel Besseres erfunden werde.

Diese Vorstellung von einem technologischen Netz passe also gut zu seiner Vision einer neuen Wirtschaftslehre, erklärte Arthur. Das Problem bestehe darin, daß sich mit Hilfe der von ihm entwickelten Mathematik jeweils nur eine Technologie betrachten lasse. Was er brauche, sei eine Art Netzwerkmodell, wie Kauffman es entwickelt habe. «Also», fragte er Kauffman, «wäre ein Modell möglich, in dem eine Technologie vielleicht dann, wenn sie entsteht, ‹angeschaltet› ist und…?»

Kauffman hörte wie vom Donner gerührt zu. Ob das *möglich* wäre? Was Arthur da beschrieb, war, in einer ganz anderen Sprache, ein Problem, an dem Kauffman seit anderthalb Jahrzehnten arbeitete.

Innerhalb weniger Minuten lief Kauffman auf Hochtouren, Arthur zu erklären, warum technischer Wandel genau das gleiche ist wie die Entstehung des Lebens.

Kauffman hatte diese Idee zuerst 1969 gehabt, etwa zu der Zeit, als er nach Chicago gegangen war, um als theoretischer Biologe zu arbeiten.

Nach dem Medizinstudium fühlte er sich in Chicago wie im Himmel. «An diesem außergewöhnlichen Ort wimmelte es von außergewöhnlich fähigen Leuten», sagt er. «Hier trafen sich dieselben Freunde wie damals in Italien.» Jack Cowan verfolgte dort seine bahnbrechende Arbeit über Hirnrindengewebe; mit Hilfe einfacher Gleichungen beschrieb er erregende und hemmende Wellen, die sich in Neuronenschichten fortpflanzen. John Maynard-Smith entwickelte dort seine ebenso bahnbrechenden Evolutionsmodelle, wozu er sich eines als Spieltheorie bekannten mathematischen Verfahrens bediente, um die Dynamik von Wettbewerb und Kooperation zwischen den Arten zu ergründen. Maynard-Smith von der University of Sussex verbrachte gerade ein Forschungssemester in Chicago und konnte Kauffman bei der mathematischen Analyse von Netzwerken dringend benötigte Hilfestellung geben. «John brachte mir das ‹Summieren› bei, wie er es nannte; ich habe dafür seine Lungenentzündung kuriert.»

Jetzt, inmitten von Kollegen und verwandten Geistern, entdeckte Kauffman rasch, daß er nicht der einzige gewesen war, der über die statistischen Eigenschaften von Netzwerken nachgedacht hatte. Bereits 1952 zum Beispiel hatte der englische Neurophysiologe Ross Ashby in seinem Buch ‹*Design for a Brain*› in ähnliche Richtungen spekuliert. «Er stellte so ziemlich die gleichen Fragen zum generischen Verhalten komplexer Netze», sagt Kauffman. «Davon hatte ich überhaupt nichts gewußt. Als ich das erfuhr, nahm ich sofort mit ihm Kontakt auf.»

Zur selben Zeit entdeckte Kauffman, daß er bei der Entwicklung seines genetischen Netzwerks einige der jüngsten Entwicklungen in der Physik und der angewandten Mathematik neu erfunden hatte – wenn auch in einem ganz anderen Zusammenhang. Die Dynamik seiner genetischen Regulatornetze erwies sich als ein Sonderfall dessen, was die Physiker «nichtlineare Dynamik» nannten. Es lag auf der Hand, warum sein sparsam verknüpftes Netzwerk, als nichtlinearer Prozeß betrachtet, sich so leicht zu stabilen Zyklen organisierte: Die Nichtlinearität ist der mathematische Ausdruck dafür, daß sich Regen, der auf Berge fällt, im Tal sammelt. Im mathematischen Raum aller möglichen Verhaltensweisen von Netzen sind die stabilen Zyklen wie Talbecken – oder, wie die Physiker sagen, «Attraktoren».

Nachdem Kauffman sich sechs Jahre lang mit diesen Netzwerken abgequält hatte, war es ihm eine Genugtuung, jetzt zu spüren, wie gut er sie verstand. Und doch – er hatte immer wieder das Gefühl, es fehle noch etwas. Man konnte zwar über die Selbstorganisation in genetischen Regulatornetzen reden – aber auf der molekularen Ebene hängt die Genaktivität von den als RNA und DNA bekannten, höchst komplexen Molekülen ab. Woher kommen *sie*?

Wie hat das Leben eigentlich begonnen?

Nach der in den Lehrbüchern der Biologie vertretenen herkömmlichen Theorie hat sich das Leben in stetigem Fortschritt entwickelt. DNA, RNA, Proteine, Polysaccharide und all die anderen Moleküle des Lebens müssen sich vor Milliarden von Jahren in kleinen warmen Teichen gebildet haben, in denen sich einfache molekulare Bausteine, zum Beispiel Aminosäuren, aus der Protoatmosphäre angesammelt hatten. Der Nobelpreisträger Harold Urey und sein Student Stanley Miller haben 1953 experimentell nachgewiesen, daß diese Bausteine in einer Protoatmosphäre mit Methan, Ammonium und ähnlichen Substanzen ganz spontan entstanden sein könnten. Es bedurfte nur hin und wieder eines Blitzschlags, der die Energie für die chemischen Reaktionen lieferte. Im Laufe der Zeit haben sich diese einfachen Bestandteile in Teichen und Seen angesammelt und sind im Vollzug weiterer chemischer Reaktionen immer komplexer geworden. Schließlich ist es auf diese Weise zu einer Ansammlung von Molekülen gekommen, zu denen auch die Doppelhelix der DNA oder auch ihre einspiralige Verwandte, die RNA gehörten – die sich beide reproduzieren können. Und wenn erst einmal die Möglichkeit zur Reproduktion besteht, geschieht der Rest von selbst durch natürliche Selektion. So etwa lautete im groben die Standardtheorie.

Aber Kauffman hatte seine Zweifel. Zum einen sind die meisten Biomoleküle gewaltig große Strukturen. Um zum Beispiel ein einziges Eiweißmolekül zusammenzusetzen, braucht man mehrere hundert in ganz bestimmter Weise angeordnete Aminosäuren. Das ist selbst heute in einem Labor mit modernster biotechnischer Ausrüstung ein schwieriges Unterfangen. Wie hat sich da eine solche Struktur ganz von selbst in einem Teich entwickeln sollen? Viele Forscher haben versucht, die Chancen für einen solchen Vorgang zu berechnen, und ihre Antwort ist immer mehr oder weniger dieselbe gewesen: Wenn die Bildung wirklich zufällig wäre, müßte man länger warten, als das Universum alt ist, bis auch nur ein einziges Eiweißmolekül entsteht, ganz zu schweigen von den unzählig vielen Proteinen und Zuckern und Lipiden und Nukleinsäuren, die man für eine funktionsfähige Zelle braucht. Selbst wenn man annimmt, daß all die Trillionen Sterne in all den Millionen Galaxien im beobachtbaren Weltall Planeten wie die Erde hätten, mit warmen Ozeanen und einer Atmosphäre, wäre die Chance, daß auf einem von ihnen Leben entstünde, immer noch – infinitesimal klein. Wenn der Ursprung des Lebens wirklich ein Zufallsereignis war, dann war es ein Wunder.

Doch gab es noch einen anderen, speziellen Grund, warum

Kauffman die Standardtheorie nicht akzeptieren konnte: Sie setzt den Ursprung des Lebens mit dem Auftreten der DNA gleich. Es leuchtete Kauffman nicht ein, daß der Ursprung des Lebens von etwas so Kompliziertem abhängen sollte. Sicher, die Doppelspirale der DNA kann sich reproduzieren, dachte er, aber diese Fähigkeit hängt ganz entscheidend davon ab, daß sie ihre beiden Stränge trennen und Kopien von sich selbst anfertigen kann. In den Zellen heute lebender Organismen hängt dieser Vorgang darüber hinaus von einer Menge spezialisierter Eiweißmoleküle ab, die verschiedene Helferrollen erfüllen. Wie könnte all das in einem Teich ablaufen? «Es war derselbe Impuls, der auch hinter meiner Frage steckte, ob man in genetischen Regulatornetzen Ordnung finden könne», erläutert Kauffman. «Irgend etwas war an der DNA einfach zu wunderbar. Ich wollte es nicht wahrhaben, daß der Ursprung des Lebens von etwas so Speziellem abhängen könnte. Ich fragte mich: ‹Was wäre, wenn Gott dem Stickstoff eine andere Wertigkeit gegeben hätte? [Stickstoffatome sind in DNA-Molekülen in sehr großer Zahl vorhanden.] Wäre Leben dann unmöglich?› Und ich fand den Gedanken geradezu abstoßend, daß Leben ein so prekäres Gleichgewicht voraussetzen sollte.»

Andererseits, dachte Kauffman, wer sagt denn, daß DNA für das Leben entscheidend ist? Und wo ist der Beweis, daß der Ursprung des Lebens reiner Zufall gewesen sei? Vielleicht kann ein sich selbst reproduzierendes System auch anders beginnen. Auf eine Weise, die es lebenden Systemen erlaubt, aufgrund einfacher Reaktionen ihren Weg ins Sein zu finden.

Stellen wir uns also vor, wie die Ursuppe ausgesehen haben muß, in der all die kleinen Aminosäuren und Zucker und ähnliches umherschwammen. Man kann nicht erwarten, daß sie sich einfach zu einer Zelle zusammenfanden. Aber sie könnten gelegentlich zufällig miteinander reagiert haben. Was hätte sie davon abhalten können? Solche Zufallsreaktionen bringen sicher keine ansehnlichen Strukturen zustande, aber man kann sie berechnen, und dabei zeigt sich, daß sie im Mittel eine recht große Anzahl kleinerer Moleküle erzeugt haben könnten, die kurze Ketten und Zweige hatten.

Das allein allerdings hätte die Entstehung von Leben auch nicht wahrscheinlicher gemacht. Aber, dachte Kauffman, angenommen, einige dieser kleinen Moleküle, die in der Ursuppe schwammen, hätten als «Katalysatoren» wirken können – als submikroskopisch kleine Heiratsvermittler. Chemiker beobachten solche Dinge ständig: Ein Molekül, der Katalysator, fängt zwei zufällig vorbeikommende Moleküle ein und führt sie zusammen, so daß sie ganz rasch miteinander wechselwirken. Dann läßt der Katalysator das junge Paar los, ergreift ein anderes und so weiter. Die Chemiker kennen auch eine Reihe von Katalysatormolekülen, die sich als chemische Schlächter betätigen: Sie machen sich an ein Molekül nach dem anderen heran und spalten sie. Katalysatoren sind heute ein wesentliches Element der modernen chemischen Industrie. Treibstoffe, synthetische Stoffe, Farben, Arzneien – kaum eines davon wäre ohne Katalysatoren möglich.

Und wenn nun diese Ursuppe ein Molekül A enthalten hat, dachte Kauffman, das damit beschäftigt war, die Bildung eines anderen Moleküls B zu katalysieren? Das erste Molekül war sicher kein besonders effektiver Katalysator, weil es sich ja ganz zufällig gebildet hatte. Aber es brauchte auch nicht sehr wirksam zu sein. Selbst ein schwacher Katalysator konnte dafür sorgen, daß die B-Moleküle sich schneller bildeten als vorher.

Angenommen, das Molekül B habe selbst auch einen schwachen katalytischen Effekt, so daß es die Produktion eines Moleküls C anregt, und auch C wirke daraufhin als Katalysator und so weiter. Wenn der Topf mit Ursuppe groß genug war, überlegte Kauffman, und wenn es darin von Anfang an genug verschiedene Molekülsorten gab, dann könnte es sehr wohl sein, daß sich irgendwann ein Molekül Z bildete, das die Schleife schloß und die Erschaffung von A katalysierte. Dann wären mehr A-Moleküle vorhanden gewesen, also mehr Katalysatoren, die die Bildung von B verstärkten, und so immer fort.

Mit anderen Worten, wenn die Bedingungen in der Ursuppe gerade richtig sind, braucht man auf Zufallsreaktionen gar nicht zu warten. Die Bestandteile der Suppe könnten ein kohärentes, sich selbst verstärkendes Reaktionsgewebe gebildet haben. Zudem könnte jedes Molekül in dem Gewebe die Bildung anderer Moleküle in dem Gewebe katalysiert haben – so daß immer mehr Moleküle entstanden, die Bestandteil des Gewebes waren, als solche, die nicht dazu gehörten. Das Netzwerk hätte also, als Ganzes gesehen, seine eigene Bildung katalysiert. Es wäre ein «autokatalytisches System».

Kauffman war voller Ehrfurcht, als ihm dies klar wurde. Hier war sie wieder: Ordnung, die es *gratis* gab. Ordnung, die ganz natürlich aus den Gesetzen der Physik und Chemie folgt. Ordnung, die spontan aus molekularem Chaos entsteht und sich als ein wachsendes System manifestiert.

Aber ist das Leben? Nicht, wenn Leben gemeint ist, wie wir es heute kennen, mußte Kauffman zugeben. Ein autokatalytisches System hätte keine DNA, keinen genetischen Code, keine Zellmembran. Es hätte noch nicht einmal eine eigenständige Existenz, sondern wäre nur ein Schleier von Molekülen, der in einem urzeitlichen Teich umhertreibt. Wäre damals ein außerirdischer Darwin vorbeigekommen, hätte er wohl kaum etwas Ungewöhnliches bemerkt. Die Moleküle des autokatalytischen Systems hätten sich kaum von den anderen Molekülen unterschieden. Das Wesentliche dieser Struktur hätte sich nicht in einem ihrer Teile zu erkennen gegeben, sondern nur in ihrer Gesamtdynamik: ihrem kollektiven Verhalten.

Und doch, dachte Kauffman, könnte ein autokatalytisches System in einem tieferen Sinne lebendig gewesen sein. Sicher hat es über einige bemerkenswert lebensähnliche Eigenschaften verfügt. Es konnte zum Beispiel wachsen. Es gibt im Prinzip keinen Grund, warum ein autokatalytisches System nicht im Laufe der Zeit immer mehr Moleküle erzeugen sollte – und noch dazu von immer komplexerer Struktur. Dieses System hätte auch eine Art Stoffwechsel gehabt: Die Moleküle des Gewebes nahmen ständig «Nahrung» in Form von Aminosäuren und anderen einfachen Molekülen auf, die sich alle in der Suppe fanden, und flochten sie katalytisch zu den komplexeren Verbindungen des Systems zusammen.

Einem solchen autokatalytischen System wäre eine primitive Form der Fortpflanzung möglich. Wenn ein Molekülverband aus einem kleinen Teich zufällig in einen Nachbarteich schwappte – etwa bei einer Flut –, dann hätte diese Struktur sofort beginnen können, in ihrer neuen Umgebung zu wachsen. Wäre dort schon ein anderes solches System entstanden, so hätten die beiden um ihre Rohstoffe konkurrieren müssen, was wiederum, wie Kauffman erkannte, der natürlichen Selektion den Weg bereitet hätte, Systeme auszusortieren und besser anzupassen. Es ließe sich leicht ein Vorgang ersinnen, der jene Systeme bevorzugt, die robust genug sind, sich gegen die Umweltveränderungen zu behaupten, oder die effektivere Katalysatoren enthalten und differenziertere Reaktionen zeigen oder bei denen komplexere Moleküle entstehen. Schließlich könnte dieser Prozeß auch zu DNA und allem übrigen geführt haben. Entscheidend war, daß etwas entstand, was überleben und sich reproduzieren konnte; danach war die Evolution am Zug und hätte die Möglichkeit, ihr Werk in relativ kurzer Zeit zu vollbringen.

Dies war zugegebenermaßen eine Anhäufung vieler Bedingungen – wenn und falls und falls und wenn. Für Kauffman war das Konzept der autokatalytischen Systeme jedoch die bei weitem plausibelste Erklärung für den Ursprung des Lebens, die er je gehört hatte. Wenn sie zutraf, war Leben nicht auf ein aberwitzig unwahrscheinliches Initialereignis angewiesen, die spontane Bildung enorm komplizierter Moleküle; vielmehr könnte es sich aus sehr einfachen Molekülen entwickelt haben. Das Leben ist aus dieser Sicht mehr als nur ein Zufall – es ist Teil des unablässigen Drangs der Natur zur Selbstorganisation.

Kauffman war wie in Trance. Sofort machte er sich an Berechnungen und Computersimulationen und Modelle für Zufallsnetze und tat damit genau das, was er in Berkeley getan hatte: Er wollte die Naturgesetze für autokatalytische Systeme verstehen. Wir wissen zwar nicht, welche Verbindungen und welche Reaktionen damals wirklich daran beteiligt waren, dachte er, aber zumindest können wir über die Wahrscheinlichkeiten nachdenken. War die Bildung eines autokatalytischen Systems ein extrem unwahrscheinliches Ereignis? Oder war sie geradezu unvermeidlich? Er schaute sich seine Berechnungen an. Angenommen, es gebe einige wenige «Nahrungsmoleküle» – Aminosäuren und so weiter – und diese verbänden sich in der Ursuppe zu Polymerketten. Wie viele verschiedene Polymere können so entstehen? Wie viele Reaktionen finden unter diesen Polymeren statt, so daß ein großer Komplex von Reaktionen entstehen kann? Und wie hoch ist die Wahrscheinlichkeit, daß sich dieser große Komplex von Reaktionen schließen und ein autokatalytisches System bilden kann?

«Als ich mir das überlegte», erzählt er, «wurde mir sonnenklar, daß die Anzahl der Reaktionen schneller zunimmt als die Anzahl der Polymere. Wenn es also eine feste Wahrscheinlichkeit dafür gibt, daß ein Polymer als Katalysator für eine Reaktion wirkt, dann muß es zu einer Komplexität kommen, bei der dieses Gebilde schließlich autokatalytisch wird.» Mit anderen Worten, es war wie bei seinen genetischen Netzen: Wenn die Ursuppe eine gewisse Schwelle der Komplexität überschritten hat, macht sie diesen drolligen Phasenübergang durch. Das autokatalytische System ist dann fast unvermeidlich. In einer genügend reichhaltigen Ursuppe *mußte* es sich bilden – und das Leben «kristallisierte» sich spontan aus der Suppe heraus.

Die ganze Geschichte, dachte Kauffman, ist einfach zu schön – sie *muß* wahr sein! «Ich glaube heute noch genauso fest daran wie damals, als mir der Gedanke zuerst kam. So muß das Leben entstanden sein.»

Auch Arthur war bereit, daran zu glauben. Die Analogien zwischen Autokatalyse und Wirtschaft waren viel zu deutlich, als daß man sie hätte übergehen können. Er und Kauffman spielten tagelang damit herum, während sie spazierengingen oder im Restaurant saßen.

Ganz offensichtlich, darin stimmten sie überein, ist ein autokatalytisches System ein Gewebe von Transformationen zwischen Molekülen, genau wie ein Wirtschaftssystem ein Gewebe von Transformationen zwischen Gütern und Dienstleistungen ist. In einem sehr realen Sinne *ist* ein autokatalytisches System ein Wirtschaftssystem – ein mikroskopisches Wirtschaftssytem, das Rohstoffe (die «Nahrungsmoleküle») entnimmt und sie in nützliche Erzeugnisse (mehr Moleküle, die zu diesem System gehören) umwandelt.

Darüber hinaus kann ein autokatalytisches System auf genau dieselbe Weise wie ein Wirtschaftssystem seine eigene Evolution antreiben, indem es im Laufe der Zeit immer komplexer wird. Dieser Punkt faszinierte Kauffman besonders. Wenn sich Neuerungen aus neuen Kombinationen alter Technologien ergeben, vergrößert sich die Anzahl möglicher Neuerungen sehr rasch, da immer mehr Technologien zur Verfügung stehen. Wenn eine bestimmte Schwelle der Komplexität überschritten sei, behauptete er, könne man sogar eine Art Phasenübergang erwarten, jenen analog, die er in seinen autokatalytischen Systemen gefunden hatte. Unterhalb dieses Komplexitätsgrades würde man Länder finden, die von nur wenigen Industrien abhängig sind; ihre Wirtschaftssysteme neigen dazu, sehr anfällig und unbeweglich zu sein. Daran würden Investitionen, in welcher Höhe auch immer, nichts ändern. «Wenn man nichts anderes kann als Bananen anbauen, passiert eben nichts, außer daß immer mehr Bananen angebaut werden.» Wenn ein Land es aber schafft, auch andere Güter zu produzieren und seine Komplexität über diesen kritischen Punkt hinaus zu vergrößern, ist zu erwarten, daß seine Wirtschaft in einen Wachstums- und Innovationsschub verfällt.

Ein solcher Phasenübergang, so führte Kauffman aus, könnte auch erklären, warum für eine gesunde Wirtschaft der Handel so wichtig ist. Stellen wir uns vor, es gäbe zwei Länder, von denen jedes für sich unterhalb des kritischen Punktes liegt. Ihre Wirtschaft bringt es zu nichts. Wenn sie jetzt aber beginnen, miteinander Handel zu treiben, verknüpfen sich ihre Wirtschaftssysteme zu einem großen Wirtschaftssystem mit höherer Komplexität. «Ich glaube, daß der Handel zwischen solchen Systemen es dem Gesamtsystem ermöglicht, überkritisch zu werden und sich rasch auszuweiten.»

Schließlich kann ein autokatalytisches System genau die gleichen Entwicklungsschübe und Einbrüche durchlaufen wie ein Wirtschaftssystem. Wenn eine neue Molekülsorte in die Suppe hineinkommt, kann sich das System enorm verändern, etwa so, wie sich das Wirtschaftssystem veränderte, als das Pferd durch das Auto ersetzt wurde. Dieser Teil der Autokatalyse sprach Arthur ganz besonders an. Er hatte dieselben Eigenschaften, die ihn so sehr fasziniert hatten, als er sich zuerst mit der Molekularbiologie beschäftigt hatte: Turbulenz und Veränderung und die gewaltigen Folgen scheinbar trivialer Ereignisse – denen doch in der Tiefe ein Gesetz zugrunde liegt.

So ließen Arthur und Kauffman munter ihren Gedanken freien Lauf. Es war wie eine Jam Session. Besonders Kauffman hatte das Gefühl, eine Terra incognita zu betreten. Natürlich ließe sich aufgrund einer Netzwerkanalyse nicht vorhersagen, welche neuen technischen Entwicklungen sich in der nächsten Woche anbahnen würden. Aber sie konnte den Wirtschaftswissenschaftlern helfen, den Verlauf solcher Prozesse statistisch und strukturell zu erfassen. Welche Wirkung hat zum Beispiel die Einführung eines neuen Produkts? Wie viele andere Güter und Dienstleistungen bringt sie mit sich, und wie viele alte werden daraufhin überflüssig? Und woran erkennt man, ob ein Produkt für eine Wirtschaft wirklich wichtig geworden ist und nicht nur eine Eintagsfliege wie den Hula-Hoop-Reifen darstellt?

Aber Kauffmans Überlegungen zogen noch weitere Kreise. Könnte es nicht möglich sein, diese Gedanken auch auf ganz andere Bereiche als das Wirtschaftsleben anzuwenden? «Ich denke, diese Art von Modellen enthält gleichzeitig Kontingenz und Gesetzmäßigkeit», sagt er. «Entscheidend ist: Die Phasenübergänge müssen gesetzmäßig sein, die Einzelheiten nicht. Wir haben damit vielleicht die ersten Modelle für historische Entfaltungsprozesse, zum Beispiel für die industrielle Revolution oder die Renaissance als kulturelle Transformation oder dafür, warum eine isolierte Gesellschaft oder Anschauung nicht isoliert bleiben kann, wenn neue Gedanken in sie eindringen.» Und dieselbe Frage könne man sich angesichts des Entwicklungsschubs im Kambrium stellen: In dieser erdgeschichtlichen Periode vor etwa 570 Millionen Jahren füllte sich eine Welt von Algen und Schaum plötzlich ungeheuer reichhaltig mit komplexeren Vielzellern. «Wieso kommt es plötzlich zu all dieser Vielfalt?» fragt Kauffman. «Anscheinend mußte es zu einer kritischen Vielfalt kommen, die dann explodierte. Anscheinend war die Entwicklung von Algenteppichen zu etwas gelangt, das etwas trophischer und komplexer war; so kam es zu einer Lawine von Prozessen, die Prozesse veranlaßten, neue Prozesse in Gang zu setzen. Es ist wie in einem Wirtschaftssystem.»

Natürlich mußte selbst Kauffman zugeben, daß all dies bisher nicht mehr als eine Hoffnung war – aber, wie er betont, eine gut begründete. Er hatte seit 1982 daran gearbeitet, als er nach einem Zwischenspiel von mehr als einem Jahrzehnt zum Problem der Autokatalyse zurückgekommen war.

Dieses Zwischenspiel begann, wie sich Kauffman erinnert, 1971, als der Chemiker Stuart Rice aus Chicago den theoretischen Biologen einen Besuch abstattete. Rice war wegen seiner Arbeiten auf dem Gebiet der theoretischen Chemie berühmt, und Kauffman lag viel daran, einen guten Eindruck zu machen. «Er kam herein und fragte mich nach meiner Arbeit. Ich erzählte ihm davon. Und er sagte: ‹Warum in aller Welt tun Sie denn gerade *das*?› Ich weiß nicht, warum er das sagte. Vermutlich hat er sich nichts weiter dabei gedacht. Ich aber dachte: ‹Meine Güte, Rice weiß bestimmt, wovon er spricht. Ich sollte wirklich damit aufhören.› Also schrieb ich alles auf, veröffentlichte es 1971 im *Cybernetics Society Journal* und legte es zur Seite. Danach habe ich es völlig vergessen.»

In vieler Hinsicht war Kauffmans Reaktion auf die Tatsache zurückzuführen, daß er mit seinen autokatalytischen Modellen in eine Sackgasse geraten war. Ganz gleich, wie viele Berechnungen und Computersimulationen zum Ursprung des Lebens er auch durchführte, sie blieben doch immer nur Berechnungen und Computersimulationen. Um seine Kollegen überzeugen zu können, hätte er die Experimente von Miller und Urey einen Schritt weiterführen und zeigen müssen, daß die Ursuppe im Labor wirklich ein autokatalytisches System hervorbringen kann. Aber Kauffman hatte keine Idee, wie er das anstellen sollte. Selbst wenn er die Geduld und das chemische Wissen gehabt hätte, er wäre mit der Aufgabe konfrontiert gewesen, Millionen möglicher Verbindungen in allen vorstellbaren Kombinationen in einem weiten Temperatur- und Druckbereich zu testen. Er hätte sein ganzes Leben diesem Problem widmen können, ohne zu einem Ergebnis zu kommen.

Auch niemand sonst schien der Forschung in diesem Bereich neue Impulse geben zu können. Kauffman war nicht der einzige, der über autokatalytische Modelle nachdachte. In seinem 1969 veröffentlichten Buch *‹Chemical Evolution›* hatte der Nobelpreisträger Melvin Calvin mehrere autokatalytische Szenarien für den Ursprung des Lebens durchgespielt. In Deutschland hatten unabhängig davon der Chemiker Otto Rössler in Tübingen und der Nobelpreisträger Manfred Eigen am Göttinger Max-Planck-Institut für biophysikalische Chemie autokatalytische Vorgänge theoretisch untersucht. Eigen hatte sogar im Labor unter Verwendung von RNA-Molekülen einen bestimmten autokatalytischen Zyklus nachweisen können. Niemand jedoch war je in der Lage gewesen, autokatalytische Systeme nachzuweisen, die von den einfachen Molekülen der Ursuppe von Miller und Urey stammten. Es fehlten neue Ideen; noch gab es keinen Ausweg.

Aber Kauffmans Reaktion auf die Bemerkung von Rice war auch Ausdruck einer persönlichen Unsicherheit. Er spürte seit längerem den Wunsch, sein Arbeitsfeld zu wechseln. Die Theorie, hatte er festgestellt, stand bei den Biologen in schlechtem Ruf.

Besonders in der Molekular- und Entwicklungsbiologie waren die experimentellen Hilfsmittel noch so neu, und es waren noch so viele Daten über lebende Systeme zu sammeln, daß Ehre und Ruhm dem Labor gebührten. «Die Molekularbiologen leben in der erstaunlichen Gewißheit, sie könnten alle Antworten aus der Untersuchung bestimmter Moleküle herleiten», erklärt Kauffman. «Es widerstrebt ihnen, zu ergründen, wie ein System funktioniert. Wenn man einen Begriff wie Attraktor in den Mund nimmt, werfen sie sich mitleidige Blicke zu.»

Bei den Neurowissenschaftlern und Evolutionsbiologen war die Atmosphäre weniger theoriefeindlich, aber auch sie fanden Kauffmans Ideen ein wenig seltsam. Er sprach über Ordnung und das statistische Verhalten großer Netze, ohne etwas über das einzelne Molekül sagen zu können. Den meisten Forschern fiel es schwer, zu verstehen, was er meinte.

So begann Kauffman, sich in die experimentelle Biologie einzuarbeiten. Er konzentrierte sich auf die winzige Fruchtfliege *Drosophila melanogaster*, die zum beliebtesten Forschungsobjekt der Entwicklungsbiologen geworden war. Eine der vielen praktischen Eigenschaften der *Drosophila* ist, daß sie Mutanten hervorbringen kann, bei denen Körperteile an falschen Stellen wachsen. Diese Mutationen boten Kauffman reichlich Spielraum, seine Modelle weiterzuentwickeln und darüber nachzudenken, welche Prozesse der Selbstorganisation der Embryo durchläuft.

Es hat nicht den Anschein, als bereue Kauffman die auf *Drosophila* verwandte Zeit. Seine Ausführungen über die Ontogenese der Fruchtfliege klingen genauso leidenschaftlich wie alles, was er über Netzwerkmodelle zu sagen hat. Und doch, erinnert er sich, kam es 1982 zu einem Moment der Neuorientierung. «Ich war oben in den Bergen der Sierra, und plötzlich wurde mir klar, daß ich seit Jahren keinen neuen Gedanken zur *Drosophila* gehabt hatte. Ich hatte hart an den Experimenten zur Zellkerntransplantation und dem Klonen und all dem Zeug gearbeitet. Und trotzdem: letztlich kein einziger neuer Gedanke. Ich hatte das Gefühl, in der Klemme zu sitzen.»

Irgendwie wußte er in jenem Moment, daß es an der Zeit war, zu seinen Gedanken über Netzwerke und Autokatalyse zurückzukehren. Und schließlich hatte er doch lange genug bewiesen, daß er zu praktischer Arbeit fähig war! «Ich hatte Medizin studiert, war Arzt geworden, hatte sechzig Entbindungen geleitet und bei Kindern Spinalpunktionen gemacht und Herzinfarkte behandelt. Ich hatte massenweise Laboruntersuchungen durchgeführt und Szintillationszähler abgelesen und gelernt, wie man die Erbanlagen der *Drosophila* untersucht, all das und noch viel mehr. Sollen doch die Biologen die Theorie scheel ansehen! Ich habe mir das Recht erworben, zu tun, was ich will. Ich traue mir heute als Theoretiker etwas zu. Das bedeutet nicht, daß ich recht habe. Aber ich habe Vertrauen zu mir selbst.»

1971, als er sich von den autokatalytischen Systemen abwandte, hatten ihm nur sehr einfache Programme für Computersimulationen zur Verfügung gestanden. «Mir war klar: Wenn die Anzahl der Proteine in der Lösung zunimmt, wächst die Zahl der Reaktionen immer rascher. Ist das System kompliziert genug, wird es autokatalytisch. Aber das hatte ich alles noch lange nicht durchanalysiert.»

So machte er sich wieder an seine Berechnungen – und wie gewohnt mußte er die nötige Mathematik selbst erfinden. «Ich habe den ganzen Herbst 1983 alle möglichen Theoreme ausprobiert.» Die Anzahl der Polymere, die Anzahl der Reaktionen, Wahrscheinlichkeiten dafür, daß Polymere Reaktionen katalysieren, Phasenübergänge in dieser riesigen Matrix der Reaktionen. Unter welchen Bedingungen tritt die Autokatalyse ein? Wie ließe sich *beweisen*, daß sie eingetreten ist? Er erinnert sich, wie er im November, während eines vierzehnstündigen Heimflugs von einer Konferenz in Indien, ein ganzes Bündel von Ergebnissen herleitete. Selbst in den Weihnachstagen brütete er über seinen Gleichungen. Und am Neujahrstag 1984 hatte er gefunden, wonach er suchte: einen Beweis für jenen Phasenübergang, den er 1971 nur hatte vermuten können. Wenn die Chemie zu einfach und die Komplexität der Wechselwirkungen zu gering ist, passiert nichts. Das System ist dann «unterkritisch». Wenn aber die Komplexität der Interaktionen hinreichend groß ist – und mit Hilfe seiner Mathematik konnte Kauffman jetzt definieren, was das bedeutet –, wird das System «überkritisch». Die Autokatalyse wird unvermeidlich. Die Ordnung stellt sich von selbst ein.

Ein guter Start ins neue Jahr! Im nächsten Schritt mußten diese theoretischen Überlegungen natürlich an ausgeklügelten Computersimulationen überprüft werden. «Ich hatte die Idee mit den unterkritischen und überkritischen Systemen», sagt er, «und war sehr gespannt, ob die Simulationen sich wohl entsprechend verhalten würden.» Es war wichtig, etwas in das Modell zu integrieren, was Ähnlichkeit mit wirklicher Chemie und wirklicher Thermodynamik hat; ein realistischeres Modell hatte zumindest den Vorteil, daß es den Experimentatoren Anhaltspunkte für die Nachschaffung eines autokatalytischen Systems im Labor lieferte.

Kauffman kannte zwei Menschen, die ihm helfen konnten. Den einen, Doyne Farmer, Physiker aus Los Alamos, hatte er 1982 bei einer Konferenz in Bayern getroffen. Farmer, damals erst 29, war genauso vom Konzept der Selbstorganisation fasziniert wie Kauffman. Sie hatten gemeinsam einen herrlichen Tag in den Alpen verbracht und dabei immerzu über Netzwerke und Selbstorganisation geredet. Nach ihrer Rückkehr in die USA hatte Farmer dafür gesorgt, daß Kauffman regelmäßig nach Los Alamos kommen konnte, um dort als Berater tätig zu sein und Vorlesungen zu halten. Farmer hatte Kauffman kurz darauf mit dem jungen Computerwissenschaftler Norman Packard bekannt gemacht.

Farmer und Packard hatten zusammengearbeitet, seitdem sie Ende der siebziger Jahre an der University of California in Santa Cruz Physik studiert hatten. Dort hatten sie beide dem «Dynamical Systems Collective» angehört, einer kleinen Gruppe fortgeschrittener Studenten, die sich mit dem damals hochaktuellen

Avantgardethema ‹Nichtlineare Dynamik und Chaostheorie› beschäftigten und eine Reihe so originärer Beiträge geliefert hatten, daß ihnen in James Gleicks Buch ‹*Chaos*› ein eigenes Kapitel gewidmet ist.

Als Kauffman den beiden Anfang der achtziger Jahre begegnete, äußerten sich Farmer und Packard schon recht gelangweilt über die Chaostheorie. «Die setzte ja damals schon Fett an», sagt Farmer. Er brauchte den Kitzel, ganz vorn in der Forschung zu stehen, dort, wo er wirkliches Neuland betreten konnte. Packard seinerseits wollte seine Nase endlich einmal in *wirkliche* Komplexität stecken. Chaotische Dynamik sei sicherlich schon ziemlich komplex, okay. Man brauche ja nur daran zu denken, wie ein Blatt im Wind in scheinbar zufälligen Bewegungen zu Boden segelt. Aber die Komplexität sei doch recht einfach. Es wirkt ein Kräftefeld – beim fallenden Blatt der Wind. Und diese Kräfte ließen sich mittels mathematischer Gleichungen beschreiben. Das System folge dann immerzu blind diesen Gleichungen. Nichts verändere sich, nichts laufe auf adaptives Verhalten hinaus. «Ich interessierte mich für reichere Formen der Komplexität, wie biologische Vorgänge und das Denken», sagt Packard. Er und Farmer hatten nach einem geeigneten Problem gesucht, und als Kauffman ihnen vorschlug, mit ihm gemeinsam an der Simulation eines autokatalytischen Systems zu arbeiten, willigten sie rasch ein. Das war einen Versuch wert.

Sie machten sich 1985 an die Arbeit. Über Reaktionsnetze zu reden ist leicht – sie lassen sich mathematisch sauber beschreiben; aber es ist etwas ganz anderes, ein Modell für diese Reaktionen mit einer möglichst wirklichkeitsgetreuen Chemie zu entwickeln; die Dinge werden schnell kompliziert.

Kauffman, Farmer und Packard verfielen schließlich auf eine vereinfachte Form der Polymerchemie. Die chemischen Grundbausteine – analog den Aminosäuren und anderen einfachen Verbindungen, mit deren Bildung man nach der Miller-Urey-Hypothese in der Ursuppe rechnen kann – wurden in dem Modell durch Symbole wie *a*, *b* und *c* dargestellt. Sie verbanden sich dann zu Ketten, die größere Moleküle bildeten, etwa *accddbacd*. Diese größeren Moleküle wiederum konnten chemisch auf zwei Weisen reagieren. Sie konnten sich spalten:

*accddbacd* → *accd* + *dbacd*

oder verbinden:

*bbcad* + *cccba* → *bbcadcccba*

Jeder der Reaktionen läßt sich ein Wert zuordnen – Chemiker sprechen von Geschwindigkeitskonstante –, der angibt, wie schnell die Reaktion ohne Katalysatoren abläuft.

Aber natürlich kam es gerade darauf an zu beobachten, was in Anwesenheit von Katalysatoren passiert. Kauffman, Farmer und Packard mußten also eine Möglichkeit finden festzulegen, welches Molekül welche Reaktion katalysiert. Sie versuchten es auf verschiedene Weisen. Eine Möglichkeit, die Kauffman vorschlug, bestand darin, einfach eine Reihe von Molekülen wie etwa *abccd* herauszugreifen und sie einzeln willkürlich einer Reaktion wie *baba* + *ccda* → *babaccda* zuzuordnen.

Als alle Reaktionsgeschwindigkeiten und Katalysatorstärken festgelegt waren, brauchten Kauffman, Farmer und Packard dem Computer nur noch den Befehl zu geben, ihren simulierten Teich mit einem stetigen Strom von «Nahrungsmolekülen» wie etwa *a*, *b* und *aa* zu versorgen. Dann konnten sie sich zurücklehnen und zuschauen, was ihre simulierte Chemie hervorbrachte.

Eine ganze Weile brachte sie gar nichts hervor. Das war frustrierend, aber nicht überraschend. Die Reaktionsgeschwindigkeiten, Katalysatorstärken, die Geschwindigkeit des Nahrungsnachschubs – all diese Parameter konnten falsch eingestellt sein. Man mußte sie variieren und sehen, was geschah. Und während sie das taten, stellten sie fest, daß hin und wieder, wenn sie die Parameter in bestimmte Bereiche verschoben, tatsächlich simulierte autokatalytische Systeme entstanden. Außerdem schienen sie sich unter genau den Bedingungen zu bilden, die Kauffman aufgrund seiner Theoreme vorhergesagt hatte.

Kauffman und seine Mitarbeiter veröffentlichten ihre Ergebnisse 1986. Farmer und Packard waren damals schon wieder mit neuen Projekten beschäftigt, und Kauffman selbst hatte weiter darüber nachgedacht, welche anderen Bedingungen im Laufe der Evolution zur Selbstorganisation geführt haben könnten. Aber aufgrund dieses Computermodells hatte er stärker denn je das Gefühl, dem Geheimnis des Alten auf der Spur zu sein.

# 4 «*Glaubt* ihr das wirklich?»

Unter normalen Umständen war Brian Arthur vor einem Vortrag nicht nervös. Aber die Wirtschaftskonferenz des Instituts in Santa Fe war kein normaler Umstand.

Schon bevor er am Ort des Geschehens eingetroffen war, hatte er das Gefühl gehabt, dort werde etwas Großes vorbereitet. «Als Ken Arrow mich ansprach, als ich hörte, daß Namen wie John Reed und Phil Anderson und Murray Gell-Mann dahinterstanden, als der Präsident des Instituts mich anrief – da war mir klar, daß die Leute in Santa Fe in diesem Treffen einen Meilenstein sahen.» Die Organisatoren Arrow und Anderson hatten volle zehn Tage für die Konferenz eingeplant, nach akademischem Standard eine sehr lange Zeit. Und George Cowan hatte für den letzten Tag – an dem John Reed selbst dort sein sollte – eine Pressekonferenz angesetzt.

Aber der Augenblick der Wahrheit kam für Arthur, als er Ende August, zwei Wochen vor dem Treffen, am Institut ankam und die Teilnehmerliste sah. Er hatte natürlich schon von Arrow und Anderson gehört. Und auch sein Kollege Tom Sargent von der Universität Stanford war ihm ein Begriff; er wurde seit seinen Untersuchungen darüber, wie stark «rationale» ökonomische Entscheidungen im Privatsektor von Bedingungen abhängen, auf die der Staat Einfluß nimmt, als Kandidat für den Nobelpreis gehandelt. Er kannte natürlich auch Namen wie Hollis Chenery, emeritierter Harvard-Professor und früherer Forschungsdirektor der Weltbank, Larry Summers, der geniale Senkrechtstarter, ebenfalls von Harvard, José Scheinkman, Pionier in der Anwendung der Chaostheorie auf die Wirtschaftswissenschaften, und David Ruelle, der belgische Physiker vom Institut des Hautes Études Scientifiques in der Nähe von Paris, einer der Begründer der Chaostheorie. Arthur war beeindruckt. Die Liste enthielt fast zwei Dutzend Namen, alle von diesem Kaliber.

Er spürte, wie eine Unruhe in ihm aufstieg. «Mir war klar, daß diese Konferenz für mich entscheidend sein konnte, weil sie mir Gelegenheit bot, meine Gedanken über zunehmende Erträge einer Gruppe von Menschen vorzutragen, die ich sehr gern überzeugen wollte. Die Wirtschaftswissenschaftler waren wirklich erstklassig, aber hauptsächlich wegen ihrer konventionellen Theorien bekannt. Wie würden meine Ideen bei ihnen ankommen?»

Das Treffen begann am 8. September, neun Uhr morgens, in der Klosterkapelle. Sie war in einen Konferenzraum verwandelt worden, in dem die Teilnehmer um eine lange Doppelreihe von Klapptischen herumsaßen; das Licht flutete von Westen her durch die farbigen Glasfenster.

Nach einer kurzen Begrüßungsrede Andersons erhob sich Arthur zum ersten offiziellen Beitrag: «Selbstverstärkungsmechanismen in der Wirtschaft». Als er begann, hatte Arthur irgendwie den Eindruck, auch Arrow sei nervös, als habe er Angst, dieser unberechenbare Arthur könnte den Physikern ein schiefes Bild von den Wirtschaftswissenschaften vermitteln. Arrow selbst erinnert sich nicht an ein solches Gefühl. «Ich weiß, daß Brian sich sehr gut verständlich machen kann», sagt er. Und außerdem sei das Treffen für ihn persönlich nur ein Experiment gewesen. «Aus der Sicht des Instituts stand viel auf dem Spiel, aber es war kein intellektuelles Turnier. Es ging nicht darum, irgendeine Stellung zu untergraben. Wenn das Experiment mißlungen wäre, wäre es eben mißlungen.»

Arthur begann, indem er sich an die Physiker wandte. Wenn er die Worte «Sich selbst verstärkende Mechanismen» gebrauche, erklärte er, spreche er im Grunde über Nichtlinearität in der Wirtschaft...

«Halt!» rief Arrow. «Was genau verstehen Sie unter Nichtlinearität? Sind nicht alle ökonomischen Phänomene nichtlinear?»

Na ja, schon. Um mathematisch exakt zu sein, die herkömmliche Vorstellung von abnehmenden Erträgen entspreche ökonomischen Gleichungen, die «in zweiter Ordnung» nichtlinear seien, erläuterte Arthur. Sie führten die Wirtschaft zu Gleichgewicht und Stabilität. Er dagegen suche nach Gleichungen, die «in dritter Ordnung» nichtlinear seien – Faktoren, die einen Wirtschaftssektor aus dem Gleichgewicht *hinaus*drücken. Ein Ingenieur würde dies positive Rückkopplung nennen.

Die Antwort schien Arrow zu befriedigen. Um den Tisch herum registrierte Arthur zustimmendes Nicken bei den anderen Physikern. Zunehmende Erträge, positive Rückkopplung, nichtlineare Gleichungen – damit konnten sie etwas anfangen.

Als der Vormittag halb verstrichen war, hob Phil Anderson die Hand und fragte: «Ist die Wirtschaft nicht wie ein Spinglas?» Und Arrow warf begreiflicherweise ein: «Was ist ein Spinglas?»

Zufällig hatte Arthur in den letzten Jahren viel über Festkörperphysik gelesen und wußte genau, was ein Spinglas ist. Der Name bezieht sich ursprünglich auf eine in den sechziger Jahren entdeckte Klasse obskurer magnetischer Stoffe, die keinerlei praktischen Nutzen haben, deren theoretische Eigenschaften jedoch faszinierend sind. Anderson hatte sie untersucht und einige wichtige Arbeiten über sie mitverfaßt. Wie bei den vertrauteren magnetischen Stoffen, zum Beispiel Eisen, sind die entscheidenden Bestandteile von Spingläsern Metallatome, deren Elektronen eine Drehbewegung vollführen, also einen Drehimpuls oder «Spin» haben. Und genau wie bei Eisen veranlassen diese die Atome, ein winziges Magnetfeld zu erzeugen. Dadurch wiederum übt das Atom auf die Drehimpulse seiner Nachbarn eine magnetische Kraft aus. Anders als beim Eisen bewirken die inneratomaren Kräfte in einem Spinglas jedoch nicht, daß alle Drehimpulse sich gleich ausrichten und ein großräumiges Magnetfeld bilden, wie wir es von Kompaßnadeln oder Magnettafeln kennen.

Vielmehr sind die magnetischen Momente in einem Spinglas stochastisch verteilt – und diesen Zustand nennen Physiker «glasartig». (Die atomaren Bindungen in einer Fensterscheibe sind in gleicher Weise stochastisch. Technisch gesehen kann gewöhnliches Glas als Festkörper oder als besonders zähe Flüssigkeit bezeichnet werden.) Unter anderem bedeutet diese Unordnung in atomarem Maßstab, daß Spinglas eine komplexe Mischung aus positiven und negativen Rückkopplungen ist, da jedes Atom versucht, im Nahordnungsbereich seinen Spin parallel zu einigen seiner Nachbarn und entgegengesetzt zu allen anderen auszurichten. Das gelingt im allgemeinen nicht konsistent; so steht jedes Atom ständig in konkurrierender magnetischer Wechselwirkung, was «Frustration» erzeugt, weil es sich nach Nachbarn richten muß, mit denen es nicht gleichgerichtet sein will. Doch nach demselben Schema gibt es viele Möglichkeiten, den Drehimpuls so auszurichten, daß die Frustration für jedes Atom einigermaßen erträglich ist – eine Situation, die ein Physiker als «lokales Gleichgewicht» beschreiben würde.

Arthur stimmte zu. In diesem Sinne liefere ein Spinglas ein recht gutes Beispiel für die Wirtschaft. «Sie ist auf ganz natürliche Weise ein Gemisch aus positiven und negativen Rückkopplungen, was ihr extrem viele natürliche Grund- oder Gleichgewichtszustände ermöglicht.» Das war es genau, was er mit seiner Wirtschaftslehre der zunehmenden Erträge sagen wollte.

Arthur sah, wie die Physiker wieder nickten. Ja, das hatte Hand und Fuß. «Ich stimmte voll und ganz mit Brian überein», erzählt Anderson. «Wir waren alle schwer beeindruckt».

Und so ging es zwei volle Stunden lang weiter: *Lock-in*. Pfadabhängigkeit. QWERTZ und mögliche Ineffizienzen. Der Ursprung von Silicon Valley. «Während meines Vortrags nickten die Physiker immer wieder und strahlten», erinnert sich Arthur. «Aber alle zehn Minuten oder so rief Arrow: ‹Halt!› und bat mich, eine Überlegung genauer auszuführen, oder erklärte, warum er nicht zustimme. Er wollte genau wissen, wie jeder einzelne Schritt begründet sei. Und als ich begann, Theoreme an die Tafel zu schreiben, wollten er und andere Wirtschaftswissenschaftler die vollständigen Herleitungen sehen. Das hielt mich auf. Aber es sicherte meine Argumente auch ab.»

Als Arthur sich endlich setzen konnte, war er erschöpft – aber er hatte das Gefühl, seine Laufbahn als Wissenschaftler sei nun gesichert. «An diesem Morgen wurden meine Ideen legitimiert», sagt er. «Nicht weil ich Arrow und die anderen überzeugt hatte, sondern weil die Physiker die Wirtschaftswissenschaftler davon überzeugten, daß das, was ich tat, ihr täglich Brot war. Im Grunde genommen sagten sie: ‹Klar, dieser Typ weiß, wovon er redet – ihr Ökonomen braucht euch keine Sorgen zu machen›.»

Vielleicht war es nur Einbildung, aber es schien Arthur, als sei Arrow sichtlich entspannter.

Alle Physiker, die nach Arthurs Vortrag den Eindruck hatten, sie seien auf derselben Wellenlänge wie die Wirtschaftswissenschaftler, wurden bald eines Besseren belehrt.

Da wenige der Physiker von den Wirtschaftswissenschaften mehr verstanden, als in einer Einführungsvorlesung gelehrt wird, hatten Arrow und Anderson mehrere Ökonomen gebeten, während der ersten zwei, drei Tage einen Überblick über die neoklassische Standardtheorie zu geben. Während die Axiome und Sätze und Beweise auf der Leinwand des Tageslichtprojektors vorüberzogen, staunten die Physiker ehrfurchtsvoll über das mathematische Können ihrer Kollegen – ehrfurchtsvoll, aber auch entsetzt. Sie erhoben denselben Einwand, den Arthur und viele andere Wirtschaftswissenschaftler schon seit Jahren innerhalb ihrer Disziplin vorgebracht hatten. «Sie waren fast zu gut», erinnert sich ein junger Physiker. «Es schien, als ob sie sich mit dieser raffinierten Mathematik selbst blendeten, bis sie wirklich den Wald vor lauter Bäumen nicht mehr sehen konnten. Sie verbrachten so viel Zeit mit dem Versuch, die Mathematik zu verstehen, daß ich den Eindruck bekam, sie achteten gar nicht mehr darauf, wofür die Modelle da waren und was sie leisten sollten und ob eigentlich die Prämissen etwas taugten. In vielen Fällen braucht man dazu nur seinen gesunden Menschenverstand. Vielleicht hätten sie bessere Modelle gemacht, wenn sie einen niedrigeren Intelligenzquotienten gehabt hätten.»

Physiker haben natürlich nichts gegen Mathematik an sich; die Physik ist die bei weitem mathematischste Wissenschaft, die es gibt. Aber die Wirtschaftswissenschaftler wußten nicht – und waren erstaunt zu erfahren –, daß die Physiker mit ihrer Mathematik recht lässig umgehen. «Sie brauchen ein bißchen Stringenz, einen Schuß Intuition, ein paar Formeln, die sie auf einen Briefumschlag kritzeln – ihr Stil ist ganz anders», sagt Arrow, der sich erinnert, wie überrascht er selbst war. Und das liege daran, daß Physiker geradezu versessen darauf seien, ihre Annahmen und Theorien auf empirische Fakten zu gründen. «Im allgemeinen läuft es darauf hinaus, daß man etwas ausrechnet und das Ergebnis dann an experimentellen Daten überprüft. Die mangelnde Strenge macht also nichts aus. Die Fehler werden sowieso gefunden. In der Wirtschaftstheorie sieht das ganz anders aus: Wir haben solche Daten nicht. Wir können Daten nicht so erzeugen wie die Physiker. Eine ziemlich kleine Basis muß bei uns weit reichen. Wir müssen also sicher sein, daß jeder einzelne Schritt richtig ist.»

Das mochte zutreffen. Aber es verwirrte die Physiker dennoch, wie selten die Wirtschaftswissenschaftler die *vorhandenen* empirischen Daten beachteten. Immer wieder fragte jemand zum Beispiel: «Was ist mit den nichtökonomischen Einflüssen – die politischen Motive hinter den Ölpreisen der OPEC oder die Auswirkungen massenpsychologischer Phänomene auf den Aktienmarkt? Haben Sie dazu mal Soziologen oder Psychologen oder andere Gesellschaftswissenschaftler befragt?» Und die Ökonomen – wenn sie nicht schweigend die Nase rümpften über diese subalternen Sozialwissenschaften mit ihrem schwammigen Geforsche – antworteten dann: «Diese nichtökonomischen Kräfte sind nicht wirklich wichtig» oder «Sie *sind* wichtig, aber zu schwer einzubeziehen» oder «Manchmal lassen sie sich einbeziehen, und in Spezialfällen tun wir das auch» und «Wir brauchen sie nicht einzubeziehen, weil sie durch die Wirtschaft automatisch berücksichtigt werden.»

Dann stand plötzlich das Thema «rationale Erwartungen» zur Diskussion. Arthur erinnert sich, wie jemand ihn während seines Vortrags fragte: «Ist die Wirtschaft nicht viel einfacher als die Physik?»

«In gewisser Weise ja», antwortete Arthur. «Wir nennen unsere Teilchen ‹Agenzien› – Banken, Firmen, Verbraucher, Regierungen. Und diese Agenzien reagieren auf andere Agenzien, genau wie Teilchen auf andere Teilchen in ihrer Umgebung reagieren. Nur ziehen wir in den Wirtschaftswissenschaften gewöhnlich die räumliche Dimension nicht so stark in Betracht, und das macht die Wirtschaft viel einfacher.»

Es gebe jedoch, fügte er hinzu, einen großen Unterschied: «Unsere Teilchen in der Wirtschaft sind schlau, eure in der Physik dagegen sind dumm.» In der Physik hat ein Elementarteilchen keine Vergangenheit, keine Erfahrung, keine Ziele, keine Zukunftserwartungen. Es *ist* einfach. Deshalb können Physiker so frei über «allgemeine Gesetze» sprechen: Ihre Teilchen reagieren mit blindem Gehorsam auf Kräfte. In der Wirtschaft hingegen «müssen unsere Teilchen vorausdenken und versuchen herauszufinden, wie andere Teilchen reagieren könnten, wenn sie sich in bestimmter Weise verhalten. Unsere Teilchen müssen aufgrund von Erwartungen und Strategien handeln. Und das macht die Wirtschaftstheorie, von welchem Modell auch immer man ausgeht, so schwierig.»

Mit einem Ruck, erzählt er, hätten sich daraufhin alle Physiker im Raum aufgerichtet: «Dieses Thema war für sie alles andere als trivial. Es ähnelte ihrem eigenen, hatte aber gleich zwei interessante Schwierigkeiten – Strategie und Erwartungen.»

Vor allem gegen die Standardlösung der Ökonomen für das Problem der Erwartungen – totale Rationalität – liefen die Physiker Sturm. Ausschließlich von der Ratio bestimmte Agenzien haben den Vorzug, völlig vorhersagbar zu sein. Sie wissen somit bis in die fernste Zukunft alles, was man über die Entscheidungsalternativen wissen kann, die sich ihnen bieten, und sie prognostizieren dann mit unanfechtbarer Logik alle denkbaren Folgen ihrer Handlungen. Also werden sie immer für jede gegebene Situation die aufgrund der vorhandenen Informationen vorteilhafteste Handlungsmöglichkeit wählen. Natürlich kommen ihnen gelegentlich Überraschungen wie Ölschocks, technologische Revolutionen oder politische Entscheidungen in die Quere.

Aber sie sind so klug und passen sich so rasch an, daß sie die Wirtschaft immer in einer Art pendelndem Gleichgewicht halten, wo das Angebot genau der Nachfrage entspricht.

Das entscheidende Problem ist natürlich, daß die Handlungen der Menschen weder völlig rational noch völlig vorhersagbar sind – worauf die Physiker mit Nachdruck hinwiesen. Und selbst wenn man voraussetze, die Menschen handelten völlig rational, könne der Glaube an perfekte Prognosen in gefährliche theoretische Fallen führen. In nichtlinearen Systemen – und die Wirtschaft sei doch wohl nichtlinear – könne, wie die Chaostheorie zeige, die leiseste Ungewißheit in der Kenntnis der Anfangsbedingungen gewaltige Auswirkungen haben. Nach einer Weile seien solche Prognosen Unfug.

«Sie ließen uns keine Ruhe», berichtet Arthur. «Die Physiker waren über die Prämissen der Wirtschaftswissenschaftler regelrecht schockiert. Ich sehe noch Phil Anderson, wie er sich mit einem Lächeln zurücklehnt und sagt: ‹*Glaubt* ihr das wirklich?›»

Die Wirtschaftswissenschaftler fühlten sich mit dem Rücken an die Wand gedrängt und antworteten: «Ja nun, aber das erlaubt uns, diese Probleme zu lösen. Und wenn man diese Annahmen nicht macht, kann man *gar nichts* machen.»

Die Physiker konterten sofort: «Ja, und was bringt das? Ihr löst das falsche Problem, wenn es nicht der Wirklichkeit entspricht.»

Wirtschaftswissenschaftler sind nicht gerade wegen ihrer intellektuellen Bescheidenheit berühmt, und die Ökonomen in Santa Fe wären Übermenschen gewesen, wenn sie nicht einen Hauch von

Unmut und Verärgerung gespürt hätten. Sie waren durchaus bereit, unter sich über die Mängel ihrer Disziplin nachzudenken; Arrow hatte schließlich absichtlich nach bewanderten Skeptikern gesucht. Aber mußte man sich so etwas von Außenseitern sagen lassen? Alle bemühten sich, zuzuhören und höflich zu sein und das Treffen zu einem Erfolg werden zu lassen. Und doch war ein Grummeln im Untergrund nicht zu überhören: «Was hat uns denn die Physik zu bieten? Ihr meint wohl, ihr habt die Weisheit gepachtet!»

Aber auch Physikern ist intellektuelle Bescheidenheit nicht in die Wiege gelegt – bei vielen muß man sogar von «unerträglicher Arroganz» sprechen. Das ist keine bewußte Haltung oder persönliche Marotte, sondern eher wie das unbewußte Überlegenheitsgefühl von Aristokraten. Aus ihrer Sicht *sind* die Physiker die Aristokraten der Naturwissenschaft. Vom ersten Tag ihres Studiums an wird ihnen das auf subtile und weniger subtile Weise vermittelt: Sie sind die Erben von Newton, Maxwell, Einstein und Bohr. Die Physik ist die diffizilste, reinste, strengste Naturwissenschaft. Und die Physiker sind die diffizilsten, reinsten, strengsten Denker. Wenn also die Ökonomen die Konferenz in Santa Fe mit einer gewissen Empfindlichkeit begannen, so bezog sie sich auf die Attitüde ihrer Gesprächspartner – auf das, was der Ökonom Larry Summers die «Ich Tarzan, du Jane»-Einstellung nannte: «Gebt uns drei Wochen Zeit für dieses Problem, und dann zeigen wir euch, wo's lang geht.»

Für George Cowan waren die Spannungen, die in der Luft lagen, und die Gefahr, daß die Teilnehmer aneinander vorbeiredeten, ein Alptraum – und das nicht nur, weil das Institut alle Hoffnung auf finanzielle Unterstützung von Citicorp verlieren würde, wenn die Konferenz zu nichts führte. Vielmehr war dieses Treffen ein wichtiger Prüfstein für die Richtigkeit des Konzepts, das die Arbeit des Santa-Fe-Instituts definierte. Die Gründungssitzungen vor zwei Jahren hatten die Menschen für ein Wochenende zusammengeführt; jetzt aber hatte das Institut zwei sehr verschiedene und sehr selbstbewußte Gruppen gebeten, sich zehn Tage lang zusammenzusetzen und substantielle Resultate zu erarbeiten. «Wir versuchten, eine Gemeinschaft zu erschaffen, die es zuvor nicht gegeben hatte», sagt Cowan. «Das Risiko war groß, daß die Veranstaltung in die Binsen ging, daß sie keine gemeinsamen Gesprächsthemen finden und am Ende nur polemische Bemerkungen austauschen würden.»

Die Sorge war nicht unbegründet; spätere Arbeitstreffen in Santa Fe haben gelegentlich zu heftigen Streitgesprächen und Kränkungen geführt. Aber im September 1987 waren die Götter der interdisziplinären Forschung gnädig gestimmt. Arthur und Arrow hatten sich bemüht, Leute zu gewinnen, die nicht nur reden, sondern auch zuhören konnten. Und trotz aller anfänglichen Widerborstigkeit entdeckten die Teilnehmer schließlich, daß sie eine Menge zu besprechen hatten, und es dauerte nicht lange, da befanden sich beide Seiten auf gemeinsamem Grund.

Das galt auch für Arthur. Bei ihm dauerte es etwa einen halben Tag, bis er diese Entdeckung machte.

# 5 Magister Ludi

Die zweite Sektion des Wirtschaftstreffens sollte nach dem Mittagessen beginnen und den ganzen Nachmittag in Anspruch nehmen. Das Thema lautete «Die Weltwirtschaft als adaptiver Prozeß», und der Vortragende war John H. Holland von der Universität Michigan.

Brian Arthur wartete gespannt darauf. John Holland war wie er einer der Gäste des Instituts, die länger bleiben würden; er und Arthur sollten sogar im selben Haus wohnen. Aber Holland war erst spät in der Nacht in Santa Fe angekommen, während Arthur im Kloster noch einmal über seinen Vortrag nachgedacht hatte. Arthur hatte Holland noch nie gesehen. Er wußte nur, daß er Computerwissenschaftler war und, wie im Institut zu hören war, «ein netter Kerl».

Als die Teilnehmer in die Kapelle zurückkehrten und um die lange Reihe der Klapptische herum Platz nahmen, stand Holland schon vorn, bereit anzufangen. Er war etwa sechzig, eher stämmig, und auf seinem breiten, rotwangigen Gesicht lag ein schalkhaftes Lächeln; die hohe Stimme erinnerte an die eines begeisterten Studenten. Arthur mochte ihn sofort.

Als Holland zu sprechen begann, war Arthurs Müdigkeit nach wenigen Minuten verflogen.

### *Stetige Neuerung*

Holland wies zunächst darauf hin, daß die Wirtschaft ein Musterbeispiel für das sei, was im Santa-Fe-Institut inzwischen «komplexe adaptive Systeme» genannt wurde. In der Natur seien Gehirne, Immunsysteme, ökologische Systeme, Zellen, Embryos und Ameisenkolonien Beispiele für solche Systeme. Im Zusammenleben der Menschen seien es kulturelle und gesellschaftliche Systeme wie etwa politische Parteien oder Universitäten. Wenn man erst einmal darauf achte, entdecke man sie überall. Aber wo auch immer man sie antreffe, führte Holland aus, könne man feststellen, daß ihnen einige wesentliche Eigenschaften gemeinsam seien.

Erstens sei jedes dieser Systeme ein Netz vieler parallel wirkender «Agenzien». Im Gehirn seien die Nervenzellen die Agenzien, in der Ökologie die Arten, in einer Zelle Organellen wie zum Beispiel der Zellkern und die Mitochondrien, in einem Embryo die Zellen und so weiter. In einem Wirtschaftssystem ließen sich die Verbraucher oder die Haushalte als Agenzien betrachten und im Geschäftsleben die Firmen. Im internationalen Handel könnten die Agenzien auch ganze Nationen sein. Unabhängig davon, wie man sie definiere, seien Agenzien immer in eine Umgebung eingebettet, die durch Wechselwirkung mit den anderen Agenzien des Systems bestimmt sei. Jedes Agens reagiere immerzu auf das, was die anderen Agenzien täten. Und deshalb sei fast nichts in seiner Umgebung festgelegt.

Außerdem, erklärte Holland, sei die Kontrolle über ein komplexes adaptives System gewöhnlich fein verteilt. Es gebe zum Beispiel im Gehirn kein Meisterneuron und in einem sich entwickelnden Embryo keine Meisterzelle. Jedes kohärente Verhalten in einem System müsse sich aus dem Wettbewerb und der Kooperation der Agenzien ergeben. Das gelte auch für ein Wirtschaftssystem. Man frage Politiker oder Manager, die sich abmühten, eine hartnäckige Rezession in den Griff zu bekommen: Unabhängig davon, was staatliche Stellen versuchten, um die Zinsraten und die Steuerpolitik und die Finanzen zu beeinflussen, sei das Gesamtverhalten der

Wirtschaft letztlich doch das Ergebnis der unendlich vielen Entscheidungen, die Tag für Tag von Millionen einzelner Menschen gefällt werden.

Zweitens gebe es in einem komplexen adaptiven System viele Organisationsebenen, und die Agenzien jeder dieser Ebenen dienten als Bausteine der Agenzien auf einer höheren Ebene. Eine Verbindung von Proteinen, Lipiden und Nukleinsäuren bilde eine Zelle, ein Verband von Zellen ein Gewebe, eine Schicht verschiedener Gewebe ein Organ, eine Gruppe von Organen einen ganzen Organismus und eine Menge von Organismen ein Ökosystem. Im Gehirn bilde eine Gruppe von Neuronen die Sprachzentren, eine andere den motorischen Kortex und wieder eine andere die Sehrinde – genauso wie sich ein Arbeitsteam aus einzelnen Arbeitern oder Angestellten zusammensetze, eine Abteilung aus mehreren Teams und so weiter, von Firmen über Wirtschaftszweige und nationale Wirtschaftssysteme bis hin zur Weltwirtschaft.

Darüber hinaus – und dies sei ihm besonders wichtig – stellten komplexe adaptive Systeme ihre Bausteine aufgrund von Erfahrung ständig um. Spätere Generationen von Organismen veränderten im Lauf der Evolution ihre Gewebe und ordneten sie neu an. Das Gehirn stärke und schwäche fortwährend entsprechend dem Lernprozeß des Individuums die zahllosen Verbindungen zwischen seinen Neuronen. Eine Firma befördere Mitarbeiter, die sich bewähren, und strukturiere (seltener) das System neu, um effektiver zu sein.

Im tiefsten Grunde, sagte Holland, liefen alle diese Vorgänge des Lernens, der Evolution und der Anpassung, der Adaptation, auf dasselbe hinaus. Einer der grundlegenden Anpassungsmechanismen sei in jedem gegebenen System die ständige Revision und Neuordnung der Bausteine.

Drittens seien alle komplexen adaptiven Systeme in der Lage, Zukunft zu antizipieren – für Wirtschaftswissenschaftler sicher keine Überraschung. Die Vorhersage einer ausgedehnten Rezession zum Beispiel könne einzelne dazu bringen, den Kauf eines neuen Autos oder einen teuren Urlaub hinauszuschieben; dadurch trügen sie natürlich zu einer Verlängerung der Rezession bei. Ähnlich könne die Prognose einer Ölknappheit den Ölmarkt verunsichern und zu hektischen Käufen und Verkäufen führen, ganz unabhängig davon, ob das Öl tatsächlich je knapp werde oder nicht.

Tatsächlich übersteige dieses Antizipieren und Prognostizieren die menschliche Fähigkeit, etwas vorauszusehen oder es sich sogar bewußt zu machen. Schon in den Genen der Bakterien sei wie in denen eines jeden Lebewesens implizit eine Vorhersage kodiert: «Der durch diese Erbinformationen spezifizierte Organismus wird sich wahrscheinlich am besten in einer Umgebung entfalten können, die diese und jene Eigenschaften hat.» Entsprechend seien im Gehirn eines Organismus aufgrund von Lernerfahrungen unzählige implizite Vorhersagen gespeichert: «In Situation ABC bewährt sich wahrscheinlich Verhalten XYZ.»

Allgemeiner gesagt, mache jedes komplexe adaptive System ständig Vorhersagen, die auf seinen internen Weltmodellen beruhen – auf impliziten oder expliziten Annahmen über die Außenwelt. Diese Modelle seien zudem viel mehr als passive Anleitungen. Sie seien aktiv. Wie die Unterprogramme eines Computerprogramms könnten sie in einer bestimmten Situation aktiv werden und «ablaufen», wobei sie in dem System Verhalten erzeugten. Man könne sich interne Modelle als die Bausteine des Verhaltens vorstellen. Wie alle anderen Bausteine unterlägen sie stetiger Überprüfung, Verbesserung und Neuordnung, während das System Erfahrungen sammle.

Schließlich, sagte Holland, besäßen komplexe adaptive Systeme gewöhnlich viele Nischen, und ein Agens, das an eine solche Nische angepaßt sei und sie zu füllen wisse, könne sie zu seinem Vorteil nutzen. Die Wirtschaftswelt habe demgemäß Platz für Computerprogrammierer, Installateure, Stahlwalzwerke und Tierhandlungen, genau wie der tropische Regenwald Platz habe für Faultiere und Schmetterlinge. Außerdem öffneten sich allein schon durch die Besetzung einer Nische neue Nischen – für neue Parasiten, für neue Raub- und Beutetiere, für neue symbiotische Partner. Das System schaffe also ständig neue Möglichkeiten. Es sei also ziemlich sinnlos, über das Gleichgewicht eines komplexen adaptiven Systems nachzudenken. Das System könne niemals ein Gleichgewicht erreichen. Immer entfalte es sich, immer sei es im Übergang. Wenn das System je ein Gleichgewicht erreiche, sei es nicht einfach stabil, sondern tot. Entsprechend brauche man sich nicht vorzustellen, daß die Agenzien in dem System je ihre Angepaßtheit oder ihre Nützlichkeit oder irgend etwas sonst «optimieren» könnten. Der Raum der Möglichkeiten sei zu groß: Sie hätten keinen gangbaren Weg, das Optimum zu finden. Das beste, was sie je tun könnten, sei, sich in Hinblick auf das, was die anderen Agenzien täten, zu verändern. Kurz gesagt, komplexe Systeme seien durch stetige Neuerung charakterisiert.

Multiple Agenzien, Bausteine, interne Modelle, stetige Neuerung – betrachte man all das zusammen, sagte Holland, wundere man sich nicht, daß die herkömmliche Mathematik bei der Untersuchung komplexer adaptiver Systeme so wenig hilfreich sei. Die meisten der Standardverfahren eigneten sich ausgezeichnet dazu, unveränderliche Elemente zu beschreiben, die sich in einem fixierten System bewegen. Wolle man jedoch die Wirtschaft oder komplexe adaptive Systeme im allgemeinen wirklich gut verstehen, brauche man mathematische Verfahren und Computersimulationen, die interne Modelle, das Entstehen neuer Bausteine und das dichte Gewebe der Wechselwirkungen zwischen multiplen Agenzien beschreiben.

Als Holland an diesem Punkt angekommen war, hatte Arthur schon mehrere Seiten seines Notizbuches gefüllt. Und er schrieb noch rascher, als Holland die verschiedenen Computerverfahren schilderte, die er in den letzten Jahren entwickelt hatte, um diese Gedanken genauer und anwendungsbezogener untersuchen zu können. «Es war unglaublich», erinnert sich Arthur. «Ich saß den ganzen Nachmittag mit offenem Mund da.» Holland brachte mit seinen Ausführungen über Neuerungsprozesse genau das zum Ausdruck, was er, Arthur, mit seinen zunehmenden Erträgen die letzten acht Jahre lang hatte sagen wollen. Und Hollands Nischenkonzept stimmte bis in Details hinein mit dem überein, was er und Stuart Kauffman sich in den letzten vierzehn Tagen im Zusammenhang mit autokatalytischen Systemen überlegt hatten. Vor allem aber frappierte Arthur, daß Hollands Sicht der Dinge eine Einheit, eine Klarheit, eine *Stimmigkeit* hatte, bei der man sich an die Stirn schlug und sagte: «Natürlich! Warum habe ich nicht selbst daran gedacht?»

«Satz für Satz», erzählt Arthur, «beantwortete Holland alle möglichen Fragen, die ich mir selbst jahrelang gestellt hatte: Was bedeutet Adaptation? Was ist Emergenz? Und noch weitere Fragen, von denen ich gar nicht wußte, daß ich sie mir je gestellt hatte.» Arthur hatte keine Ahnung, wie sie alle in die Wirtschaft hineinpassen könnten, und wenn er in die Runde blickte, begegnete er vielen verwirrten und auch skeptischen Blicken. «Aber ich war davon überzeugt, daß Holland auf etwas viel Raffinierteres aus war als das, was wir machten.» Er hatte den Eindruck, daß sich in den Gedanken Hollands ein Konzept von großer Bedeutung offenbarte.

Ganz sicher war das Santa-Fe-Institut dieser Meinung. Holland war seit langem eine vertraute und enorm einflußreiche Gestalt unter den Dauergästen im Kloster.

Den ersten Kontakt mit dem Institut hatte er 1985 während einer Konferenz über «Evolution, Spiele und Lernen» gehabt, die Doyne Farmer und Norman Packard in Los Alamos organisiert hatten. (Zufällig war es dasselbe Treffen, bei dem Farmer, Packard und Kauffman zum erstenmal die Ergebnisse ihrer Simulation autokatalytischer Systeme präsentierten.) Hollands Vortrag beschäftigte sich damals mit dem Thema Emergenz und stieß auf großes Interesse. Aber er erinnert sich, wie einer der Zuhörer ihn mit scharfkantigen Fragen bombardierte – ein weißhaariger Herr mit dunkel geränderter Hornbrille und einem sehr aufmerksamen, etwas zynischen Gesichtsausdruck. «Ich antwortete ziemlich schnippisch», sagt Holland. «Ich kannte ihn nicht – und ich wäre vermutlich auf der Stelle im Boden versunken, wenn ich gewußt hätte, wer da vor mir saß.»

Der weißhaarige Herr mit der Hornbrille war Murray Gell-Mann, und ob die Antworten nun schnippisch waren oder nicht, offenbar gefiel dem Physiker, was Holland zu sagen hatte. Kurz darauf rief Gell-Mann ihn an und bat ihn, dem sich damals gerade konstituierenden Beratungsgremium des Santa-Fe-Instituts beizutreten.

Holland stimmte zu. «Als ich den Ort gesehen hatte, war ich sofort begeistert. Die Themen, die sie dort behandelten, die Art, wie sie Problemen zu Leibe rückten – ich hatte sofort das Gefühl: ‹Hoffentlich mögen die mich, denn diese Arbeit wäre was für mich!›»

Dieses Gefühl beruhte auf Gegenseitigkeit. Wenn Gell-Mann von Holland spricht, verwendet er Worte wie «brillant» – und das ist kein Ausdruck, mit dem er leichtfertig umgeht. Andererseits kommt es auch nicht oft vor, daß Gell-Mann so plötzlich die Augen geöffnet wurden wie damals durch Holland. Gell-Mann, Cowan und die anderen Institutsgründer hatten über die neue Wissenschaft von der Komplexität fast ausschließlich im Rahmen der ihnen vertrauten physikalischen Begriffe nachgedacht; sie hatten also von Emergenz, Kollektivverhalten und spontaner Organisation gesprochen. Diese Begriffe schienen zudem ein außerordentlich reichhaltiges Forschungsprogramm zu verheißen, selbst wenn sie nur Metaphern für die Untersuchung dieser Phänomene – Emergenz, Kollektiverhalten und spontaner Organisation – in Bereichen wie Wirtschaft und Biologie waren. Als dann plötzlich Holland mit seiner Analyse der Adaptation daherkam – von seinen Computermodellen gar nicht zu reden –, wurde Gell-Mann und den anderen klar, daß sie in ihrer Agenda eine große Lücke gelassen hatten: Was *bewirken* diese emergenten Strukturen eigentlich? Wie reagieren sie auf ihre Umgebung und wie passen sie sich an?

Innerhalb weniger Monate sprachen sie, wenn es um das Programm des Instituts ging, nicht mehr nur von komplexen, sondern von komplexen *adaptiven* Systemen. Hollands persönliches Forschungsprogramm – er wollte verstehen, wie Emergenz und Adaptation zusammenwirken – war im wesentlichen die Agenda des Instituts als Ganzem geworden. Deshalb hatte er in einem der ersten Versuche des Instituts, sich in großem Rahmen darzustellen, eine Starrolle erhalten. Dieses von Jack Cowan und dem Biologen Marc Feldman organisierte Treffen, das im August 1986 stattfand, war komplexen adaptiven Systemen gewidmet.

Holland ließ das alles mit heiterer Gelassenheit über sich ergehen. Er hatte seine Gedanken über Adaptation ein Vierteljahrhundert lang eher im verborgenen erarbeitet. Erst jetzt, im Alter von 57 Jahren, wurde er entdeckt. Diese Gelassenheit war ihm zum Lebensgefühl geworden. Er hatte den arglosen Humor eines glücklichen Menschen, der das tut, was er in seinem Leben wirklich tun wollte – und sich über sein Glück immer noch wundert.

Nach Hollands Vortrag am ersten Nachmittag stellte Arthur sich ihm vor; bald schon wurden die beiden gute Freunde. «Wenige Menschen hätten diese Gedanken über Adaptation aufnehmen und so schnell und gründlich in ihr eigenes Denken einbauen können», sagt Holland, «Brian interessierte sich für alle Facetten und entwickelte die Modelle rasch weiter.»

Arthur seinerseits fand in Holland den bei weitem komplexesten und faszinierendsten Menschen, den er je in Santa Fe getroffen hatte. Holland war einer der Hauptgründe, warum er die übrigen Tage des Wirtschaftstreffens in einem Zustand chronischen Schlafentzugs verbrachte. Nächtelang saßen sie am Küchentisch des Hauses, in dem sie beide wohnten, und sprachen bei Bier und Chips über Gott und die Welt.

An eine dieser Unterhaltungen erinnert er sich besonders gut. Holland war zu der Konferenz gekommen, weil er wissen wollte, welches die für die Wirtschaft entscheidenden Fragen sind. («Wenn man interdisziplinär forschen will und in die Bereiche anderer

Forscher eindringt, sollte man zumindest deren Fragen sehr ernst nehmen. Sie haben lange gebraucht, sie zu formulieren.») In dieser Nacht also, während die beiden am Küchentisch saßen, fragte Holland ganz direkt: «Brian, wo liegt das wirkliche Problem der Wirtschaftswissenschaftler?»

«Schach!» antwortete Arthur, ohne nachzudenken.

Schach? Holland verstand nicht.

Ja, sagte Arthur und nahm einen kräftigen Schluck. Er wußte selbst nicht genau, was er meinte. Ökonomen sprächen immer über Systeme, die in dem Sinne einfach und geschlossen seien, daß sie sich schnell auf ein oder zwei oder drei Verhaltensweisen einpendelten, und danach passierte nicht mehr viel. Sie nähmen auch stillschweigend an, daß die ökonomischen Agenzien unendlich klug seien und sofort merkten, welches Vorgehen in einer bestimmten Situation das beste sei. Aber man denke doch einmal darüber nach, was das beim Schach bedeute. In der Spieltheorie gebe es einen Satz, der besage, daß jedes endliche Zwei-Personen-Spiel mit einer Nullsumme – wie Schach – eine optimale Lösung habe. Es gebe also je eine Reihenfolge von Zügen, die es beiden Spielern, Schwarz und Weiß, erlaube, besser zu spielen als mit jeder anderen gewählten Zugfolge.

In Wirklichkeit habe natürlich niemand die leiseste Ahnung, welche Lösung das sei oder wie sie zu finden wäre. Aber diese idealen Agenzien, von denen die Ökonomen reden, könnten sie anscheinend augenblicklich finden. Zu Spielbeginn würden sich zwei solcher Agenzien einfach im Kopf alle Möglichkeiten vergegenwärtigen und von allen Möglichkeiten, wie ein Schachmatt erzwungen werden kann, zurückrechnen. Das würden sie tun, bis sie alle möglichen Züge erwogen und den für die Eröffnung besten Zug gefunden hätten. Sie brauchten das Spiel dann gar nicht mehr zu spielen. Der Spieler mit dem theoretischen Vorteil – sagen wir Weiß – würde sofort behaupten, er habe gewonnen, denn er wüßte dann ja, daß er immer gewinnt. Der andere Spieler würde seine Niederlage sofort zugeben, weil ihm klar sei, daß er immer verlieren muß.

«Aber – spielt denn irgend jemand so Schach?» fragte Arthur.

Holland lachte nur. Er wußte genau, wie absurd diese Vorstellung ist. In den vierziger Jahren, als die Computer noch neu waren und die Forscher ihre ersten Versuche unternahmen, ein «intelligentes» Programm zu schaffen, das Schach spielen konnte, hatte Claude Shannon, ein Pionier der modernen Informationstheorie, die Gesamtzahl möglicher Züge beim Schach abgeschätzt. Er kam auf $10^{120}$, eine so gewaltige Zahl, daß sie sich mit nichts vergleichen läßt. Seit dem Urknall sind nicht so viele Mikrosekunden vergangen. Es gibt im ganzen beobachtbaren Weltall nicht so viele Elementarteilchen. Es ist kein Computer denkbar, der alle diese Züge untersuchen könnte. Und erst recht ist kein Mensch dazu in der Lage. Wir Menschen müssen über den Daumen peilen – mit teurem Lehrgeld bezahlte heuristische Leitfäden sagen uns, welche Art von Strategie sich in einer bestimmten Situation am besten bewährt. Selbst die größten Schachmeister erforschen ihren Weg zum Schach immer neu, als ob sie mit einer winzigen Laterne in eine sehr tiefe Höhle hinabstiegen. Natürlich machen sie Fortschritte. Als Schachspieler wußte Holland, daß ein Meister der zwanziger Jahre gegen einen der heutigen Cracks wie Gari Kasparow keine Chance hätte. Doch selbst der scheint nur wenige Meter in dieses ungeheure Unbekannte eingedrungen zu sein. Deshalb bezeichnete Holland Schach als ein im Grunde «offenes» System: Es ist praktisch unendlich.

«Stimmt», sagte Arthur. «Der Bereich der Muster, die Menschen wahrnehmen können, ist im Verhältnis zum ‹Optimum› äußerst beschränkt. Man muß also annehmen, daß die Agenzien der Ökonomie viel schlauer sind als der durchschnittliche Wirtschaftswissenschaftler. Und doch – das ist die Art und Weise, wie wir mit Wirtschaftsproblemen umgehen. Der Handel mit Japan ist mindestens so kompliziert wie Schach. Aber die Ökonomen sagen als erstes: ‹Setzen wir ein rationales Spiel voraus.›»

Das sei also das Problem der Ökonomie *in nuce*: Wie können wir eine Wissenschaft auf unvollkommen kluge Agenzien gründen, die in einem unendlichen Raum der Möglichkeiten ihren Weg suchen?

«A-*ha*!» machte Holland, ein Ausruf, der ihm immer entfährt, wenn ihm ein Licht aufgeht. Schach! Nun, dieser Vergleich leuchtete ihm ein.

## *Der ungeheure Raum der Möglichkeiten*

John Holland spielt gern. Alle möglichen Spiele. Er spielt seit fast dreißig Jahren einmal im Monat in Ann Arbor Poker. Er erinnert sich, wie er sich als kleiner Junge wünschte, er wäre groß genug, um mit am Tisch seiner Großeltern Karten spielen zu können. Seine Mutter, eine versierte Bridgespielerin, lehrte ihn das Schachspiel, als er in der ersten Klasse war. In seiner Familie wurde immerzu gespielt. Bridge, Golf, Krockett, Dame, Schach, Go – einfach alles.

Diese Leidenschaft für das Spiel wurde jedoch schon bald zu mehr als nur einem Spaß. Manche Spiele hatten für Holland eine besondere Faszination, einen Zauber, der weit über die Frage von Sieg oder Niederlage hinausging. In seinen letzten Schuljahren zum Beispiel – wohl 1942 oder 1943, als seine Familie in Van Wert/Ohio lebte – verbrachten er und zwei seiner Freunde viel Zeit bei Wally Purmort, wo sie im Hobbykeller beisammensaßen und sich selbst Spiele ausdachten. Ihr Meisterwerk, angeregt von den Schlagzeilen der Tageszeitungen, war ein Kriegsspiel, das fast den ganzen Raum ausfüllte. Sie hatten Panzer und Artillerie, Abschußrampen und Entfernungstabellen. Sie konnten sogar mit Hilfe einer speziellen Vorrichtung Rauchschwaden vortäuschen.

«Damals war es uns nicht so bewußt», erzählt Holland. «Aber wir veranstalteten diesen ganzen Zauber, weil wir uns alle drei für Schach interessierten. Schach ist ein Spiel mit nur wenigen Regeln, und doch sind niemals zwei Spiele gleich. Es gibt einfach unendlich viele Möglichkeiten. Wir versuchten, neue Spiele mit dieser Eigenschaft zu erfinden.»

Irgendwie, lacht er, habe er seitdem immer neue Spiele erfunden. «Ich genieße es, wenn sich eine Situation von selbst entwikkelt und ich nur dasitze und sage: ‹Hey! Und das folgt wirklich aus diesen Prämissen!?› Wenn ich es richtig mache, wenn das Ganze durch die zugrunde gelegten Entwicklungsregeln bestimmt wird und nicht durch mich, bleibt Raum für Überraschungen. Wenn ich keine Überraschung erlebe, läßt es mich ziemlich kalt, weil ich dann weiß, ich habe mal wieder alles von Anfang an eingebaut.»

Heutzutage heißt so etwas natürlich «Emergenz». Aber lange bevor Holland zum erstenmal über dieses Wort stolperte, hatte ihn die Faszination, die dieses Phänomen in ihm weckte, schon in eine lebenslange Leidenschaft für Naturwissenschaft und Mathematik verstrickt. Er konnte von beidem nicht genug bekommen. «Ich erinnere mich, daß ich während meiner ganzen Schulzeit alle Bücher über Naturwissenschaft und Technik gelesen habe, die ich in der Bibliothek finden konnte. Als ich in der Oberstufe war, wollte ich unbedingt Physiker werden.» Was ihn fesselte, war nicht der Umstand, daß die Naturwissenschaft es ermöglicht, alles auf einige wenige Gesetze zurückzuführen. Im Gegenteil, er war davon fasziniert, daß die Naturwissenschaft zeigt, wie einige wenige einfache Gesetze das enorm vielfältige Verhalten der Welt erzeugen können. «Naturwissenschaft und Mathematik sind in gewisser Weise das Höchste an Reduktion. Aber wenn man sie auf den Kopf stellt und die synthetischen Aspekte betrachtet, gibt es unendlich viele Möglichkeiten, überrascht zu sein. Es ist eine Möglichkeit, die Welt am einen Ende verständlich zu machen und am anderen Ende auf immer unverständlich.»

Am MIT, wo Holland im Herbst 1946 zu studieren begann, entdeckte er schon nach kurzer Zeit, daß Computer in ganz ähnlicher Weise Überraschungen bergen. «Keine Ahnung, woher das kam», sagt er, «aber schon früh hat mich immer der ‹Denkprozeß› fasziniert. Man braucht dem Computer nur ein paar Daten zu geben, und schon führt er komplizierteste Operationen aus – man kriegt sehr viel für sehr wenig.»

Zunächst gab es leider kaum etwas, was Holland über Computer lernen konnte, wenn man von dem wenigen absieht, was er in den Vorlesungen über Elektrotechnik mitbekam. Computer waren noch sehr neu, und das Wissen über sie wurde geheimgehalten. Selbst am MIT gab es noch keine Vorlesungen über Computerwissenschaft. Eines Tages jedoch, als er in der Bibliothek stöberte, fiel ihm eine Mappe mit losen Blättern in die Hände. Sie enthielten einen detaillierten Bericht über eine Konferenz, die 1946 an der der University of Pennsylvania angegliederten Moore School of Electric Engineering stattgefunden hatte, wo während des Krieges im Zuge eines Militärauftrags, ballistische Tabellen für die Artillerie zu erstellen, der erste Digitalrechner der USA, ENIAC, entwickelt worden war. «Diese Notizen sind berühmt», erklärt Holland. «Es waren die ersten in die Einzelheiten gehenden Vorträge über Digitalrechner. Sie umfaßten alles – von dem, was wir heute Rechnerarchitektur nennen, bis zum Programm, der Software.» In diesen Vorträgen wurden nagelneue Begriffe wie *Information* und *Informationsverarbeitung* eingeführt und eine neue mathematische Zunft definiert: das *Programmieren.* Holland kaufte sich sofort eine Buchausgabe der Vorträge – er besitzt sie noch heute – und las sie von der ersten bis zur letzten Seite. Mehrmals.

Im Herbst 1949, in seinem dritten Studienjahr und auf der Suche nach einem Thema für seine Abschlußarbeit, erfuhr er von dem Projekt Whirlwind am MIT, dem Versuch, einen «Echtzeit»-Rechner zu bauen, der schnell genug war, um ihn in der Flugüberwachung einsetzen zu können. An diesem bei weitem größten Computerprojekt seiner Zeit, das die Marine mit 1 Million Dollar pro Jahr, einer damals horrenden Summe, finanzierte, arbeiteten siebzig Ingenieure und Techniker gleichzeitig. Mit Whirlwind betraten die Computerwissenschaftler Neuland. Er sollte der erste Rechner mit Magnetkernspeicher und interaktiven Bildschirmen werden und führte später zu Computernetzwerken und Multiprocessing.

Als erster Echtzeit-Computer bahnte er den Weg für den Einsatz von Rechnern in Luftfahrt, Industrie, Kartenreservierung und Banken.

Als Holland zuerst von Whirlwind hörte, steckte das Unternehmen noch in den Kinderschuhen. «Der Rechner war noch nicht fertiggestellt. Aber man konnte ihn schon benutzen.» Irgendwie mußte es ihm doch gelingen, Zugang zu diesem Projekt zu bekommen! Auf der Suche nach Kontakten ging er von Tür zu Tür, bis er den tschechischen Astronomen Zednek Kopal traf, bei dem er numerische Mathematik gehört hatte. «Ich redete so lange auf ihn ein, bis er sich bereit erklärte, mein Prüfer zu werden. Ich bekniete den Fachbereich Physik, die Genehmigung dazu zu geben. Und dann überredete ich die Leute bei Whirlwind, daß sie mich ihre – geheimen – Unterlagen und Handbücher sehen ließen.»

«Das war mein glücklichstes Jahr am MIT», sagt er. Kopal schlug ihm vor, ein Programm zu schreiben, mit dem Whirlwind die Potentialgleichung lösen könne; sie beschreibt eine Vielzahl physikalischer Erscheinungen, von der Verteilung elektrischer Felder um ein elektrisch geladenes Objekt bis hin zu den Schwingungen eines gespannten Paukenfells. Holland machte sich sofort an die Arbeit.

Es war nicht die einfachste Abschlußarbeit, die je am MIT geschrieben wurde. Damals hatte noch niemand etwas von Programmiersprachen wie Pascal oder C oder FORTRAN gehört – die ganze Idee der Programmiersprache wurde erst Mitte der fünfziger Jahre entwickelt. Holland mußte sein Programm in Maschinensprache schreiben, in der Computerbefehle als Zahlen kodiert sind – und nicht etwa als gewöhnliche Dezimalzahlen, sondern als Hexadezimalzahlen, also in einem System mit der Basis 16.

Die Arbeit kostete ihn viel Zeit, doch sie gefiel ihm. «Mir gefiel, wie logisch der ganze Vorgang ist», erinnert er sich. «Das Programmieren hat Ähnlichkeit mit Mathematik: Man macht diesen Schritt, und der bringt einen zum nächsten und so weiter.» Mehr noch, die Arbeit an dem Programm für Whirlwind zeigte ihm, daß ein Computer mehr sein kann als eine schnelle Rechenmaschine. Unter seinen geheimnisvollen Kolonnen von Hexadezimalzahlen konnte er sich ein schwingendes Paukenfell, ein kompliziertes elektrisches Feld und alles mögliche andere vorstellen. Mit dieser Welt zirkulierender Bits ließ sich ein imaginäres Universum erschaffen. Er brauchte nur die richtigen Gesetze aufzustellen, und alles andere entfaltete sich von selbst.

Holland hat sein Programm niemals auf Whirlwind laufen lassen, denn es war von Anfang an als rein theoretische Übung gedacht. Die Arbeit machte sich jedoch auf andere Weise bezahlt: Er wurde durch sie zu einem der wenigen Menschen im Land, die damals etwas vom Programmieren verstanden. Deshalb erhielt er sofort nach seinem Studienabschluß eine Anstellung bei IBM.

Er hätte es kaum besser treffen können. Die Firma entwickelte in ihrer Niederlassung Poughkeepsie nahe New York City ihren ersten für den Handel bestimmten Rechner, den «Defense Calculator», der später in «IBM 701» umbenannt wurde. Damals stellte die Maschine für den Konzern ein großes Wagnis dar; viele der älteren Herren in der Chefetage sahen in Computern reine Geldverschwendung und rieten, statt dessen in die Entwicklung von Lochkartenmaschinen zu investieren. Die Abteilung für Produktplanung behauptete noch 1950, es würde in den USA niemals mehr als achtzehn Computer geben. IBM entwickelte den Defense Calculator hauptsächlich deshalb, weil es die Lieblingsidee eines jungen Mannes war, der allgemein Tom Junior genannt wurde. Er war der Sohn und mutmaßliche Nachfolger des Geschäftsführers Thomas B. Watson, Sen.

Von diesen Flügelkämpfen hatte der damals einundzwanzigjährige Holland keine Ahnung. Er wußte nur, daß er in eine Wunderwelt geraten war. «Hier war ich an einem der allerbesten Plätze. Ich gehörte zu den wenigen, die überhaupt etwas von der 701 wußten.» Die Teamleiter teilten Holland der siebenköpfigen Logik-Planungsgruppe zu, deren Aufgabe es war, den Befehlsvorrat und die allgemeine Organisation der neuen Maschine zu entwickeln – ein weiterer Glücksfall, denn hier konnte er seine Programmierkünste geradezu ideal anwenden. «Als wir aus den Anfangsschwierigkeiten raus waren und einen Prototyp hatten, mußte die Maschine allen möglichen Tests unterzogen werden. Den ganzen Tag über arbeiteten also die Techniker daran, und wir kamen gegen elf Uhr abends und ließen unser Programm die Nacht über laufen, um zu sehen, ob es funktionierte.»

Es funktionierte, gewissermaßen. Nach heutigem Standard war die 701 natürlich ein Produkt der Steinzeit. Sie hatte eine riesige Kontrolltafel voller Meßgeräte und Schalter und keinerlei Bildschirm. Die Eingaben und Ausgaben erfolgten über eine herkömmliche Lochkartenmaschine mit 4 Kilobytes Speicherkapazität. (Heutige PCs haben oft das Tausendfache.) Sie konnte zwei Zahlen in nur 30 Mikrosekunden multiplizieren. (Jeder moderne Taschenrechner kann es schneller.) «Sie hatte viele Macken», lacht Holland, «und es ist erstaunlich, daß wir sie überhaupt zum Laufen gebracht haben. Aber das zählte nicht. Wir sahen in ihr so etwas wie einen Giganten und fanden es grandios, eine schnelle Maschine zur Verfügung zu haben, mit der wir unsere Sachen ausprobieren konnten.»

Es gab keinen Mangel an Sachen, die sie ausprobieren wollten. In jenen stürmischen Kinderjahren des Computers brodelte es vor neuen Ideen über *Information, Kybernetik, Automaten* – Begriffe, die es noch zehn Jahre zuvor nicht gegeben hatte. Es waren keine Grenzen in Sicht, und fast alles, was man ausprobierte, konnte zu bahnbrechenden Erkenntnissen führen. Darüber hinaus eröffnete dieses große, schwerfällige Gewirr von Drähten und Vakuumröhren für die philosophisch gesonneneren Pioniere wie Holland völlig neue Wege zum Nachdenken über das Denken. Computer waren sicher nicht die «Supergehirne», wie sie in populären Artikeln beschworen wurden. In ihrer Struktur und Arbeitsweise glichen sie dem Gehirn kaum. Aber es war sehr verlockend, darüber zu spekulieren, ob Computer und Gehirne einander nicht doch in einem tieferen, umfassenderen Sinne ähnelten: Beide ließen sich als Informationsverarbeitungssysteme betrachten, und das Denken wäre dann eine Form der Informationsverarbeitung.

Damals wäre niemand auf den Gedanken gekommen, von «künstlicher Intelligenz» oder «Kognitionswissenschaft» zu sprechen. Aber auch so zwang diese neue Tätigkeit des Programmierens die Menschen dazu, viel sorgfältiger als früher darüber nachzudenken, was es bedeutete, ein Problem zu lösen. Ein Computer war wie ein Wesen vom anderen Stern, dem man *alles* beibringen mußte: Was sind die Daten? Wie werden sie transformiert? Welche Schritte sind nötig, um von hier nach dort zu kommen? Diese Fragen führten wiederum sehr schnell zu Themen, die seit Jahrhunderten die Philosophen beschäftigen: Was ist Wissen? Wie wird es durch Sinneseindrücke gewonnen? Wie bildet es sich im Geist ab? Wie wird es durch die Erfahrung beeinflußt? Wie benutzt es der Verstand? Wie werden Entscheidungen in Handlungen umgesetzt?

Die Antworten waren damals noch keineswegs klar (und sie sind es auch heute noch nicht). Aber die Fragen wurden präziser gestellt als je zuvor. Die IBM-Entwicklungsgruppe in Poughkeepsie, die plötzlich zu einem Sammelbecken von Computertalenten in den USA geworden war, lag auf dem Gebiet weit vorn. Holland denkt gern daran zurück, wie eine «regelmäßig unregelmäßige» Gruppe sich etwa alle zwei Wochen beim Go- oder Pokerspiel traf und über diese Themen redete. Zu den Teilnehmern gehörte John McCarthy, der den Sommer über bei IBM hospitierte. Er wurde später einer der Pioniere der «Artificial Intelligence»-Forschung (ein Name, den McCarthy 1956 auf einer Konferenz am Dartmouth College prägte).

Ein anderer Teilnehmer war Arthur Samuel, ein Elektrotechniker in den Vierzigern, den IBM mit dem Auftrag eingestellt hatte, bessere Produktionsverfahren für verläßliche Vakuumröhren zu entwickeln. Im Grunde interessierte sich Samuel gar nicht für Vakuumröhren. Er versuchte seit fünf Jahren, ein Programm zu schreiben, das Dame spielen und aufgrund der Spielerfahrung dazulernen konnte. Im Rückblick war Samuels Spielcomputer einer der Meilensteine in der Erforschung der künstlichen Intelligenz. Als sich das Programm 1967 schließlich nicht mehr verbessern ließ, spielte es auf Weltmeisterniveau. Aber schon in der Zeit, als sie an der 701 arbeiteten, konnte es sich sehen lassen. Holland erinnert sich, wie beeindruckt er von diesem Programm war, besonders von seiner Fähigkeit, sich taktisch auf das einzustellen, was der andere Spieler tat. Das Programm erstellte sogar ein einfaches Modell des Gegners, aufgrund dessen es Vorhersagen über die beste Spielstrategie machen konnte. Irgendwie – und ohne es genauer beschreiben zu können – hatte Holland das Gefühl, daß in diesem Aspekt des Damespiels eine wesentliche und richtige Erkenntnis in bezug auf Lernen und Anpassung steckte.

In jener Zeit befaßte er sich intensiv mit dem Versuch, die Arbeitsweise des Gehirns zu simulieren. Auf diese Idee war er im Frühling 1952 gekommen, als er J. C. R. Licklider zuhörte, einem Psychologen vom MIT, der dem Labor in Poughkeepsie einen Besuch abgestattet und sich bereit erklärt hatte, der Gruppe dort einen Vortrag über eines der damals brennendsten Themen zu halten: die neuen Theorien über Lernen und Gedächtnis, die von dem kanadischen Neurophysiologen Donald O. Hebb entwickelt worden waren.

Das Problem, so hatte Licklider erklärt, sei folgendes: Durch das Mikroskop betrachtet mache das Gehirn einen chaotischen Eindruck. Von jeder Nervenzelle gingen nach dem Zufallsprinzip Tausende von Fortsätzen aus, die sich irgendwie mit Tausenden von anderen Nervenzellen verbänden. Dieses dicht geknüpfte Netz sei jedoch offensichtlich *kein* Zufallsprodukt. Ein gesundes Gehirn ermögliche Wahrnehmungen, Gedanken und Handlungen von großer Kohärenz. Außerdem sei das Gehirn nicht statisch. Es verfeinere sein Verhalten und verändere es aufgrund von Erfahrung. Es lerne. Die Frage sei: Wie?

Drei Jahre zuvor, 1949, hatte Hebb seine Antwort in dem Buch ‹*The Organization of Behavior*› veröffentlicht. Der Grundgedanke lief auf die Hypothese hinaus, das Gehirn bewirke in den «Synapsen», den Punkten, an denen die Nervenimpulse von einem Neuron zum nächsten springen, fortwährend kleine Veränderungen. Diese Veränderungen, behauptete Hebb, seien die Grundlage für alle Lernvorgänge und für das Gedächtnis. Ein Sinnesimpuls, zum Beispiel aus dem Auge, hinterlasse seine Spur in dem neuronalen Netz, indem er alle Synapsen «stärke», die auf seinem Weg lägen. Ganz ähnliches passiere mit Impulsen, die von den Ohren oder von Denkvorgängen im Gehirn selbst kämen. Das Ergebnis, schrieb Hebb, sei ein Netzwerk, das zufällig beginne und sich rasch selbst organisiere. Erfahrung ergebe sich durch eine Art positive Rückkopplung: Die starken, oft benutzten Synapsen würden stärker, während die schwachen, selten verwendeten Synapsen schwänden. Die bevorzugten Synapsen entwickelten sich schließlich zu einer solchen Stärke, daß sie sich verfestigten und zum Gedächtnisinhalt würden. Diese Inhalte wieder seien im Gehirn weit verstreut, weil jeder einem komplexen Synapsenmuster entspreche, an dem Abertausende oder Millionen von Neuronen beteiligt seien. (Hebb war einer der ersten, die solche verteilten Erinnerungen «konnektionistisch» nannten.)

Aber das war noch nicht alles. In seinem Vortrag erläuterte Licklider dann Hebbs zweite Annahme: Die selektive Stärkung der Synapsen bringe das Gehirn dazu, sich selbst in «cell assemblies» zu organisieren – Verbände von mehreren tausend Neuronen, in denen Nervenimpulse zirkulieren, die sich verstärken und weiter zirkulieren. Hebb sah in diesen Neuronenverbänden die Grundbausteine der Information im Gehirn. Jeder entspricht in seinem Modell einem Ton, einem Lichtblitz oder dem Bruchstück eines Gedankens. Und doch sind all diese Verbände nicht wirklich verschieden. Sie überlappen sich, jedes Neuron gehört zu mehreren Verbänden. Deshalb führt die Aktivierung eines Verbands unweigerlich zur Aktivierung von anderen, so daß diese Grundbausteine sich rasch zu umfassenderen Begriffen und komplexerem Verhalten organisieren. Die «cell assemblies» wären damit die Grundbausteine des Denkens.

Holland hörte gebannt zu. Dies war nicht der trockene Reiz-Reaktions-Schematismus der Psychologie, der damals von Behavioristen wie B. F. Skinner vertreten wurde. Hebbs konnektionistische Theorie hatte den Reichtum, die Fülle ständiger Überraschung, auf die Holland so stark reagierte. Sie öffnete ein Fenster zum Wesen des Denkens, und Holland wollte hindurchschauen. Er wollte sehen, wie sich Neuronenverbände aus dem Chaos heraus organisieren und wachsen. Er wollte sehen, wie sie wechselwirken. Er wollte sehen, wie sie Erfahrungen aufnehmen und sich entwickeln. Er wollte sehen, wie der Geist entsteht. Und wie all das spontan, ohne Einwirkung von außen passiert.

Licklider hatte seinen Vortrag kaum beendet, als Holland zu seinem Teamleiter Nathaniel Rochester ging und sagte: «Wir haben doch diesen Prototyp. Wir sollten einen Simulator für neuronale Netze programmieren.»

Und genau das taten sie. «Er programmierte einen», erzählt Holland, «und ich programmierte einen anderen, und beide waren ziemlich verschieden. Wir nannten sie ‹Konzeptoren›, also Begriffsbildner. Das war nicht überheblich gemeint!»

Auch heute, vierzig Jahre später, in einer Zeit, da neuronale Netze bei der Erforschung der künstlichen Intelligenz seit langem routinemäßig simuliert werden, gelten die IBM-Konzeptoren noch immer als eindrucksvolle Leistung. Der grundlegende Gedanke klingt vertraut. In ihrem Programm stellten sich Holland und Rochester ihre künstlichen Neuronen als «Knoten» vor – im Grunde als winzige Computer, die sich an gewisse innere Zustände erinnern können. Ihre künstlichen Synapsen dachten sie sich als abstrakte Verbindungen zwischen Knoten, wobei jede Verbindung je nach Stärke der Synapsen ein bestimmtes «Gewicht» hatte. Und Hebbs Lernmodell setzten sie um, indem sie die Stärken der Synapsen jeweils neu an die vom Netz erworbene Erfahrung anpaßten. Tatsächlich integrierten Holland, Rochester und ihre Mitarbeiter weit mehr neurophysiologische Details als die meisten heutigen Simulationen neuronaler Netze; so berücksichtigen sie zum Beispiel, wie rasch jedes simulierte Neuron Impulse aussandte und wie stark es «ermüdete», wenn es zu oft erregt wurde.

Das war eine zermürbende Arbeit. Diese Programme gehörten nicht nur zu den allerersten Simulationen neuronaler Netze, sie waren überhaupt eines der ersten Projekte, bei denen ein Computer als Simulator (und nicht nur als Rechner oder Datenverwalter) eingesetzt wurde. Schließlich aber funktionierte die Simulation. «Wir konnten jede Menge Emergenz beobachten», erzählt Holland, und immer noch ist seine Erregung zu spüren. «Man konnte mit einem gleichförmigen Substrat von Neuronen beginnen und zuschauen, wie sich die Neuronenverbände bildeten.» Als Holland, Rochester und ihre Kollegen die Ergebnisse 1956, mehrere Jahre nach der eigentlichen Forschungsarbeit, endlich publizierten, war das seine erste Veröffentlichung.

## *Bausteine*

Aus heutiger Sicht, sagt Holland, hätten Hebbs Theorie und seine eigenen Netzwerksimulationen sein Denken in den darauffolgenden dreißig Jahren vermutlich stärker beeinflußt als irgendeine andere einzelne Idee. Damals aber sei die unmittelbare Folge der Wunsch gewesen, IBM zu verlassen.

Ein Problem war nämlich, daß der Computersimulation besonders auf der 701 Grenzen gesteckt waren. In den Neuronenverbänden eines wirklichen Nervensystems sind bis zu zehntausend Neuronen über einen großen Teil des Gehirns verteilt, und pro Neuron kann es bis zu zehntausend Synapsen geben. Das größte simulierte Netzwerk dagegen, das Holland und seine Mitarbeiter je auf der 701 laufen lassen konnten, hatte nur tausend Neuronen und sechzehn Verbindungen pro Neuron – und auch das ließ sich nur erreichen, indem sie mit jedem denkbaren Programmiertrick arbeiteten, um die Dinge zu beschleunigen. «Je öfter ich das machte, um so klarer wurde mir, daß der Abstand zwischen dem, was wir wirklich ausprobieren konnten, und dem, was ich sehen wollte, einfach zu groß war.»

Die Alternative war der Versuch, die Netze mathematisch zu analysieren. «Aber das stellte sich erst recht als schwierig heraus», erzählt Holland. Ein ausgewachsenes Netz, wie Hebb es beschrieb, ging einfach zu weit über alles hinaus, was Holland mit der Mathematik, die er am MIT gelernt hatte, erfassen konnte – und er hatte viel mehr Mathematikvorlesungen gehört als die meisten Physiker. «Der Schlüssel zum Wissen über die Netze schien mir in einer besseren Kenntnis der Mathematik zu liegen», sagt er. Im Herbst 1952 ging er deshalb mit dem Segen von IBM und einem netten kleinen Abschiedsgeschenk – einem Beratervertrag über hundert Stunden im Monat – an die University of Michigan in Ann Arbor, um in Mathematik zu promovieren.

Wieder hatte er Glück. Natürlich wäre Michigan in keinem Fall eine schlechte Wahl gewesen. Nicht nur hatte die Universität damals eine der besten mathematischen Fakultäten, sondern – ein für Holland sehr wichtiger Gesichtspunkt – auch eine Footballmannschaft. «Ein Footballwochenende, zu dem hunderttausend Leute in die Stadt kommen – das macht mir immer noch Spaß.»

Das wirkliche Glück jedoch war, daß Holland in Michigan Arthur Burks begegnete, einem Philosophen, der kein gewöhnlicher Philosoph war. Er war ein Spezialist für die pragmatische Philosophie von Charles Peirce. Als er 1941 promoviert hatte, gab es keinerlei Aussicht, auf seinem Gebiet eine Anstellung zu finden. Im folgenden Jahr hatte er deshalb an der University of Pennsylvania einen zehnwöchigen Kurs belegt, der ihn zu einem Ingenieur für Kriegsdienste machte. Kurz darauf, 1943, war er zum ENIAC-Projekt beordert worden, wo er den legendären ungarischen Mathematiker John von Neumann kennengelernt hatte. Unter von Neumann hatte Burks auch am Bau von EDVAC, dem Nachfolger von ENIAC, mitgewirkt, dem ersten Rechner, der Befehle elektronisch in Form eines Programms speichern konnte. Eine Arbeit, die von Neumann, Burks und der Mathematiker Herman Goldstine 1946 veröffentlichten – «Preliminary Discussion of the Logical Design of an Electronic Computing Instrument» –, gilt heute als einer der Grundsteine der modernen Computerwissenschaft. Darin hatten die drei Wissenschaftler den Begriff des «Programms» logisch genau definiert und gezeigt, wie ein für allgemeine Zwecke gebauter Computer ein solches Programm in periodischem Zyklus durchlaufen kann, indem er dem Speicherwerk des Rechners einen Befehl nach dem anderen entnimmt, jeden von ihnen in einer zentralen Verarbeitungseinheit ausführt und dann die Ergebnisse wieder abspeichert. Diese «Von-Neumann-Architektur» ist noch heute die Grundlage fast aller Computer.

Als Holland Burks Mitte der fünfziger Jahre kennenlernte, war dieser ein schlanker, eleganter Mann, der ganz so aussah wie der Minister, der er einst hatte werden wollen. Burks erwies sich als zuverlässiger Freund und aufmerksamer Betreuer. Er führte Holland bald in seine Gruppe ein, die über Computerlogik arbeitete; dieser exklusive Zirkel von Theoretikern beschäftigte sich mit Computersprachen, bewies Sätze über Schaltnetzwerke und bemühte sich ganz allgemein, die neuen Maschinen so genau und gründlich wie nur möglich zu verstehen.

Burks organisierte damals gerade einen neuen Promotionsstudiengang, bei dem es auf möglichst breiter Basis um die Erforschung der Implikationen von Computern und Informationsverarbeitung gehen sollte. Dieses bald unter dem Namen Kommunikationswissenschaften bekannte Kurssystem entwickelte sich später, in den sechziger Jahren, zu einem eigenen Fachbereich, den Computer- und Kommunikationswissenschaften. Damals jedoch hatte Burks das Gefühl, er verwalte einfach das Erbe von Neumanns, der 1954 an Krebs gestorben war. «Von Neumann sah zwei Möglichkeiten, Computer zu nutzen», erläutert er. Zum einen seien sie einfach Rechenmaschinen, also das, wofür sie erfunden worden waren. «Zum anderen sind sie Basis für eine allgemeine Theorie der Automaten, natürlicher und künstlicher.»

Holland, der sich dem Studiengang anschloß, fand Gefallen an dcm, was er dort hörte. «Die Idee war, in Gebieten wie Biologie, Linguistik und Psychologie und auch in den Standardbereichen wie Informationstheorie wirklich anspruchsvolle Vorlesungen anzubieten», sagt er. «Die Vorlesungen hielten Professoren aus den jeweiligen Fachbereichen. Die Studenten, die an den Kursen teilnahmen, erhielten tiefe Einblicke in jedes Gebiet – in die Probleme, die Fragen, die Schwierigkeiten der einzelnen Themen und die Hilfestellung, die Computer geben können. Ihre Kenntnisse bleiben also nicht an der Oberfläche.»

Holland fühlte sich auch deshalb zu diesem Konzept so hingezogen, weil er von der Mathematik restlos enttäuscht war. Wie fast überall nach dem Zweiten Weltkrieg wurde auch in Michigan die Mathematik von den Idealen der französischen Bourbaki-Schule beherrscht, die für eine fast unmenschliche Reinheit und Abstraktion der Forschung plädierte. Nach dem Bourbaki-Standard war es nicht einmal angebracht, die hinter den Axiomen und Sätzen stehenden Begriffe mit etwas so Profanem wie einer Zeichnung zu veranschaulichen. «Man wollte zeigen, daß die Mathematik sich von jeder Deutung trennen läßt», sagt Holland. Genau das aber wollte er nicht; er wollte mit Hilfe der Mathematik die Welt verstehen.

Als Burks Holland vorschlug, in Kommunikationswissenschaften zu promovieren, zögerte er nicht. Er ließ seine fast abgeschlossene mathematische Dissertation liegen und begann von vorn. «Ich konnte meine Dissertation über ein Thema schreiben, das viel mehr mit dem zu tun hatte, was mich interessierte», sagt er – nämlich über neuronale Netze. Als Holland 1959 endlich promovierte, war er der erste Doktor der Kommunikationswissenschaften.

Keine dieser Entwicklungen lenkte Hollands Aufmerksamkeit von den größeren Themen ab, die ihn ursprünglich nach Michigan geführt hatten. Im Gegenteil. Burks Kommunikationswissenschaften boten genau das richtige Ambiente, um solchen Fragen nachzugehen. Was ist Emergenz? Was ist Denken? Wie denken wir? Welche Gesetze gelten für das Denken? Was bedeutet Adaptation für ein System? Holland notierte sich haufenweise Ideen zu diesen Fragen und ordnete sie in Mappen ein, die er «Glasperlenspiel 1», «Glasperlenspiel 2» und so weiter nannte.

Holland hatte den Roman *‹Das Glasperlenspiel›*, Hermann Hesses 1943 in der Schweiz veröffentlichtes Alterswerk, in einem Stapel von Büchern entdeckt, die sein Zimmergenosse aus der Bibliothek entliehen hatte. Der Roman spielt in der fernen Zukunft und beschreibt ein Spiel, das ursprünglich von Musikern gespielt wurde. Mit Glasperlen wird dabei auf einer Art Abakus ein Thema vorgegeben, das dann durch Hin- und Herschieben der Perlen zu allen möglichen Kontrapunkten und Variationen verwoben wird. Im Laufe der Zeit jedoch entwickelt sich das Spiel aus seinen einfachen Anfängen zu einem Instrument von höchster Perfektion, über das mächtige Priester wachen. «Das Großartige daran ist, daß man *jede* Kombination von Themen wählen kann», erklärt Holland – «etwas aus der Astrologie, etwas aus der chinesischen Geschichte, etwas aus der Mathematik –, um sie dann wie ein musikalisches Thema zu bearbeiten.»

Mehr als alles, was er je gesehen oder gehört hatte, brachte das Glasperlenspiel zum Ausdruck, was ihn am Schach, an Computern, am Gehirn interessiert hatte. In einem metaphorischen Sinne war das Spiel das, wonach er sein Leben lang gesucht hatte: «Ich würde gern von überall her Themen nehmen können und zusehen, was entsteht, wenn ich sie zusammensetze.»

Eine besonders ergiebige Ideenquelle für die Glasperlenspiel-Ordner war ein anderes Buch, das Holland eines Tages in die Hände fiel: R.A. Fishers 1929 veröffentlichtes Buch über Genetik, *‹The Genetical Theory of Natural Selection›*.

Zunächst war Holland fasziniert. Ihm gefiel der Gedanke, daß die Gene der Eltern in jeder Generation neu verteilt werden und daß man berechnen kann, wie oft ihre Kinder spezielle Züge wie blaue Augen oder dunkles Haar haben werden. «Ich fand das beeindruckend. Aber als ich Fishers Buch las, wurde mir zum erstenmal klar, daß man auf diesem Gebiet auch anderes als einfache Algebra anwenden kann.» Fisher verwendete sogar die viel komplexeren Methoden der Infinitesimalrechnung und der Wahrscheinlichkeitstheorie. Sein Buch war für Biologen die erste wirklich sorgfältige mathematische Analyse der sich unter dem Einfluß der natürlichen Auslese verändernden Genverteilung in einer Population. Dadurch hatte es die Grundlage für die moderne «neodarwinistische» Theorie evolutionären Wandels geschaffen.

Und doch, sosehr Holland Fishers Mathematik bewunderte, etwas störte ihn an der Art, wie Fisher sie verwendete. Zum einen konzentrierte sich Fishers Analyse der natürlichen Auslese auf die Evolution von nur einem Gen zur Zeit, als trüge jedes Gen unabhängig von den anderen Genen zum Überleben des Organismus bei. Fisher nahm an, die Wirkung der Gene sei völlig linear. «Ich wußte, das muß einfach falsch sein», sagt Holland. Ein einzelnes Gen für grüne Augen ist nicht viel wert, wenn nicht Dutzende oder Hunderte von Genen dahinterstehen, die die Struktur des Auges festlegen. Jedes Gen wirke, so Holland, als Teil einer Gruppe. Und jede Theorie, die das nicht berücksichtige, verliere einen entscheidenden Teil des Ganzen aus dem Blick. Eigentlich war das genau das, was Hebb über die Wirkungsweise des Geistes gesagt hatte. Die Neuronenverbände ähnelten Genen, insofern sie in Hebbs Modell die Grundeinheiten des Denkens darstellten. Aber für sich allein genommen war ein Neuronenverband fast nichts. Ein Ton, ein Lichtblitz, ein Befehl zum Muskelzucken – das alles bedeutete nur dann etwas, wenn es in umfassendere Konzepte und komplexeres Verhalten eingebettet war.

Außerdem bereitete es Holland Bauchgrimmen, daß Fisher immer wieder schrieb, die Evolution erreiche ein stabiles Gleichgewicht – jenen Zustand, in dem eine Art zu ihrer optimalen Größe, ihrer optimalen Zahnschärfe, ihrer optimalen Tauglichkeit, zu überleben und sich fortzupflanzen, gelangt ist. Fishers Überlegung war im wesentlichen dieselbe, mit der Wirtschaftswissenschaftler das ökonomische Gleichgeweicht definieren: Wenn die Tauglichkeit einer Art maximal sei, schrieb er, vermindere jede Mutation diese Tauglichkeit. Die natürliche Auslese könne also keinen weiteren Veränderungsdruck ausüben. «Bei Fisher verlaufen die Überlegungen sehr häufig genau so», erläutert Holland. «Er sagt: ‹Aus folgendem Grund nimmt das System den Hardy-Weinberg-Gleichgewichtszustand an…› Das klang für mich nicht nach Evolution.»

Er kehrte zur Lektüre der Bücher Darwins und Hebbs zurück. Nein, Fishers Gleichgewichtskonzept klang überhaupt nicht nach Evolution. Fisher hielt es anscheinend für möglich, reine ewige Vollkommenheit zu erreichen. «Aber bei Darwin werden die Dinge im Laufe der Zeit immer vielfältiger. Damit hatte Fishers Mathematik nichts zu tun.» Und bei Hebb, der nicht von Evolution, sondern vom Lernen sprach, fand er dasselbe: Der Geist wird um so reicher, differenzierter und überraschender, je mehr Erfahrungen er sammelt.

Für Holland schienen Evolution und Lernen eher wie – ja, wie ein Spiel zu sein. In beiden Fällen, dachte er, gibt es etwas – er nannte es Agens –, das gegen seine Umwelt spielt und versucht, genug zu gewinnen, um weitermachen zu können. In der Evolution ist der Lohn buchstäblich das Überleben; das Agens hat Gelegenheit, seine Gene an eine spätere Generation weiterzugeben. Lernen wiederum wird belohnt, etwa durch Nahrung oder durch eine angenehme Erfahrung. Jedenfalls erhalten die Agenzien durch diese Belohnung (oder ihr Ausbleiben) die Rückkopplung, die es ihnen erlaubt, ihre Leistung zu verbessern. Wenn sie überhaupt «adaptiv» sein wollen, müssen sie irgendwie die Strategien befolgen, die sich lohnen und die anderen aussterben lassen.

Holland mußte immer wieder an Art Samuels Dame-Programm denken, das sich genau diese Art der Rückkopplung zunutze machte. Das Programm verbesserte seine Taktik laufend, während es Erfahrung sammelte und mehr über den Gegenspieler erfuhr. Jetzt erst erkannte Holland, wie vorausschauend Samuel gewesen war, als er sich auf Spiele konzentriert hatte. Der Vergleich mit dem Spiel schien für *jedes* adaptive System zu gelten. In der Wirtschaft hat die Belohnung die Form von Geld, in der Politik die Form von Macht und so weiter. Auf einer bestimmten Ebene sind all diese adaptiven Systeme im Grunde gleich. Sie ähneln also im Prinzip alle dem Schach- oder Damespiel: Die Menge der Möglichkeiten übersteigt jede Vorstellung. Ein Agens kann lernen, das Spiel besser zu spielen – das ist ja schließlich mit Adaptation gemeint. Aber die Wahrscheinlichkeit, daß es dabei den optimalen stabilen Gleichgewichtspunkt des Spiels findet, ist etwa so groß wie die, daß es irgend jemandem gelingen könnte, alle Züge beim Schachspiel vorauszusehen.

Kein Wunder, daß «Gleichgewicht» für ihn nicht nach Evolution klang. Es klang nicht einmal wie ein Kriegsspiel, das sich drei vierzehnjährige Kids in Wally Purmorts Hobbykeller zusammenschustern konnten. Gleichgewicht implizierte einen Endzustand. Für Holland dagegen war das Wesen der Evolution der Weg, die sich endlos entfaltende Überraschung: «Ich erkannte immer deutlicher: Unter den Dingen, die ich verstehen wollte, die mich neugierig machten, spielte das Gleichgewicht keine wichtige Rolle.»

Während Holland seine Dissertation schrieb, mußte er all dies im Hinterstübchen köcheln lassen. Doch als er 1959 seinen Doktorhut hatte, setzte er sich das Ziel, seine Überlegungen zu einer umfassenden Theorie der Adaptation auszuarbeiten. «Meine Vorstellung war: Wenn ich genetische Anpassung als langfristigste und Prozesse im Nervensystem als kurzfristigste Adaptation betrachte, müßten sich beide im selben theoretischen Gesamtrahmen beschreiben lassen.»

Er bemerkte, daß viele seiner Kollegen unter den Computerlogikern mit hochgezogenen Augenbrauen auf seine Pläne reagierten. Es war keine Feindseligkeit. Nur, diese allgemeine Theorie der Adaptation klang etwas verschroben. Konnte Holland seine Zeit nicht auf etwas Nützlicheres verwenden?

«Was ich tat, paßte nicht in die schönen vertrauten Kategorien. Es war keine Hardware. Es war auch keine Software. Und damals paßte es auch nicht in die Rubrik künstliche Intelligenz. Man konnte also keines der üblichen Kriterien anwenden, um zu einem Urteil zu kommen.»

Einen Menschen, nämlich Burks, brauchte er nicht lange zu überzeugen. «Ich habe John immer unterstützt», erzählt er. «Es gab mehrere Logiker, die meinten, was John da treibe, habe nichts mit ‹Computerlogik› zu tun. Sie waren viel konservativer. Aber ich habe ihnen gesagt: Laßt ihm seinen Willen – was er macht, ist für die Bewilligung von Forschungsmitteln genauso wichtig wie eure Arbeit.» Burks setzte sich durch. Schließlich hatte er den Studiengang ins Leben gerufen – seine Stimme zählte. Nach und nach verließen die Skeptiker das Team. Und 1964 erhielt Holland mit der Unterstützung Burks' einen Dauerposten in Michigan. «Vieles in diesen Jahren verdanke ich Art Burks, der immer eine Art Schutz und Schirm für mich war», sagt er.

Burks' Rückhalt gab Holland die nötige Sicherheit, sich mit aller Kraft der Theorie der Adaptation zuzuwenden. Er ließ um 1962 alle anderen Forschungsvorhaben ruhen und widmete sich fast nur noch seiner Theorie. Vor allem war er entschlossen, das Problem der Selektion mit mehr als einem Gen zu lösen – nicht nur, weil Fishers Prämisse der Unabhängigkeit von Genen ihn mehr als alles andere in diesem Buch geärgert hatte. Multiple Gene zu untersuchen war auch der aussichtsreichste Weg, diese Gleichgewichtsmanie zu überwinden.

Um Fisher Gerechtigkeit widerfahren zu lassen, sagt Holland, müsse man zugeben, das Gleichgewichtskonzept mache in der Tat Sinn, wenn man von unabhängigen Genen spreche. Betrachte man zum Beispiel eine Art mit tausend Genen, also ungefähr so kompliziert wie die Alge, und nehme man der Einfachheit halber an, daß jedes Gen nur in zwei Variationen vorkomme – etwa für grün und braun, gezackten Blattrand und glatten Blattrand und so weiter –, dann könne man sich fragen, wie oft die natürliche Auslese versucht haben muß, einen Gensatz zu finden, der die Algen so tauglich wie möglich macht.

Wenn man davon ausgehe, daß all diese Gene wirklich unabhängig seien, brauche man für jedes Gen nur zwei Versuche, um herauszufinden, welches sich besser eignet. Man müsse also mit jedem der tausend Gene zwei Versuche anstellen, zweitausend insgesamt. Das sei nicht sehr viel, und man könne erwarten, daß diese Algen recht schnell ihre maximale Tauglichkeit erreichen, einen Punkt, an dem die Art sich dann tatsächlich in einem evolutionären Gleichgewicht befinde.

Aber man überlege sich, was passiert, wenn diese Gene *nicht* unabhängig sind. Um in diesem Fall sicher ein Maximum an Tauglichkeit zu erreichen, würde die natürliche Auslese jetzt jede vorstellbare Kombination von Genen untersuchen müssen, weil ja jede Kombination eine andere Tauglichkeit haben könnte. Die Gesamtzahl dieser Kombinationen sei 2, tausendmal mit sich selbst multipliziert, also $2^{1000}$ oder etwa $10^{300}$ – eine so ungeheure Menge, daß selbst die Zahl der möglichen Züge im Schach dagegen verschwindend klein erscheine. «Die Evolution braucht gar nicht erst anzufangen, so viele Möglichkeiten auszuprobieren. Ganz gleich, wie gut unsere Computer werden, das schaffen wir nie.» Wenn jedes Elementarteilchen im beobachtbaren Universum ein Supercomputer wäre, der dies seit dem Urknall unablässig berechne, wäre die Lösung noch immer nicht einmal in Sichtweite gerückt. Das gelte für Algen. Menschen und andere Säugetiere hätten etwa hundertmal so viele Gene – und die meisten dieser Gene kämen in weit mehr als zwei Variationen vor.

Wieder einmal habe man also ein System, das in einem unendlich großen Raum der Möglichkeiten seinen Weg suche, aber keine realistische Hoffnung habe, je einen einzigen «besten» Ort zu finden. Die Evolution könne höchstens nach Verbesserungen streben, nicht nach Vollkommenheit. – Aber genau das war ja die Frage, die er sich 1962 zu beantworten vorgenommen hatte. Wie tut sie das? Das Verständnis der Evolution mit multiplen Genen war offensichtlich nicht nur eine triviale Frage des Ersetzens von Fishers Gleichungen mit einer Unbekannten durch Gleichungen mit vielen Unbekannten. Was Holland wissen wollte, war, wie die Evolution diesen ungeheuren Raum der Möglichkeiten erkunden und nützliche Kombinationen von Genen finden konnte, ohne jeden Quadratzentimeter durchforsten zu müssen.

Nun hatten die Forscher auf dem Gebiet der künstlichen Intelligenz schon mit einer ähnlichen Explosion der Möglichkeiten Erfahrung gesammelt. Zum Beispiel hatten Allen Newell und Herbert Simon schon Mitte der fünfziger Jahre in Pittsburg eine wichtige Untersuchung über menschliches Problemlösungsverhalten durchgeführt. Sie hatten Versuchspersonen gebeten, ihre Gedanken zu verbalisieren, während sie sich durch eine Vielzahl von Puzzles und Spielen – einschließlich Schach – hindurchkämpften. Aus den Ergebnissen dieser Tests schlossen sie, daß zur Problemlösung immer eine schrittweise geistige Suche in einem riesigen «Problemraum» von Möglichkeiten gehört, bei der jeder Schritt von einer heuristischen Daumenregel bestimmt wird: «Wenn die Lage *so* ist, sollte man *dies* versuchen.» Indem sie ihre Theorie in ein Programm umsetzten, den «General Problem Solver», und dieses Programm an denselben Puzzles und Spielen arbeiten ließen, zeigten Newell und Simon, daß sich menschliches Denken in einem Problemraum bemerkenswert gut reproduzieren läßt. Ihr Konzept der heuristischen Suche war mittlerweile auf dem besten Wege, eines der wichtigsten Fundamente der «Artificial Intelligence»-Forschung zu werden, und ihr Programm hat sich bis heute als eines der einflußreichsten in der jungen Geschichte dieser Disziplin bewährt.

Aber in Holland regten sich Zweifel. Bei der Evolution, dachte er, sei ja gerade entscheidend, daß es *keine* heuristischen Regeln, keinerlei Leitfaden gibt; nachfolgende Generationen erkunden den Raum der Möglichkeiten durch Mutationen und zufällige Neuverteilungen der Gene zwischen den Geschlechtern – kurzum, durch Versuch und Irrtum. Darüber hinaus führen diese nachfolgenden Generationen ihre Suche nicht schrittweise durch, sondern parallel: Jedes Mitglied der Population hat einen etwas anderen Satz von Genen und erkundet ein etwas anderes Raumsegment. Und trotz dieser Unterschiede erzeugt die Evolution genausoviel Kreativität und Überraschung wie geistige Aktivität. Holland folgerte daraus, daß die wirklich vereinheitlichenden Prinzipien für die Adaptation tiefer lagen. Aber wo?

Anfangs hatte er nur diese Eingebung gehabt, daß bestimmte Gene gut kooperieren und kohärente, sich verstärkende Einheiten bilden. Ein Beispiel wäre das Gen-Cluster, das einer Zelle mitteilt, wie sie einem Glukosemolekül Energie entnehmen kann, ein anderes das Gen-Cluster, das die Zellteilung regelt, oder jenes, das bestimmt, wie sich Zellen zu Geweben verbinden. Holland sah auch Analogien zu Hebbs Theorie des Gehirns; eine Reihe gleichgestimmter Neuronenverbände bildet einen kohärenten Begriff wie zum Beispiel «Pferd» oder bewirkt eine koordinierte Bewegung, etwa das Heben eines Arms.

Aber je mehr Holland über diese Vorstellung kohärenter, sich selbst verstärkender Cluster nachdachte, um so subtiler erschien sie ihm. Zum einen ließen sich dafür fast überall analoge Beispiele finden: Unterprogramme in einem Computerprogramm. Abteilungen in einer Behörde. Spieleröffnungen im Rahmen einer umfassenden Strategie des Schachspiels. Zudem fanden sich solche Beispiele auf jeder Organisationsebene. Wenn ein Cluster kohärent und stabil genug ist, wird es gewöhnlich zum Baustein eines größeren Clusters. Zellen werden zu Gewebe, Gewebsschichten zu Organen, Organe zu Organismen, Organismen zu Ökosystemen – und so weiter. Das, dachte Holland, ist es, worum es bei dieser «Emergenz» letztlich geht: Bausteine der einen Ebene kombinieren sich auf einer höheren Ebene zu neuen Bausteinen. Das ist anscheinend eines der grundlegenden Organisationsprinzipien der Welt. Es scheint sich in jedem komplexen adaptiven System zu offenbaren, das man betrachtet.

Aber warum? Diese hierarchische Bausteinstruktur der Dinge ist so allgegenwärtig wie Luft. Sie ist so weitverbreitet, daß wir niemals darüber nachdenken. Aber wenn man darüber nachdenkt, fordert sie eine Erklärung: Warum ist die Welt so strukturiert?

Dafür scheint es genug Gründe zu geben. Computerprogrammierer lernen, komplexe Aufgaben in Unterprogramme zu zerlegen, weil kleine, einfache Probleme sich leichter lösen lassen als große, vertrackte – getreu dem alten Grundsatz «Teile und herrsche». Große Organismen wie Wale oder Mammutbäume bestehen aus Billionen winziger Zellen, weil die Zellen zuerst da waren; als vor etwa 570 Millionen Jahren die ersten großen Pflanzen und Tiere auf der Erde erschienen, war es offensichtlich leichter für die natürliche Selektion, die schon existierenden Einzeller zusammenzufügen, als große neue Protoplasmagebilde zu bauen. Ein Konzern hat viele Abteilungen und Unterabteilungen, weil der Aufsichtsratsvorsitzende es vorzieht, nicht mit einer halben Million Angestellten direkt zu verhandeln; der Tag hätte nicht genug Stunden.

Beim Nachdenken darüber kam Holland jedoch zu der Überzeugung, daß der wichtigste Grund noch tiefer lag; er sah ihn darin, daß eine hierarchische Bausteinstruktur starken Einfluß auf die Fähigkeit eines Systems hat, zu lernen, sich zu entwickeln und besser anzupassen. Man denke an die Bausteine unseres Denkens, erläutert Holland, zu denen Begriffe wie «rot», «Auto» und «Straße» gehören. Hätten sie einmal die Mühle der Erfahrung durchlaufen, seien wir im allgemeinen in der Lage, sie zu adaptieren und neu zu kombinieren, bis sich daraus viele neue Begriffe bilden ließen, etwa: «Am Straßenrand steht ein rubinroter Saab.» Das ist sicherlich ein besserer Weg, etwas Neues zu erschaffen, als jedesmal ganz von vorn anzufangen. Und es legt wiederum einen neuen Mechanismus für Anpassung überhaupt nahe. Statt schrittweise diesen ungeheuren Raum der Möglichkeiten zu durchmessen, kann ein adaptives System seine Bausteine umordnen und große Sprünge machen.

Holland veranschaulicht das am liebsten damit, wie früher nach Zeugenaussagen ein Phantombild von einem Verdächtigen hergestellt wurde. Man gliederte dazu das Gesicht in beispielsweise zehn Partien: Haaransatz, Stirn, Augen, Nase und so weiter bis zum

Kinn. Der Zeichner hatte dann Papierstreifen mit, sagen wir, zehn verschiedenen Nasen, zehn verschiedenen Haaransätzen und so weiter. Vor ihm lagen also hundert Papierstücke, sagt Holland, und so ausgerüstet sprach der Zeichner mit dem Zeugen und stellte die geeigneten Stücke zusammen. Natürlich konnte der Zeichner mit den Papierstreifen nicht jedes vorstellbare Gesicht erzeugen, aber er kam der Sache sehr nahe, denn durch Umordnen der hundert Papierstücke ließen sich insgesamt zehn Milliarden verschiedene Gesichter legen, genug, um den Raum der Möglichkeiten recht weitgehend zu erfassen. «Wenn ich also einen Vorgang habe, der Bausteine entdecken kann, arbeitet die Kombinatorik *für* und nicht gegen mich. Ich kann viele komplizierte Dinge mit relativ wenigen Bausteinen beschreiben.»

Darin, das wurde ihm klar, lag der Schlüssel zu dem Rätsel der multiplen Gene. «Bei der Evolution kommt es nicht darauf an, einfach nur ein gutes Tier hervorzubringen, sondern gute Bausteine zu finden, die sich zu guten Tieren zusammensetzen lassen.» Jetzt fühlte er sich herausgefordert, präzise und stringent zu beweisen, wie das vor sich gehen kann. Der erste Schritt, beschloß er, war die Herstellung eines Computermodells. Dieser «genetische Algorithmus» sollte den Vorgang veranschaulichen und ihm selbst helfen, die Dinge klarer zu sehen.

Irgendwann hat wohl schon jeder, der in Michigan mit der Computerwissenschaft zu tun hat, John Holland mit einem Stapel Endlospapier voller Computerausdrucke auf sich zustürzen sehen.

«Schau dir das an!» sagt er dann und zeigt eifrig auf etwas, das mitten auf einer Seite mit hexadezimalem Kauderwelsch steht.

«Oh. CCB1095E. Das ist – prima, John.»

«Nein! Nein! Weißt du, was das bedeutet...!?»

Anfang der sechziger Jahre gab es recht viele Menschen, die das nicht wußten und es auch beim besten Willen nicht herausfinden konnten. Hollands skeptische Kollegen hatten zumindest in einer Hinsicht recht gehabt: Der genetische Algorithmus, den Holland schließlich erarbeitete, war verschroben. Höchstens in einem ganz buchstäblichen Sinne war er überhaupt ein wirkliches Computerprogramm. In seinem Inneren entsprach er eher einem simulierten Ökosystem – einer Art digitalem Serengeti, in dem ganze Populationen von Programmen im Wettbewerb miteinander stehen und sich paaren und von einer Generation zur nächsten fortpflanzen und immer weiter ihren Weg zur Lösung des Problems suchen, das der Programmierer ihnen gestellt hat.

So schrieb man gewöhnlich keine Programme. Wenn Holland seinen Kollegen also erklären wollte, warum das, was er tat, sinnvoll war, formulierte er es am liebsten ganz praktisch. Normalerweise, sagte er ihnen, stellen wir uns ein Computerprogramm als eine Reihe von Befehlen vor, die in einer bestimmten Programmiersprache geschrieben werden. Die ganze Kunst des Programmierens bestehe darin, sicher zu sein, daß man die richtigen Anweisungen in genau der richtigen Reihenfolge aufgeschrieben hat. Das sei offensichtlich die effektivste Art, es zu tun – *wenn* man schon genau wisse, was der Computer leisten soll. Aber nehmen wir an, man wüßte das nicht. Nehmen wir zum Beispiel an, man wolle den Maximalwert einer komplizierten mathematischen Funktion finden. Die Funktion könne Profit oder Wählerstimmen oder die Stückzahl von Industrieprodukten oder was auch immer darstellen; die Welt sei voller Dinge, die maximiert werden müssen, und die Programmierer hätten dazu jede Menge raffinierter Computermodelle entwickelt. Und doch könne selbst der beste dieser Algorithmen nicht garantieren, daß man in jeder Situation das richtige Maximum erhalte. Auf irgendeiner Ebene müsse man sich immer altmodisch auf Versuch und Irrtum verlassen und einfach raten.

Wenn das aber der Fall sei, wenn man sich sowieso auf Versuch und Irrtum verlasse, dann lohne es sich vielleicht zu sehen, was man mit dem Rateverfahren der Natur anfangen könne – nämlich mit der natürlichen Auslese. Statt zu versuchen, ein Programm zu schreiben, das eine Aufgabe lösen soll, ohne genau zu wissen, wie, könne man die Voraussetzungen schaffen, daß sich die Lösung von selbst entwickle.

Der genetische Algorithmus stelle eine solche Möglichkeit dar. Um zu sehen, wie das funktioniere, vergesse man den FORTRAN-Code und gehe tief ins Eingeweide des Computers hinein, wo das Programm als eine Reihe von Einsen und Nullen dargestellt werde: 11010011110001100100010100111011..., und so weiter. In dieser Form ähnele das Programm ganz stark einem Chromosom, wobei jede Ziffer ein einzelnes «Gen» darstelle. Wenn man anfange, sich den binären Code in biologischer Form vorzustellen, könne man ihn aufgrund derselben biologischen Analogie dazu bringen, sich zu entwickeln, eine Evolution zu durchlaufen.

Zunächst müsse der Computer eine Population von etwa hundert dieser digitalen Chromosomen erzeugen, die sich alle irgendwie zufällig voneinander unterscheiden. Jedes Chromosom entspreche sozusagen einem einzelnen Zebra einer Herde von Zebras. (Der Einfachheit zuliebe und weil Holland sich auf die Essenz der Evolution beschränken wollte, berücksichtigt der genetische Algorithmus solche Einzelheiten wie Hufe und Magen und Gehirne nicht. Er stellt das Einzelwesen als ein einzelnes Stück nackter DNA dar. Der Praktikabilität halber durften Hollands binäre Chromosomen höchstens einige Dutzend Ziffern lang sein, so daß sie eigentlich keine vollen Programme darstellten, sondern nur Bruchstücke. Aber das alles hatte keinen Einfluß auf das Grundprinzip des Algorithmus.)

Zweitens, sagte Holland, überprüfe man jedes einzelne Chromosom an dem zu bearbeitenden Problem, indem man es als Computerprogramm laufen lasse und ihm dann einen Wert zuschreibe, der angebe, wie gut es sich bewährt habe. Biologisch gesehen bestimme dieser Wert, wie tauglich das Lebewesen und wie hoch damit die Wahrscheinlichkeit für erfolgreiche Fortpflanzung sei. Je tauglicher, um so besser die Aussichten, vom genetischen Algorithmus ausgelesen zu werden und die Gene an die nächste Generation weitergeben zu dürfen.

Drittens nehme man jene Individuen, die man für die Reproduktion ausgelesen hat, und erschaffe eine neue Generation von Lebewesen durch geschlechtliche Fortpflanzung, während der Rest absterbe. In der Praxis lasse der genetische Algorithmus natürlich Geschlechtsunterschiede, die Balz, das Vorspiel, die Vereinigung von Ei und Samenzelle und all die anderen Feinheiten der geschlechtlichen Fortpflanzung außer Betracht und bringe die neue Generation allein durch den Austausch genetischen Materials hervor. Schematisch gesehen wähle der Algorithmus ein Paar von Lebewesen mit den Chromosomen *ABCDEFG* und *abcdefg* aus, breche jedes irgendwo in der Mitte entzwei und vertausche dann die Stücke, um so die Chromosomen für die Nachkommen zu erhalten: *ABCDefg* und *abcdEFG*. (Holland hatte dies den richtigen Chromosomen abgeguckt, bei denen diese Art des Austausches, das «Cross-over», sehr häufig vorkommt.)

Schließlich stünden die durch diesen geschlechtlichen Austausch von Genen erzeugten Chromosomen in einer neuen Generation wieder im Wettbewerb miteinander und mit ihren Eltern. Das sei sowohl beim genetischen Algorithmus als auch bei der Darwinschen natürlichen Auslese der entscheidende Schritt. Ohne den Austausch wären die Nachkommen identisch mit ihren Eltern und die Population auf dem Weg zur Stagnation. Die weniger erfolgreichen Individuen würden allmählich aussterben und die erfolgreicheren niemals besser. Durch den Austausch jedoch seien die Nachkommen ihren Eltern ähnlich und doch verschieden – und manchmal besser. Wenn das passiere, hätten diese Verbesserungen gute Chancen, sich in der Population zu verbreiten und sie deutlich zu verbessern. Die natürliche Auslese sei eine Art aufwärts gerichteter Mechanismus.

In wirklichen Lebewesen bewirkten natürlich Mutationen, Schreibfehler im genetischen Code, eine ganze Menge zusätzlicher Variationen. Und in der Tat lasse der genetische Algorithmus gelegentlich Mutationen zu, indem er absichtlich eine 1 mit einer 0 vertausche oder umgekehrt. Für ihn sei das Entscheidende am genetischen Algorithmus der geschlechtliche Austausch der Gene. Nicht nur sorge er in der Population für Variation, sondern er sei auch ein gutes Verfahren, Gen-Cluster zu finden, die gut zusammenwirkten und zu überdurchschnittlicher Tauglichkeit führten – also Bausteine seien.

Nehmen wir zum Beispiel an, man lasse den genetischen Algorithmus an einem der Optimierungsprobleme arbeiten, wo er nach einer Möglichkeit suche, den Maximalwert einer komplizierten Funktion zu finden. Nehmen wir weiterhin an, die Digitalchromosomen in der internen Population des Algorithmus, zum Beispiel 11####11#10###10 oder ##1001###11101##, erhielten bei bestimmten binären Genmustern sehr hohe Werte. (Holland benutzte das Zeichen # als Statthalter für «ist egal»; an diesen Stellen könnte eine 1 oder eine 0 stehen.) Solche Muster dienten dann als Bausteine, sagte er. Vielleicht bezeichneten sie zufällig Bereiche für die Variablen, in denen die Funktion in der Tat überdurchschnittliche Werte habe. Aber unabhängig davon seien die Chromosomen, die solche Bausteine enthalten, in der Lage, sich zu entfalten und in der Population zu verbreiten und Chromosomen zu ersetzen, die sie nicht haben.

Außerdem, fügte er hinzu, ermögliche die sexuelle Reproduktion es den digitalen Chromosomen, ihr genetisches Material in jeder Generation umzuordnen; es entstünden also in der Population ständig neue Bausteine und neue Kombinationen der existierenden Bausteine. Der genetische Algorithmus erzeuge dadurch sehr bald Individuen, die doppelt und dreifach mit guten Bausteinen gesegnet seien. Und wenn diese Bausteine zusammenwirkten und zusätzliche Vorteile böten, dann, so konnte Holland zeigen, verbreiteten sich die Individuen, die über sie verfügten, noch rascher als zuvor in der Population. Schließlich also konvergiere der genetische Algorithmus ziemlich rasch zur Lösung – ohne sie zuvor gekannt zu haben.

Holland erinnert sich, wie aufgeregt er war, als er sich Anfang der sechziger Jahre diese Zusammenhänge klarmachte. Seine Zuhörer jedoch schienen sich nie besonders dafür begeistern zu können. Damals hatten die meisten seiner Kollegen auf dem noch jungen Gebiet der Computerwissenschaften das Gefühl, sie hätten mehr als genug damit zu tun, die Grundlagen für die Standardverfahren des Programmierens zu schaffen. Die Idee, ein Programm sich aus sich selbst heraus entwickeln zu lassen, hatte für sie keinen praktischen Bezug. Aber das störte Holland wenig. Genau danach hatte er gesucht, seit er sich daran gemacht hatte, Fishers Prämisse der unabhängigen Gene zu verallgemeinern. Reproduktion und Cross-over boten die Möglichkeiten, Genbausteine entstehen und sich entwickeln zu lassen, und stellten, keineswegs unwichtig, ein Verfahren dar, wie eine Population von Individuen den Raum der Möglichkeiten mit eindrucksvoller Effizienz erkunden kann. Später, Mitte der sechziger Jahre, hat Holland dann das bewiesen, was er das Schema-Theorem nannte, einen Hauptsatz für genetische Algorithmen: Wenn es Reproduktion, Cross-over und Mutation gibt, wächst fast jedes kompakte Gen-Cluster, das überdurchschnittliche Tauglichkeit gewährleistet, in der Population exponentiell an. (Mit «Schema» bezeichnete Holland jedes spezielle Genmuster.)

«Als ich das Schema-Theorem endlich in eine Form gebracht hatte, die mir gefiel, fing ich an, mein Buch zu schreiben», sagt er.

## *Emergenz des Geistes*

«Das Buch» – es handelt vom Schema-Theorem, dem genetischen Algorithmus und seinen Gedanken zur Adaptation im allgemeinen – hatte Holland im Laufe von ein, zwei Jahren fertigstellen wollen. Tatsächlich brauchte er ein Jahrzehnt. Immer wieder stieß er, während er gleichzeitig das Buch schrieb und weiter forschte, auf neue Gedanken, die er verfolgen, oder einen neuen Aspekt, den er analysieren wollte. Er ließ mehrere seiner fortgeschrittenen Studenten an Computerexperimenten arbeiten, die demonstrierten, daß der genetische Algorithmus wirklich eine nützliche und wirksame Möglichkeit zur Lösung von Optimierungsproblemen darstellte. Holland hatte das Gefühl, er schaffe damit die Grundlagen für die Theorie und Praxis der Adaptation, und er wollte, daß es *richtig* gemacht werde – in allen Einzelheiten, präzise und streng.

Diesem Vorsatz scheint er treu geblieben zu sein. Als das Buch ‹*Adaptation in Natural and Artificial Systems*› 1975 veröffentlicht wurde, war es vor lauter Gleichungen und Analysen kaum genießbar. Es stellt die Essenz von zwei Jahrzehnten Nachdenken über den tiefen Zusammenhang von Lernen, Evolution und Kreativität dar und schildert den genetischen Algorithmus bis ins einzelne.

In der weiten Welt der Computerwissenschaften außerhalb von Michigan jedoch wurde das Buch ignoriert, und das lag nicht zuletzt an Holland selbst, der wenig dafür tat, die Zunft auf sich und seine Theorie aufmerksam zu machen. Er veröffentlichte ein paar Aufsätze, hielt Vorträge, wenn er dazu eingeladen wurde. Und das war auch schon fast alles. Weder focht er auf wichtigen Konferenzen für genetische Algorithmen, noch pries er deren praktische Verwertbarkeit, etwa in der medizinischen Diagnose, an, um Investoren herbeizulocken. Weder bewarb er sich um Forschungsgelder, um ein «Labor» für genetische Algorithmen aufzubauen, noch veröffentlichte er ein populärwissenschaftliches Buch.

Kurz, er machte einfach bei dem Spiel der akademischen Selbstdarstellung nicht mit. Das scheint das einzige Spiel zu sein, das ihm nicht liegt. Bei diesem Spiel scheint es ihm nichts auszumachen, ob er gewinnt oder verliert. Bildlich gesprochen zieht er es immer noch vor, mit Freunden im Hobbykeller herumzuwerkeln. «Es ist wie beim Fußball», sagt er. «Ob man mit Freunden auf der Wiese spielt oder in einer Liga – es kommt darauf an, daß es Spaß macht. Ich habe die Wissenschaft immer so betrieben, daß sie mir viel Spaß macht.»

«Ich denke, es hätte mir nicht gefallen, wenn *niemand* mir zugehört hätte», fügt er hinzu. «Aber ich habe immer sehr viel Glück gehabt, weil ich gescheite und interessierte Studenten hatte, mit denen ich meine Gedanken erörtern konnte.»

Von etwa 1975 an traf sich Holland einmal im Monat mit einer Gruppe gleichgesinnter Kollegen zu einem Seminar über praktisch alles, was irgendwie mit Evolution oder Adaptation zu tun hatte. Neben Burks gehörten zu dieser Gruppe Robert Axelrod, ein Politologe, der verstehen wollte, warum und wann Menschen zusammenarbeiten, statt einander in den Rücken zu fallen, Michael Cohen, ebenfalls Politologe, der sich mit sozialer Dynamik in Organisationen befaßte, und der Evolutionsbiologe William Hamilton, der zusammen mit Axelrod Symbiose, Sozialverhalten und andere Formen biologischer Kooperation erforschte.

«Mike Cohen war der Katalysator», erinnert sich Holland. Das war kurz nach der Veröffentlichung von ‹*Adaptation*›. Cohen, der eine Vorlesung Hollands besucht hatte, stellte sich ihm eines Tages vor und sagte: «Sie sollten einmal mit Bob Axelrod sprechen.» Holland tat das und lernte durch Axelrod bald Hamilton kennen. Die BACH-Gruppe – Burks, Axelrod, Cohen, Hamilton und Holland – verschmolz rasch zu einer Einheit. (Sie hätten fast noch ein «K» in ihren Namen einfügen müssen, denn sehr bald schon versuchten sie, Stuart Kauffman für sich zu gewinnen, verloren ihn aber an die University of Pennsylvania.) «Uns verband das große Interesse an der Mathematik», sagt Holland, «und wir hatten alle das Gefühl, die Themen gingen weit über jedes Einzelproblem hinaus. Wir trafen uns regelmäßig: Wenn jemand auf eine Arbeit aufmerksam geworden war, diskutierten wir sie gemeinsam. So übten wir uns in exploratorischem Denken.»

Das galt besonders für Holland. Das Buch war jetzt fertig, aber seine Gespräche in der BACH-Gruppe machten deutlich, was noch zu tun war. Mit dem genetischen Algorithmus und dem Schema-Theorem war die Evolution in ihren Grundzügen erfaßt, davon war er weiterhin überzeugt. Doch wurde er das Gefühl nicht los, daß sein auf dem genetischen Algorithmus basierendes Modell der Evolution noch viel zu skeletthaft war. Irgend etwas fehlte offenbar einer Theorie, in der «Organismen» lediglich von einem Programmierer entworfene Stücke der DNA sind. Was konnte eine solche

Theorie über komplexe Lebewesen aussagen, die sich in einer komplexen Umwelt herausbilden? Nichts. Der genetische Algorithmus war für sich allein einfach noch kein adaptives Agens.

Und damit war er auch kein Modell für Adaptation im menschlichen Denken. Da er sich so explizit auf biologische Phänomene bezog, konnte er nichts darüber aussagen, wie komplexe Begriffe wachsen, sich in Wechselwirkung mit der Umwelt entwickeln und im Geist neu zusammenfügen. Diese Tatsache wurde für Holland immer frustrierender. Fast 25 Jahre, nachdem er zum erstenmal von Donald Hebbs Gedanken gehört hatte, war er noch immer davon überzeugt, daß die Adaptation im Denken und in der Natur nur zwei verschiedene Erscheinungsformen desselben Geschehens sind und somit durch *eine* Theorie beschrieben werden konnten.

So machte sich Holland in der zweiten Hälfte der siebziger Jahre daran, diese Theorie zu finden.

Zurück zu den Grundlagen. Ein adaptives Agens spielt ständig ein Spiel mit seiner Umgebung. Was bedeutet das genau? Wovon hängt es ab, ob Spiele spielende Agenzien überleben und gedeihen?

Von zweierlei, entschied Holland: Vorhersage und Rückkopplung. Diese Einsicht konnte er bis in seine Zeit bei IBM zurückverfolgen, bis zu seinen Gesprächen mit Art Samuel über den Damespieler.

Vorhersage ist Vorausdenken. Er erinnert sich, wie oft Samuel das betonte. «Entscheidend für ein gutes Dame- oder Schachspiel ist, daß man den nicht unmittelbar naheliegenden Zügen, die für das Spiel ausschlaggebend sein können, Bedeutung beimißt», erklärt Holland – den Zügen also, die sich später als vorteilhaft erweisen. Die Vorhersage hilft, Gelegenheiten wahrzunehmen und Fallen zu vermeiden. Ein Agens, das vorausdenken kann, hat offensichtlich gegenüber dem, das dazu nicht fähig ist, einen Vorteil.

Aber der Begriff der Vorhersage stellt sich auch als mindestens so schwierig heraus wie der der Bausteine, sagt Holland. Gewöhnlich stellen wir uns eine Vorhersage als ganz bewußten Denkprozeß auf der Basis eines klar umrissenen Modells von der Welt vor. Solche Modelle gibt es reichlich, und sie führen zu Prognosen aller Art. Jeder hat solche Modelle im Kopf, etwa wenn wir uns ausmalen, wie eine neue Couch in unser Wohnzimmer passen würde, oder wenn ein Angestellter sich vorstellt, welche Folgen es haben könnte, wenn er seinem Chef die Meinung sagt. Wir benutzen diese «geistigen Modelle» so oft, daß manche Psychologen sie für die Grundlage allen bewußten Denkens halten.

Aber für Holland führte das Konzept von Vorhersage und Modell weit über das bewußte Denken und damit weit über die Existenz von Gehirnen hinaus. «*Jedes* komplexe adaptive System – Wirtschaft, Denken, Lebewesen – macht sich Modelle, die es ihm erlauben, die Welt zu antizipieren», erklärt er. Sogar Bakterien. Viele verfügen über spezielle Enzymsysteme, die sie auf stärkere Glukosekonzentrationen zuschwimmen lassen. Implizit modellieren diese Enzyme einen entscheidenden Aspekt der Welt der Bakterien: Sie «wissen» irgendwie, daß chemische Stoffe sich von ihrer Quelle her ausbreiten und in größerer Entfernung weniger konzentriert sind. Und gleichzeitig enkodieren die Enzyme eine implizite Vorhersage: Wenn man dorthin schwimmt, wo die Konzentration höher ist, findet man wahrscheinlich etwas Nahrhaftes. «Das ist kein bewußtes Modell», sagt Holland. «Aber es bringt diesem Organismus einen Vorteil gegenüber allen, die dem Gradienten nicht folgen.»

Etwas ähnliches lasse sich beim Viceroy beobachten. Dieser Schmetterling sei ein auffälliges, orange und schwarz gefärbtes Insekt, ein Leckerbissen für Vögel – wenn sie es fressen würden. Das aber täten sie selten, weil er ein Flügelmuster entwickelt hat, das dem des scheußlich schmeckenden Wandermonarchen ähnelt, den jeder Jungvogel früh zu vermeiden lerne. Die DNA des Viceroy enkodiere also ein Weltmodell, zu dem die Existenz von Vögeln, die Existenz des Wandermonarchen und die Existenz abscheulich schmeckender Nahrung gehören. Und jeden Tag flattere der Viceroy von einer Blume zur nächsten und setze im Grunde ständig sein Leben in der Annahme aufs Spiel, daß sein Modell zutrifft.

Das gleiche Geschehen spiele sich auch in einem ganz anderen Organismus ab, nämlich einem Unternehmen. Man stelle sich vor, eine Firma erhalte eine routinemäßige Bestellung von, sagen wir, zehntausend Dingsdas. Da es sich um einen Routineauftrag handle, sorgten die Arbeiter, ohne weiter darüber nachzudenken, einfach für die Fertigung der bestellten Dingsdas, indem sie nach einem «Standardverfahren» vorgingen, also nach einer Reihe von Regeln der Form: «Wenn Situation ABC vorliegt, führe Handlung XYZ aus.» Genau wie bei einem Bakterium oder dem Viceroy enkodierten diese Regeln ein Modell der Firmenwelt und eine Vorhersage: «Wenn Situation ABC vorliegt, *lohnt sich Handlung XYZ und führt zu guten Ergebnissen.*» Es komme nicht darauf an, ob den Arbeitern dieses Modell bekannt sei. Schließlich lernten wir oft rein mechanisch, ohne lange nach dem Wozu und Warum zu fragen. Wenn die Firma schon seit einiger Zeit bestehe, erinnere sich vielleicht niemand mehr daran, warum etwas so und nicht anders gemacht wird. Trotzdem verhalte sich die Firma bei der Ausführung des Standardverfahrens als Ganzes so, als verstünde sie das Modell vollkommen.

Im kognitiven Bereich sei alles, was wir als «Fertigkeit» oder «Kompetenz» bezeichneten, ein implizites Modell – oder, genauer gesagt, ein großes Set miteinander verbundener Standardverfahren, die dem Nervensystem eingeprägt und dann durch jahrelange Erfahrung verfeinert worden seien. Man stelle einem erfahrenen Physiklehrer eine Übungsaufgabe aus dem Lehrbuch; er würde keine Zeit damit verlieren, alle Formeln, die er benötigt, hinzukritzeln, wie ein Neuling es mache. Vielmehr sähe er praktisch sofort den Lösungsweg.

Hollands Lieblingsbeispiel für implizite Kompetenz ist die Kunst der mittelalterlichen Dombaumeister. Sie hatten nicht, wie heutige Architekten, die Möglichkeit, die Kräfte oder Belastungsgrenzen der großen gotischen Kathedralen zu berechnen. Im zwölften Jahrhundert gab es weder die moderne Physik noch die Statik. Vielmehr bauten sie die hohen Deckengewölbe und massiven Stützpfeiler nach Standardverfahren, die der Meister den Schüler lehrte – Daumenregeln, die ihnen ein Gefühl dafür gaben, welche Strukturen halten und welche zusammenbrechen würden. Ihr physikalisches Modell war vollkommen implizit und intuitiv. Und doch konnten diese Baumeister Bauten errichten, die sich bis heute, fast tausend Jahre später, erhalten haben.

Dafür gebe es massenweise Beispiele, fährt Holland fort. Die DNA selbst sei ein implizites Modell: «Unter den Bedingungen, die wir erwarten», sagen die Gene, «hat der durch uns spezifizierte Organismus gute Überlebenschancen.» Auch die Kultur sei ein implizites Modell, ein reicher Komplex von Mythen und Symbolen, die implizit die Anschauungen, die ein Volk von seiner Welt hat, und die Regeln für richtiges Verhalten festlegten.

Modelle und Vorhersagen gebe es also überall. Aber – woher kommen die Modelle? Wie findet ein System, ob natürlich oder künstlich, so viel über seine Welt heraus, daß es zukünftige Ereignisse vorhersagen kann? Es helfe gar nichts, dabei von «Bewußtsein» zu sprechen. Die meisten Modelle seien ganz offensichtlich nicht bewußt, wie man am nahrungsuchenden Bakterium sehe, das nicht einmal ein Gehirn hat. Und außerdem würde das weitere Fragen provozieren: Woher kommt das Bewußtsein? Wer programmiert den Programmierer?

Letztlich, sagt Holland, müsse die Antwort darauf «Niemand» lauten. Denn wenn es im Hintergrund tatsächlich einen Programmierer gebe, dann sei damit nicht wirklich etwas erklärt. Das Rätsel sei nur verschoben worden. Aber glücklicherweise gebe es eine Alternative, nämlich die Rückkopplung aus der Umgebung. Es sei Darwins große Einsicht gewesen, daß ein Agens sein internes Modell ohne jede Intervention übersinnlicher Phänomene verbessern könne. Es brauche nur die Modelle auszuprobieren und zu beobachten, wie gut sich ihre Vorhersagen in der wirklichen Welt bewähren, und – wenn das Modell die Erfahrung überlebe – die Modelle so anzupassen, daß sie sich das nächste Mal besser bewähren. In der Biologie seien die Agenzien natürlich die einzelnen Organismen, die Rückkopplung geschehe durch die natürliche Auslese, und die stetige Verbesserung der Modelle heiße Evolution. Beim Denken sei der Vorgang im wesentlichen derselbe: Das Agens sei der Geist eines einzelnen, die Rückkopplung komme von Lehrern und unmittelbarer Erfahrung, und die Verbesserung heiße Lernen. Genauso habe Samuels Dame-Programm funktioniert. Jedenfalls müsse ein adaptives Agens in der Lage sein, sich zunutze zu machen, was die Welt ihm vermittle.

Die nächste Frage war natürlich: Wie macht es das? Holland besprach das Grundkonzept ausführlich mit seinen Kollegen in der BACH-Gruppe. Aber am Ende zeigte sich nur eine Möglichkeit, seine Ideen zu konkretisieren: Er mußte ein computersimuliertes adaptives Agens entwickeln, genau wie er fünfzehn Jahre zuvor ein Modell der genetischen Algorithmen entwickelt hatte.

Leider fand er die etablierte «Artificial Intelligence»-Forschung 1977 genausowenig hilfreich, wie sie es 1962 gewesen war. Zwar hatte sie in der Zwischenzeit eindrucksvolle Fortschritte gemacht, vor allem auf dem Gebiet der Expertensysteme, überraschend effektiver Programme, die die Kompetenz etwa eines Arztes modellierten, indem sie Hunderte von Regeln anwandten.

Aber Holland interessierte sich nicht für die Anwendungen. Er wünschte sich eine grundlegende Theorie adaptiver Agenzien. Soweit er sehen konnte, waren in den letzten zwei Jahrzehnten Fortschritte auf dem Gebiet der künstlichen Intelligenz um den Preis erkauft worden, daß fast alles Wichtige unbeachtet geblieben war, angefangen bei Lernprozessen und der Rückkopplung aus der Umgebung. Für ihn war Rückkopplung *der* fundamentale Vorgang. Und doch schienen fast alle, die auf dem Gebiet arbeiteten, zu glauben, Lernen sei etwas, mit dem man sich später beschäftigen könne, wenn ihre Programme für Mustererkennung oder Problemlösung oder andere Formen abstrakten Denkens liefen. Die Erfinder von Expertensystemen sprachen stolz von «knowledge engineering» – «Wissenstechnik»; die für ein Expertensystem nötigen Regeln stellten sie auf, indem sie monatelang mit Fachleuten zusammensaßen: «Was würdet ihr in *dieser* Situation tun? Und was in jener?»

Holland verstand diesen Eifer nicht. Lernen ist für kognitive Prozesse so grundlegend wie die Evolution für die Biologie. Deshalb mußte es doch wohl von Anfang an in die Programmentwicklung integriert werden. Hollands Ideal war immer noch das neuronale Netzwerk von Hebb, in dem die Nervenimpulse eines jeden Gedankens die Verbindungen stärken, die überhaupt das Denken ermöglichen. Denken und Lernen sind nur zwei Seiten desselben Vorgangs im Gehirn, davon war Holland überzeugt. Dieser grundlegenden Einsicht wollte er mit seinen adaptiven Agenzien nachspüren.

Andererseits wollte Holland nicht wieder zu Simulationen neuronaler Netze zurückkehren. Ein Vierteljahrhundert nach dem IBM 701 waren die Computer noch immer nicht in der Lage, eine Hebbsche Simulation in dem von ihm gewünschten Maßstab durchzuführen. Zwar hatten neuronale Netze in den sechziger Jahren unter dem Namen «Perzeptronen» – Systeme, die darauf spezialisiert waren, Gestalten und Formen in einem Gesichtsfeld zu erkennen – eine kurze Blütezeit erlebt. Aber diese Perzeptronen waren stark vereinfachte Versionen dessen, was Hebb vorgeschwebt hatte, und konnten nichts hervorbringen, was einem synchronisierten Neuronenverband ähnelt. (Sie waren auch nicht sehr gut im Erkennen von Mustern, und deswegen waren sie bald wieder aus der Mode gekommen.) Auch die neueren neuronalen Netze, die Ende der siebziger Jahre gerade modern wurden und seitdem viel Aufmerksamkeit erhalten haben, beeindruckten Holland nicht sehr. Sie seien etwas raffinierter als Perzeptronen, sagt er. Aber auch sie könnten keine Neuronenverbände erzeugen. Die meisten Versionen hätten überhaupt keine Synchronisierung; alle Signale rasten nur in einer Richtung durch das Netzwerk, von vorn nach hinten. «Diese Netze sind gut für Reiz-Reaktions-Verhalten und Mustererkennung. Aber im großen und ganzen berücksichtigen sie nicht die Notwendigkeit interner Rückkopplung, wie Hebb sie für

Neuronenverbände gefordert hat. Und abgesehen von wenigen Ausnahmen können sie mit internen Modellen nichts anfangen.»

Die Folge war, daß Holland sich entschloß, sein simuliertes adaptives Agens als Zwitter zu entwerfen, der das Beste beider Welten in sich vereinigte. Um die Leistungsfähigkeit des Computers zu gewährleisten, bediente er sich der Art von Wenn-dann-Regeln, die die Expertensysteme so berühmt gemacht hatten. Aber er wollte sie im Geist neuronaler Netze verwenden.

Es sprachen sogar gute Argumente für die Verwendung der Wenn-dann-Regeln. Ende der sechziger Jahre, lange bevor irgend jemand von einem Expertensystem auch nur gehört hatte, hatten Allan Newell und Herbert Simon auf Regeln beruhende Systeme als allgemein verwendbare Computermodelle für menschliche Kognition eingeführt. Newell und Simon sahen in jeder Regel eine Entsprechung zu einer einzelnen Wissenseinheit oder Fähigkeitskomponente. Zum Beispiel: «*Wenn* der Piepmatz ein Vogel ist, *dann* hat der Piepmatz Flügel» oder «*Wenn* man sowohl einen Bauern als auch die Dame des Gegners schlagen kann, *dann* schlage man die Dame». Außerdem wiesen sie darauf hin, daß das «Wissen» eines Programms, wenn es auf diese Weise ausgedrückt werde, ganz von selbst etwas von der wunderbaren Flexibilität der Kognition habe. Die Struktur der Regeln, die Verknüpfung von Bedingung und Handlungsanweisung – «Wenn *dies* der Fall ist, dann tue *das*» –, bedeutet, daß sie nicht in einer festgelegten Folge ablaufen wie ein in FORTRAN oder Pascal geschriebenes Unterprogramm. Eine bestimmte Regel, erläutert Holland, werde nur dann aktiviert, wenn ihre Bedingungen erfüllt seien, so daß ihre Reaktion auf die Situation zugeschnitten sei. Wenn eine Regel aber einmal aktiviert sei, löse sie höchstwahrscheinlich eine ganze Sequenz von Regeln der Art «Wenn A, dann B», «Wenn B, dann C», «Wenn C, dann D» und so weiter aus – also ein ganzes Programm, im Nu erschaffen und auf das gegebene Problem zugeschnitten. Und genau das wünsche man sich doch von der Intelligenz, und nicht das blinde, starre Verhalten eines Spielzeugs, das sich in Bewegung setze, wenn man es aufziehe.

Weiterhin, führt Holland aus, ließen sich eine Menge Analogien zwischen den auf Regeln beruhenden Systemen und der neuronalen Architektur des Gehirns ziehen. Eine Regel entspreche dann jeweils genau einem Hebbschen Neuronenverband. «Aus Hebbs Sicht macht ein Neuronenverband eine einfache Aussage: Wenn ein bestimmtes Ereignis eintritt, dann feuere ich eine Zeitlang Signale in hoher Frequenz ab.» Die Wechselwirkung zwischen den Regeln, wodurch die Aktivierung einer Regel eine ganze Kaskade anderer Regeln in Gang setze, sei ebenfalls ein natürliches Ergebnis dieser dichten Vernetzung des Gehirns. «Jeder der Hebbschen Zellverbände enthält zwischen ein- und zehntausend Neuronen, und jedes dieser Neuronen hat etwa ein- bis zehntausend Synapsen, die es mit anderen Neuronen verbinden. Jeder Neuronenverband steht also mit sehr vielen anderen Neuronenverbänden in Verbindung.» Bei der Aktivierung eines Neuronenverbandes werde also gleichsam an einer Art innerer Anzeigetafel eine Nachricht bekanntgegeben, und die meisten oder alle anderen Neuronenverbände merkten: «Verband 295834108 ist jetzt aktiv!» Wenn diese Nachricht erscheine, begännen auch jene Neuronenverbände zu feuern, die mit dem ersten fest verbunden sind, und sendeten ihre eigenen Nachrichten aus, was dazu führe, daß sich der Zyklus immerzu wiederholt.

Der innere Aufbau eines auf Regeln basierenden Systems von der Art, wie Newell und Simon es entwickelt haben, paßt, so Holland, gut zu dieser Art der Nachrichtenübermittlung. Es gibt eine interne Datenstruktur, die der Anzeigetafel entspricht; sie enthält eine Reihe digitaler Nachrichten. Und es gibt sehr viele Regeln: Die Bits des Computercodes gehen in die Hunderte oder auch Tausende. Wenn das System in Betrieb ist, sucht jede der Regeln die Anzeigetafel nach Botschaften ab, die ihre «Wenn»-Bedingung erfüllen. Und wenn eine von ihnen eine solche Nachricht findet, sendet sie sofort eine neue digitale Nachricht aus, die ihren Dann-Teil enthält.

«Man kann sich das System als eine Art Büro vorstellen. Die Anzeigetafel enthält die Memos, die an diesem Tag bearbeitet werden sollen, und jede Regel entspricht einem Sachbearbeiter in diesem Büro, dem jeweils eine bestimmte Art von Memos zugeordnet ist. Am Morgen sammelt jeder Sachbearbeiter die Memos ein, die zu seinem Zuständigkeitsbereich gehören, und am Abend gibt jeder die Memos bekannt, die sich aus seiner Arbeit ergeben haben.» Am nächsten Morgen fängt das natürlich wieder von vorn an. Außerdem können einige der Memos durch *Detektoren* angeheftet werden, die das System über die Vorgänge in der Außenwelt auf dem laufenden halten. Und wieder andere Memos können *Effektoren* aktivieren, Unterprogramme, die es dem System erlauben, die Außenwelt zu beeinflussen. Detektoren und Effektoren seien die Computeranalogien zu Sinnesorganen und Muskeln, erklärt Holland. Im Prinzip könne also ein auf Regeln basierendes System leicht mit seiner Umgebung rückgekoppelt sein – und das genau sei ja eine seiner wichtigsten Forderungen.

Von diesem Bild der Anzeigetafel ließ sich Holland leiten, als er seine adaptiven Agenzien entwarf. Danach jedoch, sowie es um Einzelheiten ging, kämpfte er gleich wieder gegen eingefahrene Meinungen.

Nach dem Standardmodell von Newell und Simon sollten zum Beispiel sowohl die Regeln als auch die Memos auf der Anzeigetafel in Form von sprachlichen Zeichen wie «Vogel» oder «Gelb» angeschrieben sein, analog den Begriffen des menschlichen Denkens. Die Verwendung von Zeichen zur Darstellung von Begriffen war bei den meisten, die sich mit künstlicher Intelligenz beschäftigen, völlig unumstritten. Das war herrschende Lehre seit Jahrzehnten – und Newell und Simon gehörten zu ihren prominentesten Vertretern. Außerdem schien sie tatsächlich viel von dem einzufangen, was in unseren Köpfen abläuft. Die Zeichen im Computer ließen sich zu umfangreichen Datenstrukturen verknüpfen, um eine komplexe Situation darzustellen, genau wie nach psychologischer Vorstellung Begriffe zu mentalen Modellen verknüpft und verschmolzen werden. Diese Datenstrukturen ließen sich dann wiederum von dem

Programm so manipulieren, daß sie geistige Tätigkeiten nachahmten, genau wie mentale Modelle beim Denken umgeformt und verändert werden. Nahm man, wie viele Forscher es taten, die Auffassung von Newell und Simon wörtlich, so *war* diese Art von Zeichenverarbeitung Denken.

Das konnte Holland nicht akzeptieren. «Die Zeichenverarbeitung ist ein sehr guter Ausgangspunkt», sagt er, «und ein großer Fortschritt im Verständnis bewußter Denkvorgänge.» Aber Zeichen an sich seien viel zu starr und ließen zu vieles unberücksichtigt. Wie solle ein Datenregister, das die Buchstaben V-O-G-E-L enthalte, je all die feinen Nuancen dieses Begriffs erfassen? Wie sollten diese Buchstaben jemals etwas für das Programm *bedeuten* können, wo es doch keinerlei Möglichkeit habe, mit den wirklichen Vögeln in Verbindung zu treten? Aber selbst wenn man davon absehe, woher kommen solche symbolischen Begriffe überhaupt? Wie entwickeln sie sich? Wie werden sie durch die Rückkopplung aus der Umwelt geformt?

Für Holland paßte das alles zu dem Desinteresse der KI-Forscher gegenüber dem Lernprozeß selbst. «Man stößt dabei auf dieselben Schwierigkeiten, wie wenn man Arten klassifiziert, ohne zuerst ihre Evolution zu verstehen. Auf diese Weise kann man viel über vergleichende Anatomie und ähnliches lernen. Aber das reicht nicht.» Er war weiterhin davon überzeugt, daß Begriffe nur im Rahmen des Hebbschen Modells verstanden werden konnten, als emergente Strukturen, hervorwachsend aus einem tieferen neuralen Substrat, das ständig durch Eingaben aus der Umgebung umgeordnet und neu angepaßt wird. Wie Wolken, die aus Physik und Chemie des Wasserdampfes hervorgehen, sind Begriffe verschwommen, veränderlich und dynamisch. Sie kombinieren und formen sich ständig neu. «Entscheidend für unser Verständnis komplexer adaptiver Systeme ist die Frage, wie Ebenen entstehen. Man kann eine Ebene nie verstehen, wenn man die Gesetze auf der Ebene darunter ignoriert.»

Um diesen emergenten Zug in sein adaptives Agens zu bringen, entschloß sich Holland, seine Regeln und Nachrichten *nicht* in Sprachsymbolen zu schreiben, sondern als Ketten aus den Ziffern 1 und 0. Eine Nachricht konnte dann ganz ähnlich wie ein Chromosom in seinem genetischen Algorithmus eine Sequenz wie 10010100 sein, und eine Regel lautete in Sprache übersetzt etwa so: «Wenn eine Nachricht der Form 1###0#00 an der Anzeigetafel steht, wobei # ‹ist egal› bedeutet, dann schicke die Nachricht 01110101.»

Diese Darstellung war so ungewöhnlich, daß Holland seinen Regeln einen eigenen Namen gab. Wegen der Art, wie ihre Wenn-Bedingungen die Nachrichten nach spezifischen Bit-Mustern klassifizierten, nannte er sie «Klassifizierer». Aber er hielt diese abstrakte Darstellung für wesentlich, und sei es nur, weil er beobachtet hatte, daß sich zu viele Forscher auf dem Gebiet der künstlichen Intelligenz etwas vormachten darüber, was ihre auf Zeichen beruhenden Programme «wissen» könnten. In seinem Klassifizierersystem mußte sich die Bedeutung einer Nachricht daraus ergeben, wie sie eine Klassifizierungsregel veranlaßte, eine andere zu aktivieren, oder aus der Tatsache, daß einige der Bits direkt von Sensoren geschrieben wurden, die die Außenwelt wahrnahmen. Ebenso müßten sich Begriffe und mentale Modelle als sich selbst erhaltende Cluster von Klassifizierern herausbilden, die sich, vermutete er, genauso selbst organisieren und reorganisieren wie autokatalytische Mengen.

Inzwischen hatte sich Holland auch mit den Standardkonzepten der zentralisierten Kontrolle eines auf Regeln beruhenden Systems auseinandergesetzt. Nach herkömmlicher Auffassung galten diese Systeme als so flexibel, daß zentralisierte Kontrolle nötig war, um Anarchie zu verhindern. Wenn Hunderte oder Tausende von Regeln eine Anzeigetafel voller Nachrichten beobachten, besteht immer die Möglichkeit, daß mehrere Regeln plötzlich darum zu wetteifern beginnen, wer die nächste Nachricht anbringen darf. Da man befürchtete, daß dieser Wettstreit zu widersprüchlichen Botschaften («Schlage die Dame.» – «Schlage den Bauern.») oder zu völlig unvorhersehbaren Regelkaskaden und damit zu einem ganz anderen Verhalten des Gesamtsystems führen, der Computer also in eine Art Schizophrenie verfallen könnte, verfügten die meisten Systeme über umfassende Strategien zur «Konfliktlösung», durch die sichergestellt war, daß jeweils nur eine Regel aktiviert wurde.

Diese von oben her vorgegebene Konfliktlösung war in Hollands Augen genau der falsche Weg. Ist die Welt so einfach und vorhersagbar, daß man immer im voraus die beste Regel kennt? Wohl kaum. Und wenn man dem System schon gesagt hat, was es tun soll, ist es darüber hinaus Augenwischerei, noch von künstlicher Intelligenz zu sprechen. Die Intelligenz steckt dann nicht im Programm, sondern im Programmierer. Nein, Holland wollte, daß die Kontrolle *gelernt* würde. Er wollte sehen, wie sie von unten her entsteht, genau so, wie sie aus dem neuralen Substrat des Gehirns hervorgeht. Zum Teufel mit der Konsistenz. Wenn zwei seiner Klassifizierungsregeln nicht übereinstimmten, sollten sie die Auseinandersetzung darüber aufgrund ihrer Leistung, ihrer nachweislichen Beiträge zur Lösung der jeweiligen Aufgabe führen – und nicht aufgrund einer vom Software-Designer vorgegebenen Wahl.

«Im Gegensatz zur etablierten KI-Forschung halte ich Konkurrenz für viel wichtiger als Konsistenz», sagt er. Sie sei ein Hirngespinst, weil es in einer komplizierten Welt keine Garantie gebe, daß die Erfahrung konsistent sei. Aber Agenzien, die gegen ihre Umgebung spielen, stünden immer in Konkurrenz miteinander. «Außerdem haben wir trotz all unserer Forschung in den Wirtschaftswissenschaften und der Biologie immer noch nicht erfaßt, worauf es beim Wettbewerb ankommt.» Von dieser Reichhaltigkeit hätten wir gerade erst einen Vorgeschmack bekommen. Man bedenke, daß Konkurrenz in sehr starker Anreiz für Kooperation sein könne, bei der Spieler sich spontan verbündeten und symbiotische Beziehungen eingingen. Das passiere auf allen Ebenen und bei allen möglichen komplexen adaptiven Systemen, von der Biologie über die Wirtschaftswissenschaften bis hin zur Politik. «Konkurrenz und Kooperation scheinen Gegensätze zu sein, aber im tiefsten Grund sind sie zwei Seiten derselben Medaille.»

Holland führte Konkurrenz in sein System ein, indem er das Anbringen der Nachrichten an der Anzeigetafel zu einer Art Auktion machte. Sein Grundgedanke war, die Klassifizierer nicht als Computerbefehle zu sehen, sondern als Hypothesen, als Vermutungen darüber, welche Nachricht man in einer bestimmten Situation am besten senden sollte. Indem er jeder Hypothese einen numerischen Wert zuschrieb, der ihre Plausibilität oder Stärke angab, hatte er eine Grundlage für die Gebote. In Hollands Version der Nachrichtenübermittlung begann jeder Zyklus so wie früher – alle Klassifizierer suchten die Anzeigetafel nach einer ihnen entsprechenden Nachricht ab, und jene, die eine solche Nachricht gefunden hatten, machten sich bereit, ihre eigene Nachricht anzubringen. Aber statt dies sofort zu tun, mußte jeder zunächst ein Angebot machen, das seiner Stärke proportional war. Ein Klassifizierer, der eine so gesicherte Erfahrungsgrundlage hatte wie «Die Sonne geht morgen früh im Osten auf», bot vielleicht 1000, ein anderer mit einer Basis wie «Elvis lebt und tritt jeden Abend im Walla Walla Motel 6 auf» vielleicht nur 1. Das System sammelte dann alle Gebote und loste den Gewinner aus, wobei jene Klassifizierer die besten Gewinnchancen hatten, die am höchsten geboten hatten. Die gewählten Klassifizierer durften dann ihre Nachricht anbringen, und das Ganze konnte von vorn beginnen.

Komplex? Das konnte Holland nicht abstreiten. Außerdem ersetzte die Auktion willkürliche Konfliktlösungsstrategien durch willkürliche Plausibilitätswerte. Ließ man jedoch die Annahme zu, das System könnte diese Plausibilitätswerte irgendwie in einem Lernprozeß aus der Erfahrung gewinnen, machte die Auktion einen zentralen Schiedsrichter überflüssig. Holland hätte damit genau das, was er sich wünschte. Nicht jeder Klassifizierer konnte gewinnen: Die Anzeigetafel war groß, aber nicht unendlich. Auch mußte das Rennen nicht immer an den Schnellen gehen: Mit viel Glück erhielt auch Elvis vielleicht einmal Gelegenheit, seine Botschaft zu verkünden. Im Mittel jedoch hätten automatisch die stärksten und plausibelsten Hypothesen die Kontrolle über das Verhalten des Systems, und die anderen, ausgefallenen, erschienen gerade so oft, daß sie dem System eine gewisse Spontaneität gaben. Und wenn einige dieser Hypothesen inkonsistent waren, sollte das keine Krise sein, sondern eine günstige Gelegenheit – das System hatte dann die Chance, aus der Erfahrung zu lernen, welche Hypothesen plausibler sind.

Wieder einmal lief also alles auf Lernen hinaus: Wie konnten die Klassifizierer ihre Gewichtigkeit unter Beweis stellen und ihre Plausibilitätswerte erlangen?

Für Holland war die Antwort offensichtlich: Er führte eine Art Hebbscher Verstärkung ein. Wenn das Agens etwas richtig macht und aus seiner Umwelt positive Rückkopplung erhält, sollte es die verantwortlichen Klassifizierer stärken; und entsprechend sollte es sie schwächen, wenn es etwas falsch macht. Und in jedem Fall sollte es die Klassifizierer ignorieren, die nicht ins Gewicht fallen.

Das Schwierige war natürlich herauszufinden, welche Klassifizierer in welche Gruppe gehörten. Das Agens konnte ja nicht einfach die Klassifizierer belohnen, die zufällig im Augenblick der Belohnung aktiv waren. Das wäre so, als ginge der ganze Ruhm für ein Fußballtor an den Torschützen – und keiner an die Stürmer, die ihm den Ball zuspielten, oder an die Verteidiger, die den Angriff aufbauten. Aber gab es Alternativen? Wie konnte das Agens, ohne zuvor darauf programmiert zu werden, die Belohnung antizipieren, damit den richtigen Klassifizierern Ruhm und Ehre zuteil wurden? Wie konnte es den Wert der das Spiel bestimmenden Züge kennen, wenn es sie nicht schon gelernt hatte?

Gute Fragen. Leider war die Idee der Hebbschen Verstärkung zu ungenau, um Antworten liefern zu können. Holland war ratlos – bis er eines Tages an die Einführungskurse über Wirtschaftslehre dachte, die er am MIT bei Paul Samuelson belegt hatte, dem Verfasser eines berühmten Lehrbuchs der Ökonomie. Da wurde ihm klar, daß er das Problem schon fast gelöst hatte. Indem er den Raum auf der Anzeigetafel versteigerte, hatte er innerhalb des Systems eine Art Markt geschaffen, und indem er den Klassifizierern erlaubte, aufgrund ihrer Stärken zu bieten, hatte er eine Währung geschaffen. Warum sollte er nicht den nächsten Schritt tun? Warum sollte er nicht eine ausgewachsene freie Marktwirtschaft schaffen, bei der die Verstärkung durch Profitstreben entsteht?

Warum nicht? Die Analogie lag auf der Hand, wenn man sie erst einmal erkannt hatte. Denkt man sich die Nachrichten an der Anzeigetafel als verfügbare Güter und Dienstleistungen, kann man, wie Holland erkannte, die Klassifizierer als Firmen sehen, die diese Güter und Dienste erzeugen. Wenn ein Klassifizierer eine Nachricht sieht, die seine Wenn-Bedingungen erfüllt, und er daraufhin ein Angebot macht, kann man ihn sich als eine Firma vorstellen, die versucht, die Rohstoffe zu kaufen, die sie zur Herstellung ihrer Ware braucht. Man braucht nur noch dafür zu sorgen, daß jeder Klassifizierer für die von ihm verwendeten Güter zahlt. Wenn ein Klassifizierer das Recht erworben hat, seine Nachricht anzubringen, entschied Holland, dann gibt er auch einen Teil seiner Stärke an jene ab, von denen er seine Güter bezogen hat, nämlich an die Klassifizierer, die dafür gesorgt hatten, daß die Nachrichten, die ihn aktivierten, auf der Anzeigetafel erschienen waren. Das schwächt zwar den Klassifizierer, bietet ihm aber die Gelegenheit, seine Stärke wiederzugewinnen; beim Bieten in der nächsten Runde, wenn er seine eigene Nachricht auf den Markt bringt, könnte er sogar Gewinn machen.

Und woher sollte letztlich der Wohlstand kommen? Natürlich vom Endverbraucher, der Umwelt, der Quelle aller Belohnungen für das System. Jetzt, erkannte Holland, war nichts mehr dagegen einzuwenden, wenn man die Klassifizierer belohnte, die in dem Moment zufällig gerade aktiv waren. Da jeder Klassifizierer seine Zulieferer bezahlt, achtet der Markt darauf, daß die Belohnungen von allen Klassifizierern aneinander weitergegeben werden und zu genau der Art automatischer Belohnung und Bestrafung führen, nach der er suchte. «Wenn man das richtige Zwischenprodukt herstellt, macht man Gewinn», erläutert er. «Wenn nicht, will niemand es kaufen, und man geht pleite.» Alle Klassifizierer, die zu effektivem Handeln führen, werden verstärkt, und doch wird keiner der tonangebenden Klassifizierer vernachlässigt. Im Laufe der Zeit, während das System Erfahrungen macht und Rückkopplung aus der Umwelt erhält, gleicht jeder Klassifizierer seinen schließlich wahren Wert an das Agens an.

Holland nannte diesen Teil seines adaptiven Agens den «Eimerbrigaden»-Algorithmus, weil der Lohn von einem Klassifizierer an den vorherigen weitergegeben wird. Er entspricht der Stärkung der Synapsen in Hebbs Gehirntheorie – oder der Art Verstärkung, durch die in einem Computer ein simuliertes neuronales Netz trainiert wird. Damit war die Arbeit fast getan. Die wirtschaftliche Verstärkung durch das Profitmotiv war eine außerordentlich starke organisierende Kraft, ähnlich wie Adam Smiths «unsichtbarer Hand» im wirklichen Wirtschaftsleben ungeheure Macht zukam. Im Prinzip konnte man, erkannte Holland, das System mit einer Menge völlig zufälliger Klassifizierer starten, die einfach nur wie die Software-Analogie eines Neugeborenen strampelten. Und dann, während die Umwelt bestimmte Verhaltensweisen verstärkte und die Eimerbrigade ihre Arbeit tat, konnte man zusehen, wie die Klassifizierer sich zu kohärenten Abläufen organisierten, die zumindest Ähnlichkeit mit dem erwünschten Verhalten hatten. Kurz, das Lernen war damit von Anfang an ins System eingebaut.

Holland hatte es also fast – aber noch nicht ganz – geschafft. Indem er den Eimerbrigaden-Algorithmus dem früheren auf Regeln basierenden System überlagerte, hatte er seinem adaptiven Agens eine Form von Lernverhalten auferlegt. Eine andere Form jedoch fehlte noch. Sie betraf den Unterschied zwischen *Exploitation*, der Nutzung erschlossener Räume, und *Exploration*, der Erkundung neuer Möglichkeiten. Der Eimerbrigaden-Algorithmus stärkte die Klassifizierer, über die das Agens schon verfügte. Er konnte vorhandenes Wissen nutzen. Er konnte die Gewinne konsolidieren, die schon gemacht worden waren. Aber er konnte nichts Neues erschaffen. Allein auf sich gestellt, konnte er das System nur in optimierte Mittelmäßigkeit führen. Er hatte keine Möglichkeit, den ungeheuren Raum potentieller neuer Klassifizierer zu erkunden.

Das, beschloß Holland, war eine Aufgabe für den genetischen Algorithmus. Richtig betrachtet paßten die von Darwin und Adam Smith entwickelten Modelle ganz gut zusammen: Firmen durchlaufen Evolutionen, warum also nicht auch Klassifizierer?

Für Holland war diese Einsicht keine große Überraschung; die ganze Zeit über hatte er den genetischen Algorithmus im Sinn gehabt, zum Beispiel, als er die Klassifizierer zum erstenmal binär dargestellt hatte. Ein Klassifizierer läßt sich etwa durch die Aussage umschreiben: «Wenn es zwei Botschaften gibt, die die Form 1###0#00 und 0#00#### haben, hefte die Nachricht 01110101 an die Anzeigetafel.» Im Computer wurden diese Einzelteile einfach aneinandergehängt und als eine Folge von Bits geschrieben: «1###0#000#00####01110101». Für den genetischen Algorithmus sah das dann aus wie ein digitales Chromosom. Er konnte also genauso ausgeführt werden. Meistens trieben die Klassifizierer ihren Handel auf dem digitalen Markt wie zuvor. Gelegentlich jedoch wählte ein System die zwei stärksten Klassifizierer zur Reproduktion aus. Diese Klassifizierer mischten dann ihre digitalen Bausteine und erzeugten durch diese Art von Geschlechtsverkehr zwei Nachkommen, die wiederum ein Paar schwacher Klassifizierer ersetzten und damit die Gelegenheit erhielten, ihre Gewichtigkeit unter Beweis zu stellen und aufgrund des Eimerbrigaden-Algorithmus stärker zu werden. Das Ergebnis war, daß sich die Regeln im Laufe der Zeit, während sie immer neue Gebiete des Raums der Möglichkeiten erkundeten, änderten und entwickelten. Indem Holland den genetischen Algorithmus als dritte Schicht der Eimerbrigade und dem auf Regeln basierenden System überlagerte, konnte er ein adaptives Agens schaffen, das nicht nur aus der Erfahrung lernte, sondern auch spontan und kreativ war.

Er brauchte das Ganze nur noch in ein funktionierendes Programm umzusetzen.

Holland begann etwa 1977 mit dem Kodieren des ersten Klassifizierersystems. Das erwies sich als mühsamer, als er erwartet hatte. «Ich hatte gedacht, daß ich in wenigen Monaten etwas Brauchbares haben würde», sagt er. «Tatsächlich hat es fast ein Jahr gedauert, bis ich ganz zufrieden war.» Dabei stand er sich selbst im Weg. Er kodierte das erste Klassifizierersystem ganz à la Holland. Allein. Zu Hause. Im hexadezimalen Code wie dreißig Jahre zuvor bei Whirlwind. Auf einem einfachen Commodore.

Hollands BACH-Kollegen wundern sich heute noch darüber, wenn sie davon erzählen. Die Universität war voll mit Computern: VAX, Mainframe, sogar hochleistungsfähige Grafik-Workstations standen zur Verfügung. Warum auf einem *Commodore*? Und Hex! Vor allem Cohen erinnert sich, wie er sich mit Holland darüber gestritten hat: Wer wird je glauben, daß es funktioniert, wenn es in alphanumerischem Kauderwelsch geschrieben ist? Und selbst wenn jemand das glaubt, wer will denn ein Klassifizierersystem, das nur auf einem Heimcomputer läuft?

Schließlich mußte sich Holland den Argumenten beugen, doch dauerte es Jahre, bis er den Code für sein Klassifizierersystem seinem Studenten Rick Riolo überließ, der es in ein allgemeines, für fast jeden Computer geeignetes Programm umwandelte.

Holland behauptet heute noch, daß der Commodore damals für ihn die richtige Wahl war. Die Computer der Universität mußte man mit anderen teilen, und das behagte ihm nicht: «Ich wollte direkt mit dem Programm arbeiten, durchgehend, aber niemand hätte mir wohl acht Stunden Computerzeit gegeben.» Für Holland waren die Personal-Computer ein Geschenk des Himmels. «Mir war es wichtig, daß ich auf meinem eigenen Gerät programmieren konnte, daß ich es bei mir zu Hause tun konnte und keinem Rechenschaft darüber abzulegen brauchte.» Und vor allem, sagt er, «am Commodore konnte ich Spiele spielen».

Sieht man von der Verzweiflung seiner Kollegen ab, lief Hollands erstes Klassifizierersystem gut genug, um ihn davon zu überzeugen, daß es wirklich das leisten konnte, wofür er es erdacht hatte – und daß es den Keim zu einer umfassenden Theorie der Kognition in sich barg. In Tests, die er in Zusammenarbeit mit der Psychologin Judy Reitman an einer frühen Version durchführte und 1978 veröffentlichte, lernte das Agens bei Verwendung des genetischen Algorithmus, ein simuliertes Labyrinth etwa zehnmal schneller zu durchlaufen als ohne den Algorithmus. Dieselben Tests bewiesen auch, daß ein Klassifizierersystem eine Fähigkeit entwickeln konnte, die Psychologen *Transfer* nennen: Es war in der Lage, Regeln, die es in einem Labyrinth gelernt hatte, später auf andere Labyrinthe anzuwenden.

Diese ersten Ergebnisse waren so eindrucksvoll, daß sich die Nachricht von den Klassifizierersystemen rasch verbreitete, obwohl Holland selbst wenig dazu beitrug. So programmierte zum Beispiel Stephen Smith von der Universität Pittsburgh 1980 ein Klassifizierersystem, das Poker spielen konnte, und ließ es gegen ein älteres Pokerprogramm spielen. Es war kein fairer Wettkampf; das Klassifizierersystem gewann mühelos. Stewart Wilson von der Polaroid Corporation verwendete 1982 ein Klassifizierersystem, um die Bewegung einer Fernsehkamera und eines mechanischen Arms zu koordinieren. Er zeigte, daß die Eimerbrigaden- und die genetischen Algorithmen zu einer spontanen Organisation der Klassifizierungsregeln führten, so daß sie sich in Gruppen aufteilten, die als Kontrollunterprogramme fungieren konnten und je nach Bedarf spezielle koordinierte Handlungen hervorbrachten. Hollands Student Lashon Booker schloß ebenfalls 1982 seine Dissertation über ein Klassifizierersystem ab, das in einer simulierten Umgebung lernen mußte, «Nahrung» zu suchen und «Gift» zu vermeiden. Das System organisierte seine Regeln bald zu einem inneren Modell dieser Umgebung – einer mentalen Landkarte.

Auf die in Hollands Augen überzeugendste Demonstration verfiel jedoch 1983 David Goldberg, ein Bauingenieur, der einige Jahre zuvor voller Begeisterung Hollands Vorlesungen über adaptive System gehört hatte und jetzt promovieren wollte. Er überredete Holland, seine Arbeit zu betreuen; darin zeigte er, wie genetische Algorithmen und Klassifizierersysteme sich für die Überwachung einer simulierten Gas-Pipeline einsetzen lassen. Dieses Problem war damals das bei weitem komplexeste, mit dem ein Klassifizierersystem je konfrontiert worden war. Bei Pipeline-Systemen kommt es darauf an, die Nachfrage am Ende der Pipeline so wirtschaftlich wie möglich zu befriedigen. Aber eine Pipeline besteht aus Hunderten von Kompressoren, die Gas viele tausend Kilometer weit durch ein dickes Rohr pumpen. Die Nachfrage der Verbraucher ändert sich je nach Tages- und Jahreszeit. Kompressoren und Rohre können Lecks haben, und ein Leck gefährdet die Eignung des Systems, Gas mit dem richtigen Druck abzugeben. Sicherheitsbedingungen fordern, daß Druck- und Flußraten innerhalb bestimmter Grenzwerte bleiben müssen. Alles beeinflußt sich gegenseitig. Selbst eine ganz einfache Pipeline zu optimieren geht weit über die Möglichkeiten der mathematischen Analyse hinaus. Die Pipeline-Operateure lernen ihr Handwerk in einer langen Lehrzeit – und «erfahren» ihr System dann nach Instinkt und Gefühl, so wie wir Auto fahren.

Das Problem schien so unzugänglich, daß Holland fürchtete, Goldberg habe den Klassifizierersystemen einen zu großen Brokken in den Rachen gestopft. Die Sorge war ungerechtfertigt. Goldbergs System lernte auf elegante Weise, seine simulierte Pipeline zu steuern: Es ging von völlig zufälligen Klassifizierern aus und erreichte nach etwa tausend Tagen simulierter Erfahrung Expertenniveau. Zudem war das System im Verhältnis zu seiner Aufgabe unglaublich einfach. Seine Nachrichten waren nur sechzehn Binärziffern lang, seine Anzeigetafel enthielt jeweils nur fünf Nachrichten gleichzeitig, und es hatte insgesamt nur sechzig Klassifizierungsregeln. Goldberg ließ das ganze Klassifizierersystem einschließlich der Pipeline-Simulation daheim auf seinem Apple-II-Computer mit nur 64 Kilobyte Speicherkapazität laufen. «Der Mann gefällt mir», lacht Holland.

Die Pipeline-Simulation brachte Goldberg nicht nur 1983 den Doktortitel ein, sondern zudem 1985 einen bedeutenden Preis für Nachwuchsforscher. Holland selbst betrachtete Goldbergs Arbeit als Meilenstein in der Entwicklung von Klassifizierersystemen. «Sie war sehr überzeugend», sagt er. «Die Systeme bewährten sich bei einem wirklichen Problem – zumindest bei seiner Simulation.» Und es entbehrt nicht der Ironie, daß dieses «praktischste» der Klassifizierersysteme, die es damals gab, zugleich am meisten von allen zu den Grundlagen der Kognitionstheorie beitragen sollte.

Das sehe man am deutlichsten an der Art, wie Goldbergs System sein Wissen über Lecks organisierte, erläutert Holland. Ausgehend von einer zufälligen Menge von Klassifizierern lernte es zunächst eine Reihe sehr allgemeiner Regeln, die sich bei normalen Pipeline-Operationen gut bewähren. Zum Beispiel tauchte einmal die Regel «Schicke immer die Botschaft ‹Kein Leck›» auf, die offensichtlich allzu allgemein war, denn sie galt ja nur, wenn die Pipeline fehlerfrei funktionierte. Goldberg stach daraufhin simulierte Löcher in die simulierten Kompressoren. Die Leistung des Systems nahm sofort drastisch ab. Mittels des genetischen Algorithmus und der Eimerbrigade erholte es sich jedoch schließlich von seinen Fehlern und begann speziellere Regeln zu erzeugen, zum Beispiel: «Ist der Anfangsdruck niedrig, der Enddruck niedrig und die Druckveränderungsrate negativ, sende die Nachricht ‹Leck›.» Wenn diese Regel zutraf, bot sie viel mehr als die erste und konnte diese daher mühelos von der Anzeigetafel verdrängen. Die erste Regel bestimmte also das fehlerhafte Verhalten des Systems unter normalen Bedingungen, während die zweite und ähnliche Regeln darauf hinwirkten, richtiges Verhalten unter Ausnahmebedingungen vorzugeben.

Holland war hellauf begeistert, als Goldberg ihm hiervon erzählte. In der Psychologie ist diese Art der Wissensorganisation als Fehlerhierarchie («Fehlerbaum») bekannt; zufällig beschäftigte sich Holland damals gerade mit diesem Thema. Seit 1980 arbeitete er zusammen mit drei Kollegen von der Universität Michigan – den Psychologen Keith Holyoak und Richard Nisbett und dem Philosophen Paul Thagard – an einer allgemeinen kognitiven Theorie des Lernens, Denkens und Erfindens. Wie sie später in ihrem 1986 erschienenen Buch ‹*Induction*› schrieben, waren alle vier unabhängig voneinander zu der Überzeugung gekommen, daß eine solche Theorie auf die drei Grundprinzipien gegründet sein müsse, die, wie sich zeigte, auch Hollands Klassifizierersystem zugrunde lagen: daß sich Wissen in Form von geistigen Strukturen ausdrücken läßt, die sich sehr ähnlich verhalten wie Regeln; daß diese Regeln miteinander konkurrieren, so daß die Erfahrung nützliche Regeln verstärkt und unnütze Regeln schwächt; und daß plausible neue Regeln aus Kombinationen alter Regeln erzeugt werden. Ihre Überlegung, die sie durch ausführliche Beobachtungen und Experimente erhärteten, war, daß diese Prinzipien viele Aha-Erlebnisse erklären können, von Newtons Erfahrung mit dem Apfel bis zu so alltäglichen Fähigkeiten wie dem Verstehen einer Analogie.

Insbesondere behaupteten sie, daß diese drei Prinzipien spontan zum Auftreten von Fehlerhierarchien als der grundlegenden Organisationsstruktur allen menschlichen Wissens führen müßten – was in der Tat der Fall zu sein scheint. Die Regel-Cluster, die eine Fehlerhierarchie hervorbringen, stimmen im wesentlichen mit dem überein, was Holland ein internes Modell nennt. Wir verwenden schwache allgemeine Regeln mit größeren Ausnahmen, wenn wir Vorhersagen darüber machen, wie Dinge in Kategorien eingeordnet werden sollten: «Wenn es stromlinienförmig ist und Flossen hat und im Wasser lebt, dann ist es ein Fisch» – aber «Wenn es auch Borsten am Kopf hat und Luft atmet und sehr groß ist, dann ist es ein Wal.» Machen wir Vorhersagen darüber, wie etwas getan werden sollte, benutzen wir dieselbe Struktur: «Vor ‹und› steht kein Komma» – aber «Wenn ‹und› einen Hauptsatz einleitet, steht vor ‹und› ein Komma.» Und auch wenn wir Vorhersagen über einen Ursache-Wirkung-Zusammenhang machen, bedienen wir uns dieser Struktur: «Wenn man einem Hund pfeift, kommt er» – aber «Wenn der Hund knurrt und seine Rückenhaare sträubt, kommt er wahrscheinlich nicht.»

Die Theorie, so Holland, besage, daß diese Fehlerhierarchie-Modelle unabhängig davon entstehen sollten, ob die drei Prinzipien als Klassifizierersystem oder in anderer Form vorgegeben seien. Jedenfalls sei es aufregend gewesen zu sehen, wie sich die Hierarchien in Goldbergs Pipeline-Simulation herausbildeten. Das Klassifizierersystem habe mit *nichts* begonnen. Die ursprünglichen Regeln seien völlig zufällig gewesen, das Computeräquivalent des Urchaos. Und doch habe sich aus dem Chaos diese wunderbare Struktur entwikkelt.

«Es verschlug uns den Atem», sagt Holland. «Es war das erste Mal, daß etwas entstand, das den Namen ‹emergentes Modell› verdiente.»

## *Ein Ort wird zur Heimat*

Stundenlang saßen Holland und Arthur abends am Küchentisch, und wenn sie endlich ins Bett gingen, hatten sie über Schach und Wirtschaft, über Damespiel und interne Modelle, über genetische Algorithmen und wieder über Schach gesprochen. Arthur hatte das Gefühl, er verstünde endlich die ganze Bedeutung von Lernen und Adaptation. Die beiden hatten, schon etwas müde, begonnen, sich mit einem Gedanken zu beschäftigen, der vielleicht das Problem der rationalen Erwartungen in der Wirtschaft lösen konnte: Statt anzunehmen, die ökonomischen Agenzien handelten völlig vernünftig, könnte man doch einige von ihnen mit einem Klassifizierersystem zu modellieren versuchen und sie wie *wirkliche* wirtschaftliche Agenzien aus der Erfahrung lernen lassen.

Warum nicht? Bevor er zu Bett ging, machte sich Holland eine Notiz. Er wollte alte Projektorfolien zu Samuels Dameprogramm ausgraben, die er zufällig bei sich hatte. Arthur war von der Idee eines lernfähigen Spielprogramms begeistert gewesen – er hatte noch nie von so etwas gehört –, und Holland war der Gedanke gekommen, den Konferenzteilnehmern am nächsten Tag davon zu berichten.

Der Vortrag ließ die Zuhörer aufhorchen – besonders als Holland, dessen Thesen seit dem Montag nachmittag Hauptgesprächsthema waren, sie darauf hinwies, daß Samuels Programm nach dreißig Jahren immer noch nicht wesentlich verbessert worden war. Solch improvisierter und spontaner Austausch war inzwischen an der Tagesordnung. Die Teilnehmer erinnern sich nicht genau, wann die Stimmung des Wirtschaftstreffens umschlug. Irgendwann am dritten Tag, nachdem sie all die Schranken der Fachjargons und beiderseitigen Mißverständnisse überwunden hatten, war Leben in die Konferenz gekommen.

«Irgendwie war es wie im Kindergarten», erzählt Stuart Kauffman, «wo man lauter neue Sachen kennenlernt. Man kam sich vor wie ein junger Hund, der an allem schnuppert, mit dieser wunderbaren Entdeckerlaune – daß die ganze Welt voller Überraschungen ist, die man erkunden kann. Alles war neu. So kam mir dieses Treffen vor. Man fragte sich, was die anderen denken. Was sind die Kriterien, was sind die Fragen auf diesem neuen Gebiet? Das liegt mir sehr, aber ich denke, es spricht auch viele andere Leute an. Wir haben so lange miteinander geredet, daß wir uns gegenseitig *zuhören* konnten.»

Als gemeinsame Sprache kristallisierte sich die Mathematik heraus, was nicht der Ironie entbehrt, wenn man bedenkt, wie skeptisch die Physiker zunächst den mathematischen Abstraktionen der Ökonomen gegenüberstanden. «Wenn ich zurückdenke, glaube ich, Ken hat die richtige Entscheidung getroffen», sagt Eugenia Singer, die zunächst enttäuscht darüber gewesen war, daß Arrow keine Soziologen und Psychologen eingeladen hatte. «Er hatte die qualifiziertesten Wirtschaftswissenschaftler angeheuert, die er kriegen konnte. Dadurch war die Glaubwürdigkeit sehr groß. Die

Physiker waren erstaunt, wie gut die Ökonomen die Mathematik beherrschten. Sie waren mit vielen mathematischen Verfahren und Begriffen vertraut, sogar mit physikalischen Modellen. Deshalb konnten sie dieselben Begriffe verwenden und eine Sprache finden, in der sie miteinander reden konnten. Ich bin nicht sicher, ob sich die Kluft hätte überbrücken lassen, wenn Sozialwissenschaftler dabei gewesen wären, die nicht so mathematisch denken.»

Nachdem die meisten formellen Vorträge vorüber waren, trafen sich die Teilnehmer in kleinen informellen Arbeitsgruppen, die sich mit Einzelthemen beschäftigten. Eines der beliebtesten Themen war Chaos, die Domäne einer Gruppe, die sich oft im kleinen Konferenzzimmer um David Ruelle versammelte. «Wir alle hatten schon von Chaos gehört und Artikel darüber gelesen», sagte Arthur. «Einige der Ökonomen hatten auf diesem Gebiet sogar wichtige Forschung geleistet. Aber ich erinnere mich, daß einige Modelle der Physiker für ziemlich viel Aufregung sorgten.»

Anderson und Arthur gehörten zu einer Gruppe, die sich auf der Terrasse traf, um ökonomische «Muster» wie technologisches *Lock-in* oder regionale wirtschaftliche Unterschiede zu diskutieren. «Ich war meistens zu müde, um noch viel reden oder zuhören zu können», sagt Arthur. «Ich benutzte die Arbeitsgruppe, um Phil Anderson über mathematische Verfahren auszufragen.»

Arthur stellte dabei viel Übereinstimmung mit Anderson und den anderen Physikern fest. «Mir gefiel es, wie wichtig ihnen Computerexperimente sind, wie sie Computermodelle in der Physik verwenden. Und mir gefiel, wie offen sie für neue Gedanken waren, ihre undogmatische Art.»

Natürlich freute sich Arthur auch darüber, daß sein Konzept der zunehmenden Erträge einen nachhaltigen Eindruck hinterlassen hatte. Nicht nur er, sondern auch eine ganze Reihe anderer Ökonomen schien darüber nachgedacht zu haben. An einem Tag hörten die Teilnehmer zum Beispiel über Konferenzschaltung einen Vortrag von Hollis Chenery, Emeritus der Harvard University, der zu krank war, um reisen zu können. Chenery sprach über Entwicklungsmuster – warum Länder, besonders in der Dritten Welt, Unterschiede im Wachstum zeigen. Dabei erwähnte er zunehmende Erträge. «Nach der Übertragung», erzählt Arthur, «lief Arrow zur Tafel und sagte: ‹Hollis Chenery hat gerade zunehmende Erträge erwähnt. Lassen Sie mich mehr dazu sagen› – und dann hielt er spontan einen anderthalbstündigen Vortrag über zunehmende Erträge und was sie für den Handel bedeuten. Ich hätte nie gedacht, daß Arrow soviel darüber wußte.»

Nur wenige Tage später blieb José Scheinkman, der schon entscheidende Anregungen dazu gegeben hatte, welche Rolle zunehmende Erträge im internationalen Handel spielen, bis drei Uhr morgens auf, um gemeinsam mit Michele Boldrin von der University of California in Los Angeles eine Theorie der Wirtschaftsentwicklung zu formulieren, die zunehmende Erträge berücksichtigte.

Natürlich, sagt Arthur, sei eine Diskussion darüber unvermeidlich gewesen, ob der Aktienmarkt in eine positive Rückkopplungsschleife kommen könne, in der die Aktien immer weiter stiegen, nur weil die Investoren sähen, wie sich neue Investoren engagierten. Oder ob es, umgekehrt, zu einem Kurssturz kommen könne, wenn Investoren sähen, daß andere ausstiegen. «Angesichts der Tatsache, daß der Markt damals etwas überreizt war, gab es viele Gespräche darüber, ob das möglich sei, ob es gerade tatsächlich passiert – oder bald passieren *könnte.*»

Man einigte sich auf ein «Vielleicht». Aber die Möglichkeit schien doch so wahrscheinlich, daß David Pines seiner Bank den Auftrag gab, einige seiner Aktien zu verkaufen. Die redete ihm den Gedanken aus – und einen Monat später, am 19. Oktober 1987, fiel der Dow-Index an einem Tag um 508 Punkte.

«Das führte zu dem Gerücht, daß die Konferenz den Kurssturz vorhergesagt hätte – einen Monat bevor es tatsächlich dazu kam», sagt Arthur. «Das stimmt nicht. Aber der Sturz hatte sicherlich diesen Mechanismus der positiven Rückkopplung, über die wir lang und breit gesprochen hatten.»

In diesem Stil ging es weiter: eine zehntägige Marathonsitzung mit nur einem freien Samstagnachmittag. Alle waren erschöpft – aber sie hatten viel erreicht. «Am Ende der Konferenz lief ich auf Hochtouren», sagt Arthur. «Ich konnte es nicht glauben – es gab tatsächlich Leute, die zuhören wollten.»

Die gab es. Weil Arthur schon vorher eine Einladung angenommen hatte, am Freitag, dem 18. September, einen Vortrag in San Francisco zu halten, verpaßte er den letzten Tag, für den die Gruppe eine Zusammenfassung und eine Pressekonferenz geplant hatte. (Reed, der in New York unabkömmlich war, schickte seine Grüße per Video.) Aber sowie er am Montagnachmittag das Kloster betrat, kam ihm Pines im Flur mit heiterer Miene entgegen.

«Ist alles gutgegangen?» fragte Arthur.

«Ja, wir sind sehr zufrieden», sagte Pines. Und Eugenia Singer sei total begeistert gewesen; sie bereite einen glühenden Bericht für Reed vor. Im übrigen, fügte er hinzu, habe sich der Wissenschaftsrat gleich nach dem Ende der Konferenz getroffen, und als erstes wollten sie Arthur bitten, Mitglied zu werden.

Arthur war erstaunt. Der Wissenschaftsrat war das innere Heiligtum des Instituts, der Sitz aller Macht. «Sofort», sagte er.

«Und dann ist da noch etwas», fuhr Pines fort. «Wir möchten diese Gelegenheit keinesfalls ungenutzt lassen. Jeder ist so begeistert von der Konferenz, daß wir daraus ein richtiges Forschungsprogramm entwickeln wollen. Wir haben das besprochen und möchten gern, daß Sie und John Holland nächstes Jahr [im nächsten akademischen Jahr, zwölf Monate später] kommen und das Programm in Gang bringen.»

Arthur brauchte gute zwei Sekunden, um diese Nachricht zu verarbeiten. Der Wissenschaftsrat bat ihn und Holland, das Programm zu *leiten*. Er stammelte etwas von der Art, daß er sich wohl tatsächlich ein Jahr freimachen könne, und viel Spaß würde es ihm wohl auch machen. Und – ja, er würde es gern tun.

«Ich war enorm geschmeichelt», sagt er. «Noch heute spüre ich die Verwunderung: ‹Wer? *Ich*?› Wissen Sie, es kann passieren, daß ein Wissenschaftler das Gefühl hat, er könne und wisse alles, was nötig ist, aber die anderen nehmen das einfach nicht wahr. John Holland hat das jahrzehntelang durchgemacht, und auch ich kannte das Gefühl gut – bis ich dieses Santa-Fe-Institut betrat und all diese klugen Leute traf, die mich zu fragen schienen: ‹Warum kommst du denn erst jetzt?›»

Zehn Tage lang hatte er geredet und zugehört. Sein Kopf war voller neuer Ideen. Er war erschöpft. Er hatte etwa drei Wochen Schlaf nachzuholen. Und er hatte das Gefühl, angekommen zu sein.

«Von da an habe ich mir keine Gedanken mehr darüber gemacht, was andere Ökonomen denken. Die Leute, mit denen ich über meine Arbeit reden wollte, waren die Leute in Santa Fe.»

«Santa Fe», sagt er, «ist mir zur Heimat geworden.»

# 6 Leben am Rand des Chaos

Am Dienstag, dem 22. September 1987, stieg Arthur frühmorgens mit John Holland ins Auto, um zu einer Konferenz über künstliches Leben nach Los Alamos zu fahren; dieses fünftägige Treffen hatte schon am Vortag begonnen.

Für Arthur war der Begriff «künstliches Leben» etwas verschwommen, aber nach dem Wirtschaftstreffen der Vorwoche kam ihm vieles noch etwas verschwommen vor. Holland erklärte ihm, künstliches Leben entspreche der künstlichen Intelligenz. Hier würden jedoch, darin liege der Unterschied, keine Denkprozesse mit Computern simuliert, sondern die grundlegenden biologischen Mechanismen der Evolution und des Lebens selbst. Es habe viel mit dem zu tun, was er selbst mit dem genetischen Algorithmus und den Klassifizierersystemen versucht habe, sei aber umfassender und ambitionierter.

Das ganze sei ein Geisteskind von Chris Langton, einem Doktoranden aus Los Alamos, der an der Universität Michigan bei Holland und Art Burks studiert habe. Langton sei so etwas wie ein Spätentwickler. Er sei schon 39, also zehn Jahre älter als die meisten Doktoranden. Aber er sei ein außergewöhnlicher Student gewesen. «Ein Mensch mit ausschweifender Vorstellungskraft und zugleich ein versierter Empiriker.» Künstliches Leben sei Chris Langtons Baby. Er habe den Namen erfunden. Er habe diesen Begriff viele Jahre lang zu füllen versucht und dieses Treffen organisiert, weil er die Beschäftigung mit künstlichem Leben zu einer wissenschaftlichen Disziplin machen wolle – ohne auch nur eine

Ahnung davon zu haben, wie viele Teilnehmer kommen würden. Sein Plan habe aber so viel Vertrauen erweckt, daß das Los Alamos Center for Nonlinear Studies 15000 Dollar beigesteuert habe, und das Santa-Fe-Institut habe nicht nur einen Zuschuß von 5000 Dollar bewilligt, sondern sich zudem bereit erklärt, die Konferenzberichte im Rahmen seiner neuen Buchreihe zum Thema Komplexität zu veröffentlichen. Nach allem, was er, Holland, gestern, am ersten Tag, habe beobachten können, sehe es so aus, als bringe Langton dort wirklich etwas zustande. Es sei – nun, das solle Arthur selbst sehen.

Er sah es. Als er und Holland das Auditorium in Los Alamos betraten, fiel ihm sofort zweierlei auf. Erstens merkte er, wie sehr er seinen Hausgenossen unterschätzt hatte. «Ich kam mir vor, als ob ich Gandhi begleite», sagt er. «Da hatte ich gedacht, ich wohne mit einem kleinen sympathischen Computernarren zusammen. Aber die Leute behandelten ihn, als sei er der große Guru: ‹John *Holland*!› Die Leute bedrängten ihn. Was halten Sie davon? Was meinen Sie dazu? Haben Sie die Arbeit bekommen, die ich Ihnen geschickt habe?»

Arthurs Hausgenosse versuchte, alles gelassen über die Bühne zu bringen. Aber es ließ sich nicht leugnen: Sehr zu seiner eigenen Verwirrung wurde John Holland berühmt. Er konnte praktisch nichts tun, um es zu verhindern. Seit einem Vierteljahrhundert hatten Jahr für Jahr einer oder zwei seiner Studenten den Doktorgrad erworben; so hatte er jetzt weltweit viele Schüler, die seine Ansichten vertraten. Und Schritt um Schritt hatte die Welt ihn eingeholt. Neuronale Netze waren auf einmal *en vogue*, und Lernprozesse hatten sich, keineswegs zufällig, zu einem der heißesten Themen der etablierten Forschung auf dem Gebiet der künstlichen Intelligenz entwickelt. 1985 hatte die erste internationale Konferenz über genetische Algorithmen stattgefunden, und weitere waren geplant. «Bei Vorträgen», sagt Arthur, «wurde es üblich, mit den Worten zu beginnen: ‹John Holland sagt dazu dieses oder jenes. Aus meiner Sicht...›»

Arthurs zweiter Eindruck war, daß künstliches Leben – seltsam war. Nicht ein einziges Mal gelang es ihm, mit Langton zu sprechen. Dieser große schlanke Mann mit der üppigen braunen Mähne erinnerte ihn an einen jungen, liebenswerten Walter Matthau. Immerzu war er auf dem Sprung, um etwas zu erledigen – hektisch dafür zu sorgen, daß alles richtig lief.

So verbrachte Arthur viel Zeit damit, sich die Computersimulationen anzusehen, die in den Fluren vor dem Auditorium liefen. So etwas Verrücktes hatte er noch nie gesehen: blitzschnell vorbeischießende Schwärme belebter elektronischer Vögel, verblüffend lebensähnliche Pflanzen, die auf dem Bildschirm wuchsen und sich entwickelten, bizarre, fraktalartige Geschöpfe, Muster, die vibrierten und Funken versprühten. Es war faszinierend. Aber was bedeutete es?

Und die Vorträge! Alle, die Arthur hörte, waren eine verstörende Mischung aus wildwüchsiger Spekulation und wohlbegründeter Empirie. Offenbar hatte niemand eine Ahnung, worum es in den einzelnen Vorträgen gehen würde, bis die Sprecher sich ans Pult begaben. Man sah viele Leute mit Flechtzöpfen und in Jeans. (Eine Frau hielt ihr Referat barfuß.) Oft tauchte das Wort «Emergenz» auf. Und überall herrschte eine Atmosphäre gemeinschaftlichen Aufbruchs – es war, als ob Schranken zerbrachen und sich eine große Freiheit eröffnete, spontan, unvorhersagbar, offen für alle neuen Gedanken. Auf seltsame Weise war dieses Treffen für ihn ein *Déjà-vu*, eine Reminiszenz aus jener Zeit, als der Widerstand gegen den Vietnamkrieg die Menschen in eine Gegenkultur getrieben hatte.

## *Erleuchtung im Krankenhaus*

Chris Langton kann sich gut an den Augenblick erinnern, in dem die Idee künstlichen Lebens geboren wurde. Es war in einer Nacht Ende 1971, vielleicht Anfang 1972 – jedenfalls im Winter. Wie es sich für einen echten Hacker gehört, war Langton als einziger wach, oben im sechsten Stock des Allgemeinen Krankenhauses von Massachusetts in Boston, wo er nachts um drei am PDP-9-Computer der Psychologischen Abteilung saß und Codes zu knacken versuchte.

Diese Arbeit gefiel ihm. «Wir hatten keine festen Arbeitszeiten», erzählt Langton. «Der Mann, der das Sagen hatte, Frank Ervin, war enorm kreativ und offen für alles Mögliche. Er stellte eine Menge helle Köpfe zum Programmieren ein und ließ sie dann im wesentlich tun, was sie wollten. Die Leute, die die langweiligen Dinge machten, konnten also tagsüber mit dem Computer arbeiten. Wir hatten es uns angewöhnt, am Spätnachmittag, gegen vier oder fünf, zu kommen und bis drei, vier Uhr morgens zu bleiben. In der Zeit konnten wir einfach herumspielen.»

Für Langton war Programmieren das beste Spiel, das je erfunden wurde. Er war etwa zwei Jahre zuvor eher zufällig zu Ervins Gruppe gestoßen, nachdem er sein Studium abgebrochen hatte und als Kriegsdienstverweigerer seinen Ersatzdienst an diesem Krankenhaus hatte ableisten müssen. Das Programmieren hatte er sich weitgehend selbst beigebracht. Als er jedoch einmal angefangen hatte, wirkliche Probleme mit Computern zu lösen, machte es ihm so viel Spaß, daß er einfach dabeiblieb, nachdem seine Dienstzeit abgelaufen war.

«Ich bin im Grunde ein Mechaniker», sagt er. «Ich bastle gern. Ich möchte wissen, wie ein Ding funktioniert.» Bei der Arbeit mit dem PDP-9 mußte man sich «wirklich mit der Hardware auseinandersetzen. Die Programme mußten auf die Operationen der Maschine abgestimmt sein, etwa ‹Lade den Akkumulator mit dieser Datei, und stelle sie dann wieder zurück›. Das war Logik, aber es war auch sehr mechanisch.»

Ihm gefielen auch die verrückten Abstraktionen, mit denen er es zu tun bekam. Ein gutes Beispiel war das erste Projekt, an dem er arbeitete, nachdem er die experimentellen Psychologen dazu gebracht hatte, den PDP-9 zu benutzen. Jahrelang hatten sie ihre Daten auf einem alten und l-a-n-g-s-a-m-e-n PDP-8S aufgezeichnet; das hatten sie nun satt. Sie hatten dafür jedoch viel spezielle Software entwickelt, die ihren Zwecken entsprach und die niemand umschreiben wollte – die aber auf dem PDP-9 nicht zu gebrauchen war. Langton hatte deshalb die Aufgabe erhalten, ein Programm zu schreiben, das der alten Software vorgaukelte, sie laufe auf der alten Maschine. Genauer gesagt sollte er in dem neuen Gerät den alten PDP-8S als «virtuelle Maschine» nachkonstruieren.

«Ich hatte keine formale Ausbildung in Computertheorie. Also wurde ich mit dem Konzept einer virtuellen Maschine erst vertraut, als ich selbst eine erschaffen mußte. Aber ich verliebte mich sofort in die Vorstellung. Wenn man die Gesetze, nach denen eine wirkliche Maschine läuft, in ein abstraktes Programm umsetzen kann, steckt in diesem Programm alles, was an der Maschine *wichtig* ist. Man kann die Hardware einfach hinter sich lassen.»

Jedenfalls, erzählt er, habe er in dieser Nacht versucht, einen Code zu knacken. Da er wußte, daß er noch eine Zeitlang nichts laufen lassen konnte, zog er eines der Papierbänder heraus, die immer in einem Kasten vor der großen Kathodenstrahlröhre des Computers standen, und führte es in den Lochstreifenleser ein, damit der Computer das «Spiel des Lebens» spielte.

Es war eines seiner Lieblingsspiele. «Wir hatten den Code von Bill Gosper und seiner Gruppe am MIT bekommen und spielten oft damit herum.» Das «Spiel des Lebens», im Vorjahr von dem britischen Mathematiker John Conway entwickelt, war ein Suchtmittel erster Güte. Eigentlich ist es gar kein Spiel, sondern eher eine Miniwelt, die sich entwickelt, während man zuschaut. Zu Beginn zeigt der Bildschirm einen Schnappschuß von dieser Welt: ein zweidimensionales Gitter voller schwarzer Quadrate, die «leben», und weißer, die «tot» sind. Das Anfangsmuster ist beliebig. Wenn das Spiel aber einmal begonnen hat, entscheiden einige wenige Regeln darüber, ob Quadrate leben oder sterben. Jedes Quadrat jeder Generation schaut sich zunächst seine unmittelbaren Nachbarn an. Wenn zu viele seiner Nachbarn leben, muß das Quadrat in der nächsten Generation wegen Überbevölkerung sterben. Leben zu wenige Nachbarn, stirbt das Quadrat an Einsamkeit. Wenn aber die Anzahl der Nachbarn gerade richtig ist und entweder zwei oder drei seiner Nachbarquadrate leben, dann lebt ein Quadrat auch in der nächsten Generation – entweder indem es überlebt, wenn es schon vorher lebendig war, oder indem es «geboren» wird.

Das ist schon alles. Die Regeln sind nichts weiter als eine Art Cartoon-Biologie. Doch diese einfachen Regeln, in ein Programm verwandelt, scheinen den Bildschirm mit Leben zu füllen. Damals lief das Geschehen noch langsam und ruckhaft ab, als werde es in Zeitlupe auf einem Videorecorder abgespielt. Vor seinem inneren Auge jedoch konnte Langton sehen, wie der Schirm vor Aktivität brodelte, als ob man die Mikroorganismen in einem Tümpel durch ein Mikroskop beobachtete. Man kann das Spiel mit einer zufälligen Verteilung lebender Quadrate beginnen und zuschauen, wie sie sich sofort zu allen möglichen kohärenten Strukturen organisieren. Es bilden sich Strukturen, die durcheinanderpurzeln, und solche, die wie ein- und ausatmende Tiere oszillieren. Man findet «Gleiter», kleine Gruppen lebender Zellen, die sich mit konstanter Geschwindigkeit über den Schirm bewegen. Man findet Gleiterkanonen, die ständig neue Gleiter abfeuern, und andere Strukturen, die die Gleiter fressen. Mit etwas Glück findet man auch eine «Cheshire-Katze», die sich langsam auflöst und nichts hinterläßt als ein Lächeln und einen Pfotenabdruck. Jeder Ablauf ist anders, und keiner schöpft je alle Möglichkeiten aus. «Die erste Konfiguration, die ich gesehen habe, war ein großes stabiles Gebilde, das wie eine Raute aussah», erzählt Langton. «Aber dann konnte man von außen einen Gleiter dagegenstoßen lassen, und die vollkommene Schönheit war dahin. Die Struktur zerfiel langsam ins Nichts, als ob der Gleiter eine Infektionskrankheit hervorrief – wie die Andromeda-Mikroben.»

In dieser Nacht also, erzählt Langton, habe der Computer gesummt, der Monitor sei voll mit diesen kleinen Dingern gewesen, während er weiter versucht habe, den Code zu knacken. «Einmal sah ich hoch. Das Spiel des Lebens lief da auf dem Bildschirm ab. Dann schaute ich wieder auf meinen Computercode – und plötzlich sträubten sich mir die Nackenhaare. Ich hatte das Gefühl, daß noch jemand im Zimmer war.»

Langton sah sich um. Sicher hatte sich einer seiner Kollegen an ihn herangeschlichen. Der Raum war vollgestopft mit den großen blauen Kästen des PDP-9 und vielen elektronischen Geräten, einem alten Elektroenzephalographen zum Beispiel, Oszilloskopen, Kästen mit Röhren und Drähten, die man da abgestellt hatte, und einer Menge Sachen, die niemand mehr brauchte. Für einen richtigen Hacker war es das Paradies. Aber nein – niemand stand hinter ihm, niemand versteckte sich. Er war allein.

Langton schaute wieder auf den Bildschirm. «Ich merkte, daß es das Spiel des Lebens gewesen sein mußte. Irgend etwas *lebte* auf dem Schirm. Und in dem Augenblick, in einer Weise, die ich damals nicht in Worte hätte fassen können, verschwamm jeder Unterschied zwischen der Hardware und dem Vorgang. Ich erkannte, daß im Grunde kein großer Unterschied zwischen dem besteht, was im Computer passiert, und dem, was in meiner eigenen persönlichen Hardware passiert – daß es wirklich derselbe Vorgang war, der dort auf dem Bildschirm ablief.

Ich erinnere mich, wie ich mitten in der Nacht aus dem Fenster schaute, während der Computer weiter summte. Der Himmel war klar, und die Sterne funkelten. Auf der anderen Seite des Flusses konnte man das Museum für Naturwissenschaft und fahrende Autos sehen. Ich dachte über Aktivitätsmuster nach, über das, was dort alles vor sich ging. Die Stadt war da, sie *lebte*. Und es kam mir so vor, als sei das alles dasselbe wie das Spiel des Lebens – sicherlich viel komplexer, aber im Prinzip nicht anders.»

Rückblickend betrachtet, sagt Langton, habe diese Nacht sein Leben verändert. Damals aber sei es wenig mehr als ein Gefühl gewesen, eine Eingebung. «Es war eine von diesen Gelegenheiten, wo man plötzlich eine Einsicht gewinnt, und dann ist es wieder vorbei. Wie ein Gewitter, ein Wirbelsturm, eine Flutwelle, die die Landschaft verändern, dann aber vergangen sind. Das geistige Bild selbst war nicht mehr da, aber seitdem wecken bestimmte Erlebnisse bestimmte Gefühle in mir. Ab und zu sind Dinge passiert, die irgendwie den richtigen Geruch hatten und mich an dieses Aktivitätsmuster erinnerten. Seit damals habe ich diesem Geruch immer zu folgen versucht. Er hat mich», fügt er hinzu, «natürlich oft irgendwohin geführt und dann einfach verlassen, und ich wußte dann nicht, in welche Richtung ich weitergehen sollte.»

Das ist reines Understatement. Weder hatte Chris Langton 1971 einen Schimmer, was dieses Gefühl bedeutete, noch entschloß er sich, systematische Forschungen zu betreiben. Seine Art, dem Geruch zu folgen, bestand darin, ein wenig in Bibliotheken und Buchläden zu stöbern und in ein paar Artikeln und Büchern zu schnuppern, die irgendwie zu tun hatten mit virtuellen Maschinen oder emergenten kollektiven Mustern oder lokalen Regeln, die zu globaler Dynamik führen. Hin und wieder belegte er auch einmal einen Kurs an einer der Universitäten in und um Boston. Im Grunde aber ließ er die Dinge einfach laufen. Es gab in seinem Leben zuviel anderes zu tun. Seine wahre Leidenschaft galt seiner Gitarre. Er und ein Freund versuchten (ohne Erfolg), professionell Musik zu machen. Er war aktiv im Widerstand gegen den Wehrdienst und in der Protestbewegung gegen den Vietnamkrieg. So waren die Universitäten in Cambridge und Boston wegen der dort herrschenden Szene für ihn genau das richtige. Dort war er glücklich wie lange nicht mehr.

«Die Schule war für mich eine Katastrophe», sagt er. Langton war 1962, als Vierzehnjähriger, von einer sehr kleinen Grundschule in seiner Heimatstadt Lincoln in Massachusetts in eine große Highschool im nahen Sudbury geschickt worden. «Jeden Tag hatte man das Gefühl, ins Gefängnis zu müssen. Die Schule war sehr streng und behandelte die Schüler wie jugendliche Straffällige, bis sie irgendwie das Gegenteil bewiesen und in Sonderklassen aufsteigen durften. Ich paßte einfach nicht in dieses System hinein. Ich hatte lange Haare, spielte Gitarre und machte Musik. Ich war ein Hippie, und es gab dort keine anderen Hippies. Ich war also viel allein.»

Auch war es für ihn nicht gerade hilfreich, daß seine Eltern, Jane Langton, Autorin von Kriminalromanen, und der Physiker William Langton, seit den ersten Tagen der Bürgerrechtsbewegung und des Vietnamkrieges «Radikale» gewesen waren. «Während meiner Highschool-Zeit schrieben meine Eltern mir gelegentlich eine Entschuldigung, wenn wir in die Stadt fahren und für die Gleichberechtigung der Schwarzen demonstrieren wollten. Wir sind auch mit dem Bus nach Washington gefahren, und wir haben gegen vieles protestiert – ich wurde auch ein paarmal festgenommen.»

Schließlich, 1966, hatte Langton den Highschool-Abschluß geschafft. «Das war der Anfang der Hippiezeit. Ein Freund und ich fuhren also mit dem Bus nach Kalifornien. Wir hörten Janis Joplin, Jefferson Airplane. Ein toller Sommer.»

Leider mußte er sich im Herbst am Rockford College in Illinois melden. Ihm persönlich lag nichts an der Universität, und den Universitäten lag auch nichts an ihm. Nachdem seine Schulnoten höchst mittelmäßig ausgefallen waren, hatte er nicht die geringste Aussicht, von den Harvards und MITs dieser Welt angenommen zu werden. Aber seine Eltern bestanden darauf, er müsse *irgendwo* studieren. In Rockford war damals gerade ein geisteswissenschaftlich ausgerichtetes College gegründet worden, und man freute sich dort über jeden Studenten.

Für Langton sah das nagelneue Universitätsgelände mitten in den Getreidefeldern von Illinois wie ein weiteres Gefängnis aus. «Es hätte genausogut Stacheldrahtzäune haben können», sagt er.

Da das College so aktiv um Studenten geworben hatte, gab es in jenem Jahr unter den rund fünfhundert Studenten auch etwa zehn Hippies von der Ostküste. «Wir kamen dahin und schauten uns um und sahen nichts als feiste, rotnackige Hinterwäldler – es schien die Heimat der Pedanten zu sein. Ein Hippie im tiefsten Illinois war 1966 praktisch erledigt. Bei der Registratur schrieb man mich für Frauensport ein. Einmal ging ich mit einigen Freunden in ein Café, hinter uns zwei Polizisten, und einer von denen sagte: ‹Ich weiß nicht, wer wer ist, aber einer von euch Typen hat eine ziemlich häßliche Freundin.› Die Universität vermutete sofort, wir handelten mit Drogen, und traute uns wohl alles mögliche zu.»

Es blieb ihm gar nichts anderes übrig, als nach Norden zu gehen. Langton und seine Freunde trampten zu der viel liberaleren Universität von Madison, wo sie manchmal wochenlang blieben. «Dorthin gehörte ich. Der ganze soziokulturelle Aufruhr spielte sich in den sechziger Jahren in Madison ab. Da liefen Protestaktionen gegen den Krieg. Da waren viele Hippies, die Drogen ausprobierten, also tat ich es auch. Ich hatte eine elektrische Gitarre, und ein Freund von mir kannte die Musik der Appalachen in Kentucky, also improvisierten wir wild drauflos. Dort passierte ständig etwas – aber nichts davon hatte auch nur das geringste mit dem Studium zu tun.»

Zu Beginn seines zweiten Studienjahres in Rockford erhielt er, wie es zu erwarten war, eine Verwarnung der Universität, und am Ende des Herbstsemesters warf sie ihn hinaus.

«Ich wollte in Madison bleiben. Aber ich hatte keine Arbeit und wußte nicht, wovon ich leben sollte. Also ging ich wieder nach Boston zurück, wo ich mich noch stärker politisch engagierte.» Da er nicht mehr aufgrund seines Studiums vom Wehrdienst zurückgestellt war, verweigerte er ihn aus Gewissensgründen. Nach hartem Kampf wurde er schließlich anerkannt. «Dann leistete ich von 1968 an meinen Ersatzdienst im Krankenhaus.»

Dort schien Langton endlich seine Nische gefunden zu haben. Er hätte ewig weiter programmieren können. «Es war eine tolle Arbeit. Ich lernte viel, mir gefielen die Leute dort. Und ich sah keinen Grund, das aufzugeben.» Aber 1972 blieb ihm keine andere Wahl: Der Gruppenleiter, Frank Ervin, hatte eine Stelle an der University of California in Los Angeles angenommen und nahm praktisch das ganze Labor mit. Langton hing in der Luft; er schloß sich einer anderen Gruppe von Psychologen an, die das Sozialverhalten von kurzschwänzigen Makaken aus Südostasien untersuchten. So fand er sich im November 1972 im Dschungel von Puerto Rico wieder, im Karibischen Primatenforschungszentrum, etwa sechzig Kilometer außerhalb von San Juan.

Das war alles andere als ein guter Job. Langton mochte die Affen: Er beobachtete sie täglich acht bis zehn Stunden lang, während er seine Experimente durchführte, war fasziniert von alldem, was sie wußten und wie sie sich in der Gemeinschaft verhielten und wie sie ihr Wissen an die nächste Generation weitergaben. Das Problem war leider, daß die Menschen an diesem Institut ihren Forschungsobjekten zu ähnlich waren.

«Der Leiter des Forschungszentrums war damals ein gnadenloser Trinker. Er schüttete schon morgens literweise Bloody Marys in sich hinein und war dann für den Rest des Tages außer Gefecht gesetzt. Er konnte seine Aufgaben nicht erfüllen. Die übrigen Mitarbeiter hatten nicht die Vollmacht, etwas zu entscheiden, *mußten* aber alles entscheiden. Und dann kam es zu vielen Streitereien: ‹Das hätten Sie mit mir besprechen müssen!› Ich hätte die Datenbogen, auf denen ich das Verhalten der Makaken registrierte, nehmen und am Forschungszentrum dieselben Beobachtungen machen können wie bei den Affen. Es bildeten sich Fraktionen, und es kam zu einer Art Palastrevolution. Ich gehörte zu einer der Fraktionen, die am Ende unterlagen. Man bat mich zu gehen, und ich ging gern.»

Als er nach einem Jahr in Puerto Rico wieder einmal in der Luft hing, wurde ihm klar, daß es an der Zeit war, das Leben etwas fester in die Hand zu nehmen. «Ich konnte einfach nicht länger in den Tag hinein leben, ohne eine Vorstellung davon, worauf ich eigentlich hinauswollte», sagt er. Aber worauf wollte er hinaus? Er fragte sich, ob dieser geheimnisvolle Geruch ihn führen würde. In Puerto Rico war er ihm die ganze Zeit gefolgt, und jetzt glaubte er, die Spur gefunden zu haben: Sie schien zu Kosmologie und Astrophysik zu führen.

«Ich hatte da unten keinen Zugang zu Computern, deshalb konnte ich die Computerarbeit nicht weiterentwickeln. Aber ich habe tonnenweise Bücher verschlungen.» Der Ursprung des Universums, die Struktur des Weltalls, das Wesen der Zeit – all das hatte den «richtigen» Geruch. «Als die Lage sich verschlechterte, ging ich also wieder nach Boston zurück und studierte dort Mathematik und Astronomie.»

Langton hatte natürlich schon früher viel Mathematik gelernt, aber er dachte, es sei gut, noch einmal ganz von vorn zu beginnen. «Früher hatte ich einfach nicht aufgepaßt. Ich war ja nicht zur Schule gegangen, weil ich Lust dazu hatte, sondern weil ich mußte. Und dann wurde man einfach aus der Schule auf die Universität gedrückt, wie Zahnpasta auf die Bürste.» Er konnte jeweils nur wenige Kurse belegen, weil er nebenher mehrere Jobs hatte, aber er widmete sich dem Lehrstoff mit großem Eifer und Erfolg. Schließlich sagte einer seiner Lehrer, der ihm ein guter Freund geworden war: «Wenn du wirklich Astronomie lernen willst, mußt du an die Universität von Arizona gehen.» Arizona sei eine der astronomischen Hauptstädte der Welt. Das Gelände in Tucson liege mitten in der Sonora-Wüste, wo der Himmel so klar, trocken und dunkel sei wie nirgendwo sonst. Auf den Berggipfeln der Gegend schössen die Sternwarten wie Pilze aus dem Boden. Das Observatorium Kitt Peak sei nur sechzig Kilometer entfernt und habe sein Forschungszentrum auf dem Gelände der Universität.

Arizona war anscheinend der richtige Ort. Langton bewarb sich an der Universität in Tucson und erhielt im Herbst 1975 seine Zulassung.

In der Karibik, erzählt Langton, habe er das Tiefseetauchen gelernt. Zwischen Korallen und Fischen hatte er großes Gefallen daran gefunden, sich in dieser dritten Dimension zu bewegen. Es war berauschend. Als er nach Boston zurückgekehrt war, hatte er bald entdeckt, daß das Tauchen in den kalten braunen Gewässern von New England nicht annähernd soviel Spaß machte. Als Ersatz hatte er das Drachenfliegen ausprobiert und war vom ersten Tag an zu einem leidenschaftlichen Anhänger dieses Sports geworden. Über der Welt zu schweben, von einer Thermik zur nächsten – das war das beste, was drei Dimensionen zu bieten hatten. Er kaufte sich einen eigenen Drachen und verbrachte jede freie Minute in der Luft.

Das alles erklärt, warum Langton sich im Sommer 1975 mit einigen seiner Sportsfreunde, die nach San Diego umzogen und einen kleinen Lastwagen hatten, auf den Weg nach Tucson machte. Ihr Plan war, die nächsten Monate gemächlich durch das Land zu reisen und sich von jedem Hügel gleiten zu lassen, der auch nur halbwegs einladend aussah. So bummelten sie die Appalachen entlang, bis sie zum Grandfather Mountain in North Carolina kamen.

Der Grandfather Mountain, die höchste Erhebung der Blue Ridge, bietet eine phantastische Aussicht und ist ein bekannter Ausflugsort. Nun stellte sich heraus, daß er ein ebenso atemberaubender Ort zum Fliegen war: «Wenn der Wind richtig stand, konnte man stundenlang in der Luft bleiben!» schwärmt Langton. Als der Besitzer merkte, wie viele Hot Dogs und Hamburger und Andenken er verkaufte, während die Touristen herumstanden, um diese Wahnsinnigen beim Drachenfliegen zu beobachten, schlug er ihnen vor, den ganzen Sommer dort zu bleiben, und bot ihnen dafür 25 Dollar pro Tag.

«Es war sehr unwahrscheinlich, daß wir je einen besseren Platz finden würden», sagt Langton. Also stimmten sie zu. Als Touristenattraktion waren sie der Renner. Inzwischen interessierte sich auch der Besitzer für den Sport und sorgte schließlich dafür, daß für den Spätsommer des Jahres eine Nationalmeisterschaft am Grandfather Mountain ausgeschrieben wurde. Langton rechnete sich einen Heimvorteil aus, wenn er teilnahm, und verbrachte den Rest des Sommers mit dem Training.

Der Unfall geschah am 5. August. Seine Freunde waren schon abgereist. Er selbst wollte am nächsten Tag nach Tucson fahren, sich dort einschreiben und dann vor Semesterbeginn zur Meisterschaft zurückkommen. Vorher wollte er jedoch noch einige Male den Schlußteil des Wettbewerbs üben, das Landen in einem kleinen markierten Kreis am Boden.

Es geschah beim letzten Flug, den er sich für diesen Tag vorgenommen hatte. Diese Punktlandung war ein heikles Manöver, denn man mußte das Ziel, eine kleine Lichtung im Wald, von hoch oben ansteuern, um dann in überzogenem Flug in Spiralen hinabzugleiten. Doch an diesem Tag war der Wind so launisch und unkooperativ, daß dies fast unmöglich schien. Langton hatte das Landemanöver schon viermal abbrechen müssen und wurde langsam ärgerlich. Dies war die letzte Gelegenheit vor dem Wettbewerb.

«Ich erinnere mich noch, wie ich dachte: ‹Verdammt, ich bin zu nah und zu hoch. Ich versuch's trotzdem. Was soll's.› Und als ich dann auf die Höhe der Baumwipfel kam, etwa fünfzehn Meter über dem Boden, sank ich in ein Luftloch. Ich war zu langsam und kam zu früh zum Stillstand. Ich dachte: ‹Scheiße.› Mir war klar, daß ich stürzen würde und daß es ein schlimmer Sturz sein würde. Ich weiß noch, wie ich dachte: ‹Ich werde mir ein Bein brechen. Verfluchter Scheißdreck.›» Bei dem verzweifelten Versuch, schneller zu werden und den Drachen aufzufangen, geriet er in einen Sturzflug. Keine Chance. So streckte er, wie er es gelernt hatte, die Beine aus, um einen Teil des Schocks aufzufangen. «Man weiß, man wird sich die Beine brechen, aber man zieht sie nicht an», erklärt er. «Denn wenn man auf den Hintern fällt, bricht man sich das Rückgrat.»

«Ich kann mich nicht an den Aufprall erinnern. Mein Gedächtnis läßt mich im Stich. Ich erinnere mich daran, wie ich dalag, schwer verletzt, und ich wußte, ich mußte still liegen bleiben. Freunde kamen herbeigerannt. Leute oben auf dem Berg hörten davon und kamen herunter. Der Besitzer machte Aufnahmen. Jemand kam mit einem Funkgerät und rief einen Krankenwagen. Viel später waren dann Sanitäter da und fragten: ‹Wo tut es weh?› – ‹Überall!› sagte ich. Ich weiß noch, wie sie vor sich hin murmelten und mich auf die Bahre rollten.»

Die Ambulanz brachte Langton ins Tal zur nächsten Notfallaufnahme in der winzigen Stadt Banner Elk. Viel später, als er halb bewußtlos auf der Intensivstation lag, sagten ihm die Krankenschwestern: «Sie haben sich die Beine gebrochen. Ein paar Wochen müssen Sie hierbleiben. Aber bald können Sie wieder herumlaufen.»

«Man hatte mir Morphium gegeben», sagt er, «deshalb glaubte ich ihnen.»

Tatsächlich war er schwerverletzt. Sein Helm hatte seinen Schädel geschützt, und seine Beine hatten den Stoß so weit abgefangen, daß Rücken und Unterkörper verschont geblieben waren. Aber er hatte 35 Knochenbrüche. Der Aufprall hatte ihm beide Arme und beide Beine gebrochen und den rechten Arm fast herausgerissen. Eine Rippe war gebrochen und eine Lunge kollabiert. Er hatte sich ein Knie ins Gesicht gerammt, und dabei waren das Knie und sein Kiefer zertrümmert worden. Im Grunde, sagt Langton, «war mein Gesicht nur noch Brei». Seine Augen konnten nichts fixieren: Wangenknochen und Augenhöhlenränder waren gebrochen, deshalb hatten die Augenmuskeln keinen Gegendruck mehr. Auch sein Gehirn arbeitete nicht richtig: Die Zerstörung seines Gesichts hatte tief im Hirninneren ein schweres Trauma verursacht. «Sie haben viele Knochen eingerenkt und meine Lunge in der Notaufnahme wieder aufgeblasen», erzählt Langton. «Aber ich bin erst einen Tag später aus der Betäubung erwacht als vorgesehen. Man fürchtete, ich läge im Koma.»

Er wachte schließlich auf. Aber es dauerte lange, bis er seine innere Kohärenz wiedererlangte. «Ich machte die merkwürdige Erfahrung, beobachten zu können, wie mein Geist zurückkehrt. Ich konnte mich selbst dort hinten irgendwo als passiven Beobachter sehen. Und all diese Dinge, die in meinem Kopf abliefen, waren von meinem Bewußtsein getrennt. Es erinnerte mich sehr an virtuelle Maschinen oder ans Zuschauen beim ‹Spiel des Lebens›. Ich konnte sehen, wie sich diese unzusammenhängenden Muster selbst organisierten, sich vereinigten und irgendwie mit *mir* verschmolzen. Ich weiß nicht, wie ich das in irgendeiner verifizierbaren Weise beschreiben soll. Vielleicht war es einfach ein Produkt all der Medikamente, die ich bekam, aber es war, als ob man einen Ameisenhaufen zerstört und dann zuschaut, wie die Ameisen zurückkommen, sich reorganisieren und ihren Bau neu errichten.

Auf diese Weise baute sich also mein Geist wieder zusammen. Und doch gab es da eine Reihe von Punkten, an denen ich merkte, daß ich nicht derselbe war wie früher, geistig gesehen. Es fehlte etwas – ich wußte nur nicht, was. Es war wie in einem Computer, der eine Urladung durchläuft. Ich konnte *fühlen*, wie sich verschiedene Ebenen meines Betriebssystems aufbauten und wie jede über mehr Fähigkeiten verfügte als die davor. Einmal wachte ich morgens auf, und mir war, als ob mich ein elektrischer Schlag traf. Ich schüttelte den Kopf und war plötzlich auf einer höheren Ebene. Ich dachte dann: ‹Mann, du bist wieder da!› Aber dann wurde mir klar, daß ich nicht wirklich wieder da war. Irgendwann später passiert das dann wieder, und – bin ich jetzt da oder nicht? Ich weiß es bis heute nicht. Vor einigen Jahren bin ich wieder in so eine Phase gekommen, eine ziemlich heftige sogar. Wer weiß? Solange man sich auf einer Ebene befindet, weiß man nicht, wie es auf der nächsten ist.»

Langtons Unfall war einer der schlimmsten, die man in Banner Elk, wo man mehr an Schußwunden und Skiunfälle gewöhnt war, je gesehen hatte. Er steckte von Kopf bis Fuß im Streckverband und konnte nicht verlegt werden. Langton hatte bei alledem noch großes Glück gehabt. Lawson Tate, der Direktor des Krankenhauses, hatte an einigen der bedeutendsten Kliniken des Landes gearbeitet, bevor er nach Banner Elk gekommen war, und hatte landesweit einen ausgezeichneten Ruf als orthopädischer Chirurg. Er rekonstruierte in den nächsten Monaten Langtons Wangenknochen und setzte Plastikscheiben ein, um die Augenhöhlenränder zu ersetzen. Er öffnete die Nasenhöhlen und baute die Gesichtsknochen wieder auf. Er ersetzte das zerstörte Knie durch Teile aus Langtons Hüfte. Und er baute die verrenkte Schulter wieder so auf, daß die Nerven in den gelähmten Arm hineinwachsen konnten. Um Weihnachten 1975, als Langton endlich zum Emerson Hospital in Concord transportiert werden konnte, in die Nähe seiner Eltern, hatte Tate ihn vierzehnmal operiert. «Die Ärzte waren erstaunt, daß alle diese Operationen von einem einzigen Mann ausgeführt worden waren.»

In Concord ging es Langton endlich gut genug, um in einem langen und langsamen Prozeß zu lernen, seinen Körper wieder zu gebrauchen. «Ich hatte sechs Monate lang flach gelegen, die meiste Zeit im Streckverband und mit verschlossenem Mund. Ich wog nicht mehr 80 Kilo, sondern nur noch 55. Ich hatte die ganze Zeit über keinerlei Bewegung gehabt. In einer solchen Lage passiert viel. Man verliert alle Muskeln, sie schwinden einfach. Die Sehnen und Bänder verhärten sich. Man wird sehr steif, denn wenn die Gelenke nicht ständig bewegt werden, damit eine gewisse Bewegungsfähigkeit gewahrt bleibt, füllen sie sich mit dem Zeug, das ausgeschieden wird, um abgenutzten Knorpel zu ersetzen, bis da überhaupt kein Raum mehr ist, in dem sich die Gelenke bewegen können.

Ich sah also aus wie ein Magersüchtiger, wie ein Skelett. Natürlich hatte man meinen Kiefer mit Drähten verschlossen, deshalb hatte ich auch dort viele Muskeln verloren. Es dauerte lange, bis ich meinen Mund wieder mehr als ein paar Zentimeter weit öffnen konnte. Essen war schwierig, Kauen war schwierig. Und Sprechen – ich sprach fast mit geschlossenen Zähnen. Und mein Gesicht hing so komisch herum. Meine Wangenknochen waren ganz hinten, statt vorzustehen. Ich sah also ziemlich makaber aus. Meine Augenhöhlen hatten ganz unterschiedliche Formen – auch heute noch.»

Die Physiotherapeuten am Emerson Hospital lehrten Langton,

aufzustehen und zu gehen. Sie versuchten, seinen rechten Arm wieder bewegungsfähig zu machen. «Viel habe ich dadurch erreicht, daß ich Gitarre spielte, während ich auf dem Rücken lag. Ich zwang mich dazu. Mir war es egal, was sonst passierte, aber auf das Gitarrespielen wollte ich keinesfalls verzichten.»

In dieser Zeit las Langton jedes naturwissenschaftliche Buch, das er sich beschaffen konnte. Er hatte damit in Banner Elk begonnen. «Ich ließ mir Bücher mit der Post schicken, ganze Wagenladungen. Ich verschlang sie. Es waren auch Kosmologiebücher dabei. Ich las Mathematikbücher und machte die Übungsaufgaben. Aber ich habe auch viel über die Ideengeschichte und die Biologie im allgemeinen nachgedacht. Ich las das Buch *‹Das Leben überlebt›* von Lewis Thomas. Ich las viel über Wissenschaftstheorie und philosophische Aspekte der Evolution.» Er konnte noch nicht wirklich konzentriert arbeiten. Er hatte genug Antidepressiva und Schmerzmittel bekommen, um davon abhängig zu werden. Außerdem befand sich sein Geist noch mitten in diesem kuriosen Prozeß der Reorganisation. «Aber ich war ein Schwamm. Ich habe einfach eine Menge nachgedacht über Biologie, Physik und Gott und die Welt und wie sich diese Gedanken im Laufe der Zeit verändern. Und dann war da dieser Geruch. Bei alledem folgte ich ihm, ohne zu wissen, wohin. Kosmologie und Astronomie schienen zu stimmen. Aber im Grunde verstand ich es immer noch nicht. Ich suchte immer noch, weil ich nicht wußte, was dort draußen war.»

## *Künstliches Leben*

Als Langton schließlich im Herbst 1976 an der Universität von Arizona in Tucson ankam, konnte er sich mit Hilfe eines Stocks mühsam fortbewegen, obwohl er weiterhin an seinem Knie und an der rechten Schulter operiert werden mußte. Er war also gleichzeitig ein achtundzwanzigjähriger Student im dritten Semester und ein abgemagerter Krüppel. Er fühlte sich grotesk, als gehörte er in den Zirkus.

«Es war bizarr, denn die Universität von Arizona ist ein wirklich gepflegter Ort, mit adretten, schrecklich netten Leuten. Außerdem war mein Geisteszustand so, daß ich oft abschweifte. Ich geriet bei Gesprächen immer wieder auf Nebengleise und merkte dann plötzlich, ich hatte völlig den Faden verloren. Meine Aufmerksamkeitsspanne war ziemlich kurz. So hatte ich das Gefühl, geistig und körperlich ein Monster zu sein.»

Andererseits gab es einige wirklich gute Dinge, die Arizona zu bieten hatte, zum Beispiel das Universitätskrankenhaus und eine erstklassige physikalische Therapie und Sportmedizin. «Ich habe sehr davon profitiert», erzählt Langton. «Dort bestanden alle darauf, daß man sich abrackert, daß man sich um Fortschritte bemüht. Ich merkte, man muß eine Schwelle überwinden, einen inneren Wandel vollziehen, bis man sich so annehmen kann, wie man ist, um von dort aus weiterzugehen: sich deswegen nicht schlecht zu fühlen, sondern sich über jeden Fortschritt zu freuen. Ich beschloß also, mit der Ächtung und meinem Schicksal zu leben. Ich beantwortete in den Seminaren sogar Fragen, obwohl manches, was ich sagte, seltsam klang, weil ich vom Thema abkam. Ich mußte einfach weiterrackern.»

Leider entdeckte Langton auch, daß Arizona für etwas anderes *nicht* gut war: Astronomie. Er hatte niemals daran gedacht zu fragen, ob es in dieser Hochburg der Astronomen auch gute Einführungsvorlesungen gab. Es gab sie nicht. Für Doktoranden hatte man dort ein ausgezeichnetes Kurssystem entwickelt, Anfänger jedoch waren dazu verdonnert, zunächst Physik zu studieren, und das Physikinstitut war in Langtons Augen unter aller Würde. «Von Organisation konnte keine Rede sein. Keiner von den Dozenten sprach ein vernünftiges Englisch. Die Laborhandbücher waren veraltet. Die Ausrüstung paßte nicht zusammen. Niemand wußte, was wir eigentlich lernen sollten.»

Dies war nicht die Art von Wissenschaft, für die Langton sich entschieden hatte. Nach einem Semester gab er diese Studienrichtung auf. Diesmal hatte ihn der flüchtige Geruch in eine Sackgasse geführt.

Das Gute war, daß er seine Entscheidung nicht bereute. Die Universität von Arizona hatte eine ausgezeichnete philosophische Fakultät, zu der sich Langton hingezogen fühlte. Und es gab in Tucson ein gutes Institut für Anthropologie, ein Bereich, der ihn ansprach, weil er soviel Zuneigung zu den Affen in Puerto Rico empfunden hatte. Im ersten Semester hatte er Vorlesungen in beiden Fächern belegt, und als er die Physik an den Nagel hängte, machte er Philosophie und Anthropologie zu seinen Hauptfächern.

Das war eine sehr ungewöhnliche Kombination. Für Langton jedoch paßten die Fächer ausgezeichnet zusammen. Das spürte er an dem Tag, als er bei Wesley Salmon die erste Vorlesung über Wissenschaftstheorie hörte. «Salmon hatte eine Sehweise, die mir sehr lag», sagt Langton, und so bat er den Professor kurzerhand, ihn bei der Planung seines Studiums zu beraten. «Er war ein Schüler von Hans Reichenbach, einem Wissenschaftstheoretiker aus dem Wiener Kreis. Diese Leute hatten sich damals mit hochtheoretischem Zeug beschäftigt – der Philosophie von Raum und Zeit und der Quantenmechanik und der Krümmung der Raumzeit durch Schwerkraft. Ich merkte bald, daß ich mich nicht so sehr dafür interessierte, wie wir heute das Universum verstehen, sondern mehr dafür, wie sich unser Weltbild im Laufe der Zeit verändert hat. Ich war im Grunde an der Geschichte der Ideen interessiert. Und dazu bot sich die Kosmologie geradezu an.»

In der Anthropologie hörte Langton von der Vielfalt menschlicher Sitten, Überzeugungen und Gebräuche, vom Aufstieg und Verfall der Kulturen und von den Ursprüngen der Menschheit im Laufe von drei Millionen Jahren hominider Evolution. Er lernte dort viel von dem Anthropologen Stephen Zegura, einem glänzenden Lehrer und versierten Evolutionstheoretiker.

So tauchte er von allen Seiten «einfach ein in diese Idee der Evolution der Information. Das wurde bald mein Hauptinteresse. Es hatte den richtigen Geruch.» Der Geruch wurde stärker, nahm ihn gefangen. Irgendwie, sagt er, habe er gespürt, daß er seinem Ziel sehr nahe sei.

Eine von Langtons Lieblingskarikaturen ist eine Zeichnung von Gary Larson. Sie zeigt einen Bergsteiger in voller Montur, der sich gerade anschickt, in ein ungeheuer großes Loch im Boden hinabzusteigen. Ein Reporter, in Erwartung der Antwort auf die Frage, warum er das tue, hält ihm ein Mikrofon hin, und er sagt: «Weil es nicht existiert!»

«Das war genau mein Gefühl», lacht Langton. Je mehr er sich mit der Anthropologie beschäftigte, um so deutlicher hatte er das Gefühl, es gebe da ein gähnendes Loch. «Es war eine fundamentale Dichotomie. Einerseits hatte man diese schönen, deutlichen fossilen Zeugnisse der biologischen Evolution und eine gute Darwinsche Theorie, die das erklärte. Zu dieser Theorie gehörten die Enkodierung von Information und die Mechanismen, durch die diese Information von einer Generation zur nächsten weitergegeben wird. Andererseits gab es diese schönen, deutlichen fossilen Zeugnisse der kulturellen Evolution, wie sie die Archäologen aufdeckten. Und doch wollten die Kulturanthropologen über eine Theorie, die diese Befunde erklären könnte, weder nachdenken noch reden. Sie wollten noch nicht einmal *zuhören*, wenn man über sie sprach. Sie schienen sie zu meiden wie der Teufel das Weihwasser.»

Langtons Eindruck war, daß Theorien kultureller Evolution immer noch ein Stigma aus der Zeit des Sozialdarwinismus des 19. Jahrhunderts anhaftete, als Kriege, Kolonialismus und krasse soziale Ungerechtigkeit mit dem «Überleben der Tauglichsten» legitimiert wurden. Sicher, er sah das Problem – schließlich hatte er einen großen Teil seines Lebens gegen Krieg und soziale Ungerechtigkeit protestiert –, und doch konnte er das gähnende Loch nicht akzeptieren. Wenn man eine wirkliche Theorie der kulturellen Evolution schaffen könnte, die jede pseudowissenschaftliche Rechtfertigung des Status quo vermeidet, dachte er, könnte man vielleicht auch verstehen, wie Kulturen eigentlich funktionieren – und unter anderem wirklich etwas gegen Kriege und soziale Ungerechtigkeit tun.

Das war ein Ziel, für das sich der Einsatz lohnte. Vor allem war es etwas, das den richtigen Geruch hatte. Es ging nicht nur um kulturelle Evolution, sondern, wie Langton sich klarmachte, um biologische, geistige *und* kulturelle Evolution, Begriffe, die sich immer neu kombinieren lassen und Kontinente und Generationen überbrücken – alles zusammen. Auf einer tiefen Ebene waren sie verschiedene Aspekte derselben Sache. Mehr noch, sie waren alle wie das «Spiel des Lebens» – oder auch wie sein eigener Geist, der sich noch immer aus den beim Absturz zersprengten Bruchstücken zusammensetzte. Es gab da eine Einheit, eine gemeinsame Geschichte, bei der Elemente zusammenkamen, Strukturen sich entwickelten und komplizierte Systeme die Fähigkeit erwarben, zu wachsen und zu leben. Wenn er nur lernen könnte, diese Einheit richtig zu sehen, wenn er nur diese Entwicklungsgesetze in das richtige Computerprogramm abstrahieren könnte, dann hätte er alles beisammen, was an der Evolution *wichtig* war.

Im Frühling 1978 faßte Langton seine Gedanken in einem Aufsatz mit dem Titel «The Evolution of Belief» zusammen. Er behauptete darin, daß die biologische und die kulturelle Evolution lediglich zwei Aspekte desselben Phänomens und die «Gene» der Kultur Glaubenssätze seien – die wiederum mit Hilfe der «DNA» der Kultur, nämlich der Sprache, aufgezeichnet würden. Aus heutiger Sicht sei das ein ziemlich naiver Versuch gewesen, sagt er. Aber es war sein Manifest – und zugleich sein Vorschlag für eine interdisziplinäre Doktorarbeit, in deren Rahmen er an diesem Thema forschen konnte. Es reichte aus, um seinen Lehrer Zegura zu überzeugen. «Er war wohl der einzige, der wirklich begriff, wovon ich sprach. Seine Einstellung war: Tu's doch.» Aber Zegura warnte ihn auch; als Anthropologe fühlte er sich nicht kompetent genug, Langton in allen Fächern, in denen er die Prüfung ablegen mußte, zu betreuen; er müsse sich deshalb auch in anderen Fakultäten – Physik, Biologie, Computerwissenschaften – Berater suchen.

Langton begann also in seinem letzten Studienjahr mit der Suche nach Unterstützung für seine Ideen. «Damals habe ich in Analogie zur künstlichen Intelligenz zuerst von ‹künstlichem Leben› gesprochen. Ich wollte einen bequemen Zugang schaffen, damit sich die Leute zumindest dafür interessierten. Die meisten haben wenigstens eine Ahnung davon, was mit künstlicher Intelligenz gemeint ist. Und Forschung unter der Bezeichnung ‹künstliches Leben› läuft auf den Versuch hinaus, die Evolution nachzustellen, ganz ähnlich wie die Erforschung künstlicher Intelligenz das Ziel hat, neuropsychologische Prozesse zu begreifen. Ich wollte nicht unbedingt die Evolution der Reptilien nachahmen. Ich wollte im Computer ein abstraktes Modell der Evolution einfangen und damit Versuche anstellen. Diese Bezeichnung öffnete mir also wenigstens die Türen.»

Leider schlossen sich die Türen meistens sofort wieder, sobald er den Mund aufmachte. «Ich sprach mit Computerwissenschaftlern und stieß auf pure Ignoranz. Sie schlugen sich mit Kompilierern und Datenstrukturen und Programmiersprachen herum. Sie beschäftigten sich nicht einmal mit künstlicher Intelligenz, deshalb gab es niemanden, der mir auch nur richtig zuhören wollte. Sie schüttelten den Kopf und sagten: ‹Das hat nichts mit Computern zu tun!›»

Die Biologen und Physiker reagierten genauso. «Immer wieder schauten sie mich an, als ob ich ein Spinner sei. Das war sehr entmutigend – besonders nach dem Unfall, als ich diese Unsicherheit hatte, wer oder was ich eigentlich war.» Objektiv gesehen hatte Langton damals schon große Fortschritte gemacht. Er konnte sich konzentrieren, fühlte seine Körperkräfte wachsen und konnte acht Kilometer weit laufen. Nur sich selbst aber kam er nach wie vor sonderbar, grotesk, geistig behindert vor. «Ich war mir nicht sicher. Wegen dieses neurologischen Durcheinanders war ich mir keines Gedankens mehr sicher. Da war es für mich natürlich nicht besonders hilfreich, daß niemand verstand, was ich zu sagen versuchte.»

Doch er rackerte sich weiter ab. «Ich hatte das Gefühl, ich muß das einfach tun. Ich war bereit weiterzumachen, weil ich wußte, es hatte mit dem zu tun, was ich gedacht hatte, als ich noch gesund und beisammen war, vor dem Unfall. Ich wußte damals nichts über nichtlineare Dynamik, aber ich hatte all diese Eingebungen über emergente Eigenschaften, das Zusammenwirken vieler Teile, Dinge, die ein Kollektiv tun kann, das Einzelwesen aber nicht.»

Eingebungen jedoch konnten das Eis nicht brechen. Am Ende seines letzten Studienjahres mußte Langton zugeben, daß er trotz all seiner Plackerei festsaß. Zegura stand hinter ihm. Aber der konnte es nicht alles allein tun. Es war Zeit, zurückzugehen und neu zu beginnen.

Mitten in dieser Zeit heiratete Langton Elvira Segura, eine muntere, freundliche Bibliothekarin, die er in einer von Zeguras Anthropologievorlesungen kennengelernt hatte. Im Mai 1980 schloß er das Studium seiner beiden Hauptfächer ab, hauptsächlich weil er inzwischen so viele Scheine gesammelt hatte, daß die Universität darauf bestand, und er und Elvira Segura-Langton zogen in ein kleines Haus in der Nähe der Universität.

Zunächst war der Lebensunterhalt gesichert. Seine Frau hatte eine gute Stellung an der Universitätsbibliothek, und Langton arbeitete stundenweise, als Tischler bei einer Firma, die alte Häuser renovierte – er hielt das für eine gute Therapie –, und bei einer Firma, die Buntglas herstellte. Ein Teil von ihm hätte wohl gern immer so weiterleben mögen. «Gutes Glas gewinnt ein Eigenleben», sagt er. «Man hat viele kleine Teile, und wenn man sie alle zusammensetzt, erhält man eine schöne Gesamtwirkung.» Langton wußte aber auch, daß wichtige Entscheidungen anstanden, die er so bald wie möglich treffen mußte. Mit Zeguras Unterstützung hatte er bereits die Zulassung zur Promotion in Anthropologie erhalten. Doch ohne Zusage, eine interdisziplinäre Arbeit schreiben zu dürfen, bedeutete dies, seine Zeit mit allerlei Vorlesungen zu verschwenden, die er nicht hören wollte oder nicht zu hören brauchte. Sollte er sich von seinen Gedanken über künstliches Leben besser ganz verabschieden?

Undenkbar. «Nach dieser Eingebung im Krankenhaus war ich ein Bekehrter. Das war jetzt mein Leben, ich *wußte*, ich wollte weitermachen und daran arbeiten. Es war nur nicht so klar, wie ich das anfangen sollte.»

Er beschloß, sich einen Computer zu kaufen und einige von diesen Gedanken explizit auszuführen. So konnte er über künstliches Leben reden und wenigstens etwas vorzeigen. Mit einem Darlehen der Glasfirma kaufte er sich einen Apple-II-PC und einen kleinen Farbfernseher, der ihm als Monitor diente.

«Ich arbeitete gewöhnlich nachts, weil ich am Tag zur Arbeit ging. Ich bin fast jede Nacht zwei oder drei Stunden wach. Irgendwie ist mein Geist dann besonders aktiv, bewußt und am besten auf freies kreatives Denken eingestellt. Ich wache sozusagen mit einem Gedanken auf der Zunge auf, stehe auf und gehe ihm nach.»

Langton begann mit etwas außerordentlich Einfachem, nämlich mit «Organismen», die aus wenig mehr als einer Matrix von Genen bestanden. «Jeder Eintrag in die Matrix war der Genotyp des Organismus», erklärt er. «Es stellten sich Fragen wie: Wie lange soll dieser Organismus leben? Wie viele Jahre dauert es, bis er Nachfahren zeugt? Welche Farbe hat er? Wo lebt er? Es gab auch eine Umgebung, etwa Vögel, die vorbeikommen und alles wegpicken, was sich zu stark vom Hintergrund abhebt. Die Organismen durchliefen eine Evolution, weil es bei der Erzeugung von Nachkommen die Möglichkeit der Mutation gab.

Als dieses Programm erst einmal lief, war Langton damit sehr zufrieden – zunächst. Die Organismen machten wirklich eine Evolution durch; man konnte sie dabei beobachten. Doch rasch war er wieder enttäuscht. «Es war alles so verdammt linear», sagt er. Die Organismen taten das Offensichtliche. Sie brachten ihn nicht über das hinaus, was er schon wußte. «Es waren keine wirklichen Lebewesen. Es war nur eine Matrix von Genen, die von einer Art Gott – dem Programm – manipuliert wurden. Die Reproduktion war reiner Zauber. Ich wollte etwas mehr Geschlossenheit – der Fortpflanzungsvorgang sollte spontan entstehen und Teil des Genotyps sein.»

Aber wie sollte er das umsetzen? Er beschloß, es sei an der Zeit, der Universitätsbibliothek einen Besuch abzustatten, um nach Literatur zu suchen. Er probierte es mit dem Stichwort «Selbstreproduktion».

«Es gab unglaublich viele Einträge!» sagt er. Ein Hinweis sprang ihm sofort ins Auge: ‹*The Theory of Self-Reproducing Automata*› von John von Neumann, herausgegeben von Arthur W. Burks. Er fand, ebenfalls von Burks herausgegeben, Aufsätze zum Thema «zelluläre Automaten» und das Buch ‹*Cellular Automata*› von Ted Codd, der das relationale Datenbanksystem erfunden hatte. Und so weiter.

«Als ich all das gefunden hatte, sagte ich mir: ‹Vielleicht bin ich ja verrückt, aber dann sind diese Leute mindestens so verrückt wie ich!›» Er entlieh sich die Bücher von Burks und Codd und von Neumann und alles andere, was er in der Universitätsbibliothek finden konnte, und verschlang sie. Ja! Es war alles da: Evolution, das «Spiel des Lebens», «self-assembly», emergente Reproduktion, alles.

Von Neumann, entdeckte er, hatte Ende der vierziger Jahre begonnen, sich für die Frage der Selbstreproduktion zu interessieren, nachdem er mit Burks und Goldstine an der Architektur für einen programmierbaren Digitalrechner gearbeitet hatte. Damals, als man zum erstenmal an programmierbare Computer dachte und Mathematiker und Logiker verstehen wollten, was programmierbare Maschinen tun können und was nicht, war eine Frage fast unvermeidlich: Läßt sich eine Maschine darauf programmieren, eine Kopie ihrer selbst herzustellen?

Von Neumann zweifelte nicht daran, daß die Antwort zumindest im Prinzip «Ja» lautete. Schließlich reproduzieren sich Pflanzen und Tiere seit mehreren Milliarden Jahren, und biochemisch gesehen sind sie einfach «Maschinen», die denselben Naturgesetzen gehorchen wie Sterne und Planeten. Aber das half ihm nicht weiter. Biologische Selbstreproduktion ist ungeheuer kompliziert, denn es gehören die Übertragung von Erbinformation, Geschlechtlichkeit, die Vereinigung von Samenzelle und Ei, Zellteilungen und embryonale Entwicklung dazu – von der differenzierten Molekularchemie der Proteine und der DNA gar nicht zu reden, die damals noch fast unbekannt war. Maschinen hatten offensichtlich nichts dergleichen. Bevor von Neumann also die Frage nach der Selbstreproduktion von Maschinen beantworten konnte, mußte er den Vorgang auf das Wesentliche reduzieren, auf seine abstrakte logische Form. Er mußte im Grunde genauso arbeiten wie spätere Programmierer, als sie mit dem Bau virtueller Maschinen begannen. Er mußte herausfinden, was an der Selbstreproduktion *wichtig* war, unabhängig von den Details der biochemischen Maschinerie.

Um ein Gefühl dafür zu bekommen, begann von Neumann mit einem Gedankenexperiment. Man stelle sich, schreibt er, eine Maschine vor, die zusammen mit vielen Maschinenteilen auf der Oberfläche eines Teiches schwimmt. Man stelle sich ferner vor, diese Maschine sei ein *Universalkonstrukteur*: Gibt man ihr die Beschreibung einer beliebigen Maschine, paddelt sie im Teich umher, bis sie die richtigen Teile gefunden hat, und baut dann diese Maschine. Und wenn sie eine Beschreibung ihrer selbst bekommt, wird sie eine Kopie von sich selbst herstellen.

Das klinge wie Selbstreproduktion, schreibt von Neumann. Aber das sei es nicht – jedenfalls nicht ganz. Die neuerschaffene Kopie der Maschine habe zwar lauter richtige Teile, aber keine Beschreibung von sich selbst, und deshalb könne sie keine weiteren Kopien ihrer selbst herstellen. Von Neumann forderte deshalb, die Originalmaschine müsse auch einen *Beschreibungskopierer* haben, ein Gerät, das die Originalbeschreibung dupliziere und das Duplikat am Maschinenkind anbringe. Wenn das geschehen sei, habe das Kind alles, was es brauche, um sich selbst unendlich oft fortzupflanzen. Das sei dann wirklich Selbstreproduktion.

Als Gedankenexperiment war von Neumanns Analyse der Selbstreproduktion denkbar einfach. Etwas formaler gefaßt sagte er, das genetische Material eines jeden selbstreproduzierenden Systems, ob natürlich oder künstlich, müsse zwei grundlegend verschiedene Funktionen erfüllen. Einerseits muß es als Programm dienen, als eine Art Algorithmus, der während des Baus der Nachkommen ausgeführt werden kann. Andererseits muß es passiv als Beschreibung dienen, die dupliziert und an die Nachkommen weitergegeben werden kann.

Als wissenschaftliche Vorhersage jedoch war diese Analyse von atemberaubender Präzision. Als Watson und Crick 1953, also einige Jahre später, schließlich die Molekülstruktur der DNA entwirrt hatten, entdeckten sie, daß sie genau die zwei Bedingungen von Neumanns erfüllte. Als genetisches Programm enkodiert die DNA die Instruktionen zur Herstellung all der Enzyme und Strukturproteine, die die Zelle braucht. Als Speicher genetischer Daten entrollt sich die Doppelhelix der DNA und stellt bei jeder Zellteilung eine Kopie von sich selbst her. Mit bewundernswerter Sparsamkeit der Mittel hat die Evolution die Doppelnatur des genetischen Materials in die Struktur des DNA-Moleküls selbst eingebaut.

Diese Erkenntnisse kamen jedoch erst später. In der Zwischenzeit wurde von Neumann klar, daß ein Gedankenexperiment allein nicht ausreichte. Sein Bild einer sich selbst reproduzierenden Maschine auf einem Teich war noch zu konkret, zu sehr an die Einzelheiten dcs Vorgangs gebunden. Als Mathematiker wünschte er sich etwas vollkommen Formales und Abstraktes. Die Lösung war ein mathematisches Konstrukt, das schließlich unter dem Namen *zellulärer Automat* bekannt wurde; er wurde von seinem Kollegen Stanislas Ulam vorgeschlagen, einem polnischen Mathematiker, der in Los Angeles lebte und über viele dieser Fragen selbst nachgedacht hatte.

Ulam schlug denselben theoretischen Rahmen vor, den John Conway über zwanzig Jahre später benutzte, als er das «Spiel des Lebens» erfand; wie Conway wohl wußte, ist das «Spiel des Lebens» nur ein Spezialfall eines zellulären Automaten. Im wesentlichen lief Ulams Vorschlag auf die Vorstellung eines programmierbaren Universums hinaus. In einem solchen Universum würde «Zeit» durch das Ticken einer kosmischen Uhr definiert und «Raum» durch ein diskretes Zellgitter, wobei jede Zelle von einem sehr einfachen, abstrakt definierten Computer besetzt ist – einem *finiten Automaten.* Zu jedem gegebenen Zeitpunkt und in jeder gegebenen Zelle kann sich der Automat jeweils nur in einem von endlich vielen Zuständen befinden, die man sich als *rot, weiß, blau, grün* und *gelb* oder *1,2,3,4* oder *lebendig* und *tot* oder was auch immer vorstellen kann. Bei jedem Ticken der Uhr kann der Automat zudem in einen neuen Zustand übergehen, der durch seinen eigenen aktuellen Zustand und den seiner Nachbarn bestimmt wird. Die «physikalischen Gesetze» dieses Universums wären deshalb in seiner *Übergangsmatrix* festgehalten, einer Vorschrift, die jedem Automaten sagt, in welchen Zustand er jeweils übergehen müsse, um jede in seiner Umgebung mögliche Zustandskonfiguration zu erreichen.

Von Neumann war von der Idee der zellulären Automaten begeistert. Dieses System war einfach und abstrakt genug, um sich mathematisch untersuchen zu lassen, und doch zugleich differenziert genug, um Prozesse abzubilden, die er verstehen wollte. Nicht zufällig war das auch genau die Art System, die sich auf einem wirklichen Computer simulieren ließ – zumindest im Prinzip. Von Neumanns Arbeit über die Theorie zellulärer Automaten war noch unvollendet, als er 1954 an Krebs starb. Art Burks stellte die Arbeiten, die er im Nachlaß fand, zusammen, füllte die Lücken und veröffentlichte die Sammlung 1966, jenen Band, auf den Langton in der Bibliothek gestoßen war. Einer der Höhepunkte des Buches ist von Neumanns Beweis, daß es mindestens eine Struktur zellulärer Automaten gibt, die sich selbst reproduzieren kann. Die von ihm gefundene Struktur ist sehr kompliziert; sie erfordert ein riesiges Gitter und für jede Zelle 29 verschiedene Zustände und ging weit über die Simulationsfähigkeiten aller damals bekannten Computer hinaus. Aber allein die Tatsache ihrer Existenz beantwortete die grundsätzliche Frage: Selbstreproduktion, eine Eigenschaft, die früher ausschließlich Lebewesen zuerkannt war, läßt sich auch durch Maschinen realisieren.

«Als ich all dies gelesen hatte», erzählt Langton, «war ich plötzlich sehr zuversichtlich. Ich wußte, ich war auf der richtigen Spur.» Er setzte sich wieder an seinen Apple II und schrieb ein Programm, das es ihm erlaubte, die Welt der zellulären Automaten als Gitter farbiger Quadrate auf dem Bildschirm zu verfolgen. Die begrenzte Speicherkapazität des Apple – der Computer hatte nur 64 Kilobyte – bedeutete, daß er pro Zelle nur acht Zustände zulassen konnte. Das schloß von Neumanns sich selbst reproduzierende Zelle mit 29 Zuständen aus, nicht jedoch die Möglichkeit, innerhalb dieser Grenzen ein sich selbst reproduzierendes System zu finden. Langton hatte sein Programm so eingerichtet, daß er innerhalb dieses Rahmens jede beliebige Menge von Zuständen und jede Übergangsmatrix ausprobieren konnte. Mit acht möglichen Zuständen pro Zelle blieben ihm damit etwa $10^{30000}$ verschiedene Matrizen zur Untersuchung. Er machte sich an die Arbeit.

Langton wußte schon, daß seine Suche nicht so hoffnungslos war, wie es schien. In der Literatur hatte er den Hinweis gefunden, daß Ted Codd vor mehr als einem Jahrzehnt ein sich selbst reproduzierendes Muster mit acht Zuständen gefunden hatte, als er an der University of Michigan bei einem gewissen John Holland studiert hatte. Zwar war Codds Muster für den Apple II noch zu komplex, aber Langton hoffte, beim Herumspielen mit den einzelnen Komponenten einfachere finden zu können, die in seinen eigenen Rahmen paßten.

«Alle Komponenten, die Codd hatte, waren wie Datenpfade», sagt Langton. Das bedeutete, daß sich vier der acht Automatenzustände in Codds System wie Datenbits verhielten, während die anderen vier Hilfsfunktionen erfüllten. So gab es einen Zustand, der wie ein elektrischer Leiter wirkte, und einen anderen, der irgendwie isolierte, so daß sie gemeinsam Kanäle darstellten, durch die die Daten von einer Zelle zur nächsten fließen konnten, als sei der Pfad ein Kupferdraht. Langton versuchte also zunächst, Codds «periodischen Emitter» zu implementieren: im wesentlichen eine Schleife, in der ein Datenbit wie der Sekundenzeiger einer Uhr kreist und aus der eine Art Arm herausragt, der periodisch eine Kopie des kreisenden Bits abfeuert. Dann begann Langton damit, den Emitter zu verändern, indem er auf den Arm einen Deckel setzte, um die Signale nicht entkommen zu lassen, und ein zweites kreisendes Signal einführte, das diesen Deckel darstellt, wodurch die Regelmatrix abgezwickt wurde, und immer so weiter. Er wußte, es würde ihm gelingen, wenn er nur den Arm dazu bringen könnte, herauszuwachsen, sich in sich selbst zu krümmen und eine Schleife zu bilden, die mit der ersten identisch war.

Es dauerte lange. Langton arbeitete jede Nacht bis in die frühen Morgenstunden, während seine Frau alle Mühe hatte, geduldig zu bleiben. «Sie wußte, die Sache interessiert mich ungeheuer. Aber sie machte sich Sorgen: Was sollen wir machen? Was kann bei dieser Arbeit schon herauskommen? Wird es uns finanziell je besser gehen? Was machen wir bloß in zwei Jahren? Es war sehr schwer zu erklären. Also, du hast dies getan. Und was fängst du damit an? Ich wußte es nicht. Ich wußte nur, daß es wichtig war.»

Und so machte sich Langton weiterhin Nacht für Nacht an die Arbeit. «Ich kam zu diesem Teilergebnis und dann zu jenem», erzählt er. «Ich begann mit einer Regel, dann änderte ich sie ab und dann noch einmal, und dann hatte ich mich ins Abseits manövriert. Ich füllte fünfzehn Floppydisks mit Regelmatrizen, damit ich zurückgehen und es in einer anderen Richtung probieren konnte. Ich mußte also sehr sorgfältig aufzeichnen, welche Regel welches Verhalten bewirkte und was sich veränderte und wie weit ich zurückgegangen war und wo ich das gespeichert hatte.»

Insgesamt, sagt Langton, habe es von seiner ersten Beschäftigung mit von Neumanns Gedanken bis zum gewünschten Ergebnis wohl zwei Monate gedauert. Eines Nachts paßten die Stücke endlich zusammen. Er saß da und beobachtete Schleifen, die ihre Arme ausstreckten, sie krümmten, um neue identische Schleifen zu bilden und immer noch mehr Schleifen *ad infinitum*. Es sah aus wie das Wachsen eines Korallenriffs. Er hatte den einfachsten sich selbst reproduzierenden zellulären Automaten geschaffen, der je entdeckt worden war. «Es war unglaublich – ein Funkenregen der Gefühle: Es *ist* möglich. Es funktioniert. Es ist wahr. Die Evolution macht Sinn. Das war kein äußeres Programm, das nur eine Matrix manipuliert. Es war in sich geschlossen, der Organismus selbst also das Programm. Es war vollständig. Und all diese Dinge, von denen ich gedacht hatte, sie könnten sich ergeben, wenn ich nur dies fertigbrächte – plötzlich waren auch sie alle möglich. Es war wie eine Lawine der Möglichkeiten. Die Dominosteine fielen und fielen und fielen immer weiter.»

## *Der Rand des Chaos*

«Ich bin zum Teil ein Mechaniker», sagt Langton. «Ich muß etwas in die Hand nehmen, es zusammenbauen, sehen, wie es funktioniert. Als ich selbst so etwas zusammengebaut hatte, waren meine Zweifel verschwunden. Ich konnte sehen, wie es mit künstlichem Leben weitergehen mußte.» Da er jetzt wußte, daß es in der Welt der zellulären Automaten Selbstreproduktion gibt, mußte er nun die Bedingung hinzufügen, daß diese Muster eine Art Aufgabe erfüllen, bevor sie sich reproduzieren, zum Beispiel genug Energie oder genug richtige Komponenten sammeln. Er mußte ganze Populationen solcher Muster erzeugen, damit sie miteinander in den Wettbewerb um die Rohstoffe eintreten konnten. Er mußte ihnen die Fähigkeit verleihen, sich zu bewegen und einander zu spüren. Er mußte die Möglichkeit von Mutationen und Fehlern bei der Reproduktion einbeziehen. «All diese Probleme waren noch ungelöst, okay, aber ich wußte, in dieses Von-Neumann-Universum konnte ich die Evolution einbetten.»

Bewaffnet mit seinem neuen zellulären Automaten ging Langton wieder von Tür zu Tür und versuchte, Unterstützung für sein interdisziplinäres Projekt zu finden. «Das», sagte er, wobei er auf die Strukturen zeigte, die sich auf dem Bildschirm entfalteten, «*das* ist es, was ich gern tun möchte.»

Es half nichts. Die Reaktion war eher noch kühler als vorher. «Es mußte noch viel zuviel erklärt werden. Die Anthropologen wußten nichts über Computer, von zellulären Automaten ganz zu schweigen. ‹Worin unterscheiden die sich von einem Videospiel?› Die Computerleute wußten weder etwas von zellulären Automaten, noch interessierten sie sich für Biologie. ‹Was hat Selbstreproduktion mit Computerwissenschaft zu tun?› Man kam sich wie ein brabbelnder Idiot vor. *Ich* wußte, daß ich nicht verrückt war. Ich fühlte mich wieder normal. Normaler als alle anderen. *Darüber* machte ich mir Sorgen, denn ich bin sicher, Spinner fühlen sich genauso.» Normal oder nicht, in Arizona kam er nicht weiter. Es war an der Zeit, sich woanders umzusehen.

Langton schrieb an seinen früheren Philosophielehrer Wesley Salmon: «Was soll ich machen?» Salmon schrieb zurück: «Geh zu Art Burks.»

Burks? «Ich hatte gedacht, der ist längst abgetreten», sagt Langton. «Fast jeder aus dieser Ära war tot.» Burks jedoch war an der Universität von Michigan und sehr lebendig. Mehr noch, in seinem Briefwechsel mit Langton machte er ihm Mut. Er stellte Langton sogar finanzielle Unterstützung in Aussicht. Bewerben Sie sich doch um eine Assistentenstelle, schrieb er.

Langton vergeudete keine Zeit. Mittlerweile wußte er, daß die Computer- und Kommunikationswissenschaften in Michigan für genau die Sehweise, um die er sich bemühte, berühmt waren. «Für sie war die ganze Natur Informationsverarbeitung. Jeder Versuch zu verstehen, wie Information verarbeitet wird, lohnt sich. In dieser Überzeugung bewarb ich mich.»

Bald erhielt er ein Schreiben vom Dekan der Fakultät, Gideon

Frieder. «Bedauerlicherweise», stand darin, «erfüllen Sie nicht die Voraussetzungen.» Antrag abgelehnt.

Langton war wütend. Er schrieb einen sieben Seiten langen gepfefferten Brief zurück: «Sie vertreten da eine Weltanschauung und behaupten, sie sei Ihr einziger Lebenszweck. Genau das gleiche gilt für mich. Und dann lehnen Sie mich ab?»

Wenige Wochen später erhielt er die Antwort. Im wesentlichen stand in Frieders Brief: «Willkommen an Bord!» Später hat er Langton seinen Sinneswandel erklärt: «Mir gefiel die Vorstellung, einen Mitarbeiter zu haben, der sich traute, einem Dekan *das* zu sagen.»

Tatsächlich hing, wie Langton erfahren sollte, viel mehr damit zusammen. Weder Burks noch Holland hatten je seine erste Bewerbung zu Gesicht bekommen. Aus einer Reihe bürokratischer und finanzieller Gründe war geplant, den sehr umfassenden Fachbereich, den sie in den letzten dreißig Jahren aufgebaut hatten, mit dem Institut für Elektrotechnik zu vereinen, wo in viel stärkerem Maße praxisorientierte Vorstellungen von Forschung und Lehre herrschten. Im Hinblick darauf versuchten Frieder und andere schon jetzt, solche Dinge wie «adaptive Computersimulation» zurückzuschrauben. Burk und Holland kämpften ein Rückzugsgefecht.

Zum Glück hatte Langton davon noch keine Ahnung. Er war froh, daß man ihn angenommen hatte. «Ich konnte einfach nicht ablehnen – ich *wußte* doch, daß ich recht hatte.» Elvira Segura-Langton war bereit, den Versuch zu wagen. So machten sie sich im Herbst 1982 auf den Weg nach Norden.

Zumindest intellektuell ging es Langton in Michigan ausgezeichnet. Als Assistent in Burks' Vorlesung über die Geschichte der Computer hörte er Burks' Augenzeugenberichte über diese frühen Tage – und er half dabei, eine Ausstellung über den ENIAC vorzubereiten, bei der die ursprüngliche Hardware verwendet wurde. Er lernte John Holland kennen. Und er entwarf und baute für eine seiner Vorlesungen einen Chip, der Hollands Klassifizierersystem ultraschnell ausführen konnte.

Meistens aber widmete er sich wie besessen seinen Studien. Die Theorie formaler Sprachen, algorithmische Komplexitätstheorie, Datenstrukturen, Kompiliererbau – jetzt lernte er systematisch, was er vorher nur stückweise aufgeschnappt hatte. Burks, Holland und ihre Kollegen stellten hohe Ansprüche. «Oft fragten sie einen Dinge, die sie nicht einmal in ihren Kursen behandelt hatten, und man sollte etwas Gescheites dazu sagen. Mir machte diese Art Lernen Spaß. Es ist ein großer Unterschied, ob man die Kurse nur irgendwie hinter sich gebracht hat oder die Materie wirklich beherrscht.»

Hinsichtlich der Universitätspolitik dagegen war die Lage für Langton höchst unerfreulich. Ende 1984 – er hatte alle vorgeschriebenen Scheine in der Tasche, einen Magistertitel erworben, die für die Promotion nötigen Vorprüfungen bestanden und wollte nun endlich seine Dissertation in Angriff nehmen – wurde ihm schmerzlich deutlich, daß er sie nicht, wie er es wünschte, über die Entwicklung künstlichen Lebens in einem Von-Neumann-Universum schreiben durfte. Burks und Holland hatten ihr Rückzugsgefecht verloren. Der Fachbereich Computer- und Kommunikationswissenschaften war 1984 von der Fakultät für Ingenieurwesen verschluckt worden. In der vor allem von Technik bestimmten Atmosphäre der neuen Umgebung hatte die Beschäftigung mit «natürlichen Systemen», wie Burks und Holland sie vertraten, keinen Raum mehr. (Über diese Entwicklung war Holland sichtlich verärgert, denn er hatte sich ursprünglich für die Verschmelzung eingesetzt, weil er davon überzeugt war, daß sein Denkansatz dabei geschützt bleiben würde – und er hatte jetzt das Gefühl, hintergangen worden zu sein. Genau diese Situation war für ihn ein zusätzlicher Anreiz, sich etwa zu dieser Zeit für das Santa-Fe-Institut zu engagieren.) Um das beste daraus zu machen, drängten Burks und Holland darauf, Langton solle seine Doktorarbeit über ein Thema schreiben, bei dem nicht biologische, sondern computerwissenschaftliche Fragen im Vordergrund standen. Langton mußte eingestehen, daß sie recht hatten – wenn auch nur aus praktischer Sicht.

«Mir war damals immerhin schon klar geworden, daß dieses Von-Neumann-Universum als System außerordentlich schwierig zu handhaben ist.» Er begann also, sich nach etwas umzuschauen, das er in ein oder zwei Jahren, und nicht erst in Jahrzehnten, tun konnte.

Statt ein ganzes Von-Neumann-Universum zu bauen, könnte man, überlegte er, doch auch versuchen, die «Physik» dieses Universums etwas besser zu begreifen. Man könnte ja versuchen zu verstehen, warum bestimmte Regelmatrizen für zelluläre Automaten zu interessanten Strukturen führen und andere nicht. Das wäre zumindest ein Schritt in die richtige Richtung, und er würde genug echte Computerwissenschaft erfordern, um auch die Ingenieure zufriedenzustellen. Mit etwas Glück konnte er vielleicht sogar interessante Verbindungen zu wirklichen physikalischen Abläufen ziehen. Diese Physik zellulärer Automaten war in letzter Zeit zu einem heißen Thema geworden. Wie Stephen Wolfram, das Wunderkind der Physik, 1984, noch am Caltech, gezeigt hatte, haben zelluläre Automaten nicht nur eine reichhaltige mathematische Struktur, sondern auch starke Ähnlichkeiten mit nichtlinearen dynamischen Systemen.

Langton war besonders von Wolframs Behauptung fasziniert, daß alle Regeln für zelluläre Automaten in eine von vier *Universalitätsklassen* fallen. Wolframs Klasse I enthält das, was man die Regeln des Jüngsten Tages nennen könnte: Ganz gleich, mit welchem Muster lebender und toter Zellen man auch beginnt, alle Zellen sterben innerhalb von höchstens zwei Zeitschritten. Das Gitter auf dem Bildschirm wird einfarbig. In der Sprache dynamischer Systeme ausgedrückt, scheinen solche Regeln einen einzigen «Punktattraktor» zu haben. Das System verhält sich also mathematisch wie eine Kugel, die zum Boden einer großen Schüssel rollt: Wo auch immer man die Kugel in der Schüssel losläßt, sie rollt stets schnell zu einem Punkt in ihrer Mitte – zum toten Zustand.

Die Regeln der Klasse II lassen etwas mehr Leben zu, aber nicht viel. Nach ihnen verschmilzt ein Anfangsmuster, bei dem lebende und tote Zellen beliebig auf den Schirm verteilt sind, rasch zu einer Anordnung statischer Flecken, wobei dann einige wenige andere Flecken vielleicht noch periodisch schwingen. Solche Automaten geben den Eindruck von gefrorener Stagnation und Tod. In der Sprache dynamischer Systeme ausgedrückt, scheinen diese Regeln in eine Menge «periodischer Attraktoren» gefallen zu sein – also in eine Reihe von Ausbuchtungen im Boden einer Schüssel, in denen die Kugel unendlich lange um die Wände herumrollen kann.

Die Regeln für Wolframs Klasse III gehen in das andere Extrem: Sie sind *zu* lebendig. Sie erzeugen so viel Aktivität, daß der Bildschirm zu brodeln scheint. Nichts ist stabil, nichts vorhersagbar. Strukturen zerbrechen fast augenblicklich nach ihrer Bildung. In der Sprache dynamischer Systeme ausgedrückt, sind diese Regeln «seltsame Attraktoren» – gewöhnlich *Chaos* genannt. Sie entsprechen einer Kugel, die so schnell in der Schüssel umherrollt, daß sie niemals zur Ruhe kommt.

Schließlich gibt es die Regeln der Klasse IV. Zu ihnen gehörten jene seltenen, unmöglich einzuordnenden Regeln, die weder gefrorene Flecken noch totales Chaos erzeugen. Sie führen zu Strukturen, die sich ausbreiten, wachsen, sich trennen und auf wunderbar komplexe Weise wieder zusammenfinden. Auch sie kommen nie zur Ruhe. In diesem Sinne ähneln sie alle der berühmtesten von ihnen, dem «Spiel des Lebens». In der Sprache dynamischer Systeme ausgedrückt, sind sie…

Genau das war das Problem. In der herkömmlichen Theorie dynamischer Systeme gab es nichts, was einer Regel der Klasse IV auch nur entfernt ähnelte. Wolfram hatte vermutet, diese Regeln stellten ein Verhalten dar, das nur bei zellulären Automaten auftritt. Tatsächlich jedoch hatte niemand auch nur die geringste Ahnung, was sie darstellen oder warum eine Regel zu einem Verhalten der Klasse IV führt und eine andere nicht. Die einzige Möglichkeit herauszufinden, zu welcher Klasse eine Regel gehört, bestand darin, sie auszuprobieren und zu sehen, was passierte.

Für Langton war die Situation nicht nur faszinierend, sie aktivierte auch in ihm das alte «Weil es nicht existiert»-Gefühl, das er einst in bezug auf die Anthropologie gehabt hatte. Hier waren genau die Regeln, die in seiner Vision eines Von-Neumann-Universums wesentlich zu sein und soviel von dem einzufangen schienen, was für das spontane Entstehen von Leben und Selbstreproduktion wichtig war. Und doch schien ihre Dynamik noch völlig unbekannt zu sein. Er beschloß deshalb, das Problem direkt anzugehen: In welcher Beziehung stehen die Wolframschen Klassen zueinander, und wodurch ist festgelegt, welcher Klasse eine Regel zugeordnet ist?

Ein Gedanke kam ihm fast sofort in den Sinn. Etwa zu dieser Zeit hatte er gerade ziemlich viel über dynamische Systeme und Chaos gelesen. In vielen wirklichen nichtlinearen Systemen enthält die Bewegungsgleichung einen numerischen Parameter, der als eine Art Regler fungiert und bestimmt, wie chaotisch das System ist. Im System «tropfender Wasserhahn» zum Beispiel ist dieser Parameter die Fließgeschwindigkeit des Wassers. Ist das System eine Population von Kaninchen, gehört die Beziehung zwischen der Geburtenrate und der auf Überbevölkerung zurückzuführenden Sterberate zum Parameter. Im allgemeinen entspricht ein kleiner Wert des Parameters einem stabilen Verhalten: gleich großen Tropfen, einer konstanten Bevölkerungsdichte und so weiter. Das wiederum erinnert stark an das statische Verhalten, das in Wolframs Klassen I und II beobachtet wurde. Je größer jedoch der Parameter wird, desto komplizierter wird das Verhalten des Systems – die Tropfen sind verschieden groß, die Bevölkerungsdichte schwankt und so weiter –, bis es schließlich chaotisch wird. An diesem Punkt ähnelt es Wolframs Klasse III.

Nur Klasse IV konnte Langton nicht in diesem Bild unterbringen. Andererseits war die Analogie zu schön, als daß man sie hätte ignorieren können. Wenn er nur irgendwie den Regeln für die zellulären Automaten einen ähnlichen Parameter zuschreiben könnte, würden die Wolframschen Klassen ja vielleicht einen Sinn ergeben. Natürlich konnte er nicht willkürlich Zahlen zuschreiben; dieser Parameter, ganz gleich, als was er sich herausstellte, müßte sich aus den Regeln selbst ableiten lassen. Er könnte zum Beispiel den Grad der Reaktivität jeder Regel messen, also wie oft sie die zentrale Zelle zu einer Zustandsänderung veranlaßte. Aber was konnte man nicht alles ausprobieren.

Langton programmierte also seinen Computer mit jedem auch nur halbwegs vernünftig erscheinenden Parameter. (Als er nach Michigan gekommen war, hatte er gleich eine raffiniertere Version seines früheren Programms für zelluläre Automaten auf einer leistungsstarken, schnellen Apollo-Workstation implementiert.) Er kam keinen Schritt voran – bis er eines Tages einen der denkbar einfachsten Parameter ausprobierte, den er mit dem griechischen Buchstaben Lambda (λ) bezeichnete. Es handelte sich einfach um die Wahrscheinlichkeit, daß eine bestimmte Zelle in der nächsten Generation «lebendig» war. Hatte eine Regel zum Beispiel den Lambdawert 0, war nach dem ersten Zeitschritt nichts lebendig; die Regel gehörte offensichtlich zu Klasse I. War bei einer Regel Lambda gleich 0,5, schäumte das Gitter vor Aktivität, wobei im Mittel eine Hälfte der Zellen tot war und die andere lebendig. Eine solche Regel fiel offenbar in die chaotische Klasse III. Die Frage war, ob sich bei einem Lambda zwischen 0 und 0,5 etwas Interessantes ergeben würde. (Für höhere Werte als 0,5 vertauschten sich «lebendig» und «tot»; die Dinge wurden dann wieder einfacher, bis man bei 1 erneut in Klasse I ankam.)

Zur Überprüfung des Parameters schrieb Langton ein kleines Programm, das seinen Apollo anwies, automatisch Regeln mit einem bestimmten Wert für Lambda zu erzeugen und dann auf dem Bildschirm einen zellulären Automaten laufen zu lassen, um zu sehen, was die Regel bewirkte. «Als ich es das erste Mal laufen ließ», erzählt er, «hatte ich Lambda gleich 0,5 gesetzt und erwartete, völlig zufälliges Verhalten zu sehen – und plötzlich erhielt ich all diese Regeln für Klasse IV, eine nach der anderen! Ich dachte: ‹Gott, das kann nicht wahr sein!› Ich entdeckte natürlich auch, daß da beim Programm etwas nicht stimmte und Lambda einen anderen Wert erhalten hatte – und zwar den, der zufällig genau der kritische Wert für diese Klasse von Automaten ist.»

Nachdem Langton sein Programm in Ordnung gebracht hatte, untersuchte er die verschiedenen Lambdawerte systematisch. Bei sehr niedrigen Werten in der Nähe von 0 fand er nur die toten, eingefrorenen Regeln von Klasse I. Bei höheren Werten fand er periodische Regeln der Klasse II. Als er den Wert weiter erhöhte, bemerkte er, daß die Regeln für Klasse II immer länger brauchten, um zur Ruhe zu kommen. Wenn er dann auf 0,5 sprang, fand er, wie erwartet, das totale Chaos der Klasse III. Aber genau zwischen den Klassen II und III, ganz nahe bei diesem magischen «kritischen» Wert von Lambda (etwa 0,273), fand er ein ganzes Dickicht komplexer Regeln der Klasse IV. Ja, das «Spiel des Lebens» war auch dabei. Er war entgeistert. Irgendwie hatten diese einfachen Lambda-Parameter die Wolframschen Klassen genau in die von ihm gewünschte Reihenfolge gebracht – und hatten darüber hinaus den Regeln der Klasse IV einen Platz zugewiesen, nämlich genau am Übergangspunkt:

I & II → «IV» → III

Diese Folge legte zugleich einen ebenso verblüffenden Übergang in dynamischen Systemen nahe:

Ordnung → «Komplexität» → Chaos

wobei «Komplexität» sich auf das ewig überraschende dynamische Verhalten bezog, das die Automaten der Klasse IV zeigten.

«Ich mußte sofort an eine Art Phasenübergang denken», berichtet Langton. Angenommen, der Parameter Lambda sei die Temperatur. Dann entsprächen die bei niedrigen Werten von Lambda gefundenen Regeln der Klassen I und II einem Festkörper wie etwa Eis, bei dem die Wassermoleküle fest in ein Kristallgitter eingeschlossen seien. Die Regeln für Klasse III, die man bei hohen Lambdawerten finde, entsprächen einem Gas, in dem die Moleküle umherflirrten und in totalem Chaos aneinanderstießen. Und was entspräche dann den Regeln für Klasse IV, die dazwischen lägen? Flüssigkeiten?

Ich wußte damals sehr wenig über Phasenübergänge, aber ich arbeitete mich in die Molekularstruktur von Flüssigkeiten ein.» Zunächst schien das recht verheißungsvoll zu sein: Die Moleküle in einer Flüssigkeit, erfuhr er, purzeln ständig übereinander und umeinander herum, verbinden sich und versammeln sich und trennen sich wieder, milliardenmal pro Sekunde – ganz wie die Strukturen im «Spiel des Lebens». «Es schien mir sehr plausibel, daß in einem Wasserglas auf der Ebene der Moleküle so etwas wie das ‹Spiel des Lebens› abläuft.»

Der Gedanke gefiel ihm. Doch je länger er darüber nachdachte, um so klarer wurde ihm, daß er nicht ganz stimmte. Die Regeln der Klasse IV erzeugten «ausgedehnte Übergänge» wie die Gleiter im «Spiel des Lebens», Strukturen, die sich eine gewisse Zeit, die sich willkürlich zu ergeben scheint, am Leben erhalten und vermehren können. Gewöhnliche Flüssigkeiten weisen auf der molekularen Ebene nichts derartiges auf. Soweit man das heute beurteilen kann, sind sie fast so chaotisch wie gasförmige Materie. Langton hatte gelernt, daß man sogar ohne Phasenübergang von Wasserdampf zu Wasser gelangen kann; allgemein sind Gase und Flüssigkeiten nur zwei Aspekte einer einzigen *fluiden* Phase der Materie. Die Unterscheidung war also nicht grundlegend und die Ähnlichkeit zwischen Flüssigkeiten und dem «Spiel des Lebens» nur oberflächlich.

Langton kehrte zurück zum Studium seiner Physikbücher. «Schließlich las ich etwas über den Unterschied zwischen Phasenübergängen erster und zweiter Ordnung», sagt er. Übergänge erster Ordnung sind von der Art, die wir alle kennen, also sprunghaft und scharf abgegrenzt. Steigt zum Beispiel die Temperatur eines Eiswürfels über 0 Grad Celsius, verwandelt sich das Eis sofort in

Wasser. Im Grunde werden die Moleküle dabei zu einer Entscheidung für Ordnung oder für Chaos gezwungen. Bei Temperaturen unter dem Gefrierpunkt schwingen sie so langsam, daß sie eine kristalline Ordnung (Eis) bilden. Bei höheren Temperaturen schwingen sie so stark, daß die molekularen Bindungen rascher zerbrechen, als sie sich bilden können, und deshalb werden sie gezwungen, in einen chaotischen Zustand (Wasser) überzugehen.

Phasenübergänge zweiter Ordnung kommen in der Natur viel seltener vor (jedenfalls bei den Temperatur- und Druckverhältnissen, die Menschen vertraut sind). Aber sie sind viel weniger abrupt, weil die Moleküle in einem solchen System nicht zu einer Entscheidung gezwungen werden. Sie kombinieren Chaos *und* Ordnung. Über der kritischen Temperatur zum Beispiel wirbeln die Moleküle in einer völlig chaotischen fluiden Phase durcheinander. Unter ihnen gibt es jedoch ungeheuer viele submikroskopische Inseln von geordnetem festem Gitterwerk mit Molekülen, die sich ständig auflösen und an den Rändern wieder kristallisieren. Diese Inseln sind selbst im molekularen Maßstab weder sehr groß noch sehr beständig. Das System ist immer noch vor allem chaotisch. Wenn aber die Temperatur abnimmt, werden die größten solcher Inseln noch größer und entsprechend beständiger. Das Gleichgewicht zwischen Ordnung und Chaos verlagert sich. Natürlich kehren sich die Verhältnisse irgendwann um, wenn die Temperatur weit unter den Übergangspunkt fällt: Aus einem Meer, in dem einzelne Inseln schwimmen, wird festes Land mit einigen Seen. Aber im Augenblick des Übergangs ist das Gleichgewicht vollkommen: Die geordneten Strukturen füllen ein Volumen, das genau dem der chaotischen Flüssigkeit entspricht. Ordnung und Chaos umringen sich in einem komplexen, ständig changierenden Tanz submikroskopischer Arme und fraktaler Filamente. Die größten geordneten Strukturen strecken ihre Finger beliebig weit und beliebig lange aus. Nichts kommt je wirklich zur Ruhe.

Langton war wie elektrisiert, als er das herausgefunden hatte: «*Hier* war der entscheidende Zusammenhang! *Hier* war das Analogon zu Wolframs Klasse IV!» Alles paßte zusammen. Die sich ausbreitenden, gleiterartigen «ausgedehnten Übergänge», die unaufhörliche Bewegung, der Tanz der wachsenden, sich spaltenden und mit immer wieder überraschender Komplexität verbindenden Strukturen – das alles definierte praktisch einen Phasenübergang zweiter Ordnung.

Jetzt hatte Langton also eine dritte Analogie:

*Klassen zellulärer Automaten:*
I & II → «IV» → III

*Dynamische Systeme:*
Ordnung → «Komplexität» → Chaos

*Materie:*
Fest → «Phasenübergang» → Flüssigkeit

Die Frage war, ob all das mehr war als nur eine Analogie. Langton machte sich sofort an die Arbeit, übernahm alle möglichen statistischen Tests aus der Welt der Physik und wandte sie auf das Von-Neumann-Universum an. Als er seine Ergebnisse als Lambda-Funktion graphisch darstellte, schienen die Kurven direkt aus einem Lehrbuch zu stammen. Jeder Physiker hätte sofort «Phasenübergang zweiter Ordnung» gerufen. Langton hatte keine Ahnung, warum sich sein Parameter Lambda so gut bewährte oder warum er der Temperatur so gut zu entsprechen schien. (Das versteht bis heute keiner.) Aber die Tatsache als solche ließ sich nicht leugnen. Der Phasenübergang war tatsächlich mehr als eine Analogie. Er entsprach der Wirklichkeit.

Langton hat viele Namen für diesen Phasenübergang ausprobiert: «Übergang zum Chaos», «Grenze des Chaos», «Beginn des

Chaos». Am besten gefiel ihm die Bezeichnung «Rand des Chaos».

«Sie erinnerte mich an die Gefühle, die ich gehabt hatte, als ich in Puerto Rico das Tauchen lernte», erklärt er. «Wir tauchten meistens in Küstennähe, wo das Wasser kristallklar ist und man zwanzig Meter unter sich den Meeresboden sehen kann. Eines Tages führte uns der Lehrer an den Rand des Festlandsockels, wo der Boden fast senkrecht in der Tiefe verschwindet – ich glaube, dort war es sechshundert Meter tief. Da wurde mir klar, daß all unser Tauchen, so abenteuerlich und wagemutig es uns auch erschienen sein mochte, doch im Grunde nur ein Spiel am Strand war. Die Schelfmeere sind im Vergleich zu ‹dem Meer› nur Pfützen.»

«Das Leben ist im Ozean entstanden», fährt er fort. «Dort schwebt man also über dem Rand, lebendig und voller Freude über diese gewaltige Kinderstube des Lebens. Deshalb weckt ‹Rand des Chaos› in mir ein ähnliches Gefühl: weil ich glaube, daß auch das Leben am Rand des Chaos entstand. Hier stehen wir also am Rand, leben und freuen uns, daß die Physik selbst eine solche Kinderstube liefert...»

Das sind poetische Impressionen. Aber für Langton ging dieser Glaube weit über Poesie hinaus. Je mehr er darüber nachdachte, um so überzeugter war er, daß es einen engen Zusammenhang zwischen Phasenübergängen und Rechenaktivität, «Computation» geben muß – und zwischen Computation und Leben.

Dieser Zusammenhang geht – natürlich – bis auf das «Spiel des Lebens» zurück. Gleich nachdem dieses Spiel 1970 erfunden worden war, habe man festgestellt, erläutert Langton, daß solche sich ausbreitenden Strukturen wie Gleiter in der Lage seien, im Von-Neumann-Universum Signale zu übertragen. Man stellte sich einen Schwarm von Gleitern vor, die hintereinander herfliegen wie ein Strom von Bits: «Gleiter anwesend» = 1, «Gleiter abwesend» = 0. Als man dann mehr Erfahrung mit dem Spiel gesammelt hatte, entdeckte man verschiedene Strukturen, die solche Daten speichern oder die neue Signale mit enkodierter neuer Information aussenden können. Sehr schnell wurde klar, daß die Strukturen des «Spiels des Lebens» sich zum Bau eines vollständigen Computers verwenden ließen, der einen Datenspeicher hatte und Information verarbeiten konnte und so weiter. Dieser Computer hatte natürlich nichts mit dem Gerät zu tun, auf dem das Spiel lief; ganz gleich, was für ein Computer *das* war – ob ein PDP-9, ein Apple II oder eine Apollo-Workstation –, er diente einfach nur als Maschine, die diese zellulären Automaten in Gang setzt. Nein, der «Spiel des Lebens»-Computer existierte nur im Von-Neumann-Universum, auf genau die gleiche Weise wie Langtons sich selbst reproduzierende Muster. Er wäre ein primitiver und ineffizienter Computer, aber im Prinzip stünde er neben den besten von Seymour Cray. Er wäre ein *Universal*computer, der alles berechnen könnte, was sich berechnen läßt.

Das sei ein recht erstaunliches Ergebnis, sagt Langton, besonders wenn man bedenke, daß nur relativ wenige Regeln für zelluläre Automaten dies ermöglichten. Man könnte in einem von Regeln der Klasse I und II bestimmten zellulären Automaten keinen Universalcomputer bauen, weil die von diesen Regeln erzeugten Strukturen zu statisch seien; man könnte in einem solchen Universum Daten speichern, aber man hätte keine Möglichkeit, die Information von einem Ort zum nächsten weiterzugeben. Auch die chaotischen Automaten der Klasse III ergäben keinen Computer; die Signale würden in all dem Lärm untergehen, und die Speicherstrukturen würden bald zerschmettert sein. Die einzigen Regeln, die den Bau eines Universalcomputers zuließen, seien jene, die wie das «Spiel des Lebens» der Klasse IV angehörten. Dies seien die einzigen Regeln, die genug Stabilität böten, um Information zu speichern, und genug Fluidität, um Signale beliebig weit zu schicken – und diese beiden Eigenschaften schienen für jede Art Computation wesentlich zu sein. Natürlich seien dies auch genau die Regeln, die bei diesem Phasenübergang am Rand des Chaos gälten.

Phasenübergänge, Komplexität und Computation sind also, wie

Langton erkannte, miteinander verwoben, jedenfalls im Von-Neumann-Universum. Aber Langton war davon überzeugt, daß diese Verbindung auch in der wirklichen Welt besteht – in allem, von Gesellschaftssystemen über Wirtschaft bis zu lebenden Zellen. Denn wenn man bis zur Computation gelangt, ist man dem Wesen des Lebens sehr nahe. «Das Leben beruht in sehr hohem Maße auf seiner Fähigkeit, Information zu verarbeiten», sagt er. «Es speichert Information. Es bildet Sinnesinformation ab. Und es setzt diese Information in komplexer Weise in Handlung um. Dafür liefert [der britische Biologe Richard] Dawkins schöne Beispiele. Wenn man einen Stein in die Luft wirft, beschreibt seine Bahn eine Parabel. Er gehorcht den Gesetzen der Physik. Er kann nur auf eine Weise auf die Kräfte, die von außen auf ihn wirken, reagieren. Wenn man aber einen Vogel in die Luft wirft, passiert etwas ganz anderes. Er fliegt davon, vielleicht zu einem Baum. Auf den Vogel wirken dieselben Kräfte. Aber sein Verhalten wird durch sehr viel interne Informationsverarbeitung gesteuert. Das gilt schon für primitive Zellen: Sie verhalten sich nicht einfach wie unbelebte Materie. Sie reagieren nicht nur auf Kräfte. Eine der interessanten Fragen, die wir uns stellen können, lautet: Unter welchen Bedingungen entstehen aus Dingen, die nur auf physikalische Kräfte reagieren, Systeme, deren Verhalten durch Informationsverarbeitung gesteuert wird? Wann und wo werden Informationsverarbeitung und -speicherung wichtig?»

Bei einem Versuch, diese Frage zu beantworten, erzählt Langton, «schaute ich mir die Phänomenologie der Computation durch die Brille der Phasenübergänge an. Und da fanden sich enorm viele Analogien.» Wenn man zuerst eine Vorlesung über die Theorie der Computation höre, lerne man zum Beispiel gleich zu Beginn etwas über den Unterschied zwischen Programmen, die «anhalten» – also eine Datenmenge aufnehmen und innerhalb einer begrenzten Zeit eine Antwort erzeugen –, und jenen, die immer weiterlaufen. Das entspreche dem Unterschied zwischen dem Verhalten von Materie bei Temperaturen unterhalb und bei Temperaturen oberhalb eines

Phasenübergangs. In gewisser Weise versuche die Materie ständig, zu «berechnen», wie sie sich auf molekularer Ebene verhalten soll: Wenn es kalt sei, komme sie sehr schnell zu einer Antwort – sie kristallisiere. Aber wenn es heiß sei, könne sie keinerlei Antwort finden und bleibe flüssig.

Dieser Unterscheidung analog sei die zwischen den zellulären Automaten der Klassen I und II, die schließlich anhalten, indem sie zu einer stabilen Konfiguration gefrieren, und den chaotischen zellulären Automaten der Klasse III, die immer weiter brodeln. Ein Programm zum Beispiel, das nur die eine Botschaft – «HALLO WELT!» – auf dem Bildschirm verkünde und dann aufhöre, entspräche einem der zellulären Automaten der Klasse I mit Lambda gleich 0, die fast sofort zur Ruhe komme. Umgekehrt entspräche ein Programm mit einem ernsthaften Fehler, das einen unaufhörlichen Strom von Kauderwelsch absondere, ohne sich je zu wiederholen, den zellulären Automaten, deren Lambdawert um 0,5 liege, wo das Chaos maximal sei.

Wenn man sich dann weiter von den Extremen fort bewege und zu den Phasenübergängen komme, finde man in der materiellen Welt immer länger anhaltende Übergänge. Je näher die Temperatur dem Übergangspunkt komme, desto länger brauchten die Moleküle, bis sie sich entscheiden. Entsprechend fände man, wenn Lambda im Von-Neumann-Universum von null aus anwachse, zunächst zelluläre Automaten, die sich eine ganze Weile herumtrieben, bevor sie zur Ruhe kämen, wobei die Dauer ihres Umtriebs von ihrem Anfangszustand abhänge. Sie entsprächen dem, was in den Computerwissenschaften *Polynomzeit-Algorithmen* genannt werde – die Sorte, die zwar viel Arbeit verrichten müsse, bis sie fertig sei, dies aber relativ schnell und effektiv tue. (Polynomzeit-Algorithmen kommen oft vor, wenn das Problem solche lästigen Aufgaben wie das Sortieren einer Liste erfordert.) Wenn man jedoch weitergehe und Lambda dem Phasenübergang näherkomme, finde man zelluläre Automaten, die wirklich sehr lange in Bewegung bleiben. Sie entsprächen *Nichtpolynomzeit-Algorithmen* –

die Sorte, die so lange laufen könne, wie es die Welt gibt, oder noch länger. Solche Algorithmen seien praktisch nutzlos. (Ein Extrembeispiel wäre ein Schachprogramm, das beim Spielen versuche, jeden möglichen Zug vorauszuberechnen.)

Und wie sähe es genau am Übergangspunkt aus? In der Welt der Materie kann sich ein bestimmtes Molekül in festem oder in flüssigem Zustand befinden. Es gebe keine Möglichkeit, das vorherzusagen, weil Ordnung und Chaos auf der molekularen Ebene so eng verküpft seien. Auch im Von-Neumann-Universum könnten die Regeln der Klasse IV schließlich zu einer gefrorenen Konfiguration führen oder auch nicht. Jedenfalls entspreche der Phasenübergang am Rand des Chaos dem, was Computerwissenschaftler «unentscheidbare» Algorithmen nennen. Dies seien die Algorithmen, die bei bestimmten Eingaben sehr rasch anhielten – sie entsprächen dem «Spiel des Lebens», das mit einer bekannten stabilen Struktur begänne. Mit anderen Eingaben jedoch könnten sie immer weiterlaufen. Entscheidend sei, daß man – auch im Prinzip – nicht immer voraussagen könne, welcher Fall eintreten werde. Dazu gebe es sogar ein Theorem: Der von dem britischen Logiker Alan Turing in den dreißiger Jahren bewiesene «Unentscheidbarkeitssatz» sage im wesentlichen aus, daß es, unabhängig davon, für wie gescheit man sich hält, immer Algorithmen gibt, die Dinge tun, die man nicht vorhersagen kann. Man könne das nur herausfinden, indem man sie ablaufen lasse.

Das seien natürlich genau die Algorithmen, die man sich für ein Modell des Lebens und der Intelligenz wünsche. Deshalb sei es kein Wunder, daß das «Spiel des Lebens» und andere zelluläre Automaten der Klasse IV so lebensnah aussähen. Sie existierten in dem einzigen dynamischen Bereich, in dem Komplexität, Computation und das Leben selbst möglich seien: am Rand des Chaos.

Langton hatte jetzt vier Analogien:

*Klassen zellulärer Automaten:*
I & II → «IV» → III

*Dynamische Systeme:*
Ordnung → «Komplexität» → Chaos

*Materie:*
Fest → «Phasenübergang» → Flüssigkeit

*Computation:*
Zeitlich begrenzt → «Unentscheidbar» → Endlos

und dazu eine fünfte, hypothetischere:

*Leben:*
Zu statisch → «Leben/Intelligenz» → Zu aktiv

Was bedeutet das alles? Nur dieses, entschied Langton: «Fest» und «flüssig» sind nicht nur wie bei Wasser und Eis zwei Grundzustände der Materie, sondern zwei Grundklassen dynamischen Verhaltens überhaupt – einschließlich des dynamischen Verhaltens in solch extrem nichtmateriellen Bereichen wie dem Raum der Regeln für zelluläre Automaten oder dem Raum abstrakter Algorithmen. Außerdem, erkannte er, bedingt die Existenz dieser beiden Grundklassen dynamischen Verhaltens die Existenz einer dritten fundamentalen Klasse: Das Verhalten von «Phasenübergängen» am Rand des Chaos, wo man komplexer Computation und möglicherweise dem Leben selbst begegnen könnte.

Wird man also eines Tages allgemeingültige physikalische Gesetze für den Phasenübergang benennen können, die irgendwie sowohl das Gefrieren und Auftauen von Wasser als auch den Ursprung des Lebens umfassen? Vielleicht. Vielleicht hat das Leben vor etwa vier Milliarden Jahren als eine Art wirklicher Phasenübergang in der Ursuppe begonnen. Wir wissen es nicht. Aber Langton hatte diese beharrliche Vision von Leben, das immer versucht, am Rand des Chaos im Gleichgewicht zu bleiben, das immer in Gefahr ist, auf der einen Seite in zuviel Ordnung und auf der anderen in zuviel Chaos zu geraten. Vielleicht ist das die Evolution, dachte er: ein Prozeß, in dem das Leben lernt, immer mehr seiner eigenen Parameter so zu regeln, daß es eine immer bessere Chance hat, auf dem Rand des Chaos balancierend das Gleichgewicht zu bewahren.

Wer weiß? Das herauszufinden wäre ein Lebenswerk. Inzwischen, 1986, hatte Langton die Fakultät endlich davon überzeugt, daß seine Gedanken zu Computation, dynamischen Systemen und Phasenübergängen ein annehmbares Thema für eine Dissertation waren. Noch jedoch blieb viel zu tun, um diesen allgemeinen Rahmen mit einem Bild zu füllen, das seinen Doktorvätern gefiel.

## *Ja, ja, weiter so!*

Zwei Jahre zuvor, im Juni 1984, hatte Langton in Boston, am MIT, an einer Konferenz über zelluläre Automaten teilgenommen und beim Mittagessen zufällig neben einem großen, schlaksigen jungen Mann gesessen. Er hieß Doyne Farmer.

«An was arbeiten Sie?» hatte er Langton gefragt.

«Ich weiß nicht, wie ich es beschreiben soll. Ich nenne es künstliches Leben.»

«Künstliches Leben!» hatte Farmer durch den Raum gekräht. «Meine Güte, wir müssen uns unterhalten.»

Und sie hatten sich viel unterhalten. Und oft. Nach der Konferenz ging die Unterhaltung mit Hilfe der elektronischen Post weiter. Farmer hatte dafür gesorgt, daß Langton mehrmals zu Vorträgen und Seminaren nach Los Alamos eingeladen wurde. (Dort stellte Langton seine Gedanken über Lambda-Parameter und Phasenübergänge übrigens das erste Mal im Mai 1985 auf der Konferenz «Evolution, Spiele und Lernen» vor. Farmer, Wolfram, Norman Packard und ihre Kollegen waren tief beeindruckt.) Zu dieser Zeit arbeitete Farmer mit Packard und Stuart Kauffman an einer Simulation des Ursprungs des Lebens mit Hilfe autokatalytischer Systeme (nebenbei half er dem Santa-Fe-Institut auf die Sprünge) und fühlte sich tiefer und tiefer in die Welt komplexer Systeme hineingezogen. Chris Langton schien ihm genau der richtige Mann zu sein, den er sich als Gesprächspartner wünschte. Da er früher ebenfalls aktiver Kriegsgegner gewesen war, konnte er Langton davon überzeugen, daß es nicht ganz so unheimlich war, in einem Kernkraftlabor Wissenschaft zu betreiben, wie es zunächst erscheinen mochte.

Das Ergebnis dieser Gespräche war, daß Langton sich mit seiner Frau und den beiden inzwischen geborenen Söhnen im August 1986 auf den Weg nach New Mexico machte, wo er am Center for Nonlinear Studies in Los Alamos eine Stelle als Postdoc angenommen hatte. Das war genau der richtige Ort für ihn. Sicher, er hatte noch einige Computerarbeit hinter sich zu bringen, bevor er seine Dissertation endlich abschließen konnte, aber das war für Leute, die gerade ihre erste Assistentenstelle annehmen, nicht ungewöhnlich. Nur noch ein paar Monate Fleißarbeit, dann war ihm der Doktortitel gewiß.

Es lief nicht alles ganz so reibungslos, wie er es sich vorgestellt hatte. Damit er seine Arbeit am Computer abschließen konnte, brauchte Langton Zugang zu einer Workstation. Das war im Prinzip kein Problem. Als er nach Los Alamos kam, hatte das Center for Nonlinear Studies gerade eine ganze Wagenladung voller Workstations von Sun Microsystems erhalten, mit all den Kabeln und der Hardware, die zum Anschluß an ein lokales Netz nötig waren. In der Praxis aber erwies es sich als ein Alptraum. Die Geräte standen in den verschiedensten Gebäuden und Baracken herum, und im gesamten Center gab es nicht einen einzigen Physiker, der eine Idee hatte, wie man das Ganze in Betrieb nehmen konnte. «Ich war ein Computerwissenschaftler», erzählt Langton, «also nahm man an, ich könnte das alles. So wurde ich zum obersten Systeminstallateur unserer Abteilung.»

John Holland, der, genau wie Burks, zu Langtons Prüfungskomitee gehörte und kurz nach ihm für ein Jahr als Gastprofessor nach

Los Alamos kam, war entsetzt, als er von diesem Zustand erfuhr. «Chris ist einfach zu gutmütig», sagt er. «Jeder, der irgendein Problem mit dem Netz oder dem Computer hatte, kam zu ihm. Und Chris behob dann das Problem, ganz gleich, wieviel Zeit dabei draufging. Die ersten Monate, in denen ich dort war, hat er damit mehr Zeit verbracht als mit irgend etwas anderem. Er zog neue Leitungen durch die Wände, mit seiner Dissertation aber kam er nicht weiter. Art Burks und ich hielten ihm das immerzu vor – Doyne auch. Immer wieder sagten wir ihm: ‹Du darfst den Anschluß nicht verpassen, es wird dir später mal leid tun.›»

Damit rannten sie bei Langton offene Türen ein. Niemand war so interessiert daran, daß er seine Dissertation endlich hinter sich brachte, wie er selbst. Aber auch als das Netz endlich funktionierte, mußte er natürlich zunächst all die Codes, die er für die Apollo-Workstation in Michigan geschrieben hatte, umschreiben, damit sie auf seiner Sun in Los Alamos liefen. Eine gräßliche Fummelarbeit. Und er mußte ein Arbeitstreffen über künstliches Leben vorbereiten, das im September 1987 stattfinden sollte. (Er hatte sich im Arbeitsvertrag dazu verpflichtet, die Konferenz zu organisieren.) «Die Dinge liefen mir einfach davon», sagt er. «Im ersten Jahr kam ich mit den zellulären Automaten nicht einen Schritt weiter.»

Aber er organisierte die Konferenz und verwendete seine ganze Energie darauf. «Ich wollte mich unbedingt wieder dem künstlichen Leben zuwenden. In Michigan hatte ich ständig nach Literatur gesucht. Es war frustrierend. Es gab soviel zum Stichwort ‹Selbstreproduktion›, aber zu ‹Computer und Selbstreproduktion› gab es nichts. Und doch fand ich an den abgelegensten Orten immer wieder Artikel dazu.»

Irgendwo *gab* es also ein paar Verrückte, die sich mit diesem Thema befaßten: Menschen wie er, einsame Seelen, die diesem seltsamen Geruch zu folgen versuchten, ganz allein, ohne zu wissen, was es war und wer vielleicht sonst noch darüber nachdachte. Langton wollte diese Menschen finden und sie zusammenbringen und mit ihnen gemeinsam eine wissenschaftliche Disziplin begründen. Die Frage war nur: Wie?

Schließlich, erzählt Langton, habe er nur eine Möglichkeit gesehen: «Ich kündige einfach an, daß es eine Konferenz zu dem Thema geben wird – mal sehen, wer sich meldet.» Er hielt «Künstliches Leben» immer noch für eine gute Bezeichnung. Andererseits war es enorm wichtig, daß man genau wußte, was damit gemeint war – sonst würde jeder kommen, der sich irgendein Videospiel ausgedacht hatte. «Ich habe sehr lange, wohl einen ganzen Monat lang, an der Formulierung der Einladung herumgebastelt. Wir wollten eine handfeste Konferenz. Sie sollte nichts mit Science-fiction zu tun haben. Aber wir wollten uns auch nicht auf DNA-Datenbanken beschränken. Deshalb habe ich die Einladung hier in Los Alamos herumgezeigt. Und sie verbessert. Und immer wieder überarbeitet.»

Als er dann endlich mit der Formulierung zufrieden war, ergab sich die Frage, wie er sie verbreiten sollte. Mit der elektronischen Post? Im UNIX-System gab es ein Programm namens SENDMAIL, und es war allgemein bekannt, daß es eine Macke hatte, die sich dazu benutzen ließ, eine elektronische Nachricht unterwegs Kopien von sich selbst anfertigen zu lassen. «Ich habe mir überlegt, ob wir nicht eine sich selbst reproduzierende Nachricht ausschikken sollten, die die Konferenz im ganzen Netz ankündigte – und sich dann selbst löscht. Aber ich habe es mir anders überlegt. Das war nicht die Verbindung, die ich mir wünschte.»

Schließlich habe er die Einladung an alle Menschen geschickt, die er kannte und von denen er glaubte, daß sie sich für das Thema interessierten, und sie gebeten, die Einladung weiterzureichen. «Ich hatte keine Ahnung, wie viele Leute kommen würden. Es konnten fünf oder fünfhundert sein.»

Es kamen schließlich etwa 150, darunter einige leicht verwirrt dreinschauende Journalisten von der *New York Times* und der Zeitschrift *Nature*. «Wir hatten also genau die richtigen Leute angelockt», sagt Langton. «Ein paar Besessene und einige zähe Spötter, aber es waren auch viele solide Leute dabei.» Natürlich nahmen wie erwartet die Leute aus Los Alamos und dem Santa-Fe-Institut teil – Leute wie Holland, Kauffman, Packard und Farmer. Der britische Biologe Richard Dawkins, Verfasser des Buches ‹*Das egoistische Gen*›, kam aus Oxford angereist, um über sein «Biomorph»-Programm für simulierte Evolution zu sprechen. Aristid Lindenmeyer kam aus Holland, um von seinen Computersimulationen der embryonalen Entwicklung und des Pflanzenwachstums zu berichten. A. K. Dewdney, der die Konferenz in seiner Rubrik «Computer Recreation» im *Scientific American* angekündigt hatte, organisierte die Computerdemonstrationen. Er leitete auch den «Artificial 4-H»-Wettbewerb um die beste Computerkreatur. Graham Cairns-Smith kam aus Glasgow, um über seine Theorie vom Ursprung des Lebens auf der Oberfläche mikroskopisch kleiner Tonkristalle zu sprechen. Hans Moravec kam vom Carnegie-Mellon-Institut, um über Roboter zu berichten und über seine Überzeugung, daß sie eines Tages die Nachkommen der Menschheit sein würden.

Die Liste wurde länger und länger. «Das Treffen war für mich eine ergreifende Erfahrung», berichtet Langton. «Das Gefühl läßt sich nicht beschreiben. Jeder war auf sich gestellt gewesen, als er sich mit künstlichem Leben beschäftigt hatte, nebenher, oft zu Hause. Und jeder hatte dieses Gefühl gehabt: ‹Es muß was dran sein.› Aber keiner von ihnen wußte, mit wem er darüber sprechen konnte. Diese Leute hatten dieselben Unsicherheiten und Zweifel gehabt wie ich. Bei diesem Treffen fielen wir uns fast um den Hals. Es entstand dieses Gefühl gemeinschaftlichen Aufbruchs, dieses Gefühl ‹Vielleicht bin ich ja ein Spinner – aber die anderen hier sind es auch.›»

In keinem der Beiträge, sagt er, habe sich ein Durchbruch abgezeichnet, aber in fast allen sei ein großes Potential erkennbar gewesen. Die Themen reichten vom kollektiven Verhalten einer simulierten Ameisenkolonie über die Evolution digitaler Ökosysteme, die aus Assembler-Codes bestanden, bis hin zur Fähigkeit von Eiweißmolekülen, sich zu einem Virus zu organisieren. «Es war faszinierend zu sehen, wie weit die Menschen im Alleingang gekommen waren», sagt Langton. Und mehr noch, es sei faszinierend gewesen zu sehen, wie immer wieder dasselbe Thema aufgetaucht sei: In fast allen Fällen habe sich das Wesen fließenden, natürlichen «lebensnahen» Verhaltens in den gleichen Prinzipien offenbart: in von unten nach oben verlaufenden Regeln, im Fehlen einer zentralen Steuerung, in emergenten Phänomenen. Es sei spürbar gewesen, wie die Umrisse einer neuen Wissenschaft Gestalt gewannen. «Wir sagten deshalb den Teilnehmern, sie sollten die Manuskripte ihrer Beiträge erst *nach* der Konferenz einreichen. Denn erst während alle dasaßen und die Vorträge hörten, bildete sich ein Rahmen, in den jeder einzelne seine Arbeit einordnen konnte.»

«Es ist schwer zu sagen, was bei dem Treffen eigentlich passierte», sagt Langton. «Aber zu neunzig Prozent hat es die Leute ermutigt weiterzumachen. Als wir auseinandergingen, war es, als hätten wir uns über all das erhoben, was uns blockiert hatte. Vorher hatte es immer ‹Halt› und ‹Warte› und ‹Nein› geheißen, wie damals an der Universität von Michigan, als ich meine Dissertation nicht über künstliches Leben schreiben durfte. Jetzt aber hieß es: ‹Ja, ja, weiter so!›

Ich war so angeregt, daß ich mir vorkam wie in einem anderen Bewußtseinszustand. Ich habe dieses Bild von einem Meer grauer Materie, in dem Ideen herumschwimmen, sich zusammenfinden und von einem Kopf zum anderen hüpfen.»

In diesen fünf Tagen, sagt er, «hatten wir das Gefühl, unglaublich *lebendig* zu sein».

Einige Zeit nach dem Ende des Treffens erhielt Langton einen elektronischen Brief von Eiiti Wada, der von der Universität von Tokio zu dem Treffen gekommen war. «Die Konferenz war so intensiv», schrieb Wada, «daß ich keine Zeit gefunden habe, Ihnen zu erzählen, daß ich in Hiroshima war, als dort die erste Atombombe abgeworfen wurde.»

Er wolle Langton für diese aufregende Woche in Los Alamos danken, in der er die Technologie des Lebens habe erörtern dürfen.

# 7 Wirtschaft unter der Glasglocke

Am Dienstag nachmittag, kurz nach fünf Uhr, fuhren John Holland und Brian Arthur durch die Mesa zurück nach Santa Fe. Abgesehen von gelegentlichen Pausen, die sie einlegten, um den Blick nach Osten zu genießen, wo die Berge des Sangre de Cristo sich mehr als zweitausend Meter hoch über das Tal des Rio Grande erheben, sprachen sie während der ganzen Fahrt, etwa eine Stunde lang, über eine «Boids» genannte Simulation, die Craig Reynolds von der Symbolics Corporation auf der Tagung über künstliches Leben in Los Alamos vorgestellt hatte.

Arthur war fasziniert. Reynolds hatte das Programm als einen Versuch dargestellt, das Verhalten von Vogelschwärmen, Schafherden oder Fischschulen zu erfassen. Soweit Arthur es beurteilen konnte, war ihm dies recht gut gelungen. Reynolds' Grundidee bestand darin, eine große Ansammlung autonomer, vogelartiger Agenzien – er hatte sie in Anlehnung an das englische Wort «bird», Vogel, «boids» genannt – in eine Monitorumwelt voller Mauern und Hindernisse zu versetzen. Für jedes Boid galten drei Verhaltensregeln:

1. Es versucht, zu anderen Objekten, auch zu anderen Boids, einen Mindestabstand zu wahren.
2. Es versucht, seine Geschwindigkeit der benachbarter Boids anzupassen.
3. Es versucht, dorthin zu kommen, wo es in seiner Umgebung die meisten Boids wahrgenommen hat.

An diesen Regeln fiel auf, daß keine sagt: «Bildet eine Gruppe.» Im Gegenteil: Die Regeln waren rein lokal und bezogen sich nur auf das, was ein einzelnes Boid in seiner eigenen Umgebung sehen und tun konnte. Wenn sich überhaupt ein Schwarm bilden sollte, mußte er sich von unten her entwickeln. Und doch bildeten sich immer wieder Schwärme. Reynolds begann seine Simulation mit Boids, die vollkommen beliebig auf dem Computerbildschirm umherflogen. Manchmal zerbrach der Schwarm sogar in kleinere Schwärme, die auf beiden Seiten um ein Hindernis herumströmten, um sich auf der anderen Seite wieder zu vereinigen, als hätten sie das so geplant. Einmal stieß ein Boid versehentlich gegen ein Hindernis, flatterte einen Moment lang, als ob es verblüfft Orientierung suche – und schoß dann nach vorn, um sich dem Schwarm wieder anzuschließen.

Reynolds hatte betont, dies letzte sei der Beweis, daß das Verhalten der Boids sich wirklich erst entwickele. Nichts in den Verhaltensregeln und in den anderen Computerkodierungen gebe eine solche Aktion vor. Sowie sie in das Auto gestiegen waren, hatten Arthur und Holland sich die Frage gestellt: Inwieweit ist das Verhalten der Boids eingebaut, und inwieweit entsteht es und ist unerwartet? Ist wirklich Emergenz im Spiel?

Holland war zurückhaltend. Er hatte schon zu viele Beispiele «emergenten» Verhaltens gesehen, das stillschweigend von Anfang an in das Programm eingebaut gewesen war. «Ich sagte zu Brian, man müsse vorsichtig sein. Vielleicht folgt alles, was dabei passiert – auch das Verhalten nach dem Zusammenstoß mit dem Hindernis –, so offensichtlich aus den Regeln, daß in Wirklichkeit nichts Neues dabei ist. Ich wollte gern wenigstens die Möglichkeit haben, auch andere Objekte hineinzubringen, die Umwelt zu verändern und zu sehen, ob das Verhalten dann immer noch vernünftig ist.»

Dem konnte Arthur nicht viel entgegensetzen. «Ich meinerseits konnte nicht sehen, wie man ‹wahrhaft› emergentes Verhalten definieren soll.» Auf die eine oder andere Weise sei alles, was in der

Welt passiere, bis hin zum Leben selbst, schon in die Regeln eingebaut, die das Verhalten von Quarks bestimmen. Was sei überhaupt Emergenz? Woran erkennen wir emergentes Verhalten? «Das berührt beim künstlichen Leben den Kern des Problems.»

Weder Holland noch irgend jemand sonst hatte darauf eine Antwort, und deswegen kamen er und Arthur nie zu einem Schluß. Aber dieses Gespräch, sagt Arthur, habe ein paar Saatkörner in seinem müden Kopf hinterlassen. Anfang Oktober 1987 beendete er erschöpft, aber glücklich, seinen Aufenthalt als Gast am Santa-Fe-Institut und kehrte nach Stanford zurück. Dort sann er, als er endlich ausgeschlafen hatte, über das nach, was er in Santa Fe gelernt hatte. «Ich war schwer beeindruckt von Hollands genetischen Algorithmen und den Klassifizierersystemen und den Boids und so weiter. Ich dachte viel darüber und über die neuen, sich dadurch eröffnenden Möglichkeiten nach. Mein Instinkt sagte mir: Hier findest du eine Antwort. Das Problem war jetzt: Wie lautete die Frage in der Wirtschaft?

Früher hatte ich mich dafür interessiert, wie sich die Wirtschaftssysteme in der Dritten Welt verändern und entwickeln. Im November 1987 rief ich Holland an und sagte, ich könne mir eine Übertragung seiner Gedanken auf ein Wirtschaftssystem vorstellen. Ich stellte mir vor, in meinem Arbeitszimmer gebe es ein kleines landwirtschaftliches System, das sich unter einer Glasglocke entwikkelt. Natürlich würde sich das eigentlich in einem Computer abspielen. Es müßte eben all diese kleinen Agenzien geben, die darauf programmiert sind, zu lernen und miteinander in Wechselwirkung zu treten.

In diesem Vorstellungsbild steht man dann eines Morgens vor der Glasglocke und sagt: ‹Schau dir das an! Vor zwei oder drei Wochen kannten sie nur den Tauschhandel, und jetzt haben sie schon Aktiengesellschaften.› Am nächsten Tag kommt man herein und sagt: ‹Interessant, sie haben Zentralbanken entdeckt!› Ein paar Tage später stehen dann alle Kollegen um einen herum, man schaut hinein und sagt: ‹Jetzt haben sie Gewerkschaften! Was sie wohl als nächstes tun?› Oder sie sind zur Hälfte Kommunisten geworden.»

«Damals konnte ich das noch nicht so gut ausdrücken», sagt Arthur. Er wußte, daß eine solche Wirtschaft unter Glas sich völlig von den herkömmlichen in der Ökonomie gebräuchlichen Simulationen unterscheiden würde, in denen der Computer lediglich viele Differentialgleichungen integriert. Seine ökonomischen Agenzien sollten keine mathematischen Variablen sein, sondern eben *Agenzien* – Größen, die in ein Netz von Interaktionen und Zufälligkeiten verstrickt sind. Sie sollten Fehler machen und aus ihnen lernen können. Sie sollten eine Geschichte haben und nicht mehr von mathematischen Gleichungen bestimmt sein als Menschen. In der Praxis mußten sie natürlich viel einfacher sein als Menschen. Wenn aber Reynolds mit nur drei simplen Regeln verblüffend realistisches Herdenverhalten erzeugen konnte, dann war es zumindest vorstellbar, daß ein Computer voll wohlgeplanter adaptiver Agenzien verblüffend realistisches Wirtschaftsverhalten erzeugt.

«Ich dachte mir, wir könnten uns diese Agenzien vielleicht mit Hilfe von Hollands Klassifizierersystem heranzüchten», sagt Arthur. «Ich wußte nicht, wie man das anpacken sollte, und Holland kam auch nicht gleich mit einem fertigen Plan. Aber auch er war von der Idee angetan.» Die beiden kamen überein, daß diese Aufgabe Vorrang haben sollte, wenn im folgenden Jahr das Wirtschaftsprogramm in Santa Fe in Gang kam.

## *Probleme eines Programmplaners*

Mittlerweile hatte Arthur alle Hände voll zu tun mit der Organisation dieses Programms. Erst jetzt wurde ihm das Ausmaß der Verpflichtung bewußt, auf die er sich eingelassen hatte.

Holland, so stellte sich bald heraus, war nicht in der Lage, ihn bei den Leitungsaufgaben zu unterstützen. Er hatte sein Freisemester schon im Jahr zuvor als Gast in Los Alamos verbracht. In Michigan schlug er sich weiterhin mit der Universitätspolitik herum, und zudem war seine Frau durch ihren Beruf an Michigan gebunden.

Die Aufgabe blieb also Arthur allein überlassen – und er hatte noch nie in seinem Leben ein Forschungsprogramm geleitet, geschweige denn selbst entwickelt.

Was erwartet John Reed von uns? fragte er Eugenia Singer, die Verbindungsfrau zum Aufsichtsratsvorsitzenden der Citicorp. «Er sagt, ihr könnt tun, was ihr wollt», erklärte sie, nachdem sie mit Reed gesprochen hatte, «solange es nicht konventionell ist.»

Was erwartet ihr hier von uns? fragte er Ken Arrow und Phil Anderson. Sie sagten, sie wünschten sich ein hieb- und stichfestes neues wirtschaftswissenschaftliches Verfahren, basierend auf Erkenntnissen über komplexe adaptive Systeme – was auch immer das bedeute.

Was erwartet das Institut von uns? fragte er George Cowan und die anderen Mächtigen in Santa Fe. «Der Wissenschaftsrat hofft, daß sich in den Wirtschaftswissenschaften radikal neue Perspektiven ergeben», sagten sie. Übrigens, im ersten Jahr stünden 560000 Dollar zur Verfügung – zum Teil komme das Geld von Citicorp, zum Teil von der MacArthur-Stiftung und zum Teil von der National Science Foundation und dem Energieministerium, das uns sicher einige ansehnliche Forschungsstipendien gewähren werde. Na ja, so gut wie sicher. Natürlich sei dies auch das erste und größte Forschungsprogramm des Instituts, wir alle werden euch also auf die Finger schauen.

«Ich trollte mich kopfschüttelnd von dannen», sagt Arthur. «Eine halbe Million Dollar ist nach akademischen Maßstäben Durchschnitt. Aber dies war eine gewaltige Herausforderung. Es war, als hätte man gesagt: ‹Hier hast du Pickel und Seil – steig auf den Mount Everest.›»

Natürlich war Arthur nicht wirklich allein. Sowohl Arrow als auch Anderson standen ihm mit moralischer Unterstützung, Rat und Ermutigung zur Seite. «Sie waren sozusagen das Fundament, die Gurus des Programms.» Er betrachtete das Programm auch als das ihrige, sie aber machten Arthur klar, daß er das Sagen habe. «Sie hielten sich zurück», sagt Arthur. «Es war *meine* Aufgabe, das Ganze zu leiten und in Gang zu bringen.»

Schon frühzeitig hatte er zwei Entscheidungen getroffen. Die erste betraf die Themen. Ihm behagte der Gedanke nicht, Chaostheorie und nichtlineare Dynamik auf die Wirtschaft anzuwenden, und genau das schien Arrow im Sinn zu haben. Es gab genug andere Gruppen, die schon ähnliches machten – und soweit er es beurteilen konnte, hatten sie kaum nennenswerte Ergebnisse erzielt. Arthur war auch nicht daran interessiert, gleich die ganze Weltwirtschaft zu simulieren. «Vielleicht hatte John Reed das im Sinn, und es scheint das zu sein, was Ingenieure oder Physiker gern als erstes tun möchten. Aber das ist, als würde ich sagen: ‹Ihr seid Astrophysiker, warum baut ihr nicht ein Modell vom Weltall?›» Ein solches Modell wäre etwa so schwer zu verstehen wie das wirkliche Weltall; deswegen gehen Astrophysiker auch nicht so vor. Sie stellen vielmehr ein Modell für Quasare auf, ein anderes für Spiralgalaxien, ein weiteres für die Sternentstehung und so weiter. Sie zerlegen die einzelnen Phänomene gleichsam mit dem Skalpell.

Und genau das wollte Arthur in Santa Fe im Rahmen des Programms auch tun. Er hatte keineswegs die Absicht, von seiner Wirtschaft unter der Glasglocke abzurücken. Aber er wollte auch, daß die Teilnehmer das Gehen lernten, bevor sie versuchten zu laufen. Vor allem sollte das Programm einige der klassischen Wirtschaftsprobleme, die alten harten Nüsse, in Angriff nehmen; er wollte gern sehen, welche Gestalt sie annehmen würden, wenn man sie unter dem Gesichtspunkt von Adaptation, Evolution, Lernen, multiplem Gleichgewicht, Emergenz und Komplexität betrachtete – all den Themen von Santa Fe. Warum zum Beispiel steigen und fallen die Börsenkurse? Oder warum gibt es Geld? (Anders ausgedrückt: Wie kommt es, daß eine bestimmte Ware wie Gold oder Muscheln weithin als Tauschmittel akzeptiert wird?)

Später habe diese Betonung alter Fragen das Programm in Schwierigkeiten gebracht, berichtet Arthur, denn eine Reihe von

Leuten im Wissenschaftsrat des Instituts habe kritisiert, sie seien nicht innovativ genug. «Wir dagegen hielten es einfach für gute Wissenschaft und eine gute Strategie, uns den Standardproblemen zuzuwenden. Dies sind die Probleme, mit denen die Ökonomen vertraut sind. Vor allem hofften wir demonstrieren zu können, daß der Versuch, die theoretischen Voraussetzungen mehr an der Wirklichkeit auszurichten und vielleicht mehr Gefühl für die Beziehung von Theorie und Realität zu bekommen, zu ganz anderen Ergebnissen führt, daß wir also einen wirklich relevanten Beitrag leisten können.»

Die zweite wichtige Entscheidung betraf die Wissenschaftler, die Arthur für das Programm engagierte. Er brauchte natürlich Menschen, die für die Santa-Fe-Themen offen und aufgeschlossen waren. Das zehntägige Wirtschaftstreffen hatte ihm gezeigt, wie fruchtbar und anregend eine solche Gruppe sein kann. «Ich machte mir schon bald klar, daß weder ich noch Arrow noch Anderson noch irgend jemand sonst den Rahmen dafür vorgeben sollte. Er mußte sich aus dem ergeben, was wir machten, daraus, wie wir Probleme anpackten. Jeder sollte seine eigenen Ideen dazu beitragen.»

Nach seinem eigenen Fiasko mit der ersten Arbeit über zunehmende Erträge wußte Arthur jedoch auch, wie wichtig es war, die Glaubwürdigkeit des Programms unter den etablierten Ökonomen zu sichern. Er brauchte also Wirtschaftstheoretiker mit eherner Reputation – Menschen wie eben Arrow oder Tom Sargent aus Stanford.

Doch das war leichter gesagt als getan. Unter den Nichtökonomen konnte Arthur fast jeden gewinnen, den er sich wünschte. Phil Anderson war zu einem Besuch bereit wie auch sein früherer Schüler Richard Palmer. Natürlich würde Holland kommen, ebenso David Lane, ein renommierter Wahrscheinlichkeitstheoretiker. Arthur konnte sogar seine sowjetischen Koautoren, die Mathematiker Jurij Jermoljew und Jurij Kanjowskij, verpflichten. Stuart Kauffman, Doyne Farmer und all die anderen aus Los Alamos und Santa Fe wollten mitmachen. Als Arthur jedoch die Ökonomen fragte, entdeckte er bald, daß seine Bedenken in bezug auf Glaubwürdigkeit keineswegs übertrieben gewesen waren. Fast jeder hatte Gerüchte gehört, daß in Santa Fe etwas vor sich gehe. Aber was hatte es mit diesem Institut auf sich? «Wenn ich anrief, sagten die Wirtschaftsleute meistens: ‹Ach ja, aber es ist schon etwas spät, ich habe andere Pläne.› Ich sprach mit einigen, die sagten, sie wollten lieber abwarten und sehen, wie sich die Dinge entwickelten. Es war wirklich schwierig, Ökonomen dafür zu interessieren, die nicht schon beim ersten Treffen dabeigewesen waren.»

Beruhigend war, daß die Wirtschaftstheoretiker, die an der ersten Tagung teilgenommen hatten, eine hervorragende Gruppe darstellten, und viele von ihnen – wie auch einige, die nicht dazugehörten – erklärten sich zur Teilnahme bereit. Arrow wollte einige Monate nach Santa Fe kommen, Sargent auch. John Rust und William Brock von der University of Wisconsin standen auf der Liste wie auch Ramon Marimon aus Minnesota und John Miller von der Universität Michigan, der gerade eine Dissertation über Hollands Klassifizierersystem geschrieben hatte. Und ganz besonders freute sich Arthur, daß Frank Hahn aus Cambridge, der führende britische Wirtschaftstheoretiker, nach Santa Fe kommen wollte.

## *Der Ansatz von Santa Fe*

Das Wirtschaftsprogramm sollte im September 1988 anlaufen, und als Auftakt war wieder eine einwöchige Konferenz geplant. Arthur zog deshalb schon im Juni nach Santa Fe, um den ganzen Sommer für die Vorbereitung zur Verfügung zu haben. Er brauchte jede Minute, und als die Teilnehmer dann im Herbst anreisten, wußte er nicht mehr, wo ihm der Kopf stand.

«Immerzu kamen die Leute zu mir», erzählt er. «Einmal wußte jemand nicht, wie man eine Glühbirne auswechselt. Ob ich das bitte machen könnte? Einmal ging es um die Frage: Welches Arbeitszimmer soll man einem Raucher geben? Oder: Muß jemand ein Zimmer mit jemandem teilen, der trotz seiner behaarten Beine immer nur kurze Hosen trägt? Darüber hatte sich tatsächlich einer beschwert. Ich mußte auch die Arbeitstreffen organisieren. Ich bin viel herumgereist, um Leute zu gewinnen, sie um Rat zu bitten und die Nachricht zu verbreiten.»

Als Chef, entdeckte Arthur, kann man nicht einfach mit den anderen Kindern spielen gehen. Man muß viel zu viel von seiner Zeit darauf verwenden, ein Erwachsener zu sein. Trotz der Hilfe der ständigen Mitarbeiter stellte Arthur fest, daß achtzig Prozent seiner Zeit von nichtwissenschaftlichen Tätigkeiten verschlungen wurde, und das behagte ihm nicht. Einmal, sagte er, habe er seiner Frau geklagt, wie wenig Zeit ihm für die Forschung bliebe. «Sie sagte: ‹Sei still. Du warst niemals glücklicher als jetzt.›»

Sie hatte recht. Die restlichen zwanzig Prozent, sagt Arthur, hätten alles wieder gut gemacht. Seit dem Herbst 1988 brodelte das Santa-Fe-Institut vor Aktivität – nicht nur wegen des Wirtschaftsprogramms. Im vorigen Spätherbst hatten die National Science Foundation und das Energieministerium die lange verheißenen Gelder endlich genehmigt. Cowan hatte die Beamten nicht dazu bewegen können, auch nur annähernd soviel Geld zu geben, wie er wollte – es waren zum Beispiel immer noch keine Mittel vorhanden, um Wissenschaftler fest anzustellen –, aber er hatte sie dazu gebracht, für die nächsten drei Jahre, vom Januar 1988 an, jeweils 1,7 Millionen Dollar bereitzustellen. Die Existenz des Instituts war also bis 1991 gesichert. Nun ließen sich endlich konkrete Pläne schmieden.

Der Wissenschaftsrat hatte unter Gell-Mann und Pines fünfzehn Konferenzen genehmigt. Einige dieser Tagungen sollten sich mit Komplexität aus physikalischer Sicht auseinandersetzen. Dafür war die Tagung «Physik der Information, Entropie und Komplexität», die von Wojciech Zurek, einem jungen polnischen Physiker vom Los-Alamos-Labor, organisiert wurde, ein Musterbeispiel. Zurek entwickelte ein Konzept, das von den Begriffen Information und Rechenkomplexität, wie sie in den Computerwissenschaften definiert sind, ausging und in die Untersuchung der Zusammenhänge zwischen ihnen und der Quantenmechanik, der Thermodynamik, der Quantenstrahlung schwarzer Löcher und dem (hypothetischen) Quantenursprung des Universums mündete.

Andere Arbeitstreffen sollten die Komplexität von der biologischen Seite beleuchten, wofür zwei von dem Biologen Alan Perelson vorbereitete Treffen zum Thema Immunsystem Beispiele sind. Perelson hatte schon im Juni 1987 eine wichtige Tagung in Santa Fe organisiert und leitete dort jetzt ein kleines Forschungsprojekt. Das Immunsystem des Körpers ist ein komplexes adaptives System in genau demselben Sinn, wie es Ökosysteme und Gehirne sind. Die Ideen und Verfahren, die im Institut entwickelt wurden, sollten helfen, medizinische Probleme im Zusammenhang mit Immunschwäche wie Aids und Autoimmunerkrankungen wie multiple Sklerose und Arthritis aufzuhellen.

Inzwischen hatte der Wissenschaftsrat sich auch deutlich für den Vorschlag ausgesprochen, Gäste und Postdoktoranden einzuladen, die nichts mit einem bestimmten Programm oder einer Arbeitsgruppe zu tun hatten. Das entsprach der Denkweise, an der sich das Institut von Anfang an orientiert hatte: Sorgt einfach dafür, daß einige sehr gute Leute herkommen, und dann seht zu, was passiert. Unter den Mitgliedern des Wissenschaftsrates kursierte der Witz, das Santa-Fe-Institut sei selbst ein emergentes Phänomen. Im Grunde nahmen sie diesen Witz sehr ernst.

All das war Cowan recht. Er war immer begierig darauf, Leute mit diesem undefinierbaren Feuer in der Seele zu finden. Immer mehr von ihnen kamen nach Santa Fe, so daß das winzige Kloster oft überfüllt war. Nachdem immerzu Arbeitstreffen und Seminare in der Kapelle stattfanden, drängten sich oft drei oder vier Leute in Arbeitszimmern, die schon für eine Person kaum ausreichend Platz boten. Dort diskutierten sie, beschrieben die Wandtafeln mit endlosen Formeln, oder sie trafen sich zu improvisierten Beratungen in den Fluren oder auf der Patio unter den Bäumen. Ruhiges Denken war hier oft unmöglich. Aber die Energie und die Kollegialität beschwingten sie. Es ging wohl allen so wie Stuart Kauffman: «Ich lernte jeden Tag zweimal, die Welt mit neuen Augen zu sehen.»

«An einem typischen Tag», erzählt Arthur, «verschwanden die meisten Leute morgens in ihren Zimmern, und man hörte von überall das Klicken der Computertastaturen. Aber dann schaute jemand bei dir vorbei. Hast du das schon getan? Hast du daran gedacht? Hast du eine halbe Stunde Zeit für einen Besucher? Dann gingen wir zum Essen, fast immer alle zusammen und gewöhnlich zum Canyon-Café, das wir ‹Faculty Club› getauft hatten. Wir waren dort schon so bekannt, daß die Serviererinnen uns kaum noch die Speisekarte brachten. Wir sagten einfach: ‹Ich möchte Nummer fünf›, deshalb brauchten sie gar nicht zu fragen.»

Besonders lebendig, sagt Arthur, sei es in den Seminaren zugegangen, die sich am späten Vormittag oder am Nachmittag ganz von selbst ergaben. «Wir machten das drei- oder vier- oder fünfmal in der Woche. Jemand ging den Flur entlang und sagte: ‹Kommt, laßt uns über X reden.› Dann trafen sich fünf oder sechs von uns in der Kapelle oder in dem kleinen Sitzungsraum neben der Küche. Das Licht war schlecht dort, aber der Raum war gleich neben dem Kaffee-Automaten. Er war im Stil der Navaho dekoriert. Und von einem Poster strahlte uns Einstein mit einem Indianderkopfputz an.

Wir saßen dann einfach um den Tisch herum. Jemand schrieb ein Problem an die Tafel, und wir warfen uns die Fragen und Gedanken wie Bälle zu. Die Bemerkungen waren niemals beißend, aber doch ziemlich scharf, weil die Themen alle so grundsätzlich waren. Sie betrafen technische Probleme, wie sie sich in der Wirtschaftslehre stellen, etwa, wie man diesen oder jenen Festpunktsatz beweist, oder in der Physik, etwa, warum ein Stoff bei 20 Kelvin supraleitend wird oder ähnliches. Es gab Fragen, die die Richtung der Wissenschaft betrafen. Wie geht man mit begrenzter Rationalität um? Wie verhält sich ein Wirtschaftssystem, wenn die Probleme so kompliziert werden wie beim Schach? Was haltet ihr von einem

Wirtschaftssystem, das sich immer weiter entwickelt und niemals zu einem Gleichgewicht kommt? Wie kann man Computerexperimente in der Wirtschaft einsetzen?

«Ich glaube, dabei fand Santa Fe zu sich selbst. Denn aus der Art der Antworten, die wir dort fanden, und der Verfahren, die wir übernahmen, schälte sich die Definition eines eigenen Denkansatzes zu Wirtschaftsfragen heraus.»

Arthur erinnert sich besonders gut an eine Reihe von Diskussionen, die ihm halfen, seine eigenen Gedanken klarer zu fassen. Arrow und Frank Hahn waren beide da, es mußte also irgendwann im Oktober oder November 1988 gewesen sein. «Wir trafen uns – Holland, Arrow, Hahn und ich, manchmal auch Stuart und ein oder zwei andere – und überlegten uns, was Ökonomen mit begrenzter Rationalität anfangen könnten.» Die Frage war, was mit der Wirtschaftstheorie geschähe, wenn man nicht mehr annähme, daß der Weg zur Lösung eines jeden Wirtschaftsproblems praktisch sofort berechenbar sei.

Sie trafen sich zu Gesprächen über diese Frage fast täglich im kleinen Konferenzraum. Arthur erinnert sich daran, wie Hahn einmal betonte, die Ökonomen redeten deshalb so gern über die vollkommene Rationalität, weil sie ein Nivellierungspunkt sei. Wären die Menschen vollkommen rational, könnten die Theoretiker genau sagen, wie sie reagieren würden. Wie aber, fragte sich Hahn, würde wohl vollkommene Irrationalität aussehen?

«Brian!» sagte er. «Du bist Ire. Du solltest das wissen.»

Im Ernst, fuhr Hahn fort, während Arthur ein gequältes Lachen probierte, es gebe nur eine Art, vollkommen rational zu sein, aber unendlich viele, teilweise rational zu handeln. Welche Art gelte für Menschen? «Wohin», fragte er, «stellt man den Zeiger der Rationalität?»

*Wohin stellt man den Zeiger der Rationalität?* «Das war Hahns Bild», sagt Arthur. «Es prägte sich mir fest ein. Ich habe später noch lange darüber nachgedacht und viele Bleistifte darüber zerkaut. Wir haben uns oft darüber unterhalten.» Und langsam, als schaue man zu, wie ein Foto im Entwicklungsbad entsteht, schälte sich für ihn und die anderen eine Antwort heraus: Den Zeiger der Rationalität stellte man, indem man ihn sich selbst überließ. Sollten die Agenzien ihn in eigener Regie stellen.

«Man konnte es nach Art von John Holland machen», fährt Arthur fort. «Man modelliert dann einfach alle Agenzien als Klassifizierersysteme oder als neuronale Netze oder als eine andere Form von adaptivem Lernsystem und überläßt es dem Zeiger, sich einzustellen, während die Agenzien aus der Erfahrung lernen. Alle Agenzien könnten also völlig unwissend beginnen. Ihre Entscheidungen wären nur willkürlich, stümperhaft. Aber indem sie aufeinander reagieren, werden sie immer klüger.» Vielleicht werden sie sehr klug, vielleicht auch nicht. Alles hängt von ihren Erfahrungen ab. So oder so, erkannte Arthur, sind diese adaptiven Agenzien mit künstlicher Intelligenz genau das, was man sich bei einer wirklichen Theorie ökonomischer Dynamik wünscht. Wenn man sie in eine stabile, vorhersagbare Wirtschaftssituation versetzt, kann es sehr wohl sein, daß sie genau die Art höchst rationaler Entscheidungen treffen, die die neoklassische Theorie vorhersagt – nicht, weil sie vollkommene Information und unendlich schnelles Denkvermögen besitzen, sondern weil die Stabilität ihnen Zeit läßt, die Spielregeln zu lernen.

Auch wenn man diese Agenzien mitten in simulierte ökonomische Veränderungen und Krisen versetzt, können sie noch weitermachen. Vielleicht nicht sehr gut. Sie würden stolpern und versagen und vergebliche Anläufe nehmen, genau wie Menschen. Dennoch könnten sie unter dem Einfluß ihrer eingebauten Lernalgorithmen langsam zu vernünftigen neuen Handlungsweisen finden. Entsprechend ließe sich dann beobachten, wie die Agenzien ihre Wahl treffen, wenn sie in einer dem Schachspiel vergleichbaren Wettbewerbssituation stünden, in der sie die Züge auszuwählen haben, mit denen sie gegeneinander vorgehen. Wohin man sie auch setzte, die Agenzien würden immer versuchen, *irgend etwas* zu tun. Anders also als in der neoklassischen Theorie, die fast nichts über die Dynamik und Veränderung der Wirtschaft aussagen kann, wäre in ein Modell adaptiver Agenzien die Dynamik schon eingebaut.

Dies war, wie Arthur erkannte, offenbar dieselbe Eingebung, wie er sie bei seinem Wirtschaftssystem unter der Glasglocke gehabt hatte, und im wesentlichen auch dieselbe Sicht, die ihm fast ein Jahrzehnt früher bei der Lektüre von Judsons Buch *‹Der achte Tag der Schöpfung›* begegnet war. Jetzt jedoch war ihm diese Sicht kristallklar. Genau das war der so schlecht faßbare «Santa-Fe-Ansatz»: Statt wie in der neoklassischen Sicht abnehmende Erträge, statisches Gleichgewicht und vollkommene Rationalität zu betonen, konzentrierte sich die Santa-Fe-Gruppe auf *zu*nehmende Erträge, begrenzte Rationalität und die Dynamik von Evolution und Lernen. Statt die Theorie auf mathematisch bequeme Annahmen zu gründen, würde man psychologisch realistische Modelle erstellen. Die Wirtschaft würde nicht als eine Art Newtonsches Uhrwerk gesehen, sondern als etwas Organisches, Adaptives, Überraschendes und Lebendiges. Statt über die Welt wie über etwas Statisches zu sprechen, tief im gefrorenen Regime, wie Chris Langton es vielleicht ausgedrückt hätte, würde man lernen, sich die Welt als ein dynamisches, sich ständig wandelndes System vorzustellen, das am Rand des Chaos balanciert.

«Das war natürlich keine völlig neue Sicht der Wirtschaft», sagt Arthur. Der große österreichische Ökonom Joseph Schumpeter habe Vorstellungen wie «Rand des Chaos» nicht gekannt, aber er sei schon in den dreißiger Jahren für eine evolutionäre Sicht der Wirtschaft eingetreten. Richard Nelson und Sidney Winter von der Yale-Universität hatten Mitte der siebziger Jahre mit einigem Erfolg in den Wirtschaftswissenschaften eine evolutionstheoretische Schule begründet. Andere Forscher hatten versucht, die Auswirkungen des Lernens auf die Wirtschaft in Modellen zu beschreiben. «Aber in diesen früheren Lernmodellen», erläutert Arthur, «nahm man immer an, die Agenzien hätten schon ein mehr oder weniger richtiges Bild von ihrer Situation und Lernen sei nur das Einstellen einiger Regler mit dem Ziel, dieses Bild schärfer zu machen. Wir wollten etwas viel Realistischeres. Wir wollten, daß diese «internen Modelle» entstehen – sich sozusagen im Geist der Agenzien bilden, während sie lernen. Wir kannten auch schon eine Menge Methoden, mit denen sich dieser Vorgang analysieren ließ. Wir kannten Hollands Klassifizierersystem und die genetischen Algorithmen. Richard Palmer stellte gerade ein Buch über neuronale Netze fertig. David Lane und ich wußten, wie man Systeme mathematisch analysiert, die auf wahrscheinlichkeitstheoretischer Basis lernen. Jermoljew und Kanjowskij waren Fachleute auf dem Gebiet stochastischen Lernens. Außerdem gibt es dazu viel psychologische Literatur. Diese Ansätze gaben uns genug in die Hand, um Adaptation algorithmisch präzise im Modell darzustellen.

Eigentlich waren die wichtigsten intellektuellen Einflüsse des ganzen ersten Jahres das Lernen von Maschinen im allgemeinen und John Hollands Methoden im besonderen – *nicht* Festkörperphysik, *nicht* zunehmende Erträge, *nicht* Computerwissenschaften, sondern Lernen und Adaptation. Als wir mit Arrow und Hahn und den anderen diese Gedanken durchzuspielen begannen, war klar, daß uns alle das Gefühl ergriffen hatte, die Wirtschaftswissenschaft könnte auf diese ganz andere Art betrieben werden.»

Die Wirtschaftswissenschaftler in Santa Fe fanden die Aussicht aufregend, aber sie verstörte sie auch ein wenig. Der Grund, sagt Arthur, sei ihm erst viel später klar geworden. «Die Wirtschaftswissenschaften arbeiten gewöhnlich rein deduktiv. Jede wirtschaftliche Situation wird zuerst in eine mathematische Aufgabe übersetzt, die die ökonomischen Agenzien durch streng analytisches Nachdenken lösen sollen. Aber dann kamen Holland und die Leute, die was über neuronale Netze wußten, und die anderen Theoretiker des Maschinenlernens. Sie alle sprachen über Agenzien, die *in*duktiv vorgehen, insofern sie versuchen, von fragmentarischen Daten zu einem nützlichen internen Modell zu gelangen.»

Die Induktion erlaubt es uns, von dem Anblick eines Katzenschwanzes, der gerade um die Ecke verschwindet, auf die Existenz einer Katze zu schließen. Mit Hilfe der Induktion klassifizieren wir im Zoo ein Wesen mit exotischem Federkleid als einen Vogel, auch wenn wir noch nie zuvor einen Kakadu gesehen haben. Die Induktion ermöglicht uns das Überleben in einer verworrenen, unvorhersagbaren und oft unverständlichen Welt.

«Es ist, als lande man mit dem Fallschirm im Konferenzraum einer japanischen Firma, um dort Verhandlungen zu führen», sagt Arthur. «Man war noch nie in Japan, man weiß nicht, wie Japaner denken und handeln und arbeiten. Man versteht nicht ganz, was da abläuft. Das meiste, was man tut, paßt überhaupt nicht in den kulturellen Rahmen. Im Lauf der Zeit bemerkt man aber, daß einige der Dinge, die man tut, Erfolg haben. Langsam also lernt man, sich anzupassen und sich der Sitte entsprechend zu verhalten.» Man könne sich die Situation als ein strategisches Spiel wie Schach vorstellen. Die Spieler hätten bruchstückhafte Informationen über die Absichten und Fähigkeiten ihrer Gegner. Um die Lücken zu füllen, bedienten sie sich logischer, *de*duktiver Überlegungen, doch könnten sie damit höchstens einige wenige Züge vorwegnehmen. Viel häufiger gingen Spieler *in*duktiv vor. Sie versuchten, die Lücken spontan zu füllen, indem sie Hypothesen und Analogien bildeten, sich auf frühere Erfahrungen bezögen, heuristisch über den Daumen peilten. Was funktioniere, funktioniere – auch, wenn man nicht wisse, warum. Genau deshalb könne Induktion nicht von präziser deduktiver Logik abhängen.

Damals, räumt Arthur ein, habe dies auch ihm Sorgen gemacht. «Bis ich nach Santa Fe kam, dachte ich, ein ökonomisches Problem müsse wohldefiniert sein, bevor man auch nur darüber reden kann. Und was soll man mit einem Problem anfangen, wenn es nicht wohldefiniert ist? Man kann es ja nicht logisch angehen.

Aber dann lehrte uns John Holland etwas anderes. Als wir mit ihm sprachen und seine Arbeiten lasen, wurde uns klar, daß er über Fälle sprach, in denen der Problemzusammenhang nicht wohldefiniert und die Umwelt nicht statisch ist. Wir sagten zu ihm: ‹John, wie kann man in einer solchen Umwelt überhaupt *lernen*?›»

Hollands Antwort lautete im Kern, man lerne in dieser Umwelt, weil einem nichts anderes übrig bleibe: «Die Evolution kümmert sich nicht darum, ob Probleme wohldefiniert sind oder nicht.» Adaptive Agenzien reagierten einfach auf eine Belohnung, erklärte er. Sie bräuchten keine Annahmen darüber zu machen, woher die Belohnung komme. Das sei ja der entscheidende Punkt seiner Klassifizierersysteme. Was den Algorithmus betreffe, seien diese Systeme mit all der Strenge definiert, die man sich nur wünschen könne. Und doch könnten sie in einer Umwelt agieren, die alles andere als wohldefiniert sei. Da die Klassifizierungsregeln nur Hypothesen über die Welt darstellten und keine «Fakten», dürften sie einander widersprechen. Da das System diese Hypothesen fortwährend überprüfe, um herauszufinden, welche nützlich seien und zu Belohnungen führten, könne es auch weiterlernen, wenn die Information lausig und unvollständig sei – selbst dann, wenn sich die Umwelt auf unerwartete Weise verändere.

«Aber das Verhalten ist nicht optimal!» klagten die Ökonomen, die sich zu der Überzeugung durchgerungen hatten, daß ein rationales Agens eines sei, das seine «Nützlichkeitsfunktion» optimiere.

«Optimal relativ wozu?» erwiderte Holland. Zum schlecht definierten Kriterium zum Beispiel: In jeder wirklichen Umgebung sei der Raum der Möglichkeiten so groß, daß ein Agens das Optimum gar nicht finden – oder auch nur erkennen könne. Das gelte schon vor Berücksichtigung der Tatsache, daß die Umgebung sich in unvorhergesehener Weise verändern kann.

«Diese ganze Sache mit der Induktion faszinierte mich», berichtet Arthur. «Man kann also Wirtschaftswissenschaften betreiben, obwohl das Problem, das sich den ökonomischen Agenzien stellt, ebensowenig wohldefiniert ist wie die Umgebung und obwohl die Umgebung sich auf völlig unbekannte Weise verändern kann. Man braucht nur einmal kurz darüber nachzudenken, um zu sehen, daß genau das Leben ist. Menschen treffen routinemäßig Entscheidungen in Zusammenhängen, die nicht wohldefiniert sind, und merken es nicht einmal. Man wurstelt sich durch, übernimmt Gedanken, äfft etwas nach, versucht das, was sich früher bewährt hat, probiert etwas Neues aus. Die Wirtschaftswissenschaften haben sich schon früher mit solchem Verhalten beschäftigt. Aber wir haben Wege gefunden, es analytisch auf den Punkt zu bringen und in die Theorie einzubauen.»

Arthur erinnert sich an eine wichtige Unterhaltung aus dieser Zeit, die den Kern der Schwierigkeiten traf. «Es war ein langes Gespräch im Oktober oder November 1988. Arrow, Hahn, Holland, ich, vielleicht waren wir insgesamt sechs. Uns war gerade klargeworden, daß es, falls der in Santa Fe vertretene Ansatz richtig sei, in der Wirtschaft unter Umständen nie zum Gleichgewicht kommen könne. Die Wirtschaft wäre wie die Biosphäre: immer in der Entwicklung, immer veränderlich, immer dabei, neues Gelände zu erkunden.

Uns bereitete die Frage Kopfzerbrechen, wie man in diesem Fall überhaupt Ökonomie betreiben könnte. Denn Wirtschaftswissenschaft war ja praktisch gleichbedeutend mit der Erforschung von Gleichgewichtszuständen. Wir hatten uns daran gewöhnt, die Probleme so zu sehen, als seien sie Schmetterlinge, die wir auf Nadeln spießen und sie so im Gleichgewicht halten, während wir sie untersuchen, statt sie um uns her fliegen zu lassen. Frankie Hahn meinte also: ‹Was können wir, als Ökonomen, sagen, wenn sich die Dinge nicht wiederholen, wenn sie nicht im Gleichgewicht sind? Kann man dann überhaupt etwas vorhersagen? Kann das dann überhaupt eine Wissenschaft sein?›»

Holland nahm die Frage sehr ernst. Er dachte viel darüber nach. Schaut euch die Meteorologie an, sagte er zu ihnen. Das Wetter komme niemals zur Ruhe. Es wiederhole sich niemals ganz genau. Es sei im wesentlichen für längere Zeiträume als ein paar Tage unvorhersagbar. Und doch könnten wir fast alles, was wir dort oben sähen, verstehen und erklären. Wir könnten wichtige Erscheinungen wie Wetterfronten, Luftströmungen und Hochdruckgebiete erkennen. Wir verstünden die Abläufe in ihnen. Wir könnten verstehen, wie sie miteinander wechelwirkten und das klein- und großräumige Wettergeschehen erzeugten. Wir verfügten, kurz gesagt, über eine wirkliche Wissenschaft vom Wetter – ohne volle Vorhersage. Das gehe, weil die Vorhersage nicht das Wesen der Wissenschaft ausmache. Es komme auf Verständnis und Erklärung an. Und genau das könnte das Santa-Fe-Institut den Wirtschafts- und den anderen Sozialwissenschaften zu bieten hoffen: nach dem Analogon zu Wetterfronten zu suchen – nach dynamischen gesellschaftlichen Phänomenen, die sich verstehen und erklären ließen.

«Hollands Antwort war für mich eine Offenbarung», sagt Arthur. «Ich staunte. Ich hatte fast zehn Jahre lang gedacht, daß ein großer Teil der Wirtschaft nie im Gleichgewicht sein würde. Zugleich aber konnte ich mir nicht vorstellen, wie ich ohne Gleichgewicht Wirtschaftswissenschaften betreiben sollte. Johns Bemerkung zerschlug den Knoten in mir. Danach schien es – ganz einfach.»

Es waren im Grunde erst diese Gespräche im Herbst 1988, die ihn sehen ließen, wie weitgehend der Ansatz von Santa Fe die Wirtschaftslehre verändern könnte. «Eine Menge Leute, ich selbst eingeschlossen, hatten naiv angenommen, daß wir von den Physikern und jenen, die wie Holland über Lernprozesse von Maschinen nachdenken, neue Algorithmen bekommen würden, neue Verfahren der Problemlösung, einen neuen begrifflichen Rahmen. Aber wir bekamen etwas ganz anderes – eine neue Einstellung, eine neue Denkweise, eine neue Weltsicht.»

## *Das Darwinsche Relativitätsprinzip*

Holland ging es inzwischen in Santa Fe wieder rundum gut. Er tat nichts lieber, als mit scharfsinnigen Leuten zusammenzusitzen und Gedanken zu jonglieren. Wichtiger noch, diese Gespräche veranlaßten ihn, in seiner eigenen Forschung eine wesentliche Kursänderung vorzunehmen – das heißt, es waren die Gespräche und die

Tatsache, daß er einfach nicht wußte, wie man Murray Gell-Mann etwas abschlägt.

«Murray kann ganz schön Druck ausüben», lacht Holland. Im Spätsommer 1988 hatte Gell-Mann ihn in Michigan angerufen: «John», hatte er gesagt, «du machst all diese Sachen mit genetischen Algorithmen. Wir brauchen unbedingt ein Beispiel, das wir gegen die Kreationisten verwenden können.»

Der Kampf gegen die sogenannte «Schöpfungswissenschaft», den Kreationismus, gehörte zu einer der vielen Leidenschaften Gell-Manns. Er war mehrere Jahre zuvor darin verwickelt worden, als der Oberste Gerichtshof von Louisiana sich Argumente für und gegen ein Gesetz anhörte, dem zufolge der Kreationismus gleichberechtigt neben den Darwinschen Theorien an den Schulen unterrichtet werden sollte. Gell-Mann hatte fast alle Nobelpreisträger unter den amerikanischen Naturwissenschaftlern dazu gebracht, einen Antrag gegen die Einführung des Gesetzes zu unterschreiben. Das Gericht folgte diesem Votum mit sieben zu zwei Stimmen. Aber als Gell-Mann die Zeitungsberichte las, wurde ihm klar, daß das Problem weit über die Aktivitäten einiger weniger religiöser Fanatiker hinausging. «Menschen schrieben: ‹Ich bin natürlich kein Fundamentalist, und ich glaube nicht an all den Unsinn der Schöpfungswissenschaft. Aber so, wie die Evolution in unseren Schulen gelehrt wird, kann das doch auch nicht stimmen. Das kann doch nicht alles rein zufällig passiert sein et cetera et cetera.› Sie waren also keine Anhänger des Kreationismus, aber auch nicht davon überzeugt, daß nur Zufall und Auslese all das um uns her geschaffen haben.»

Gell-Mann habe also, erzählte er Holland, eine Reihe von Computerprogrammen oder auch Computerspielen im Sinn, die den Leuten *zeigen* würden, wie es passieren konnte. Sie sollten zeigen, wie Zufall und Selektionsdruck, über viele Generationen hinweg wirksam, evolutionäre Veränderung in Hülle und Fülle bewirkten. Man lege einfach die Anfangsbedingungen fest – im wesentlichen die eines Planeten – und lasse die Dinge dann laufen. Er plane eine

Arbeitstagung am Institut über dieses Thema. Ob Holland dazu etwas beitragen wolle?

Nein, wirklich, das wollte Holland nicht. Er hatte viel Sympathien für das, was Gell-Mann da versuchte. Aber er steckte selbst schon bis zum Hals in Projekten – unter anderem schrieb er für Arthur gerade ein Klassifizierersystem, das sich auf ökonomische Modelle anwenden lassen sollte. Gell-Manns Evolutionssimulator würde ihn davon nur ablenken. Außerdem *hatte* er schon den genetischen Algorithmus entwickelt, und er konnte nicht sehen, daß er etwas Neues lernen würde, wenn er das alles noch einmal in einer anderen Form machte. Holland sagte also so entschieden wie möglich nein.

Gut, meinte Gell-Mann, aber denk doch noch einmal darüber nach. Und nicht lange danach rief er wieder an: Dies sei wirklich wichtig. Wolle er seine Meinung nicht ändern?

Holland versuchte wieder nein zu sagen – obwohl er gleich merkte, wie schwer es ihm fiel, die endgültige Antwort an den Mann zu bringen. Schließlich, nach einer langen Unterhaltung, gab er allen weiteren Widerstand auf. «In Ordnung», sagte er zu Gell-Mann, «ich werde es versuchen.»

Eigentlich, gibt Holland zu, habe er sich bereits vor dem zweiten Anruf innerlich geschlagen gegeben. Zwischen den Telefongesprächen, während er überlegte, wie er Gell-Mann dazu bringen konnte, sein Nein zu akzeptieren, hatte er immer mehr darüber nachgedacht, was er tun könne, wenn er ja sagen mußte. Und dabei war ihm klar geworden, daß sich einige interessante Fragen ergaben. Die Evolution war natürlich eine Menge mehr als nur zufällige Mutation und natürliche Auslese. Es gehörte auch Emergenz und Selbstorganisation dazu. Das war trotz der Anstrengungen von Stuart Kauffman, Chris Langton und vielen anderen etwas, das noch niemand wirklich verstand. Vielleicht bot ihm Gell-Manns Ansinnen Gelegenheit, es besser zu machen. «Ich fing an, es mir genauer anzusehen, und stellte fest, daß ich ein Modell entwickeln könnte, das Murray zufriedenstellt und zugleich meine Forschungen voranbringt.»

Das Modell habe er eigentlich schon Anfang der siebziger Jahre entwickelt, erklärt Holland. Damals arbeitete er schon viel an genetischen Algorithmen und seinem Buch ‹*Adaptation*›. Doch dann war er eingeladen worden, bei einer Konferenz in den Niederlanden einen Vortrag zu halten, und aus Spaß hatte er beschlossen, sich ein ganz anderes Thema zu wählen: den Ursprung des Lebens.

Er nannte den Vortrag und den darauf basierenden Artikel «Spontane Emergenz». Sein Ansatz ähnelte, im Rückblick betrachtet, den autokatalytischen Modellen, die etwa zur selben Zeit unabhängig voneinander Stuart Kauffman, Manfred Eigen und Otto Rössler untersuchten. «Meine Arbeit war eigentlich kein Computermodell, sondern ein formales Modell, mit dem man allerhand Mathematik treiben konnte. Ich versuchte zu zeigen, daß man autokatalytische Systeme entwerfen kann, in denen eine einfache selbstreplizierende Größe entsteht, und daß diese um viele Größenordnungen schneller auftritt, als nach den Vorhersagen der üblichen Berechnung zu erwarten ist.»

Diese üblichen Berechnungen – noch heute von Kreationisten liebevoll zitiert – waren zuerst in den fünfziger Jahren von Wissenschaftlern durchgeführt worden. Sie hatten zu der Auffassung geführt, daß selbstreplizierende Lebensformen unmöglich aus zufälligen chemischen Reaktionen in der präbiotischen Suppe entstanden sein konnten, weil die dazu nötige Zeit das Weltalter bei weitem übersteige. Es wäre so, als wartete man darauf, daß eine Horde Affen, die auf Schreibmaschinen einhämmerten, die gesammelten Werke Shakespeares produzieren würde. Sie schaffen es vielleicht, aber es dauert sehr, sehr lange.

Holland ließ sich von diesen Berechnungen nicht entmutigen. Zufallsreaktionen waren schön und gut, dachte er. Aber wie steht es mit der chemischen Katalyse, die ganz sicher nicht zufällig ist? In seinem mathematischen Modell postulierte Holland also eine Suppe von «Molekülen» – irgendwelche Zeichen, die sich zu unterschiedlich langen Ketten verbinden –, auf die frei fließende katalytische «Enzyme» einwirken: Operatoren, die mit den Ketten etwas anstellen. «Dies waren ganz einfach Operatoren wie etwa der

Befehl COPY, die sich an jede Kette anheften und dann eine Kopie dieser Kette herstellen konnten. Ich hatte dazu sogar ein Theorem aufgestellt, das sich beweisen ließ. Wenn man ein System hat, in dem einige dieser Operatoren herumschwimmen, und wenn man zuläßt, daß sich Ketten verschiedener Länge verbinden – also Bausteine bilden –, dann erzeugt das System viel schneller eine selbstreplizierende Einheit, als wenn das allein dem Zufall überlassen wird.»

Holland hat sich danach wieder seinen anderen Forschungen zugewendet. Aber die Themen Emergenz und Selbstorganisation hatte er immer im Sinn. Im Vorjahr noch hatte er sie während seines Aufenthalts in Los Alamos mit Doyne Farmer, Chris Langton, Stuart Kauffman und anderen erörtert. «Als Murray mich so unter Druck setzte, dachte ich: Vielleicht ist die Zeit reif, mehr in dieser Richtung zu tun, und vielleicht schaffe ich es jetzt, davon ein Computermodell zu machen.»

Nachdem er all die Jahre an Klassifizierersystemen gearbeitet hatte, schien es ihm ganz klar zu sein, wie ein solches Computermodell aussehen müßte. Da die freien Operatoren in der ursprünglichen Arbeit die Wirkung von Regeln gehabt hatten – «WENN eine Kette mit diesen Eigenschaften vorliegt, DANN ist das Folgende zu tun» –, brauchten sie nur noch so in das Programm geschrieben zu werden; das Ganze mußte soweit wie möglich einem Klassifizierersystem ähneln. Und doch, sobald Holland begann, in diesen Begriffen zu denken, erkannte er auch, daß er sich mit der größten philosophischen Schwäche der Klassifizierersysteme würde auseinandersetzen müssen. In der Arbeit über spontane Emergenz, sagt er, sei die Spontaneität wirklich gewesen und die Emergenz vollkommen intrinsisch. Aber in Klassifizierersystemen sei trotz all ihres Lernvermögens und ihrer Fähigkeit, emergente Regel-Cluster zu entdecken, immer noch ein *deus ex machina* am Werk. Die Systeme hingen immer noch von der Schattenhand des Programmierers ab. «Ein Klassifizierersystem erhält seine Belohnung nur, weil *ich* vorgebe, wer gewinnt und verliert.»

Das hatte ihn schon immer geärgert. Lasse man religiöse Betrachtungen außer acht, sagt er, scheine die wirkliche Welt recht gut ohne einen kosmischen Schiedsrichter auszukommen. Ökosysteme, Wirtschaftssysteme, Gesellschaften – sie alle gehorchten einer Art Darwinschem Relativitätsprinzip: Jedes versuche ständig, sich an alle anderen anzupassen. Deswegen lasse sich von einem Agens nicht etwa sagen: «Seine Tauglichkeit beträgt 1,375.» Was immer «Tauglichkeit» bedeute – die Biologen streiten sich seit den Tagen Darwins darüber –, sie sei jedenfalls keine einzelne festgelegte Zahl, wie sich ja auch unmöglich sagen ließe, ob ein Turner ein besserer oder schlechterer Athlet sei als ein Ringer. Das wäre sinnlos, weil es keine gemeinsame Skala gebe, an der man beide messen könne. Die Fähigkeit eines Lebewesens, zu überleben und sich fortzupflanzen, hänge davon ab, welche Nische es fülle, welche anderen Organismen in der Nähe seien, welche Nahrungsstoffe es finde, und sogar davon, welche Vorgeschichte es hat.

Diese Verschiebung des Blickpunkts sei *sehr* wichtig. Evolutionsbiologen hielten sie für so wichtig, daß sie sogar ein eigenes Wort dafür erfunden hätten: Organismen in einem Ökosystem machten nicht nur eine Evolution, sondern eine *Ko*evolution durch. Sie veränderten sich nicht, indem sie die höchste Spitze einer abstrakten Tauglichkeitslandschaft erklimmen, wie die Biologen früherer Generation meinten. Wirkliche Organismen kreisten immerzu und jagten einander in einem unendlich komplexen Tanz der Koevolution.

Oberflächlich gesehen klinge Koevolution wie ein Rezept für Chaos. Am Institut vergleiche Stuart Kauffman sie gern mit dem Klettern in einer künstlichen Landschaft aus Gummi, die sich bei jedem Schritt verforme. Und doch erzeuge dieser Tanz der Koevolution Ergebnisse, die gar nicht chaotisch seien. In der natürlichen Welt habe die Koevolution zu Blumen geführt, die auf die Befruchtung durch Bienen eingerichtet sind, und zu Bienen, die vom Nektar dieser Blumen leben. Sie habe zu Geparden geführt, die auf die Gazellenjagd spezialisiert, und zu Gazellen, die auf die Flucht vor den Geparden eingestellt sind. Sie habe eine unglaubliche Fülle von Geschöpfen erschaffen, die außerordentlich gut aufeinander und auf die Umgebung, in der sie leben, abgestimmt seien. In der menschlichen Welt habe der Tanz der Koevolution die gleichermaßen fein abgestimmten Strukturen wirtschaftlicher und politischer Wechselbeziehungen hervorgebracht – zu Allianzen, Rivalitäten, Beziehungen zwischen Anbieter und Käufer und so weiter. Diese Dynamik liege Arthurs Vision eines Wirtschaftssystems unter Glas zugrunde, in der sich künstliche ökonomische Agenzien aneinander anpaßten, während man ihnen zuschaue. Die gleiche Dynamik liege Arthurs und Kauffmans Analyse der autokatalytischen technologischen Veränderung zugrunde. Und sie liege dem zugrunde, was sich zwischen den Nationen einer Welt abspiele, in der es keine zentrale Autorität gibt.

Kurz, Koevolution, sagt Holland, bewirke in *jedem* komplexen adaptiven System Emergenz und Selbstorganisation. Ihm war klar: Wenn er diese Phänomene je wirklich gründlich verstehen wollte, mußte er damit beginnen, das Prinzip der Belohnung von außen loszuwerden. Leider wußte er jedoch auch, daß die Annahme einer Belohnung von außen eng mit der Analogie zwischen Klassifizierersystemen und dem Markt zusammenhing. Holland hatte ein System aufgebaut, in dem jede Klassifizierungsregel ein winziges, sehr einfaches Agens darstellte, das zusammen mit den anderen Regeln an einem internen Wirtschaftssystem teilnahm, dessen Währung «Stärke» und dessen einzige Quelle für Wohlstand die Belohnung durch den Endverbraucher war – also den Programmierer. Das ließ sich nicht umgehen, ohne den Grundrahmen des Klassifizierersystems völlig zu verändern.

Vor dieser Aufgabe stand Holland nun. Er brauchte, beschloß er, ein anderes, elementares Bild für die Wechselwirkung: die Schlacht. Das Ergebnis war «Echo», eine in hohem Maße vereinfachte biologische Gemeinschaft, in der digitale Organismen die digitale Umgebung auf der Suche nach den Nahrungsstoffen durchforsten, die sie brauchen, um am Leben bleiben und sich fortpflanzen zu können, also digitalen Entsprechungen zu Wasser, Gras, Nüssen, Beeren und so weiter. Wenn die Geschöpfe sich treffen, versuchen sie natürlich auch, einander auszunutzen. (Der Name «Echo» ist auch als Anspielung auf «Ecology» – Ökologie – gemeint.) «Ich habe es mit einem Spiel verglichen, das meiner Tochter Manja gehört und ‹Mail Order Monsters› heißt», sagt Holland. «Es bietet viele Möglichkeiten für Angriff und Verteidigung. Je nachdem, wie man sie kombiniert, kann man sich gegenüber den Monstern besser oder schlechter behaupten.»

Genauer gesagt, erklärt Holland, stelle «Echo» die Umwelt als eine große Ebene dar, in der hier und da aus «Quellen» mehrere als *a, b, c* und *d* bezeichnete Nahrungsmittel sprudeln. Einzelne Organismen bewegen sich in dieser Umwelt wie Schafe, grasen friedlich dort, wo sie Nahrung finden, und speichern sie in ihrem Inneren. Wenn jedoch zwei Organismen einander begegnen, verändern sie ihr Verhalten augenblicklich. Sie sind nicht mehr wie Schafe, sondern wie Wölfe, die übereinander herfallen.

In dem dann folgenden Kampf sei das Ergebnis jeweils durch die zwei «Chromosomen» des Organismus bestimmt, die einfach aus einer Reihe von Zeichen für Nahrungsmittel, zusammengesetzt zu Folgen wie *aabc* oder *bbcd*, bestünden. «Ein solcher Organismus verknüpft zunächst seine erste Kette, den ‹Angriff›, mit der zweiten des anderen, der ‹Verteidigung›. Wenn sie zueinander passen, kriegst du viele Punkte. Es ist also wie beim Immunsystem: Wenn der Angriff zur Verteidigung des anderen paßt, hast du eine Bresche geschlagen. Der andere tut dann seinerseits dasselbe. Sein Angriff entspricht deiner Verteidigung. Die Wechselwirkung ist hier also ganz einfach. Sind deine Fähigkeiten zu Offensive und Defensive größer als die des Gegners?»

Wenn die Antwort Ja lautet, könne man speisen: Alle Nährstoffzeichen des gegnerischen Speichers und seiner beiden Chromosomen kämen dann in den eigenen Speicher. Und wenn man durch den Verzehr des früheren Gegners genug Nährstoffzeichen in seinem Speicher habe, um eine Kopie der eigenen Chromosomen herzustellen, könne man sich fortpflanzen, indem man einen völlig neuen Organismus erzeugt – vielleicht mit ein, zwei Mutationen. Wenn nicht, müsse man weitergrasen.

«Echo» war keineswegs genau das, was Gell-Mann sich vorgestellt hatte. Es hatte nichts, womit ein Benutzer spielen konnte, und keine einzige reizvolle Grafik. Um solche Details konnte Holland sich nicht kümmern. Wenn er das Programm laufen lassen wollte, tippte er eine Reihe kryptischer Symbole ein und schaute zu, wie sich Kaskaden noch kryptischerer Zeichen in Kolonnen von alphanumerischem Kauderwelsch über den Bildschirm ergossen. (Mittlerweile hatte er sich einen Macintosh-II-Computer angeschafft.) Und doch war «Echo» die Sorte Spiel, die Holland gefiel. Endlich hatte er die von außen vorgegebene Belohnung eliminieren können. «Die Schleife schließt sich zu einem Kreis», sagt er. «Man kommt offenbar genau zu dem Punkt zurück. ‹Wenn ich nicht genug Nahrung sammle, um eine Kopie von mir selbst herstellen zu können, überlebe ich nicht.›» Er hatte das eingefangen, was er als Wesen des biologischen Wettbewerbs empfand. Jetzt konnte er «Echo» als seinen intellektuellen Spielplatz benutzen, als einen Ort, an dem sich erforschen und verstehen ließ, was Koevolution zustande bringen kann. «Ich hatte eine Liste von mehreren Phänomenen, die sich in ökologischen Systemen abspielen, und wollte zeigen, daß jedes dieser Phänomene in irgendeiner Form selbst bei dieser sehr einfachen Struktur auftritt.»

Ganz oben auf der Liste stand das, was der britische Biologe Richard Dawkins «evolutionäres Wettrüsten» genannt hat. Es geschieht zum Beispiel dort, wo eine Pflanze eine immer härtere Außenhülle und immer wirksamere chemische Abwehrstoffe entwikkelt, um Insekten abzuwehren, die ihrerseits immer stärkere Kiefer und immer differenziertere chemische Widerstandsmechanismen ausbilden, um ihren Angriff effektiver zu machen. Dieses evolutionäre Wettrüsten in Dawkins' Modell – auch «Rote-Königin-Hypothese» genannt zu Ehren einer Figur von Lewis Carroll, die Alice erklärt, sie müsse so schnell laufen, wie sie nur könne, wenn sie am selben Ort bleiben wolle – scheint ein wichtiger Anreiz für immer größere Komplexität und Spezialisierung in der Natur zu sein – genau wie das wirkliche Wettrüsten im Kalten Krieg ein Anreiz für immer komplexere und spezialisiertere Waffen war.

Im Herbst 1988 konnte Holland mit dem evolutionären Wettrüsten nicht viel anfangen; damals war «Echo» kaum mehr als ein Entwurf auf dem Papier. Doch schon innerhalb eines Jahres lief alles gut. «Wenn ich mit sehr einfachen Organismen anfing, die für ihr Angriffs- und ihr Verteidigungschromosom jeweils nur einen Buchstaben hatten, sah ich schon bald Organismen, die mehrere Buchstaben verwendeten. [Die Organismen konnten ihre Chromosomen durch Mutationen verlängern.] Das war Koevolution. Der eine verstärkte die Angriffskraft und der andere seine Verteidigung. Die Organismen wurden also immer komplexer. Manchmal spalteten sie sich auch auf; ich erhielt also so etwas wie neue Arten.

An diesem Punkt, als ich selbst mit einem so einfachen Apparat Wettrüsten und Artenbildung erzeugen konnte, wurde das Ganze für mich plötzlich viel interessanter.»

Insbesondere wollte er ein großes Paradoxon der Evolution verstehen: die Tatsache nämlich, daß derselbe erbarmunglose Wettbewerb, der zu evolutionärem Wettrüsten führt, auch Symbiose und andere Formen der Kooperation hervorbringt. Es war kein Zufall, daß ziemlich vielen Punkten auf Hollands Liste verschiedene Formen der Kooperation zugrunde lagen. Sie war ein Grundproblem der Evolutionsbiologie – von den Wirtschafts-, Politik- und Humanwissenschaften ganz zu schweigen. Warum arbeiten Organismen in einer von Konkurrenz beherrschten Welt überhaupt zusammen? Warum öffnen sie sich für «Verbündete», die sich schnell gegen sie stellen könnten?

Das Problem läßt sich gut am sogenannten Gefangenendilemma beschreiben, das aus dem als Spieltheorie bezeichneten Zweig der Mathematik stammt. Zwei Gefangene werden in zwei verschiedenen Räumen festgehalten, und die Polizei verhört sie beide zu einem Verbrechen, das sie gemeinsam begangen haben. Jeder Gefangene hat die Wahl: Er kann seinen Komplizen verpfeifen («Verrat») oder dichthalten («Kooperation» – mit seinem Komplizen, nicht der Polizei). Die Gefangenen wissen: Wenn sie beide den Mund halten, werden sie freigelassen. Die Polizei kann ihnen nichts anhaben, wenn sie kein Geständnis ablegen. Das wissen die Polizisten natürlich auch. Deshalb machen sie den beiden ein nettes kleines Angebot: Wenn einer von ihnen den Komplizen verrät, bleibt er straffrei, wird sofort entlassen und erhält noch obendrein eine Belohnung. Der Komplize dagegen wird zur Höchststrafe verurteilt – und muß noch dazu die Belohnung des Verräters zahlen. Wenn natürlich *beide* Gefangenen singen, müssen sie beide die Höchststrafe absitzen, und keiner erhält eine Belohnung.

Was also machen die Gefangenen – verpfeifen sie den anderen, oder halten sie dicht? Auf den ersten Blick sollten sie lieber kooperieren und ihren Mund halten, denn das führt für beide zum besten Ergebnis, zur Freiheit. Aber man überlege einmal: Gefangener A, der nicht dumm ist, macht sich bald klar, daß er unmöglich darauf vertrauen kann, daß sein Komplize nicht von dieser Kronzeugenregelung Gebrauch macht, um mit einer fetten Belohnung davonzuziehen, während A nicht nur einsitzen, sondern auch noch dafür zahlen muß. Die Versuchung ist einfach zu groß. Er macht sich auch klar, daß sein Komplize, der ja auch kein Narr ist, genau dasselbe von ihm denkt. Gefangener A schließt also, er könne gar nicht anders, als der Polizei alles zu sagen. Denn wenn sein Komplize dumm genug ist, den Mund zu halten, kann der Gefangene A mit der Belohnung abziehen. Und wenn sein Partner das einzig Logische tut und singt – nun, dann muß der Gefangene A, der dann ja sowieso sitzen muß, wenigstens nicht auch noch draufzahlen. Beide Gefangenen kommen also durch erbarmungslose Logik zu dem am wenigsten erwünschten Ergebnis: Gefängnis.

In der wirklichen Welt stellt sich das Dilemma von Vertrauen und Kooperation selten so kraß dar. Verhandlungen, persönliche

Bindungen, einklagbare Verträge und viele andere Faktoren beeinflussen die Entscheidungen der Spieler. Trotzdem enthält das Gefangenendilemma deprimierend viel Wahrheit darüber, wie berechtigt Mißtrauen ist und wie sehr man sich vor Verrat hüten muß. Man denke an den Kalten Krieg, in dem die beiden Supermächte sich an einem vierzigjährigen Wettrüsten verhärteten, das letztlich keinem Vorteile gebracht hat, oder an die anscheinend endlose Sackgasse der arabisch-israelischen Beziehungen oder die ewige Versuchung der Völker, protektionistische Handelsschranken zu errichten. Auch in der Natur wird ein zu vertrauensseliges Lebewesen nur zu leicht gefressen. Sicherlich ist die Frage berechtigt: Warum sollte ein Organismus es je wagen, mit einem anderen zu kooperieren?

Die Frage wurde zu einem großen Teil gegen Ende der siebziger Jahre beantwortet, und zwar bei einem Computer-Turnier, das Robert Axelrod von der University of Michigan, ein Kollege Hollands in der BACH-Gruppe, organisiert hatte. Axelrod ist ein Politikwissenschaftler, der sich seit langem für Fragen der Kooperation interessiert. Er hatte für dieses Turnier eine ganz einfache Idee gehabt: Eingeladen war jeder, der ein Computerprogramm vorstellen wollte, das die Rolle eines der Gefangenen übernimmt. Die Programme sollten dann zu Paaren zusammengestellt werden und gegeneinander spielen, wobei jedem die Wahl blieb, ob er den anderen verraten oder mit ihm kooperieren wollte. Es gab allerdings einen Haken: Das Spiel sollte nicht nur einmal gespielt werden, sondern immer wieder, zweihundert Spielzüge lang. Die Spieltheoretiker nennen das ein *iteriertes* Gefangenendilemma; es ist offensichtlich eine wirklichkeitsgetreue Art, die längerfristigen Beziehungen darzustellen, die wir gewöhnlich miteinander eingehen. Durch die Wiederholungen konnten die Programme zudem ihre Entscheidungen – Verrat oder Kooperation – auf das gründen, was das andere Programm in früheren Spielzügen getan hatte. Wenn die Programme nur einmal zusammentreffen, ist Verrat die einzig vernünftige Wahl. Wenn sie sich jedoch oft treffen, erwirbt jedes einzelne Programm eine Geschichte und einen Ruf. Es war überhaupt nicht voraussehbar, wie das gegnerische Programm damit umgehen würde. Genau dies hoffte Axelrod auf dem Turnier zu lernen: Welche Strategien würden auf Dauer die größte Belohnung bringen? Sollte ein Programm immer kooperieren, unabhängig davon, was der andere Spieler tat? Sollte es immer den Verräter spielen? Sollte es auf komplexere Art und Weise auf die Züge des anderen Spielers reagieren? Und wenn ja, wie?

Die vierzehn Programme, die in der ersten Runde des Turniers vorgelegt wurden, umfaßten eine Vielfalt komplexer Strategien. Sehr zur Überraschung von Axelrod und allen anderen ging der Preis an die allereinfachste Strategie: TIT FOR TAT – wie du mir, so ich dir. Dieses von dem Psychologen Anatol Rapoport an der Universität Toronto programmierte Spiel begann mit Kooperation; nach dem ersten Zug jedoch tat es immer genau das, was das andere Programm im vorigen Zug getan hatte. Es befolgte also im wesentlichen eine Strategie von Zuckerbrot und Peitsche. Es war «nett» in dem Sinne, daß es niemals als erster den «Komplizen» verriet. Es «vergab» insofern, als es gutes Verhalten beim nächstenmal durch Kooperation belohnte. Und doch war es «streng» in dem Sinne, daß es Verrat im Gegenzug mit Verrat bestrafte. Außerdem war es «klar» in dem Sinne, daß seine Strategie einfach und verläßlich war. Die gegnerischen Programme konnten leicht herausfinden, mit wem sie es zu tun hatten.

In Anbetracht der relativ wenigen Programme, die bei dem Turnier mitmachten, bestand natürlich die Möglichkeit, daß der Erfolg von TIT FOR TAT trügerisch war. Dagegen sprach jedoch das Gesamtergebnis: Von den vierzehn Programmen waren acht «nett» und nie als erste Verräter. Und jedes von ihnen war den sechs anderen, die nicht «nett» waren, weit überlegen. Um die Frage zu entscheiden, schrieb Axelrod deshalb ein zweites Turnier aus. Als Aufgabe stellte er, TIT FOR TAT zu entthronen. Das versuchten 62 Teilnehmer – und wieder gewann TIT FOR TAT. Der Schluß lag auf der Hand: Nette Menschen – oder genauer nette, vergebende, strenge und klare Menschen – haben gute Chancen zu gewinnen.

Holland und die Kollegen aus der BACH-Gruppe waren natürlich von alldem begeistert. «Mir hatte das Gefangenendilemma immer sehr zu schaffen gemacht», sagt Holland. «Ich mochte es einfach nicht. Diese Lösung war also eine wirkliche Erleichterung. Erfrischend.»

Es entging niemandem, daß der Erfolg von TIT FOR TAT weitreichende Folgerungen für biologische Evolution und menschliche Beziehungen hatte. In seinem 1984 erschienenen Buch ‹*Die Evolution der Kooperation*› weist Axelrod darauf hin, daß diese Art der Wechselwirkung in sehr vielen sozialen Situationen zur Kooperation führen kann – einschließlich einiger der am wenigsten verheißungsvollen. Sein Lieblingsbeispiel ist das «Leben und leben lassen»-System, das sich während des Ersten Weltkriegs spontan entwickelte, als Einheiten in den Frontlinien keine tödlichen Schüsse abfeuerten, solange sich auch die andere Seite still verhielt. Die Truppen auf der anderen Seite des Niemandslandes hatten keine Möglichkeit, sich mit ihren Gegnern zu verständigen. Das System funktionierte aber doch, weil auf beiden Seiten monatelang dieselben Truppen lagerten, wodurch sie Gelegenheit erhielten, sich aneinander zu gewöhnen.

In einem Kapitel des Buches, das er gemeinsam mit dem Biologen und BACH-Kollegen William Hamilton schrieb, führt Axelrod aus, daß TIT-FOR-TAT-Interaktionen in der Natur auch ohne Hilfe von Intelligenz zur Kooperation führen. Beispiele dafür sind die Flechten, bei denen ein Pilz dem darunter liegenden Gestein Nährstoffe entzieht und dadurch Algen Lebensraum schafft, die wiederum dem Pilz die Photosynthese ermöglichen, oder die Ameisenakazie, ein Baum, der eine Ameisenart beherbergt und ernährt, die ihrerseits den Baum beschützt, oder der Feigenbaum, dessen Blüten Nahrung für die Feigenwespe sind, die ihrerseits die Blüten bestäubt und die Samen verbreitet.

Allgemeiner ausgedrückt, schreibt Axelrod, sollte die Koevolution eine Kooperation nach Art von TIT FOR TAT selbst in einer Welt voller verräterischer Schufte gedeihen lassen. Angenommen, einige solcher Wesen, die nach dem Grundsatz «Wie du mir, so ich dir» handeln, entstünden durch Mutation. Solange sich diese Wesen oft genug begegneten, um an weiteren Begegnungen interessiert zu sein, begännen sie im kleinen mit der Kooperation. Sobald das passiere, seien sie viel erfolgreicher als die Mackie-Messer-Typen um sie herum. Ihre Anzahl vergrößere sich also. Rasch.

Schließlich bekomme die TIT-FOR-TAT-Kooperation das Übergewicht. Wenn diese sich erst einmal etabliert habe, könnten die kooperativen Individuen ihren Platz behaupten. Wenn weniger kooperative Wesen versuchten, ihre Freundlichkeit auszunutzen, würden sie durch die Politik der Strenge so hart bestraft, daß sie sich nicht ausbreiten könnten. «Deshalb», schreibt Axelrod, «haben die Gangschaltungen der sozialen Evolution eine Sperre.»

Kurz nach der Veröffentlichung des Buches simulierte Axelrod in Zusammenarbeit mit Stephanie Forrest, einer damaligen Doktorandin Hollands, diesen Fall im Computer. Die Frage war, ob eine Population von Einzelwesen, die in Koevolution stehen, die TIT-FOR-TAT-Strategie mit Hilfe des genetischen Algorithmus entdecken könnte. Sie konnten. In den Computerdurchläufen zeigte sich entweder diese oder eine sehr ähnliche Strategie, die sehr schnell auftauchte und sich ausbreitete. «Als das passierte», sagt Holland, «haben wir alle Hurra! geschrien.»

Dieser TIT-FOR-TAT-Mechanismus für den Ursprung der Kooperation war genau das, was Holland gemeint hatte, als er sagte, die Leute im Institut sollten in den Sozialwissenschaften nach dem Analogon zu «Wetterfronten» suchen. Auch bei der Entwicklung von «Echo» habe er die Frage der Kooperation im Sinn gehabt, sagt er. Das sei sicherlich nichts gewesen, was sich schon in der ersten Version des Programms ergeben konnte, weil er die Annahme eingebaut habe, daß einzelne Organismen immer miteinander kämpfen. In einer neueren Fassung jedoch habe er versucht, das Repertoire der Organismen zu erweitern, um die Möglichkeit zur Kooperation zu berücksichtigen. Er habe sogar versucht, «Echo» zu einer Art «vereinheitlichtem» Modell der Koevolution zu machen.

«Am Institut hatten wir jetzt außer ‹Echo› drei Modelle, mit denen wir arbeiten konnten», erklärt er. «Wir hatten ein Modell für den Aktienmarkt, eines für das Immunsystem und ein Modell, entworfen von Tom Sargent [dem Wirtschaftswissenschaftler aus Stanford], das sich mit dem Handel befaßte. Mir war klar, daß alle eine gewisse Ähnlichkeit aufwiesen. In allen fand ‹Handel› statt, denn es gab Güter, die auf die eine oder andere Weise ausgetauscht wurden. Sie alle hatten eine ‹Rohstoffumwandlung›, wie sie Enzyme oder Produktionsprozesse bewirken können. Sie alle hatten eine ‹Partnerwahl› und damit eine Quelle technischer Innovation. Ich begann also mit dem vereinheitlichten Modell. Ich kann mich erinnern, wie Stephanie Forrest und John Miller und ich uns zusammensetzten, um herauszufinden, welches das kleinste System war, das wir ‹Echo› eingeben konnten, um all diese Dinge nachzumachen. Es stellte sich heraus, daß es sich ohne wesentliche Veränderung des Grundmodells durchführen läßt, indem man den angreifenden und den verteidigenden Chromosomen etwas hinzufügt. Ich fügte die Möglichkeit hinzu, Handel zu treiben, indem ich zusätzliche Identifizierer zur Verfügung stellte, die von den Chromosomen definiert wurden; sie entsprachen Handelsmarken oder Markersubstanzen auf der Oberfläche der Zelle. Sowie ich das tat, mußte ich zum erstenmal etwas hinzufügen, das aussah wie eine Regel aus ‹Echo›: ‹Wenn der andere dieses und dieses Identifizierungsmerkmal trägt, versuche ich, mit ihm zu handeln, statt ihn zu bekämpfen. Das ermöglichte die Evolution von Kooperation und solcher ‹Abweichungen› wie Lüge und Mimikry. Als ich das hatte, skizzierte ich, wie man damit eine Fassung von Sargents Modell erhalten könne, und anschließend fing ich an zu probieren, wie ich ‹Echo› zu einem Modell für ein Immunsystem machen könnte, indem ich es in eine andere Richtung erweiterte und so fort. So entstand die jetzige Version von ‹Echo›.»

Diese vereinheitliche ‹Echo›-Version sei sehr erfolgreich gewesen, berichtet er. Er habe mit ihr sowohl die Evolution der Kooperation als auch die der Räuber-Beute-Beziehungen gleichzeitig im selben Ökosystem nachgewiesen. Dieser Erfolg habe ihn ermutigt, die Arbeit an noch raffinierteren Variationen von ‹Echo› zu beginnen. «Es gibt eine Fassung, die ich gerade jetzt programmiere. Sie erlaubt die Entwicklung vielzelliger Organismen. Statt über Handel und so zu reden, hoffe ich bald über die Emergenz von Einzelwesen und Organisationen reden zu können. Es gibt schöne Dinge zu lernen, wenn jedes Agens versucht, seine Reproduktionsrate zu maximieren, aber durch die Notwendigkeit eingeschränkt ist, zum Fortbestand der Gesamtorganisation beizutragen. Krebs ist ein gutes Beispiel für ein Versagen in dieser Richtung – über die Autoindustrie spreche ich lieber nicht.»

Die praktischen Anwendungen solcher Modelle lägen noch in der Zukunft, sagt Holland. Aber er sei davon überzeugt, daß einige wenige gute Computersimulationen auf diesem Gebiet der Welt mehr Gutes bescheren könnten als fast alles andere, was in Santa Fe geplant werde. «Wenn wir's richtig machen, werden Leute, die keine Wissenschaftler sind – zum Beispiel Politiker –, Modelle schaffen können, die ihnen ein Gefühl für die Folgen von Handlungsweisen vermitteln, ohne daß sie in allen Einzelheiten wissen müssen, wie diese Modelle eigentlich arbeiten.» Solche Modelle wären die Flugsimulatoren für die Politik und würden es Politikern ermöglichen, ökonomische Bruchlandungen zu üben, ohne gleich die ganze Bevölkerung an Bord zu haben. Die Modelle bräuchten nicht einmal sehr kompliziert zu sein, solange sie nur den Menschen ein realistisches Gefühl dafür vermittelten, wie sich Situationen entwickeln und wie die meisten wichtigen Variablen wechselwirken.

Holland gibt zu, daß seine Zuhörer alles andere als überwältigt sind, wenn er seine Gedanken über diese Art Flugsimulator in Washington vorträgt; die meisten praktizierenden Politiker sind zu sehr damit beschäftigt, die Hiebe zu kontern, die ihnen eben *jetzt* versetzt werden, als daß sie über Strategien für ihren nächsten

Kampf nachdenken könnten. Andererseits ist er sicher nicht der einzige, der an solche Simulationen denkt. Die Maxis Company brachte 1989 das Simulationsspiel «SimCity» heraus, in dem der Spieler die Rolle eines Bürgermeisters übernimmt und versucht, die Stadt angesichts von Verbrechen, Umweltverschmutzung, Verkehrsstaus und Steuerstreiks zu Wohlstand zu bringen. Das Spiel stand bald ganz oben auf den Bestsellerlisten. Wirkliche Stadtplaner schworen darauf. Obwohl die Simulation so einfach sei und so viele Einzelheiten nicht berücksichtige, erklärten sie, stimme sie doch gefühlsmäßig. Holland kaufte sich natürlich sofort eine Kopie – und das Spiel gefiel ihm. «‹SimCity› ist eines der besten Beispiele, die ich für diese Idee der Flugsimulation kenne», sagt er. Jetzt arbeitet er mit einer Tochterfirma von Maxis an der Entwicklung einer benutzerfreundlichen Fassung von ‹Echo›, mit der jeder Interessierte seine eigenen Computerexperimente durchführen kann.

## *Das Ideen-Versuchslabor*

In der Frühphase des Wirtschaftsprogramms am Santa-Fe-Institut hatte sich auch Brian Arthur lebhaft für Computerexperimente interessiert. «Im Rahmen des Programms machten wir hauptsächlich mathematische Untersuchungen und bewiesen Sätze, genau wie in der Standard-Wirtschaftswissenschaft», sagt er. «Weil wir jedoch zunehmende Erträge, Lernen und diese so vage definierte Welt der Adaptation und der Induktion untersuchten, wurden die Probleme oft zu kompliziert für die Mathematik. Dann mußten wir uns die Dinge am Computer ansehen. Der Computer war wie ein Versuchslabor, in dem wir unsere Ideen ausprobieren konnten.»

Arthurs Problem war jedoch, daß viele Wirtschaftswissenschaftler, selbst in Santa Fe, Zustände bekamen, wenn sie an Computermodelle dachten. «Ich glaube, wir werden in den Wirtschaftswissenschaften mit Simulationen arbeiten müssen», erklärte Arrow eines Tages etwas niedergeschlagen beim Essen. «Aber ich denke, ich bin zu alt dafür.»

«Gott sei Dank, mein Lieber, daß ich bald emeritiert bin», sagte Hahn bei einer anderen Gelegenheit. «Wenn die Ära der Theoreme vorbei ist, möchte ich nicht mehr dabeisein.»

Arthur mußte zugeben, daß die Ökonomen gute Gründe hatten, mißtrauisch zu sein; in vielerlei Hinsicht hatte er dasselbe Gefühl. «Die Geschichte der Simulation auf ökonomischem Gebiet war trostlos», erklärt er. «Zu Beginn meiner Laufbahn verbrachten mein Kollege Geoff McNicoll und ich viel Zeit mit der Suche nach Simulationsmodellen für die Wirtschaftswissenschaften, und wir kamen zu zwei Ergebnissen, denen viele zustimmten. Das erste besagt, daß sich im großen und ganzen nur Menschen, die nicht analytisch denken können, in Computersimulationen flüchten. Die ganze Kultur unseres Fachs schreit nach deduktiver, logischer Analyse, und die Simulation läuft dem entgegen. Der zweite Schluß war, daß man alles mögliche beweisen kann, wenn man nur die dem Modell zugrundeliegenden Annahmen richtig manipuliert. Oft begannen Leute mit politischen Parolen – zum Beispiel: Wir brauchen niedrigere Steuern – und stutzten dann die Voraussetzungen zurecht, um zu zeigen, daß niedrigere Steuern ganz wunderbar wären. Geoff und ich machten uns ein Spiel daraus, in den Modellen die eine Annahme zu suchen, deren Manipulation das ganze Ergebnis veränderte. Andere machten das auch. So kam die Computersimulation in den Sozialwissenschaften ziemlich in Verruf, besonders in der Wirtschaftswissenschaft. Sie galt als eine Art Zuflucht der Schlitzohren.»

Selbst nach all diesen Jahren reagiert Arthur auf das Wort «Simulation» noch immer allergisch; er zieht es vor, von «Computerexperimenten» zu sprechen – ein Ausdruck, der die Art Strenge und Präzision einfängt, die er bei Holland und den anderen Physikern in Santa Fe beobachtet hat. Gleichzeitig war deren Arbeit mit Computermodellen für ihn wie eine Erleuchtung. «Wenn bei der Durchführung äußerste Sorgfalt herrschte, wenn alle Annahmen genau begründet waren, wenn der ganze Algorithmus explizit definiert und die Simulation wie in einem Laborexperiment wiederholbar und streng war – dann fand ich Computerexperimente völlig in Ordnung. Die Physiker sagten uns sogar, daß es jetzt drei Wege gebe, in der Forschung voranzukommen: mathematische Theorie, Laborexperimente und Computermodelle. Man muß zwischen ihnen hin und her wechseln. Mit Hilfe eines Computermodells entdeckt man etwas, das nicht in Ordnung zu sein scheint, und dann versucht man das theoretisch zu verstehen. Wenn man die Theorie hat, geht man zum Computer oder ins Labor und macht mehr Experimente. Vielen von uns schien es, als könnten wir das mit großem Vorteil auch in den Wirtschaftswissenschaften tun. Wir merkten, daß wir uns in der Ökonomie unnötig eingeschränkt hatten, indem wir nur Probleme untersuchten, die sich mathematisch analysieren ließen. Aber jetzt stiegen wir selbst in diese induktive Welt ein, in der die Dinge sehr kompliziert werden, und konnten uns Problemen zuwenden, die sich nur mit Hilfe von Computerexperimenten untersuchen lassen. Ich sehe das als notwendige Entwicklung – und als Befreiung.»

Ihre Hoffnung war natürlich, daß das Wirtschaftsprogramm von Santa Fe bald über Computermodelle verfügen würde, die ihre skeptischen Kollegen überzeugen könnten. Tatsächlich hatten Arthur und seine Mannschaft 1988 schon mehrere solche Computerexperimente entwickelt.

Arthurs eigenes, das er in Zusammenarbeit mit Holland begonnen hatte, war ein direkter Nachfahre seiner ursprünglichen Vision einer Wirtschaft unter der Glasglocke. «Als ich im Juni 1988 nach Santa Fe kam, war mir klar, daß wir mit einem bescheideneren Problem beginnen mußten als dem Bau einer ganzen künstlichen Wirtschaft. Und das führte zum künstlichen Aktienmarkt.»

Unter all den alten Klischees der Wirtschaft, erklärt er, gehöre das Verhalten des Aktienmarkts zu den hartnäckigsten. Die neoklassische Theorie finde nämlich die Börse äußerst unverständlich. Da alle ökonomischen Agenzien vollkommen rational vorgehen, so laute das Argument, gehen alle Investoren vollkommen rational vor. Da diese vollkommen rational handelnden Investoren auch alle dieselben Informationen über die bis weit in die Zukunft zu erwartenden Gewinne der Aktien hätten, seien sie sich über den Wert einer Aktie immer einig – also über den «gegenwärtigen Nettowert» ihrer zukünftigen Gewinne unter Berücksichtigung des Zinssatzes. Dieser vollkommen rationale Geldmarkt werde niemals spektakulären Haussen und Baissen verfallen; er steige oder sinke höchstens ein wenig, wenn neue Informationen über zukünftige Gewinne von Aktien zugänglich würden. Der logische Schluß sei jedenfalls, daß eine Aktienbörse ein sehr ruhiger Ort sei.

In Wirklichkeit herrsche in der Börse natürlich ein kaum kontrollierbares Durcheinander. Sie werde immerzu von Gewinnen und Verlusten erschüttert, von Angst, Ungewißheit, Euphorie und massenpsychologischen Phänomenen in jeder vorstellbaren Kombination gar nicht zu reden. Ein Marsmensch, der regelmäßig die interplanetarische Ausgabe des *Wall Street Journal* läse, könnte die Börse sehr wohl für ein Lebewesen halten. «Die Berichte lesen sich, als ob der Markt seine Launen hätte. Der Markt ist nervös, der Markt ist in einer Depression, der Markt ist zuversichtlich.» Er sei selbst eine Form künstlichen Lebens. Deshalb sei es ganz angebracht gewesen, daß sie 1988 versucht hätten, den Aktienmarkt nach Santa-Fe-Manier zu modellieren: «Unsere Idee war, mit dem Skalpell die vollkommen rationalen Agenzien aus den neoklassischen Standardmodellen herauszuschneiden und an ihrer Stelle künstlich intelligente Agenzien einzuführen, die wie Menschen lernen und sich anpassen. Das Modell sollte über Aktien verfügen, die die Agenzien kaufen und verkaufen könnten. Während sie die Regeln für das Handeln erlernen, könnte man beobachten, wie sich dabei Marktverhalten entwickelt.»

Die Frage war natürlich, welches Verhalten sich auf diese Weise herausbilden würde. Würden sich die Agenzien einfach ruhig niederlassen und die Aktien zum Standardpreis handeln? Oder würden sie ein realistischeres Verhaltensmuster von stetiger Turbulenz zeigen? Arthur und Holland tippten auf letzteres, doch sogar im Institut zweifelten viele daran.

Arthur erinnert sich an ein Treffen im März 1989, als Holland wieder einmal aus Ann Arbor zu Besuch war und mit mehreren anderen Wissenschaftlern an einer Tagung über Wirtschaftsfragen im kleinen Konferenzzimmer des Klosters teilnahm. Als das Gespräch auf Modelle für den Aktienmarkt kam, vertraten Ramon Marimon und Tom Sargent beide mit Nachdruck die Meinung, die von den adaptiven Agenzien gebotenen Preise würden sich rasch auf den «Grundwert» der Aktie, also auf den von der neoklassischen Theorie vorhergesagten Wert einpendeln. Der Markt würde vielleicht Zufallsschwankungen nach oben oder unten zeigen, sagten sie. Aber die Agenzien könnten letztlich nichts anderes tun; der Grundwert zöge sie wie ein ungeheuer starkes Schwerefeld in seinen Sog.

«John und ich schauten uns an und schüttelten den Kopf», erzählt Arthur. «Wir glaubten das nicht – wir hatten das deutliche Gefühl, daß der Aktienmarkt, den wir aufbauten, so viele Möglichkeiten hatte, sein eigenes Verhalten selbst zu organisieren und komplex zu werden, daß sich ein vielfältiges neues Verhalten herausbilden müßte.»

Es wurde, wie Arthur sich erinnert, eine sehr lebhafte Debatte. Arthur wußte natürlich, daß Sargent seit dem ersten Wirtschaftstreffen im September 1987 von Hollands Lernmodell tief beeindruckt war. Er hatte sich schon vorher mit dem Einfluß des Lernens auf Wirtschaftsverhalten beschäftigt. Und Marimon war inzwischen so begeistert von Computerexperimenten wie Arthur selbst. Aber es kam Arthur nicht so vor, als betrachteten Marimon und Sargent Lernprozesse in der Wirtschaft als etwas wirklich *Neues*. Sie schienen darin eine Möglichkeit zu sehen, die herkömmlichen Vorstellungen zu untermauern – also zu verstehen, wie ökonomische Agenzien den Weg zu dem von der neoklassischen Theorie vorhergesagten Verhalten selbst dann finden, wenn sie nicht vollkommen rational sind.

Arthur mutße zugeben, daß die Ansichten der beiden Männer begründet waren. Abgesehen von der Theorie – Sargents Arbeit über «rationale Erwartungen» war wohlbekannt – sprachen auch viele experimentelle Befunde für ihre Sicht. In einer Reihe von Laborsimulationen, bei denen Studenten in einfach strukturierten Aktienmärkten die Rolle der Händler spielten, hatte sich gezeigt, daß diese recht bald Übereinstimmung über den Grundpreis erreichten. Darüber hinaus hatten Marimon und Sargent selbst schon große Fortschritte mit einem eigenen Computermodell im Santa-Fe-Stil gemacht, das auf einem anderen alten Lehrsatz beruhte. Nach dem sogenannten Wicksellschen Dreieck gilt, daß es drei Arten von Agenzien gibt, die drei Arten von Waren erzeugen und verbrauchen, von denen sich eines schließlich zum Zahlungsmittel, also zu Geld, entwickelt. Als Marimon und Sargent die rationalen Agenzien des ursprünglichen Modells durch Klassifizierersysteme ersetzten, fanden sie, daß das System jedesmal zur neoklassischen Lösung konvergierte. (Die Währung war die Ware, die am leichtesten aufzubewahren war – also eher Metallscheiben als Frischmilch.)

Trotzdem gaben Arthur und Holland nicht auf. «Die Frage war», sagt Arthur, «ob realistisches adaptives Verhalten zu dem Ergebnis führte, das den rationalen Erwartungen entsprach. Meiner Meinung nach ist die Antwort Ja – aber nur, wenn das Problem einfach genug ist oder wenn die Bedingungen immer dieselben sind. Im Grunde besagen die rationalen Erwartungen, daß die Leute nicht dumm sind. Wenn es sich aber um eine einmalige Situation handelt oder um eine sehr komplizierte Situation, in der die Agenzien einen Haufen Berechnungen anstellen müssen, verlangt man damit sehr viel. Denn man fordert von ihnen, daß sie nicht nur ihre eigenen Erwartungen kennen, sondern auch die Dynamik des Marktes, die Erwartungen der anderen und die Erwartungen der anderen hinsichtlich der Erwartungen der anderen und so weiter. Ziemlich bald lädt die Wirtschaft diesen armen Agenzien fast unerträgliche Bedingungen auf.» Unter solchen Umständen, behaupteten Arthur und Holland, seien die Agenzien so weit vom Gleichgewicht entfernt, daß der «Sog» der den rationalen Erwartungen entsprechenden Ergebnisse sehr schwach werde. Dynamik und Überraschung seien dann alles.

Die Debatte war freundschaftlich und intensiv, wie sich Arthur erinnert, und zog sich über Stunden hin. Am Schluß gab natürlich keine Seite nach. Aber Arthur fühlte sich herausgefordert. Wenn er und Holland glaubten, ihr Modell für den Aktienmarkt könne wirklichkeitsgetreues Verhalten erzeugen, dann war es an ihnen, das zu beweisen.

Leider waren sie mit dem Programmieren des Aktienmarkt-Modells noch nicht sehr weit gekommen. An einem Tag im Juni 1988 hatten sie beim Mittagessen einen ersten Entwurf zu einer Simulation besprochen; sie waren beide in Santa Fe, um bei der ersten Sommerschule des Instituts über komplexe Systeme Vorträge zu halten. In den darauffolgenden Sommermonaten hatte Holland daheim in Ann Arbor ein ausgefeiltes Klassifizierersystem und einen genetischen Algorithmus in BASIC kodiert, der einzigen Programmiersprache, die Arthur kannte. Im Herbst, als Holland während der ersten Monate des Wirtschaftsprogramms wieder in Santa Fe war, hatten sie versucht, das Aktienmarkt-Modell weiterzuentwickeln. Doch da Holland von «Echo» abgelenkt wurde und Arthur mit Verwaltungsaufgaben beschäftigt war, geschah zunächst nichts.

Schlimmer noch, Arthur merkte allmählich, daß die Arbeit mit Klassifizierersystemen trotz all ihrer begrifflichen Brillanz oft mühsam war. «Zunächst hatten wir in Santa Fe das Gefühl, Klassifizierersysteme könnten alles. Sie könnten das Problem des Aktienmarkts lösen. Sie könnten morgens den Kaffee kochen. Ich nahm John auf den Arm: ‹Sag mal, stimmt es, daß Klassifizierersysteme kalte Fusion erzeugen können?›

Aber Anfang 1989 organisierten David Lane und Richard Palmer eine Arbeitsgruppe, die sich mit John Hollands Ideen beschäftigen sollte, und wir trafen uns viermal in der Woche vor dem Mittagessen. John war schon nicht mehr da; etwa einen Monat lang arbeiteten wir uns durch sein Buch ‹*Induction*› hindurch und nahmen es auseinander. Als wir uns mit den technischen Einzelheiten der Klassifizierersysteme beschäftigten, entdeckte ich, man muß sehr vorsichtig vorgehen, wenn man sichergehen will, daß sich das Ganze auch in der Praxis bewährt. Man muß sehr aufpassen, wie eine Regel an die andere gesetzt wird. Außerdem gab es ‹tiefe› Klassifizierersysteme – also solche, bei denen Regeln in langen Ketten wiederum andere Regeln in Gang setzten –, und es gab ‹breite›, von der Art der Reiz-Reaktions-Systeme, bei denen an die 150 verschiedene Möglichkeiten bestehen, unter leicht unterschiedlichen Bedingungen zu agieren, wo sich aber die Regeln nicht gegenseitig kontrollieren. Ich machte die Erfahrung, daß die breiten Systeme sehr gut lernten und die tiefen nicht.»

Arthur sprach oft mit Stephanie Forrest über diese Fragen; Hollands ehemalige Studentin arbeitete jetzt an der University of New Mexico in Albuquerque, konnte das Institut also oft besuchen. Das Problem, sagte sie, läge in Hollands Eimerbrigaden-Algorithmus, der den Regeln die Belohnung zuordne. Wenn eine Eimerbrigade den Kredit durch mehrere Generationen von Regeln zurückgeben müsse, bleibe gewöhnlich nicht viel übrig, wenn er einmal wieder bei den Vorfahren angekommen sei. Deshalb sei es kein Wunder, daß flache Systeme besser lernen. In der Tat war eine der am intensivsten betriebenen Unternehmungen in der Erforschung der Klassifizierersysteme die Suche nach Verbesserungen und Alternativen zum Eimerbrigaden-Algorithmus.

«Aus diesen Gründen hatte ich meine Zweifel an den Klassifizierersystemen», erklärte Arthur. «Je vertrauter sie mir wurden, um so klarer sah ich ihre Nachteile. Je genauer ich sie betrachtete, um so mehr bewunderte ich aber auch die dahinter stehenden Gedanken. Mir gefiel diese Idee, man könne in seinem Kopf viele widersprüchliche Hypothesen haben, die miteinander konkurrieren, so daß man einen übergeordneten Sachverstand gar nicht vorzuprogrammieren braucht. Ich begann also, Hollands Systeme etwas anders zu sehen als er selbst. Ich stellte sie mir wie ein gewöhnliches Computerprogramm vor, mit vielen Modulen und Verzweigungspunkten, doch muß dieses Programm selbst lernen, welches Modul es zu jedem gegebenen Zeitpunkt jeweils aktivieren muß, statt sie in einer festgelegten Reihenfolge ablaufen zu lassen. Als ich mir das System als ein zur Adaptation fähiges Computerprogramm vorstellen konnte, fühlte ich mich viel wohler. Das war es, was John meiner Meinung nach erreicht hatte.»

Schließlich hatten sie jedenfalls eine Version des Aktienmarkt-Modells, die auch lief. Sargent machte eine Reihe hilfreicher Vorschläge, wie der erste Entwurf vereinfacht werden konnte. Und im Frühling 1989 stieg dann der Physiker Richard Palmer von der Duke University mit seinem unschätzbaren Programmiergeschick in das Projekt ein.

Palmer begeisterte sich inzwischen für das Modell aus ganz ähnlichen Gründen wie Holland und Arthur. «Es hatte etwas mit Selbstorganisation zu tun, und das ist ein Bereich, der mich sehr fasziniert», sagt er. «Wie das Gehirn organisiert ist, wie wir uns unserer selbst bewußt sind, wie sich Leben spontan entwickelt – das sind einige der großen Fragen, die mir nicht aus dem Kopf gehen.»

Im Mai 1989 hatten er und Arthur eine vorläufige Fassung des Aktienmarkt-Modells erstellt. Wie geplant ließen sie ihre Agenzien in einem Zustand völliger Dummheit – mit Zufallsregeln – beginnen, so daß sie das Bieten erst lernen mußten. Und sie lernten, wie erwartet, voller Energie.

In jedem Durchgang taten diese halsstarrigen Biester dann genau das, was Tom Sargent vorhergesagt hatte. «Wir hatten in dem Modell eine einzige Aktie mit einer Dividende von 3 Dollar», erläutert Arthur. «Wir hatten einen Diskontsatz von 10 Prozent. Der Grundwert war also 30 Dollar. Und die Preise pendelten sich tatsächlich um 30 Dollar herum ein. Das war ein Beweis für die Standardtheorie!»

Arthur war betrübt und entsetzt. Es schien ihm nichts anderes übrigzubleiben, als Sargent in Stanford anzurufen und ihm zu gratulieren. «Aber dann ließen Richard und ich das Programm eines Morgens auf meinem Mac laufen. Wir schauten zu und dachten darüber nach, wie es zu verbessern sei. Und da bemerkten wir, daß die Agenzien immer dann anfingen zu kaufen, wenn der Preis bei 34 lag. Das ließ sich grafisch darstellen. Sehr ungewöhnlich, dachten wir. Vielleicht hatte das Programm einen Fehler. Aber nachdem wir eine Stunde oder so nachgedacht hatten, wurde uns klar, daß es kein Fehler war! Die Agenzien hatten eine primitive Form der technischen Analyse entdeckt. Sie waren zu der Überzeugung gekommen, daß der Preis, wenn er einmal stieg, weiter steigen würde. Also kauften sie. Die Überzeugung wurde natürlich zu einer sich selbst erfüllenden Prophezeiung: Wenn genügend Agenzien versuchten, bei 34 zu kaufen, *verursachte* das einen Preisanstieg.»

Außerdem setzte genau der umgekehrte Vorgang ein, wenn der Preis unter 25 fiel: Die Agenzien versuchten zu verkaufen und schufen damit die sich selbst erfüllende Prophezeiung sinkender Preise. Preisanstieg und Preisstürze! Arthur war außer sich vor Freude. Selbst Palmer, gewöhnlich ein sehr bedächtiger Mensch, steckte die Begeisterung an. Das Ergebnis sei dann in besseren Versionen des Modells immer wieder bestätigt worden, sagt Arthur. Aber an diesem Morgen im Mai 1989 hätten sie es gefunden.

«Sofort war uns klar, daß wir das erste Aufflackern einer emergenten Eigenschaft des Systems gefunden hatten. Wir hatten den ersten Schimmer von *Leben* gesehen.»

# 8 Warten auf Carnot

Ende November 1988 überreichten die Sekretärinnen am Los Alamos Center for Nonlinear Studies Chris Langton einen versiegelten, offiziell aussehenden Umschlag, in dem er ein von Siegfried Hecker, dem Direktor des Laboratoriums, unterzeichnetes Schreiben fand.

> Wir mußten vor kurzem feststellen, daß Sie das dritte Jahr Ihrer Tätigkeit als Postdoktorand begonnen, ihre Promotion jedoch nicht abgeschlossen haben. Nach Bestimmung DOE 40-1130 dürfen wir Sie nur beschäftigen, wenn die Promotion abgeschlossen ist. In Ihrem Fall haben wir es auf Grund eines verwaltungstechnischen Fehlers versäumt, Sie rechtzeitig auf die mögliche Verletzung dieser Bestimmung hinzuweisen. Angesichts dieser Tatsache haben wir eine Ausnahme erwirkt, so daß Sie den auf FY89 zurückgehenden Teil Ihres Stipendiums nicht zurückzuzahlen brauchen. Sollte Ihre Promotion jedoch bis zum 1. 12. 1988 nicht abgeschlossen sein, sehen wir uns nicht in der Lage, Ihren Vertrag über diesen Termin hinaus zu verlängern.

Kurz: «Sie sind entlassen.» Von Panik ergriffen, lief Langton zum Vizedirektor Gary Doolen, der ihm feierlich versicherte, eine solche Bestimmung existiere in der Tat und Hecker sei zu dieser Maßnahme berechtigt.

Noch schaudert es Langton, wenn er daran zurückdenkt. Diese

Schufte ließen ihn volle zwei Stunden lang schwitzen, bevor die Überraschungsparty begann. «Die Nummer der DOE-Bestimmung hätte uns verraten können», sagt Doyne Farmer, der das Schreiben verfaßt und die ganze Scharade organisiert hatte. «Chris wurde vierzig, und sein Geburtstag ist am 30. November.»

Als Langton sich von dem Schock erholt hatte, flogen die Sektkorken. Schließlich begegnet man nicht alle Tage einem vierzigjährigen Doktoranden. Farmer hatte Langtons Kollegen am Center und in der Theory Division des Labors dazu gebracht, zusammenzulegen und ihm eine neue elektrische Gitarre zu kaufen. «Ich wollte ihm aber auch wirklich einen Wink mit dem Zaunpfahl verpassen», sagt Farmer, «denn ich machte mir Sorgen, daß dieser Kerl noch daran scheitern würde, daß er keinen Abschluß hatte. Und ich vermutete, es gab wirklich so eine Bestimmung.»

## *Das KL-Manifest*

Langton hatte die Botschaft vernommen. Er hörte sie schon seit langem. Niemand wünschte sich den Abschluß mehr als er selbst. Er hatte in dem Jahr seit der Tagung über künstliches Leben sogar große Fortschritte gemacht. Er hatte seinen alten Code für zelluläre Automaten, den er in Michigan entwickelt hatte, so umgeschrieben, daß er auf den Sun-Workstations von Los Alamos lief. Er hatte die Phasenübergänge am Rand des Chaos mit unzähligen Computerexperimenten erkundet. Er hatte sich sogar tief in die physikalische Literatur hineingekniet, weil er lernen wollte, wie sich der Phasenübergang mit den Mitteln der statistischen Mechanik analysieren ließ.

All das aber mußte noch aufgeschrieben werden – und da war ihm das Jahr einfach davongelaufen. Die Nachwirkungen der Tagung hatten den größten Teil seiner Zeit in Anspruch genommen. George Cowan und David Pines hatten ihn gebeten, die Manuskripte der Vorträge zusammenzustellen und sie unter dem Namen des Santa-Fe-Instituts zu veröffentlichen; es war eine in einer Reihe von Büchern zum Thema Komplexität, die das Institut herausgab. Pines und Cowan hatten aber auch darauf bestanden, daß diese Artikel zuvor von Wissenschaftlern, die nicht am Institut arbeiteten, streng begutachtet wurden. Das Institut, sagten sie ihm, könne sich keinerlei unseriöse Aktionen leisten. Es gehe um *Wissenschaft*, nicht um Videospiele.

Das war Langton aus der Seele gesprochen. Deshalb hatte er also monatelang Herausgeber gespielt – und das bedeutete, 45 Texte durchschnittlich viermal zu lesen, jeden an mehrere Gutachter zu schicken und deren Bemerkungen wieder an die Verfasser mit der Bitte, den Artikel entsprechend umzuarbeiten, und das möglichst noch in diesem Leben. Dann hatte er weitere Monate darauf verwendet, ein Vorwort und eine Einführung zu schreiben. «Es hat einfach enorm viel Zeit gekostet», seufzt er.

Andererseits hatte er dabei enorm viel gelernt. «Es war, als ob man für ein Examen lernt. Was ist gut? Was ist heiße Luft? Danach war ich wirklich fit.» Und jetzt war der Band endlich fertig – so streng wissenschaftlich, wie es sich Cowan und Pines nur wünschen konnten –, und Langton hatte das Gefühl, mehr geschaffen zu haben als eine Zusammenstellung von Vortragstexten. Seine Dissertation mochte noch im ungewissen liegen, aber dieser Tagungsbericht versprach, die Grundlage einer Wissenschaft vom künstlichen Leben zu werden. Außerdem hatte Langton im Vorwort und in der Einleitung auf 47 Buchseiten all die Gedanken und Einsichten zusammengefaßt, die auf der Tagung erörtert worden waren. Es war sein Manifest über künstliches Leben.

Die Wissenschaft vom künstlichen Leben, schrieb er, beschreitet einen anderen Weg als die herkömmliche Biologie. Während diese versucht, das Leben durch *Analyse* zu verstehen – Gesellschaften in Arten, Organismen, Gewebe, Zellen, Organellen, Membrane und schließlich Moleküle zu zerlegen –, versucht die KL-Forschung das Leben durch *Synthese* zu ergründen: Einfache Elemente werden so zusammengesetzt, daß sie in von Menschen geschaffenen Systemen lebensähnliches Verhalten erzeugen. Ihr Credo lautet, daß Leben keine Eigenschaft der Materie an sich ist, sondern die Organisation dieser Materie. Sie geht nach dem Prinzip vor, daß die Gesetze des Leben dynamischer Art sind, unabhängig von den Einzelheiten der Kohlenstoffchemie, die sich auf der Erde vor vier Milliarden Jahren zufällig entwickelte. Durch die Erforschung anderer möglicher biologischer Systeme in einem neuen Medium – in Computern und vielleicht in Robotern – hoffen die KL-Forscher das zu erreichen, was die Raumfahrt erreichte, indem sie Sonden zu anderen Planeten schickte: ein neues Verständnis für unsere eigene Welt aufgrund der Erkundung anderer Welten. «Nur wenn wir in der Lage sind, *Leben-wie-wir-es-kennen* im Kontext von *Leben-wie-es-sein-könnte* zu sehen, können wir das Wesentliche erfassen», behauptete Langton.

Die Idee, Leben als abstrakte Organisation aufzufassen, schrieb er, ist wohl die zwingendste Vision, die sich aus der Tagung ergeben hat. Nicht zufällig hat diese Sicht soviel mit Computern zu tun; sie haben viele gemeinsame Wurzeln. Menschen haben seit der Zeit der Pharaonen nach dem Geheimnis von Automaten gesucht – von Maschinen, die ihr eigenes Verhalten erzeugen können. Damals bauten ägyptische Handwerker Wasseruhren, Uhren also, die die Zeit an der Menge des durch eine kleine Öffnung auslaufenden Wassers maßen. Im 1. Jahrhundert nach Christus verfaßte Heron von Alexandria seine ‹*Pneumatika*›, in der er unter anderem beschrieb, wie sich durch Erhöhung des Luftdrucks in Geräten, die wie Menschen und Tiere geformt waren, einfache Bewegungen erzeugen ließen. In Europa bauten die Handwerker des Mittelalters und der Renaissance tausend Jahre später während der großen Zeit der Uhrwerke immer raffiniertere Automaten, die aus dem Inneren der Uhr auftauchen, um die Stunden zu schlagen; einige der großen öffentlichen Uhren hatten schließlich genug Figuren, um ein ganzes Spiel ablaufen zu lassen. Während der industriellen Revolution entwickelte sich aus den Automaten der Uhrwerke die noch ausgeklügeltere Technik der *Prozeßsteuerung*, bei der die Maschinen einer Manufaktur durch komplizierte Vorrichtungen mit Nockenwellen und mechanischen Gelenken gesteuert wurden. Dank zahlloser technischer Verbesserungen entwickelten die Ingenieure im 19. Jahrhundert Steuerungen, die sich so einstellen ließen, daß eine Maschine verschiedene Operationen ausführen konnte. Neben der Entwicklung der Rechenmaschinen Anfang des 20. Jahrhunderts «war die Einführung solcher programmierbarer Steuerungen eine der wegweisenden Entwicklungen auf dem Weg zum heutigen Universalcomputer».

Zur gleichen Zeit, schrieb Langton, schufen die Logiker die Grundlagen für eine allgemeine Theorie der Rechenautomaten, indem sie versuchten, *Algorithmen*, Folgen logischer Schritte, zu formalisieren. Das Bemühen gipfelte in den ersten Jahrzehnten des 20. Jahrhunderts in der Arbeit von Alonzo Church, Kurt Gödel, Alan Turing und anderen, die darauf hinwiesen, daß das Wesen eines mechanischen Vorgangs – das «Ding», das sein Verhalten bewirke – überhaupt kein Ding sei, sondern eine abstrakte Steuerungseinheit, ein Programm, das sich, unabhängig davon, woraus die Maschine besteht, als Menge von Regeln darstellen läßt. Diese Abstraktion ermöglicht es, schrieb Langton, die Software eines Computers auch auf anderen Computern laufen zu lassen: Das «Maschinenhafte» der Maschine liegt in der Software und nicht in der Hardware. Wenn man das einmal begriffen hat, schrieb er – und damit beschwor er seine Eingebung im Bostoner Krankenhaus vor fast achtzehn Jahren herauf –, dann ist es nur ein kleiner Schritt, bis man sieht, daß auch die «Lebendigkeit» eines Lebewesens in der Software liegt – in der *Organisation* der Moleküle, nicht in den Molekülen selbst.

Zugegeben, führte Langton aus, dieser Schritt scheine nicht immer so klein zu sein, besonders wenn man bedenke, wie fließend, spontan und organisch lebende Systeme seien und wie fremdbestimmt dagegen Computer und andere Maschinen. Auf den ersten Blick erscheine es absurd, von Lebewesen zu sprechen.

Aber die Antwort liege in einer zweiten wichtigen Erkenntnis, die auf der Tagung immer wieder zu hören gewesen sei: Lebewesen seien doch Maschinen, nur seien sie ganz anders organisiert als die Maschinen, die wir kennen. Ein Ingenieur plane immer von oben nach unten, Lebewesen dagegen scheinen sich immer von unten, beginnend aus einer Anzahl viel einfacherer Systeme, zu entwickeln. Eine Zelle bestehe aus Proteinen, DNA und anderen Biomolekülen. Ein Gehirn bestehe aus Neuronen. Ein Embryo bestehe aus Zellen, die miteinander wechselwirken. Eine Ameisenkolonie bestehe aus Ameisen. Und ein Wirtschaftssystem bestehe aus Firmen und einzelnen Personen.

Dasselbe würden natürlich John Holland und die Santa-Fe-Gruppe über komplexe adaptive Systeme im allgemeinen sagen. Der Unterschied sei, daß Holland diese Populationsstruktur im wesentlichen als eine Ansammlung von Bausteinen betrachte, deren Umordnung sehr erfolgreiche Evolutionsprozesse ermögliche, während er, Langton, darin vor allem eine Gelegenheit zu reicher, lebensnaher Dynamik sehe. «Die überraschendste Erkenntnis, die wir aus der Simulation komplexer physikalischer Systeme auf Computern gewonnen haben, ist die, daß *komplexes Verhalten keine komplexen Wurzeln zu haben braucht*», schrieb er (einschließlich der Hervorhebung). «In der Tat kann sich aus der Ansammlung vieler extrem einfacher Komponenten außerordentlich komplexes Verhalten entwickeln.»

Langton sprach hier aus tiefster Überzeugung, denn die Aussage spiegelte ja seine eigene Erfahrung bei der Entdeckung seiner sich selbst reproduzierenden Automaten wider. Sie galt aber genauso für eine der eindrucksvollsten Demonstrationen der Tagung, nämlich Craig Reynolds' Schwarm von «Boids». Statt globale Spezifikationen für das Verhalten des Schwarms vorzugeben oder seinen Geschöpfen zu sagen, sie sollten dem Vorbild eines Boid-Bosses folgen, hatte Reynolds nur drei einfache Regeln für die rein lokale Wechselwirkung zwischen den Boids vorgegeben. Genau diese Lokalität hatte es seinem Schwarm ermöglicht, sich organisch an veränderte Bedingungen anzupassen. Die Regeln wirkten immer auf einen Zusammenhalt der Boids hin, etwa so, wie die «unsichtbare Hand» des Adam Smith immer das Gleichgewicht zwischen Angebot und Nachfrage herzustellen versucht. Genau wie in der Wirtschaft war der Hang zur Konvergenz nur eine Tendenz, die Gesamtheit der Reaktionen der einzelnen Boids auf das, was ihre unmittelbaren Nachbarn machten. Wenn also ein Schwarm auf ein Hindernis stieß, teilte er sich ohne Schwierigkeiten auf, um es auf beiden Seiten zu umfliegen; jedes Boid verfolgte einfach seinen Weg.

Versuchen wir einmal, schrieb Langton, das mit einer einfachen Menge von Regeln zu bewerkstelligen, die von oben nach unten gegliedert sind. Das System wäre dann unglaublich mühsam und kompliziert, weil die Regeln jedem Boid genau vorgeben müßten, was es in jeder vorstellbaren Situation tun soll. Da es praktisch unmöglich ist, jede vorstellbare Situation im voraus zu planen, stoßen solche von oben vorgegebenen Systeme immer wieder auf Kombinationen von Ereignissen, mit denen sie nicht umgehen können. Sie sind gewöhnlich empfindlich und störungsanfällig und nur zu oft durch ein ewiges Schwanken zwischen den Möglichkeiten wie gelähmt.

Dieselbe Art, in Populationen von unten nach oben zu denken, fuhr Langton fort, habe auch zu den grafischen Pflanzen geführt, die Aristid Lindenmeyer von der Universität Utrecht und Prezemyslaw Prusinkiewicz von der University of Regina in Saskatchewan gezeigt hätten. Diese Pflanzen seien nicht einfach auf den Bildschirm gezeichnet worden, sondern sie seien *gewachsen*. Sie begannen mit einem einzelnen Stengel und bedienten sich dann einiger einfacher Regeln, die jedem Zweig sagten, wie er Blätter, Blumen und weitere Verzweigungen erzeugen kann. Wieder machten die Regeln keinerlei Vorgaben für die Gesamtform der endgültigen Pflanze. Sie sollten nur als Modell dafür dienen, wie eine Vielzahl von Zellen sich differenzieren und im Lauf der Entwicklung der Pflanzen miteinander wechselwirken kann. Trotzdem kamen dabei

Sträucher oder Bäume oder Blumen heraus, die verblüffend wirklichkeitsgetreu aussahen. Wenn die Regeln sorgfältig genug gewählt waren, konnten sie sogar eine Computerpflanze erzeugen, die einer bekannten Art sehr ähnelt. (Und wurden solche Regeln nur ganz wenig abgeändert, erzeugten sie eine völlig andere Pflanze und zeigten damit, wie einfach es für die Evolution ist, mittels geringfügiger Modifikationen gewaltige Veränderungen der äußeren Erscheinungsformen herbeizuführen.)

Dieses Thema sei bei dem Treffen immer wieder zur Sprache gekommen, schrieb Langton: Lebensähnliches Verhalten lasse sich nur durch die Simulation von Populationen einfacher Einheiten erreichen, nicht durch die Simulation einer großen komplexen Einheit. Man müsse lokal steuern, nicht global. Das Verhalten müsse sich von unten nach oben entwickeln können, nicht von oben nach unten, und man müsse sich dabei auf das gerade ablaufende Verhalten konzentrieren und nicht auf das Endergebnis.

In der Tat könne man das Konzept der von unten nach oben verlaufenden Entwicklung, wenn man es logisch zu Ende denke, als eine neue, wissenschaftliche Version des *Vitalismus* betrachten, jener alten Idee, daß zum Leben eine Art Energie oder Kraft oder Geist gehöre, die der Materie übergeordnet sei. Das Leben, schrieb Langton, transzendiere die reine Materie wirklich – nicht deshalb, weil Lebewesen durch eine Lebenskraft angetrieben würden, die außerhalb der Gesetze der Physik und der Chemie liege, sondern weil einfache Dinge, die einfachen Interaktionsregeln gehorchen, sich in ihrer Gesamtheit immer wieder völlig überraschend verhalten können. Das Leben könnte sehr wohl eine Art biochemischer Maschine sein. Aber eine Maschine zu beleben «bedeutet nicht, irgendwie Leben in eine Maschine einzupflanzen, sondern vielmehr, eine Population von Maschinen so zu organisieren, daß die zwischen ihnen ablaufenden dynamischen Wechselwirkungen ‹lebendig› sind».

Schließlich, schrieb Langton, trete noch ein dritter wichtiger Gedanke aus den Vorträgen der Tagung hervor: Das Leben ist nicht *wie* eine Computation, insofern es eine Eigenschaft der Organisation und nicht der einzelnen Moleküle ist, sondern das Leben *ist* diese Computation, diese Rechenaktivität, selbst.

Um das zu verstehen, schrieb Langton, gehe man von der üblichen, auf Kohlenstoff basierenden Biologie aus. Wie Biologen schon seit mehr als einem Jahrhundert betonen, ist eines der auffallendsten Merkmale eines jeden Lebewesens der Unterschied zwischen seinem *Genotyp* – dem in der DNA verankerten genetischen Bauplan – und seinem *Phänotyp*, der sich aus diesen Anweisungen ergebenden Struktur. Die Vorgänge in einer lebenden Zelle sind außerordentlich kompliziert – jedes Gen dient als Bauplan für eine einzige Art von Proteinmolekül, und die unzähligen Proteine im Zellkörper wirken auf unzählige Weisen zusammen. Im Grunde kann man sich den Genotyp als eine Ansammlung kleiner Computerprogramme vorstellen, die parallel ablaufen, ein Programm pro Gen. Werden sie aktiviert, zieht jedes dieser Programme in einen logischen Kampf, indem es mit all den anderen aktiven Programmen konkurriert und kooperiert. Insgesamt führen diese Programme dann eine Computation durch, die den Phänotyp darstellt, die Struktur, die sich während der Entwicklung eines Organismus entfaltet.

Als nächstes, schrieb Langton, gehe man dann von der auf Kohlenstoff gegründeten Biologie zur allgemeineren Biologie des künstlichen Lebens über. Auf sie ließen sich dieselben Begriffe anwenden. Um das zu beschreiben, führe er den Begriff des *verallgemeinerten Genotyps* (GTYP) ein, der sich auf jede beliebige Menge von Regeln beziehe, die auf der unteren Ebene wirksam seien. Entsprechend bezeichne er die Strukturen oder Verhaltensweisen, die sich ergäben, wenn diese Regeln in einer bestimmten Umwelt aktiviert würden, als *verallgemeinerten Phänotyp* (PTYP). In einem herkömmlichen Computerprogramm sei der GTYP natürlich der Computercode, und der PTYP sei das, was das Programm in Reaktion auf die Eingaben des Benutzers tue. In seinem sich selbst reproduzierenden zellulären Automaten sei der GTYP die Menge der Regeln, die festlegen, wie jede Zelle mit ihren Nachbarn wechselwirkt, und der PTYP das Gesamtmuster. In Reynolds' Boid-Programm sei der GTYP der Satz der drei Regeln, die den Flug jedes einzelnen Boid steuern, und der PTYP das Schwarmverhalten der Boids.

Allgemeiner gefaßt, sei dieser GTYP im wesentlichen identisch mit John Hollands «internem Modell», doch hebe er, Langton, im Unterschied zu Holland seine Funktion als Computerprogramm stärker hervor. Es sei kein Zufall, daß sich das GTYP-Konzept ausgezeichnet auf Hollands Klassifizierersysteme anwenden lasse, wo der GTYP eines gegebenen Systems nur die Gesamtheit seiner Klassifizierungsregeln sei. Es gelte auch für sein «Echo»-Modell, bei dem der GTYP eines Lebewesens aus seinen Angriffs- und Verteidigungschromosomen bestehe. Es gelte für Brian Arthurs Modell einer Wirtschaft unter der Glasglocke, wo der GTYP eines künstlichen Agens eine mühsam erlernte Menge von Regeln für wirtschaftliches Verhalten sei. Es gelte im Prinzip für jedes komplexe adaptive System – überall, wo Agenzien nach festen Regeln interagieren. Wenn sich der GTYP zum PTYP entfalte, führten sie alle eine Computation durch.

Das Schöne an all dem sei, daß man einen Haufen Theorie zur Anwendung bringen könne, sobald man einmal den Zusammenhang zwischen Leben und Computation hergestellt habe. Zum Beispiel kann man die Frage beantworten: «Warum ist das Leben voller Überraschungen?» Im allgemeinen ist es nicht einmal prinzipiell möglich, von einer bestimmten Menge von GTYP-Regeln auszugehen und ihr PTYP-Verhalten vorherzusagen. Hier gilt der Unentscheidbarkeitssatz. Falls ein Computerprogramm nicht äußerst trivial ist, gibt es keinen schnelleren Weg herauszufinden, was es tun wird, als es ablaufen zu lassen und zuzuschauen. Es gibt keine Universalprozedur, die den Code und die Eingaben überblicken und die Antwort irgendwie schneller geben kann. Deswegen ist die alte Behauptung, die Computer täten nur, was ihre Programmierer ihnen befehlen, so zutreffend wie belanglos; jeder kleine Code mit einer gewissen Komplexität kann seine Programmierer überraschen. Deswegen muß jede gute Software endlos erprobt und auf Mängel untersucht werden, bevor sie freigegeben wird – und deswegen entdecken Anwender immer sehr schnell, daß das nie vollkommen gelungen ist. Und deswegen – der wichtigste Aspekt aus der Sicht der KL-Forschung – kann ein Lebewesen eine biochemische Maschine sein, die vollständig von einem Programm, einem GTYP, gesteuert wird und doch im PTYP überraschendes, spontanes Verhalten zeigt.

Entsprechend, schrieb Langton, gebe es andere grundlegende Sätze der Computerwissenschaften, die besagten, daß es andersherum auch gar nicht gehe. Wenn ein bestimmtes erwünschtes Verhalten, ein PTYP, festgelegt ist, gibt es kein allgemeines Verfahren, eine Menge von GTYP-Regeln zu finden, die es erzeugen. In der Praxis halten diese Sätze menschliche Programmierer natürlich nicht davon ab, bewährte Algorithmen zu verwenden, um genau spezifizierte Probleme in klar definierten Umgebungen zu lösen. In der ungenau definierten und sich ständig ändernden Umgebung, in der sich Lebewesen befinden, scheint es aber nur einen möglichen Weg zu geben, nämlich Versuch und Irrtum, das also, was wir natürliche Selektion nennen. Der Prozeß mag schrecklich grausam und verschwenderisch erscheinen. Die Natur programmiert, indem sie eine Menge verschiedener Maschinen mit jeweils verschiedenem GTYP baut und dann die zerstört, die sich nicht bewähren. Diese Verschwendung sei aber wohl das Beste, was die Natur leisten könne. So gesehen stellten die genetischen Algorithmen von John Holland vielleicht die einzig realistische Möglichkeit dar, Computer für den Umgang mit vertrackten, schlecht definierten Problemen zu programmieren. «Es könnte sehr wohl sein, daß dieses das *einzige* effiziente *allgemeine* Verfahren ist, einen GTYP mit einem bestimmten PTYP zu finden.»

Beim Schreiben seiner Einleitung vermied Langton sorgfältig jede Behauptung der Art, daß die in den Modellen untersuchten Entitäten «wirklich» lebten. Natürlich tun sie das nicht. Boids, Pflanzen, sich selbst reproduzierende zelluläre Automaten – keines von ihnen ist mehr als eine Simulation, ein stark vereinfachtes Modell des Lebens, das außerhalb eines Computers nicht existiert. Dennoch – da die KL-Forschung sich letztlich mit den Grundprinzipien des Lebens befaßt, ist es unumgänglich, sich die Frage zu stellen: Werden Menschen je künstlich wirkliches Leben erzeugen können?

Eine schwierige Frage, nicht zuletzt deshalb, weil weder Langton noch sonst jemand eine klare Vorstellung davon hat, wie «wirkliches» künstliches Leben aussehen würde. Vielleicht eine Art genetisch gesteuerter Superorganismus? Ein sich selbst reproduzierender Roboter? Ein überqualifizierter Computervirus? Was genau *ist* Leben überhaupt? Wie kann man sicher sein, ob man es mit lebendigen Phänomenen zu tun hat oder nicht?

Es überrascht nicht, daß es darüber auf der KL-Konferenz zu vielen Gesprächen gekommen war, nicht nur während der Sitzungen, sondern auf den Gängen und bei lebhaften Unterhaltungen beim Abendessen. Computerviren waren ein besonders heißes Thema. Viele der Teilnehmer hatten das Gefühl, die Viren seien der Grenzlinie zum Leben jetzt schon auf eine unangenehme Weise nahe gekommen. Diese lästigen Viecher erfüllen fast jedes Kriterium für Leben, das man sich nur denken kann. Sie können sich reproduzieren und ausbreiten, indem sie sich selbst auf einen anderen Computer oder eine Diskette kopieren. Sie können eine Darstellung von sich selbst im Computercode speichern, genau wie die DNA. Sie können den Metabolismus ihres Wirts (eines Computers) in ihre Dienste stellen, um ihre eigenen Funktionen auszuführen, genau wie wirkliche Viren den molekularen Metabolismus infizierter Zellen zwingen, ihnen zu gehorchen. Sie können auf Reize aus ihrer Umgebung (wieder der Computer) reagieren. Und – das haben sie Hackern mit einem etwas merkwürdigen Sinn für Humor zu verdanken – sie können sogar mutieren und sich anpassen. Zwar existieren Computerviren ihr Leben lang im Cyberspace der Computer und Computernetze, doch schließt dies keineswegs aus, daß sie lebendig sein könnten. Wenn Leben wirklich nur eine Frage der Organisation ist, wie Langton behauptete, dann *ist* eine richtig organisierte Entität lebendig, ganz gleich, woraus sie besteht.

Unabhängig von der Frage nach der Lebendigkeit der Computerviren zweifelte Langton jedoch nicht daran, daß «wirkliches» künstliches Leben eines Tages entstehen werde – und zwar eher in absehbarer als in ferner Zukunft. In Anbetracht der Fortschritte von Biotechnik, Robotik und Software-Entwicklung, schrieb er, werde das aus kommerziellen oder militärischen Gründen passieren, ob er und seine Kollegen sich nun damit beschäftigten oder nicht.

«Mitte dieses Jahrhunderts hatte die Menschheit die Macht errungen, das Leben auf der Erde auszulöschen. Mitte des nächsten Jahrhunderts werden wir in der Lage sein, es zu erschaffen. Es ist schwer zu sagen, welches von beiden uns die größere Last der Verantwortung auferlegt. Wir werden nicht nur die besonderen Lebewesen, die es dann geben wird, sondern auch den Vorgang der Evolution selbst immer besser kontrollieren können.»

Angesichts dieser Lage habe er das Gefühl, jeder, der mit dem Gebiet zu tun habe, solle ‹*Frankenstein*› lesen. In dem Roman werde klar, daß der Arzt alle Verantwortung für sein Geschöpf leugnet. Eine solche Haltung dürfe heute nicht zugelassen werden. Die zukünftigen Auswirkungen heutiger Veränderungen seien grundsätzlich nicht vorhersagbar. Trotzdem seien wir für die Folgen verantwortlich, und das wiederum bedeute, daß die Möglichkeiten und Gefahren künstlichen Lebens in der Öffentlichkeit diskutiert werden müssen.

Angenommen, führte er aus, man *könnte* Leben erschaffen. Dann wäre man plötzlich in etwas verwickelt, das viel umfassender sei als eine technische Definition von lebendig oder nichtlebendig. Sehr rasch wäre man in eine Art empirische Theologie verstrickt. Hätte man zum Beispiel, nachdem man ein lebendes Geschöpf erschaffen hat, das Recht, auf Anbetung und Opfern zu bestehen? Hätte man das Recht, als sein Gott zu handeln? Hätte man das Recht, das Wesen zu zerstören, wenn es sich nicht so verhielte, wie man es sich wünscht?

Heikle Fragen, schrieb Langton. «Ob es darauf die richtigen Antworten gibt oder nicht, wir müssen sie stellen, ehrlich und offen. Künstliches Leben ist mehr als eine wissenschaftliche und technische Herausforderung, es ist eine Herausforderung unserer gesellschaftlichen, moralischen, philosophischen und religiösen Grundüberzeugungen. Wie das kopernikanische Modell des Sonnensystems zwingt es uns, unseren Ort im Universum und unsere Rolle in der Natur zu überdenken.»

## *Der neue Zweite Hauptsatz*

Wenn Langtons Rhetorik sich gelegentlich in höhere Sphären aufzuschwingen scheint als die übliche wissenschaftliche Prosa, so war das in seiner Umgebung in Los Alamos nicht ungewöhnlich. Doyne Farmer zum Beispiel war berühmt für seine begrifflichen Höhenflüge. Ein Musterbeispiel war der Aufsatz «Artificial Life: The Coming Evolution», eine allgemeinverständliche Darstellung, die er 1989 gemeinsam mit seiner Frau Alletta Belin, einer auf Umweltprobleme spezialisierten Rechtsanwältin, verfaßt und bei einem Caltech-Symposium zur Feier von Murray Gell-Manns sechzigstem Geburtstag vorgetragen hatte. «Mit der Entstehung des künstlichen Lebens», schrieben sie, «*sind wir vielleicht die ersten Geschöpfe, die ihre eigenen Nachfolger erschaffen*... Wenn wir bei unserer Aufgabe als Schöpfer versagen, werden die Geschöpfe vielleicht kalt und bösartig sein. Wenn wir jedoch Erfolg haben, könnten sie uns an Klugheit und Weisheit weit übertreffen. Es ist gut möglich, daß die bewußten Wesen der Zukunft, wenn sie auf unsere Zeit zurückblicken, uns nicht als das, was wir sind, sondern ausschließlich wegen unserer schöpferischen Leistung erwähnenswert finden. Künstliches Leben ist möglicherweise die schönste Schöpfung der Menschheit.»

Es war Farmer völlig ernst, wenn er die KL-Forschung als eine neue Art der Naturwissenschaft bezeichnete, und es war kein Zufall, daß er Chris Langton genauso ernsthaft unterstützte. Schließlich war Langton ja überhaupt erst durch Farmer nach Los Alamos gekommen. Trotz seines Ärgers über die viel zu lange hinausgeschobene Promotion sah Farmer keinen Grund, das zu bereuen. «Menschen wie Chris, die einen wirklichen Traum haben, eine Vision dessen, was sie tun möchten, sind selten. Chris hatte nicht gelernt, sehr effektiv zu sein. Aber er hat eine gute Vision und eine notwendige dazu. Und er hat sie wirklich gut umgesetzt. Er scheut nicht davor zurück, sich mit Einzelheiten abzugeben.»

Farmer war mit ganzem Herzen Langtons Mentor – obwohl dieser fünf Jahre älter war als er. Als einer der sehr wenigen jungen Wissenschaftler im inneren Zirkel des Santa-Fe-Instituts hatte er Cowan überredet, 1987 für Langtons Tagung über künstliches Leben 5000 Dollar beizusteuern. Farmer hatte dafür gesorgt, daß Langton eingeladen wurde, bei Konferenzen im Institut Vorträge zu halten. Er hatte sich im Wissenschaftsrat des Instituts dafür eingesetzt, Gäste einzuladen, die künstliches Leben erforschten. Er hatte Langton ermutigt, eine Reihe von Seminaren zu Fragen des künstlichen Lebens zu veranstalten, die in Los Alamos und gelegentlich auch in Santa Fe stattfanden. Als Farmer sich 1987 bereit erklärt hatte, die neue Complex-Systems-Gruppe zu leiten, die von den Theoretikern in Los Alamos gegründet worden war, hatte er darauf bestanden, daß neben Computerlernprozessen und der Theorie dynamischer Systeme die Erforschung künstlichen Lebens zum Hauptforschungsgebiet des Teams erklärt wurde.

Farmer war alles andere als der geborene Verwaltungsmensch. Der hochgewachsene kantige Neu-Mexikaner trug auch mit seinen 35 Jahren immer noch, wie ein Student, T-Shirts, auf denen Parolen wie «Question Authority!» – «Hinterfrage Autoritäten!» – standen. Ihm war bürokratische Betriebsamkeit lästig, und das Schreiben von Anträgen, in denen er um Geld von «so einem Holzkopf da oben in Washington betteln mußte», war ihm verhaßt. Und doch hatte

Farmer eine unleugbare Gabe, Gelder zu beschaffen. Sein Spezialgebiet war die mathematische Vorhersage; dort hatte er ursprünglich sein Ansehen erworben, und ihr widmete er immer noch den größten Teil seiner Forschung, etwa der Suche nach Wegen, das zukünftige Verhalten von Systemen zu prognostizieren, die hoffnungslos chaotisch und zufallsbestimmt zu sein schienen – einschließlich solcher Systeme wie etwa des Aktienmarkts, in denen die Menschen einen *Anreiz* hatten, die Zukunft vorherzusagen. Daneben hatte Farmer keine Gewissensbisse, wenn er den größten Teil des für «allgemeine Zwecke» zur Verfügung stehenden Geldes Langton und der winzigen KL-Gruppe zukommen ließ, während er dafür sorgte, daß seine eigenen prognostischen Forschungen aus anderen Quellen bezahlt wurden. «Die Vorhersage hat praktische Ergebnisse, so daß ich den Geldgebern innerhalb eines Jahres Gewinne in Aussicht stellen konnte», sagt er. «Praktische Ergebnisse aus der Erforschung künstlichen Lebens dagegen liegen in ferner Zukunft. Bei der jetzigen Geldknappheit ist die Situation für diesen Bereich fast aussichtslos.»

Irgendwie brachte das Thema künstliches Leben in Farmer eine Saite zum Klingen. Beim Nachdenken über künstliches Leben, sagt er, komme man sofort zu den tiefen Fragen von Emergenz und Selbstorganisation – Fragen, die ihn sein Leben lang verfolgt hatten.

«Ich habe schon in der Schule über Selbstorganisation in der Natur nachgedacht», erzählt Farmer, «obwohl das anfänglich ganz vage war und aus der Lektüre von Science-fiction entstand.» Vor allem erinnert er sich an die Geschichte «Die letzte Frage» von Isaac Asimov, in der Menschen der fernen Zukunft einen kosmischen Supercomputer befragen, wie sie den Zweiten Hauptsatz der Thermodynamik außer Kraft setzen können, dem zufolge das Universum unausweichlich dem Verfall entgegenstrebt. Wie können wir die Zunahme der Entropie (so nennen Physiker die wachsende Unordnung auf molekularer Ebene) umkehren? fragen sie. Schließlich, lange nachdem die Menschen von der Erde verschwunden und alle Sterne alt geworden sind, hat der Computer die Antwort gefunden. «Es werde Licht!» spricht er und läßt ein neues Universum mit geringerer Entropie entstehen.

Farmer war vierzehn Jahre alt, als er Asimovs Geschichte las. Sie hatte ihn zu einer grundlegenden Frage geführt: Wie kann das Weltall Sterne hervorbringen und Planeten und Wolken und Bäume, fragte er sich, wenn die Entropie ständig zunimmt und Zufälligkeit und Unordnung auf der atomaren Skala unausweichlich sind? Warum gewinnt die Materie im großen Maßstab immer mehr Struktur, während sie im kleinen immer ungeordneter wird? Warum hat sich nicht die ganze Welt schon vor langer Zeit in einen formlosen Dunst aufgelöst? «Offen gesagt hat mich vor allem mein Interesse an diesen Fragen dazu gebracht, Physiker zu werden. Mit dem Physiker Bill Wootters habe ich in Stanford nach der Physikvorlesung oft auf dem Rasen gesessen und über diese Fragen gesprochen. Wir sprudelten einfach über vor Ideen. Erst Jahre später habe ich entdeckt, daß auch andere Leute darüber nachgedacht haben und daß es Literatur dazu gab – Norbert Wiener und die Kybernetik, Ilya Prigogine und die Selbstorganisation, Hermann Haken und die Synergetik.» Man könne, sagt er, diesen Ansatz latent sogar schon im Werk von Herbert Spencer finden, der in der Evolution einen Spezialfall einer allgemeinen Kraft gesehen habe, die die spontane Entstehung von Struktur in der Welt bewirkt.

Es waren also Fragen, die sich viele unabhängig voneinander gestellt hatten. Aber damals war Farmer frustriert: «Ich sah nicht, wie man sie verfolgen konnte. Die Biologen taten es nicht. Sie blieben im Kleinkram stecken – welches Eiweiß mit welchem reagiert – und fragten nicht nach den Grundprinzipien. Soweit ich sah, interessierten sich auch die Physiker nicht dafür. Das ist einer der Gründe, warum ich mich in die Chaosforschung stürzte.»

Die Geschichte dieses Sprungs ins kalte Wasser nimmt in James Gleicks Buch ‹*Chaos*› ein ganzes Kapitel ein: Wie Farmer und sein alter Freund Norman Packard Ende der siebziger Jahre ihre Leidenschaft für Roulette entdeckten und in der Absicht, die Casinobank zu sprengen, die Bahn der Kugel mit Hilfe eines Computers «aus dem Stand» zu berechnen versuchten; wie sie dabei ein gutes Gespür dafür bekamen, wie eine winzige Modifizierung der Anfangsbedingungen in einem physikalischen System das Ergebnis drastisch verändern kann; wie sie und zwei andere Studenten – Robert Shaw und James Crutchfield – erkannten, daß sich diese Abhängigkeit von den Anfangsbedingungen durch die Chaostheorie, allgemeiner als «Theorie dynamischer Systeme» bekannt, beschreiben läßt; und wie die vier sich entschlossen, gemeinsam auf diesem Gebiet zu forschen und als «Dynamical Systems Collective» weithin bekannt wurden.

«Nach einer Weile jedoch langweilte mich die Chaosforschung», erzählt Farmer. «Ich hatte das Gefühl: ‹Na, und?› Die Theorie war schon ausgearbeitet. Dort gab es nicht mehr die Aufregung, die im Grenzgebiet herrscht, wo man die Dinge noch *nicht* versteht.» Außerdem, sagt er, gehe die Chaostheorie als solche nicht weit genug. Sie sage viel darüber, wie gewisse einfache Verhaltensregeln zu einer erstaunlich komplizierten Dynamik führen können, aber trotz all der schönen Bilder, etwa von Fraktalen, gebe sie letztlich wenig Aufschluß über die Grundprinzipien von lebenden Systemen oder Evolution. Sie erkläre nicht, wie sich Systeme, die von einem Zustand des zufälligen Nichts ausgehen, zu komplexen Ganzheiten organisieren können. Und wichtiger noch, sie beantworte nicht seine alte Frage, warum Ordnung und Struktur im Universum zunehmen.

Irgendwie, davon war Farmer überzeugt, müßte ein völlig neues Verständnis möglich sein. Darum hatte er mit Stuart Kauffman und Norman Packard über autokatalytische Systeme und den Ursprung des Lebens gearbeitet, und darum unterstützte er Langtons Überlegungen zu künstlichem Leben so sehr. Wie so viele andere Menschen in Los Alamos und Santa Fe fühlte Farmer es fast körperlich – ein Verständnis, eine Antwort, ein Prinzip, ein Gesetz lagen fast in Reichweite.

«Ich komme von einer Denkrichtung her, die Leben und Organisation für unausweichlich hält», erklärt er, «genauso unausweichlich wie die Zunahme der Entropie. Sie kommen uns nur so wechselhaft vor, weil sie ruckartig und plötzlich ablaufen, und sie bauen auf sich selbst auf. Im Leben spiegelt sich ein allgemeineres Phänomen, das – so stelle ich es mir vor – von einer Art Pendant zum Zweiten Hauptsatz der Thermodynamik beschrieben wird, einem Gesetz, das die allgemeine Tendenz der Materie beschreibt, sich selbst zu organisieren, und das die allgemeinen Eigenschaften der Organisation vorhersagen kann, die wir im Universum beobachten können.»

Farmer hat keine klare Vorstellung davon, wie dieser neue Zweite Hauptsatz aussehen könnte. «Wenn wir das wüßten, hätten wir einen deutlichen Hinweis darauf, wie wir dorthin kommen könnten. Noch ist es ein rein spekulativer Gedanke, etwas, das die Intuition nahelegt, wenn man einen Schritt zurückgeht und über seinen Bart streicht und nachdenkt.» Er hat auch keine Vorstellung, ob es sich um ein Gesetz oder eine ganze Reihe von Gesetzen handeln müßte. Was er weiß, ist, daß Wissenschaftler in letzter Zeit so viele Hinweise auf Phänomene wie Emergenz, Adaptation und den Rand des Chaos gefunden haben, daß sie beginnen können, zumindest grobe Umrisse von diesem neuen Zweiten Hauptsatz zu zeichnen.

### *Emergenz*

Erstens, sagt Farmer, müßte dieses hypothetische Gesetz den Begriff Emergenz streng erklären: Was bedeutet es, wenn man sagt, das Ganze sei mehr als die Summe seiner Teile? «Das ist keine Zauberei. Aber uns Menschen, mit unseren groben kleinen Menschenhirnen, kommt es wie Zauberei vor.» Fliegende Boids (und wirkliche Vögel) passen sich den Handlungen ihrer Nachbarn an und bilden dadurch einen Schwarm. Organismen kooperieren und konkurrieren gleichzeitig im Tanz der Koevolution miteinander;

dadurch entwickeln sie sich zu einem fein abgestimmten Ökosystem. Atome suchen nach einem minimalen Energiezustand, indem sie sich aneinander binden und dadurch die Strukturen bilden, die wir Moleküle nennen. Menschen versuchen, ihre materiellen Bedürfnisse zu befriedigen, indem sie kaufen, verkaufen und Handel treiben, und bringen dabei eine Struktur hervor, die wir Markt nennen. Menschen wirken auch gemeinsam auf weniger quantifizierbare Ziele hin. Dazu bilden sie Familien, Religionsgemeinschaften und Kulturen. Irgendwie gelingt es Gruppen von Agenzien dadurch, daß sie sich ständig aneinander anpassen und nach Konsistenz und Übereinstimmung suchen, über sich hinauszuwachsen und größere Einheiten zu schaffen. Es kommt darauf an, das Wie herauszufinden, ohne sich auf steriles Philosophieren oder New-Age-Mystizismus zurückzuziehen.

Das, sagt Farmer, sei die Schönheit der Computersimulation im allgemeinen und des künstlichen Lebens im besonderen: Durch das Experimentieren mit einem einfachen Modell, das man auf seinem Schreibtischcomputer ablaufen lassen kann, kann man Gedanken ausprobieren und sehen, wie gut sie wirklich sind. Man kann versuchen, vage Begriffe immer genauer zu fassen. Man kann versuchen herauszufinden, wie sich Emergenz in der Natur zeigt. Man hat heute sogar die Wahl zwischen mehreren Modellen. Eines von ihnen, dem Farmer besondere Aufmerksamkeit gewidmet hat, ist der *Konnektionismus*. Er beschreibt Populationen wechselwirkender Agenzien als Netze von «Knoten», die untereinander verbunden sind. Konnektionistische Modelle sind im letzten Jahrzehnt überall aufgetaucht. Das Musterbeispiel ist die Erforschung neuronaler Netze, Gewebe künstlicher Neuronen, mit deren Hilfe Wissenschaftler Hirntätigkeiten wie Wahrnehmung und Gedächtnis zu modellieren versuchen – und dabei nicht zufällig die auf reiner Symbolverarbeitung beruhenden Methoden der etablierten KI-Forschung radikal angreifen. Aber auch viele der anderen Modelle, die im Santa-Fe-Institut zu Hause sind, gehören dazu, darunter John Hollands Klassifizierersystem, Stuart Kauffmans genetische Netze, das Modell der autokatalytischen Systeme für den Ursprung des Lebens und das Modell für das Immunsystem, das Farmer und Packard Mitte der achtziger Jahre gemeinsam mit Alan Perelson aufstellten. Zugegeben, fährt Farmer fort, einige dieser Modelle sähen nicht sehr konnektionistisch aus, und viele Menschen seien überrascht, wenn sie zum erstenmal hörten, daß man sie so bezeichne. Aber das liege nur daran, daß die Modelle von verschiedenen Menschen zu verschiedenen Zeiten zur Lösung verschiedener Probleme erschaffen – und dann in verschiedenen Sprachen beschrieben worden seien. «Im Grunde sind sie sich alle gleich. Man kann buchstäblich ein Modell auf ein anderes abbilden.»

In einem neuronalen Netz ist die Struktur der Knoten und Verbindungen offensichtlich. Die Knoten entsprechen den Neuronen und die Verbindungen den Synapsen, die den Kontakt zwischen den Neuronen herstellen. In einem Modell für den Gesichtssinn zum Beispiel können die Programmierer das Muster von Hell und Dunkel, das die Netzhaut erreicht, simulieren, indem sie bestimmte Eingangsknoten erregen; die Erregung wird dann über die Verbindungen in die übrigen Teile des Netzwerks geleitet. Wenn die Verbindungen richtig angeordnet sind, verfällt das Netz bald in ein konsistentes Aktivierungsmuster, das einer Klassifizierung der Szene «Das ist eine Katze!» entspricht. Das passiert auch, wenn die eingegebenen Daten verrauscht und unvollständig oder, vom System aus gesehen, wenn einige der Knoten erschöpft sind.

In John Hollands Klassifizierersystem, fährt Farmer fort, sei diese Struktur der Knoten und Verbindungen zwar viel weniger offensichtlich, aber es gebe sie. Die Menge der Knoten ist einfach die Menge aller möglichen inneren Botschaften, zum Beispiel 1001001110111110, und die Verbindungen sind die Klassifizierungsregeln, von denen jede an der systemeigenen Anzeigetafel nach einer Nachricht sucht und dann darauf reagiert, indem sie selbst eine anbringt. Wenn gewisse Knoten aktiviert, also die entsprechenden Nachrichten an der Anzeigetafel angebracht werden, können die Programmierer die Klassifizierer dazu anregen, noch mehr Nachrichten zu schicken. Das Ergebnis ist ein Regen von Nachrichten, der der Ausbreitung der Erregung in einem neuronalen Netz entspricht. Genau wie das neuronale Netz sich schließlich auf einen konsistenten Zustand einpendelt, wird das Klassifizierersystem schließlich zu einer stabilen Anordnung aktiver Botschaften und Klassifizierer, die das gestellte Problem löst – es ergibt sich, wie Holland sagt, ein emergentes mentales Modell.

Auch in dem Modell, das er gemeinsam mit Kauffman und Packard zur Autokatalyse und dem Ursprung des Lebens entwickelt habe, lasse sich die Struktur eines Netzwerks erkennen. In diesem Fall entspreche die Menge der Knoten der Menge aller möglichen Polymere, etwa *abbcaad*, und die Verbindungen seien die simulierten chemischen Reaktionen zwischen diesen Polymeren: Polymer A katalysiert die Bildung von Polymer B und so weiter. Durch die Aktivierung bestimmter Eingabeknoten – also indem man das System mit einem stetigen Strom kleiner «Nahrungspolymere» aus der simulierten Umgebung versorge – könnten sie eine Kaskade von Reaktionen freisetzen, der schließlich in einer Anordnung aktiver Polymere und katalytischer Reaktionen zur Ruhe komme, die sich selbst erhalten kann: Das sei dann ein «autokatalytisches System», das vermutlich einer Art von Protoorganismus entspreche, der aus der Ursuppe entstand.

Ganz ähnlich ließen sich Kauffmans Netzwerkmodelle des Genoms und auch viele andere Modelle analysieren, sagt Farmer. Ihnen allen liege eben dieses System von Knoten und Verbindungen zugrunde. Als ihm vor mehreren Jahren die Parallelen bewußt geworden seien, habe er alles in einem Artikel zusammengefaßt: «Ein Stein von Rosette für den Konnektionismus». So ein gemeinsamer Rahmen sei beruhigend, und er helfe den Leuten, die an diesen Modellen arbeiten, sich untereinander zu verständigen ohne babylonische Sprachverwirrung. «Es kam mir in dieser Arbeit darauf an, den Übersetzungsmechanismus für den Übergang von einem Modell zum anderen deutlich zu machen. Ich konnte ein Modell für das Immunsystem nehmen und sagen: ‹Als neuronales Netz würde es so aussehen.›»

Aber ein gemeinsamer Rahmen sei auch deshalb so wichtig, weil er dazu beitrage, das Wesentliche zu erfassen; man könne sich dann auf das konzentrieren, was die Modelle wirklich über Emergenz aussagen. In diesem Fall sei die Botschaft klar: Entscheidend sind die Verbindungen. Das sei für viele Leute das Aufregende am Konnektionismus. Man könne mit sehr einfachen Knoten beginnen – «Nachrichten», die einfach Binärzahlen, «Neuronen», die im wesentlichen An-aus-Schalter sind – und doch allein aus der Art ihrer Wechselwirkung überraschende komplexe Ergebnisse erhalten.

Ein Beispiel bieten Lernen und Evolution. Da die Knoten sehr einfach sind, ist das Verhalten des Netzwerks als Ganzes fast ausschließlich durch die Verbindungen zwischen ihnen bestimmt. In der Sprache von Chris Langton enkodieren die Verbindungen den GTYP des Netzwerks. Wenn man also das Verhalten des PTYPs dieses Systems modifizieren will, braucht man nur diese Verbindungen zu verändern. Das kann auf zwei Arten geschehen. Bei der ersten läßt man die Verbindungen, wo sie sind, verändert aber ihre «Stärke». Das entspricht dem, was Holland *exploitives Lernen* nennt: Man verbessert das, was man schon hat. In Hollands Klassifizierersystem geschieht das durch den Eimerbrigaden-Algorithmus, der die Klassifizierungsregeln belohnt, die zu einem guten Ergebnis führen. In neuronalen Netzen geschieht das durch eine Vielfalt von Lernalgorithmen, die dem Netzwerk eine Reihe bekannter Eingaben zur Verfügung stellen und dann die Stärken der Verbindungen nach oben oder unten verschieben, bis sich die richtigen Reaktionen ergeben.

Der zweite, radikalere Weg zur Veränderung der Verbindungen besteht in einer anderen Verdrahtung des Netzwerks. Man ersetzt einige der alten Verbindungen durch neue. Das entspricht dem, was Holland *exploratives Lernen* nennt: Man nimmt das Risiko in Kauf, alles zu verlieren, um möglicherweise einen großen Gewinn zu erzielen. In Hollands Klassifizierersystem zum Beispiel geschieht genau dies, wenn der genetische Algorithmus durch Rekombination Regeln vermischt. Die neu entstandenen Regeln verbinden oft Nachrichten, die noch nie verbunden waren. Das geschieht auch in dem Modell der autokatalytischen Systeme, wenn hin und wieder neue Polymere spontan entstehen – wie in der wirklichen Welt. Die sich ergebenden chemischen Verbindungen ermöglichen es dem autokatalytischen System, einen ganz neuen Bereich des Raums der Polymere zu erkunden. In neuronalen Netzen geschieht es gewöhnlich *nicht*, weil die Verbindungen ursprünglich unbewegliche Synapsen darstellen sollten. In letzter Zeit jedoch sind einige Experimente mit neuronalen Netzen durchgeführt worden, die sich, während sie lernen, neu verdrahten.

Kurz, die Idee des Konnektionismus zeige, sagt Farmer, wie sich die Fähigkeit zum Lernen und zur Evolution auch dann herausbilden kann, wenn die Knoten, die einzelnen Agenzien also, ausfallen. Wenn man, allgemeiner, alle Macht den Verbindungen und nicht den Knoten zuschreibe, sei man auf dem Weg zu einer sehr präzisen Theorie dessen, was Langton und die KL-Forscher meinten, wenn sie sagten, das Wesen des Lebens liege in der Organisation und nicht in den Molekülen. Dies weise auch den Weg zu einem tieferen Verständnis, wie Leben und Geist in einem Universum begonnen haben könnten, in dem es am Anfang keines von beiden gab.

### *Der Rand des Chaos*

Aber so schön diese Aussicht auch ist, sagt Farmer, wir erfahren aus den konnektionistischen Modellen doch bei weitem nicht alles, was wir gern über den neuen Zweiten Hauptsatz wissen möchten. Sie sagen erstens nicht sehr viel darüber aus, wie sich die Emergenz in der Wirtschaft oder in Gesellschaften oder in Ökosystemen auswirkt, wo die Knoten «schlau» sind und sich ständig aneinander anpassen. Um solche Systeme zu verstehen, muß man den Tanz von Kooperation und Konkurrenz in der Koevolution verstehen. Und das bedeutet, sie mit solchen Modellen wie Hollands «Echo» zu erforschen, die erst in den allerletzten Jahren Verbreitung fanden.

Wichtiger noch, weder die konnektionistischen noch die Koevolutionsmodelle können uns sagen, was Leben und Geist überhaupt ermöglicht. Welche Eigenschaft des Weltalls läßt es dazu kommen? Die Antwort «Emergenz» reicht nicht aus; der Kosmos ist voll emergenter Strukturen wie Galaxien und Wolken und Schneeflocken, die doch nur physikalische Objekte sind; sie haben keinerlei unabhängiges Leben. Dazu gehört mehr. Der neue Zweite Hauptsatz wird darüber Auskunft geben müssen.

Das sei natürlich eine Aufgabe für Modelle, die versuchen, der grundlegenden Physik und Chemie der Welt auf die Spur zu kommen, sagt Farmer, wie die zellulären Automaten, für die Chris Langton so schwärme. Es sei auch kein Zufall, daß die verrückten Phasenübergänge am Rand des Chaos, die Langton in zellulären Automaten entdeckt habe, einen Teil der Antwort darzustellen scheinen. Langton habe sich in Anbetracht des damaligen Zustands seiner Dissertation bei der Konferenz diskret darüber ausgeschwiegen. Von Anfang an aber hätten viele Leute in Los Alamos und Santa Fe den Gedanken vom Rand des Chaos sehr überzeugend gefunden. Im Grunde sage Langton, erläutert Farmer, das geheimnisvolle «Etwas», das Leben und Geist ermöglicht, sei ein gewisses Gleichgewicht zwischen den Kräften von Ordnung und Unordnung; man solle sich Systeme daraufhin anschauen, wie sie sich verhalten, und nicht, wie sie gemacht sind. Wenn man das tut, findet man die beiden Extreme von *Ordnung* und *Chaos*. Das ähnelt dem Unterschied zwischen Festkörpern, in denen die Atome einen festen Platz haben, und Flüssigkeiten, in denen die Atome beliebig durcheinanderpurzeln. Aber genau zwischen den beiden Extremen findet man bei einer Art abstraktem Phasenübergang, dem sogenannten «Rand des Chaos», auch *Komplexität*: eine Klasse von Verhaltensmustern, in der die Komponenten des Systems niemals einen ganz festen Platz haben, aber sich auch niemals ganz in Turbulenz auflösen. Dies sind die Systeme, die stabil genug sind, um

Information speichern zu können, und doch vergänglich genug, sie weiterzugeben. Dies sind die Systeme, die sich so organisieren lassen, daß sie komplexe Berechnungen – Computation – durchführen, auf die Welt reagieren, spontan, adaptiv und lebendig sein können.

Streng genommen habe Langton natürlich nur den Zusammenhang zwischen Komplexität und Phasenübergängen in zellulären Automaten nachgewiesen, fährt Farmer fort. Niemand weiß, ob es ihn auch in anderen Modellen gibt – oder in der wirklichen Welt. Andererseits gibt es starke Hinweise, die dafür sprechen. Im Rückblick kann man zum Beispiel sehen, daß in konnektionistischen Modellen schon seit Jahren ein Verhalten beobachtet worden ist, das Phasenübergängen ähnelt. In den sechziger Jahren war das eine der ersten Entdeckungen, die Stuart Kauffman bei seinen genetischen Netzen machte. Wenn es nicht genug Verbindungen gab, taten die Netzwerke nichts; sie waren wie eingefroren. Waren die Verbindungen aber zu dicht, wirbelte das Netz chaotisch umher. Nur dazwischen, wenn jeder Knoten genau zwei Eingaben erhielt, erzeugten die Netze jene Zyklen stabiler Zustände, nach denen Kauffman suchte.

Mitte der achtziger Jahre, sagt Farmer, sei es mit dem Modell autokatalytischer Systeme dann im Grunde dasselbe gewesen. Das Modell habe eine Reihe von Parametern gehabt, etwa wie stark die Reaktionen katalysiert und wie schnell «Nahrungsmoleküle» zur Verfügung gestellt werden. Diese Parameter hätten Packard, Kauffman und er alle selbst festlegen müssen, und das sei im wesentlichen durch Versuch und Irrtum geschehen. Eine ihrer ersten Entdeckungen war, daß in dem Modell nicht viel passierte, bis sie diese Parameter in einen bestimmten Bereich verschoben – dann jedoch entwickelten sich die autokatalytischen Systeme sehr rasch. Wieder erinnert das Verhalten stark an einen Phasenübergang – obwohl es noch gar nicht klar ist, in welcher Beziehung es zu den Phasenübergängen in den anderen Modellen steht. «Man spürt die Analogien, aber es ist schwierig, sie genau zu fassen. Das ist ein anderer Bereich, in dem jemand sorgfältige Vergleiche anstellen sollte, analog zu der Arbeit über den Stein von Rosette.»

Inzwischen, fährt Farmer fort, sei noch weniger klar, ob der Gedanke vom Rand des Chaos für koevolutionäre Systeme Bedeutung habe. In einem Ökosystem oder einer Volkswirtschaft ist nicht einmal klar, wie man Begriffe wie Ordnung, Chaos und Komplexität genau fassen kann, und an die Definition eines Phasenübergangs ist gar nicht zu denken. Trotzdem scheint etwas an diesem Gedanken zu sein, das sich *richtig* anfühlt. Man denke nur an die frühere Sowjetunion: «Es ist jetzt ziemlich klar, daß die totalitäre, zentralisierte Organisation der Gesellschaft sich nicht bewährt.» Auf die Dauer habe sich das von Stalin errichtete System als zu festgefahren, zu sehr eingerastet, zu starr kontrolliert erwiesen, um überleben zu können.

Andererseits bewährt sich auch die Anarchie nicht, wie Teile der früheren Sowjetunion nach dem Zusammenbruch gezeigt haben, und auch ein uneingeschränktes System des Laissez-faire bewährt sich nicht, wie die von Dickens beschriebenen Schrecken der industriellen Revolution in England bezeugen. In gesunden Wirtschaftssystemen und gesunden Gesellschaften müssen Ordnung und Chaos im Gleichgewicht sein. Wie eine lebende Zelle müssen sie sich selbst mit Hilfe eines dichten Gewebes von Rückkopplungen und Regulationen steuern, und gleichzeitig muß genügend Raum für Kreativität, Veränderung und Reaktion auf neue Bedingungen bleiben. «Die Evolution kommt in Systemen voran, die von unten her organisiert sind und Flexibilität zulassen. Aber gleichzeitig muß die Evolution die von unten nach oben verlaufenden Prozesse so kanalisieren, daß die Organisation nicht zerstört wird. Es muß eine Hierarchie der Kontrolle geben – die Information muß sowohl von unten nach oben als auch von oben nach unten fließen können.» Die Dynamik der Komplexität am Rand des Chaos scheint für diese Art von Verhalten ideal zu sein.

In jedem Fall, sagt Farmer, «meinen wir in einer vagen, heuristischen Weise etwas über den Bereich zu wissen, in dem dieses interessante organisatorische Phänomen auftritt». Das aber könne noch nicht alles sein. Selbst wenn man einmal annehme, es gebe diesen speziellen Bereich am Rand des Chaos wirklich, werde der hypothetische neue Zweite Hauptsatz erklären müssen, wie ein emergentes System dorthin *gelangt*, wie es dort *bleibt* und was es dort *tut*.

Auf dieselbe vage, heuristische Weise könne man sich leicht davon überzeugen, daß die ersten beiden Fragen schon von Charles Darwin beantwortet worden seien (John Holland habe die Antworten dann verallgemeinert). Da in einer von Konkurrenz beherrschten Welt immer die Systeme einen Vorteil haben, die die komplexesten Antworten geben können, lassen sich gefrorene Systeme verbessern, indem sie offener, und turbulente Systeme, indem sie organisierter werden. Wenn also ein System nicht schon am Rand des Chaos ist, erwartet man, daß es durch Lernen und Evolution dorthin gelangt. Befindet es sich jedoch am Rand des Chaos, erwartet man wiederum, daß Lernen und Evolution es zurückhalten, ehe es abzugleiten beginnt. Man erwartet also, daß der Rand des Chaos durch Lernen und Evolution stabilisiert wird; er ist damit der natürliche Ort für komplexe adaptive Systeme.

Die dritte Frage – was Systeme tun, wenn sie sich einmal am Rand des Chaos befinden – ist schwieriger zu beantworten. Im Raum aller möglichen dynamischen Verhaltensweisen gleicht der Rand des Chaos einer infinitesimal dünnen Membran, einem Bereich spezieller, komplexer Verhaltensweisen, die Chaos von Ordnung trennen – wie die Oberfläche des Ozeans, nicht dicker als ein Molekül, die Grenze zwischen Wasser und Luft ist. Der Rand des Chaos ist, wie die Oberfläche des Meeres, weit ausgedehnter, als man es sich vorstellen kann. Er bietet einem Agens fast unendlich viele Möglichkeiten, gleichzeitig komplex und adaptiv zu sein.

Wenn John Holland von «stetiger Neuerung» spreche und davon, daß adaptive Agenzien ihren Weg in einem «ungeheuren Raum der Möglichkeiten» erkunden, gebrauche er vielleicht nicht diese Worte – aber was er meine, seien adaptive Agenzien, die sich auf dieser gewaltigen Membran, dem Rand des Chaos, bewegen.

Was könnte der neue Zweite Hauptsatz darüber zu sagen haben? Zum Teil könnte er natürlich über Bausteine, interne Modelle, Koevolution und all die anderen Adaptationsmechanismen Aussagen machen, die Holland und andere untersucht hätten. Aber er, Farmer, gehöre zu denen, die vermuten, daß es im Grunde weniger um Mechanismen gehe als um die Richtung – um die vermeintlich einfache Tatsache, daß die Evolution immer Dinge hervorbringe, die komplizierter, raffinierter, *strukturierter* seien als die vorausgegangenen. «Eine Wolke ist strukturierter als das Urmiasma nach dem Urknall, und die präbiotische Suppe war strukturierter als eine Wolke.» Wir wiederum sind strukturierter als die Ursuppe. Ein modernes Wirtschaftssystem ist strukturierter als das Wirtschaftssystem der Stadtstaaten Mesopotamiens. Anscheinend ziehen Lernen und Evolution die Agenzien nicht nur *an* den Rand des Chaos; sie scheinen die Agenzien auch langsam und zögernd, aber unerbittlich am Rand des Chaos *entlang* zu immer größerer Komplexität zu führen. Warum?

«Das ist eine heikle Frage», sagt Farmer. «Es ist sehr schwer, in der Biologie den Begriff ‹Fortschritt› zu definieren.» Was bedeutet es für einen Organismus, fortgeschrittener zu sein als ein anderer? Kellerasseln zum Beispiel gibt es mehrere hundert Millionen Jahre länger als Menschen, und als Kellerasseln haben sie sich verdammt gut bewährt. Sind wir fortgeschrittener als sie oder nur anders? Waren unsere Säugetiervorfahren vor 65 Millionen Jahren fortgeschrittener als *Tyrannosaurus Rex*, oder hatten sie nur mehr Glück, daß sie den Einfall eines zerstörerischen Kometen überlebten? Solange wir keine objektive Definition für Tauglichkeit haben, ist es eine Tautologie, wenn wir sagen, es überlebe der Tauglichste: Es überlebt der Überlebende.

«Aber ich glaube auch nicht an den Nihilismus – die Vorstellung, nichts sei besser oder schlechter als irgend etwas anderes. Die Evolution mußte nicht unvermeidlich zum Menschen führen, das wäre albern. Aber wenn man sich die Evolution aus einigem Abstand und in ihrer Gesamtheit ansieht, kann man, denke ich, sinnvoll von Fortschritt sprechen. Man findet dann überall eine Neigung zu immer mehr Verfeinerung, Komplexität und Funktionalität; der Unterschied zwischen einem der ersten Fiats und einem Ferrari ist nichts im Vergleich zum Unterschied zwischen den frühesten und den heutigen Lebewesen. So wenig faßbar das alles auch ist, dieser Hang zu immer mehr ‹Qualität› des evolutionären Designs ist einer der faszinierendsten und grundlegendsten Hinweise darauf, was Leben eigentlich ist.»

Eines seiner Lieblingsbeispiele sei das Wirken der Evolution im Modell für autokatalytische Systeme, das er mit Packard und Kauffman entwickelt habe. Bei der Autokatalyse nämlich könne man die Emergenz von Grund auf verfolgen. Die Konzentrationen einiger weniger Chemikalien erhöhten sich spontan, bis sie um mehrere Größenordnungen oberhalb ihrer Gleichgewichtskonzentration lägen, weil sie ihre Bildung im Kollektiv gegenseitig katalysieren können. Die Menge als Ganzes gleiche also einem neu entstehenden Einzelwesen, das aus dem Hintergrund des Gleichgewichtszustands hervortritt – und genau das wünsche man sich, wolle man den Ursprung des Lebens erklären. «Wenn wir wüßten, wie wir dies in wirklichen chemischen Experimenten machen könnten, hätten wir etwas mitten zwischen Leben und Nichtleben. Diese autokatalytischen Wesen haben keinen genetischen Code. Und doch können sie sich auf einem groben Niveau selbst erhalten und fortpflanzen – nicht annähernd so gut wie zum Beispiel Samen, aber viel besser als ein Haufen Steine.»

Im ursprünglichen Computermodell habe es natürlich keine Evolution gegeben, weil keinerlei Interaktion mit irgendeiner äußerer Umgebung vorgesehen gewesen sei. Dem Modell habe die Annahme zugrunde gelegen, alles geschehe in einem Topf voll gut vermischter Chemikalien, so daß die Systeme nach ihrer Entstehung stabil geblieben seien. In der wirklichen Welt vor vier Milliarden Jahren jedoch hätte die Umwelt diese so unscharf definierten autokatalytischen Wesen allen möglichen Stößen und Schwankungen ausgesetzt. Um zu sehen, was in einer solchen Lage passiere, hätten er und sein Schüler Rick Bagley den «Nahrungsnachschub» für die autokatalytischen Systeme, also den Strom kleiner Moleküle, die als Rohmaterial für die Systeme dienen, schwanken lassen. «Es ist wirklich verblüffend, daß es einige Systeme gibt, die sich wie Pandabären verhalten und nur Bambus fressen. Wenn wir ihren Nahrungsvorrat veränderten, klappten sie einfach zusammen. Andere dagegen waren wie Allesfresser; ihr Metabolismus war vielfältig und erlaubte es ihnen, ein Nahrungsmolekül durch ein anderes zu ersetzen. Wenn man ihren Nahrungsvorrat veränderte, machte ihnen das praktisch nichts aus.» Er vermute, nur solche robusten Systeme seien in der Frühzeit überlebensfähig gewesen.

Vor kurzem hätten er, Bagley und Walter Fontana, ein Postdoktorand aus Los Alamos, eine andere Abänderung des autokatalytischen Modells vorgenommen, um gelegentliche spontane Reaktionen zuzulassen, wie man sie von wirklichen chemischen Systemen her kenne. Die spontanen Reaktionen hätten viele autokatalytische Systeme zerfallen lassen, aber diese zerstörten Systeme hätten den Weg für einen evolutionären Sprung bereitet. «Sie lösten ganze Innovationslawinen aus», sagt er. «Manche Variationen wurden größer und stabilisierten sich dann bis zum nächsten Zerfall. Wir sahen eine Folge autokatalytischer Metabolismen, von denen einer den anderen ersetzte.»

Vielleicht sei das ein wichtiger Hinweis. «Es wird interessant sein zu sehen, ob wir den Begriff ‹Fortschritt› so fassen können, daß er die Entwicklung von Strukturen umfaßt, die [um der Stabilität willen] Rückkopplungsschleifen haben, die vorher nicht existierten. Entscheidend ist dabei, daß es dann eine Folge evolutionärer Ereignisse gäbe, die die Materie des Universums im Sinne

Spencers strukturiert, wobei jede Emergenz den Boden vorbereitet für die Emergenz des nächsten Niveaus.»

«Eigentlich», sagt Farmer, «spreche ich über das alles nicht gern. Man müht sich ab, solche Begriffe wie ‹Komplexität› und ‹Tendenz zu emergenter Computation› zu definieren. Ich kann mit Worten, die nicht genau mathematisch definiert sind, nur vage Vorstellungen wecken. Es ist wie bei der Entwicklung der Thermodynamik – wir sind da, wo sie etwa 1820 war. Man wußte damals, es gibt etwas, das man ‹Wärme› nennt, aber man sprach darüber in Begriffen, die später lächerlich klangen.» Damals wußte man nicht einmal genau, was Wärme eigentlich ist, geschweige denn, wie sie wirkt. Die meisten angesehenen Wissenschaftler jener Zeit waren überzeugt, daß etwa ein rotglühender Schürhaken dicht mit einem gewichtslosen, unsichtbaren Stoff gefüllt sei, den man *Phlogiston* nannte, und daß dieser Wärmestoff, sowie er dazu Gelegenheit erhielt, aus dem Ofen in kühlere, weniger kalorienreiche Körper floß. Nur eine Minderheit nahm an, Wärme könne eine mikroskopisch kleine Bewegung in den Atomen des Schürhakens sein. (Die Minderheit hatte recht.) Anscheinend hatte sich damals auch keiner vorstellen können, daß komplizierte Dinge wie Dampfmaschinen, chemische Reaktionen und elektrische Batterien alle durch einfache allgemeine Gesetze bestimmt sein könnten. Erst 1824 wies ein junger französischer Ingenieur namens Sadi Carnot auf ein augenfälliges Phänomen hin, das später zum Zweiten Hauptsatz der Thermodynamik erweitert wurde: Wärme fließt nicht spontan von kalten Objekten in warme. (Carnot, der ein für Ingenieure bestimmtes Buch über Dampfmaschinen schrieb, wies ganz richtig darauf hin, daß diese einfache alltägliche Tatsache dem Wirkungsgrad einer Dampfmaschine enge Grenzen auferlegt – und das gilt natürlich auch für Verbrennungsmotoren oder andere Maschinen, die mit Dampf betrieben werden. Die statistische Erklärung für den Zweiten Hauptsatz, daß nämlich Atome immer nach einer zufälligen Verteilung streben, kam etwa siebzig Jahre später.)

Entsprechend konnte der englische Bierbrauer und Amateurwissenschaftler James Joule erst nach 1840 die experimentellen Grundlagen für den *Ersten* Hauptsatz der Thermodynamik schaffen, der auch als Energieerhaltungssatz bekannt ist. Ihm zufolge ist die Form der Energie veränderlich – thermische, mechanische, chemische, elektrische Energie können sich ineinander umwandeln –, aber Energie als solche kann niemals erschaffen oder zerstört werden. Erst nach 1850 erhielten diese Gesetze ihre mathematische Form.

«Wir nähern uns bei der Selbstorganisation langsam diesem Punkt», sagt Farmer. «Ordnung ist jedoch viel schwerer zu verstehen als Unordnung. Uns fehlt noch immer die entscheidende Idee – jedenfalls in einer klaren, quantitativen Form. Wir brauchen etwas, das dem Wasserstoffatom äquivalent ist, etwas, das wir auseinandernehmen können, um eine schöne, klare Beschreibung davon zu erhalten, warum es funktioniert. Das können wir noch nicht. Wir verstehen nur kleine Teile des Puzzles, jedes in einem eigenen isolierten Zusammenhang. Wir verstehen jetzt zum Beispiel Chaos und Fraktale ziemlich gut, die uns zeigen, wie einfache Systeme, die aus einfachen Elementen bestehen, sehr komplexes Verhalten erzeugen können. Wir wissen ziemlich viel über die Gensteuerung in der Fruchtfliege *Drosophila*. In einigen Fällen haben wir sogar Hinweise darauf, wie das Gehirn Selbstorganisation erreicht. Im Bereich des künstlichen Lebens erschaffen wir ‹Spielzeugwelten›, etwas ganz Neues. Ihr Verhalten ist ein blasses Abbild dessen, was sich in der Natur abspielt. Wir können diese Welten vollständig simulieren, wir können sie beliebig verändern, und wir können genau verstehen, was sie zu ihren Verhaltensweisen veranlaßt. Wir hoffen, schließlich einmal den nötigen Überblick zu bekommen und all diese Bruchteile in eine umfassende Theorie der Evolution und Selbstorganisation integrieren zu können.»

«Dies ist kein Forschungsbereich für Menschen, die sich scharf definierte Probleme wünschen», fügt Farmer hinzu. «Diese Forschung wird aufregend durch die einfache Tatsache, daß die Dinge eben *nicht* in Stein gemeißelt sind. Alles ist noch im Gang. Keiner weiß genau, wo's langgeht. Viele kleine Hinweise hier und da. Viele kleine Spielzeugsysteme und vage Ideen. Deshalb könnte ich mir vorstellen, daß wir in zwanzig oder dreißig Jahren eine wirkliche Theorie haben werden.»

## *Die Flugbahn einer Granate*

Stuart Kauffman seinerseits hofft, daß es viel schneller gehen wird. «Ich habe Doyne Farmer sagen hören, daß es wie mit der Thermodynamik vor Sadi Carnot ist. Ich glaube, er hat recht. Wir suchen in der Wissenschaft der Komplexität in allen Nichtgleichgewichtszuständen des Universums nach einem allgemeinen Gesetz für die Bildung von Mustern. Wir müssen dazu die richtigen Begriffe haben. Alle diese Hinweise, etwa die auf den Rand des Chaos, geben mir das Gefühl, kurz vor dem Durchbruch zu sein, sozusagen einige Jahre vor Carnot.»

Kauffman hofft offenbar, daß der neue Carnot – nun, Kauffman heißen wird. Wie Farmer stellt er sich einen neuen Zweiten Hauptsatz vor, der erklärt, wie die emergenten Entitäten am Rand des Chaos die interessantesten Dinge tun und wie die Adaptation diese Entitäten unausweichlich auf immer höhere Komplexitätsniveaus bringt. Anders als Farmer ist Kauffman nicht durch die bürokratischen Ansprüche, die an den Leiter einer Forschungsgruppe gestellt werden, gebunden und frustriert worden. Er hat sich fast vom ersten Tag im Santa-Fe-Institut an kopfüber in das Problem gestürzt. Er spricht wie jemand, der die Antwort finden *muß* – als hätten dreißig Jahre des Bemühens, die Bedeutung von Ordnung und Selbstorganisation zu verstehen, das Gefühl, der Lösung so nahe zu sein, zu einem körperlichen Schmerz werden lassen.

«Für mich ist diese Vorstellung, daß es eine Evolution zum Rand des Chaos hin gibt, nur der nächste Schritt in der Erforschung des Zusammenhangs zwischen Selbstorganisation und natürlicher

Auslese», sagt er. «Das quält mich, weil ich ihn fast fühlen und sehen kann. Nichts ist endgültig. Ich habe nur einen ersten Einblick in viele Dinge gewonnen. Ich fühle mich mehr wie eine Granate, die eine Mauer nach der anderen durchbohrt und eine Spur der Verwüstung hinterläßt. Ich habe das Gefühl, ich rase durch ein Thema nach dem anderen, um das Ende des Weges zu sehen, ohne zu wissen, wie ich auf dem Rückweg die Trümmer aufräumen soll.»

Die Flugbahn nahm in den sechziger Jahren ihren Anfang, als Kauffman begann, mit autokatalytischen Systemen und seinen Netzwerkmodellen des Genoms zu experimentieren. In jenen Tagen wollte er unbedingt daran glauben, daß Leben weitgehend selbstorganisiert und natürliche Selektion nur eine Nebensache sei. Nichts, sagt er, habe ihm das deutlicher gezeigt als die Entwicklung eines Embryos, bei dem sich miteinander wechselwirkende Gene zu Konfigurationen zusammenfinden, den verschiedenen Zelltypen, und miteinander wechselwirkende Zellen zu den Geweben und Organen des Körpers werden. «Ich habe niemals an der natürlichen Selektion gezweifelt. Mir schien nur, das wirklich Grundlegende hat mit Selbstorganisation zu tun.»

«Eines Tages Anfang der achtziger Jahre», erzählt er, «besuchte ich John Maynard-Smith», einen alten Freund und bedeutenden Populationsbiologen an der Universität von Sussex. Damals hatte Kauffman gerade wieder begonnen, ernsthaft über Selbstorganisation nachzudenken, nachdem er sich zehn Jahre lang mit der Embryonalentwicklung der *Drosophila* beschäftigt hatte. «John, seine Frau Sheila und ich machten einen Spaziergang, und John wies darauf hin, daß wir nicht weit von dem Ort entfernt waren, wo Darwin gelebt hatte. Im großen und ganzen, sagte er, hätten vor allem die englischen Gutsherren – wie Darwin einer war – die natürliche Auslese ernst genommen. Dann schaute er mich an und sagte mit seinem knappen Lächeln: ‹Und es waren die städtischen Juden, die keine Verbindung zwischen natürlicher Auslese und biologischer Evolution sahen!› Das haute mich um. Dann sagte er: «Du mußt wirklich über Selektion nachdenken, Stuart.› Und genau das wollte ich nicht. Ich wollte, daß alles ganz spontan abläuft.»

Doch schließlich mußte Kauffman zugeben, daß Maynard-Smith recht hatte. Selbstorganisation allein reicht nicht aus. Schließlich können mutierte Gene sich genauso leicht selbst organisieren wie normale. Und wenn dabei zum Beispiel ein Fruchtfliegenmonstrum herauskommt, das keinen Kopf hat oder seine Beine dort, wo seine Fühler sein sollten, dann braucht man die natürliche Selektion, um das Lebensfähige vom Hoffnungslosen zu unterscheiden.

«Ich setzte mich also 1982 hin und konzipierte mein Buch. [‹*Origins of Order*› wurde schließlich 1992 veröffentlicht.] Das Buch sollte von Selbstorganisation und Auslese handeln: Wie passen die beiden zusammen? Ich stellte mir das zunächst als einen Kampf zwischen den beiden vor. Die natürliche Auslese möchte etwas, stößt aber an die Grenzen dessen, was das sich selbst organisierende System zulassen kann. Deshalb zerren sie aneinander, bis sie zu einem Gleichgewicht kommen, bei dem die natürliche Selektion die Dinge nicht von der Stelle bewegen kann. Dieses Bild machte ich mir während der ersten zwei Drittel des Buches» – genauer: bis Mitte der achtziger Jahre, als Kauffman nach Santa Fe kam und zuerst von Langton und dem «Rand des Chaos» hörte.

Schließlich, berichtet Kauffman, habe dieser Begriff seine Sicht der Beziehung zwischen Selbstorganisation und Selektion noch einmal grundlegend geändert. Zunächst jedoch stand er dem Konzept mit ausgesprochen gemischten Gefühlen gegenüber, hatte er doch in seinen genetischen Netzen bereits seit den sechziger Jahren Verhalten beobachtet, das Phasenübergängen ähnelte – und noch kurz zuvor, 1985, war er nahe daran gewesen, selbst die Idee vom Rand des Chaos zu entwickeln.

«Das», sagt er wie jemand, der sich selbst in den Hintern treten möchte, «ist eine der Arbeiten, die ich nie geschrieben habe, und das bedaure ich noch heute.» Der Gedanke war ihm im Sommer 1985 gekommen, sagt er, als er seine Freisemester an der École

Normale Supérieure in Paris verbrachte. Mit dem Physiker Gérard Weisbuch und der Doktorandin Françoise Fogelman-Soule, die Kauffmans genetische Netzwerke untersuchte, war er von Paris aus nach Jerusalem gereist, um dort einige Monate am Hadassah-Hospital zu arbeiten. Eines Morgens wanderten seine Gedanken zu einem Phänomen in seinen Netzen, das er «gefrorene Komponenten» genannt hatte. In der Glühbirnenanalogie ist es, als ob miteinander verbundene Cluster von Knoten im Netz hier und dort entweder alle aufleuchten oder alle dunkel sind und dann in diesem Zustand *bleiben*, während die Lampen an anderen Orten des Netzwerks weiterhin flackern. Solche gefrorenen Komponenten gab es in eng verknüpften Netzen nicht – dort flackern alle chaotisch. Dagegen schienen sie die sehr sparsam verknüpften Netze zu beherrschen, und deshalb hatten diese Systeme die Tendenz, vollkommen zu erstarren. Aber was, fragte er sich, passiert in der Mitte? Dort findet man die mehr oder weniger sparsam verknüpften Netze, die den wirklichen genetischen Systemen am besten zu entsprechen scheinen. Dort sind die Netzwerke weder völlig gefroren noch völlig chaotisch.

«Ich erinnere mich, wie ich an jenem Morgen zu Françoise und Gérard stürzte», erzählt Kauffman. «Ich sagte: ‹Schaut mal – genau dort, wo die gefrorenen Komponenten schmelzen und nur lokker miteinander verbunden sind und wo die isolierten, nicht gefrorenen Inseln gerade beginnen, ihre Fühler auszustrecken, müßten die komplexesten Computationen zu finden sein!› Wir sprachen an diesem Morgen ausführlich darüber und waren uns einig, wie interessant das sei. Ich notierte mir, daß ich mich damit beschäftigen wollte. Aber – wir haben dann andere Dinge gemacht. Das war noch zu der Zeit meines Lebens, in der ich dachte: ‹Ach, für so etwas interessiert sich sowieso niemand.› Deshalb bin ich ganz davon abgekommen.»

So kam es, daß Kauffman all diesen Reden über den Rand des Chaos mit einer merkwürdigen Mischung aus *déjà vu*, Bedauern und Aufregung zuhörte. Den Gedanken empfand er irgendwie als seinen eigenen, aber er mußte doch zugeben, daß es Langton gewesen war, der den Zusammenhang zwischen Phasenübergängen, Computation und Leben zu etwas gemacht hatte, das mehr war als die vergängliche Laune eines Morgens. Langton hatte viel Arbeit in die präzise und strenge Fassung des Gedankens gesteckt, und er hatte etwas erkannt, was Kauffman entgangen war: daß der Rand des Chaos viel mehr ist als nur eine einfache Grenze zwischen völlig geordneten und völlig chaotischen Systemen. Langton machte Kauffman schließlich in vielen langen Gesprächen diesen entscheidenden Punkt klar: Der Rand des Chaos ist ein eigener Bereich, der Ort, wo sich Systeme mit lebensähnlichem, *komplexem* Verhalten befinden.

Langton habe also offensichtlich eine schöne und wichtige Arbeit geleistet, sagt Kauffman. Doch da er mit allen möglichen anderen Projekten beschäftigt gewesen sei – von der Zeit gar nicht zu reden, die er auf die Arbeit an seinem Buch verwandt habe –, seien mehrere Jahre verstrichen, bevor er schließlich die volle Bedeutung dieses Konzepts vom Rand des Chaos erkannt habe. Das sei erst im Sommer 1988 geschehen, als Norman Packard in Santa Fe ein Seminar über seine eigenen Arbeiten zu diesem Thema abgehalten habe.

Packard, der unabhängig von Langton etwa gleichzeitig auf den Phasenübergang gekommen war, hatte auch viel über Adaptation nachgedacht. Sind die anpassungsfähigsten Systeme diejenigen, die am besten rechnen können – also die Systeme an dieser drolligen Grenze? Das war ein ansprechender Gedanke, zu dem Packard eine einfache Simulation durchgeführt hatte. Er hatte mit einem Haufen Regeln für zelluläre Automaten begonnen und jeden darauf programmiert, eine bestimmte Berechnung durchzuführen. Dann hatte er einen Hollandschen genetischen Algorithmus integriert, der die Regeln danach auslas, wie gut sie sich bewährten. Dabei hatte er entdeckt, daß sich die Regeln, die die Berechnung gut ausführten, in der Tat schließlich an der Grenze zusammenfanden. Packard hatte seine Ergebnisse 1988 in dem Aufsatz «Adaptation to the Edge of Chaos» veröffentlicht – in dem übrigens der Ausdruck «Rand des Chaos» zum erstenmal gedruckt auftauchte. (Wenn Langton sich gewählt ausdrückte, sprach er vom «*Aufgang* des Chaos».)

Als Kauffman das hörte, war er wie vom Donner gerührt. «Es war einer jener Augenblicke, in denen ich sagte: ‹Natürlich!› Ein Schock des Wiedererkennens. Ich hatte wohl die Idee gehabt, daß am Phasenübergang komplexe Computation möglich ist. Aber ich war nicht auf den einfachen Gedanken gekommen, daß die natürliche Selektion einen dahin bringt. Das war mir einfach nicht eingefallen.»

Jetzt aber gewann dieses alte Problem von Selbstorganisation versus Selektion eine wunderbare neue Klarheit – Lebewesen sind *nicht* tief in das geordnete Regime verstrickt, wie er es in den letzten 25 Jahren behauptet hatte, wenn er sagte, die Selbstorganisation sei die mächtigste treibende Kraft in biologischen Prozessen. Lebende Systeme sind vielmehr dem Phasenübergang am Rand des Chaos sehr nahe, wo die Dinge viel lockerer und viel mehr im Fluß sind. Natürliche Selektion ist *nicht* der Gegenspieler der Selbstorganisation. Sie gleicht eher einem Bewegungsgesetz – einer Kraft, die ständig emergente, sich selbst organisierende Systeme an den Rand des Chaos drängt.

«Sprechen wir über Netzwerke als Modell für das genetische Regulationssystem», sagt Kauffman mit der Begeisterung eines Bekehrten. «Meiner Meinung nach können sparsam verknüpfte Netze im geordneten Bereich, die nicht zu weit vom Rand entfernt sind, viele der Eigenschaften wirklicher Embryonalentwicklung und wirklicher Zellarten und wirklicher Zelldifferenzierung ziemlich gut erklären. Wenn das so ist, können wir mit einiger Berechtigung vermuten, daß eine Milliarde Jahre Evolution die Zellarten in der Tat an den Rand des Chaos gebracht hat. Das ist also ein sehr deutlicher Hinweis darauf, daß die Vorstellung vom Rand des Chaos ihre Vorzüge haben muß.

Nehmen wir an, der Phasenübergang sei der Ort, wo komplexe

Computation stattfindet. Dann ist die zweite Behauptung so etwas wie: ‹Man gelangt dahin durch Mutation und Selektion›.» Packard hatte diese Behauptung mit seinem einfachen Modell für zelluläre Automaten bewiesen. Aber das war nur ein Modell. Kurz nachdem Kauffman Packards Vortrag gehört hatte, entwickelte er in Zusammenarbeit mit Sonke Johnsen, einem jungen Programmierer von der University of Pennsylvania, eine Simulation.

Kauffman und Johnsen stellten, im wesentlichen dem Beispiel Packards folgend, Paare simulierter Netze vor die Aufgabe, «Mismatch» zu spielen. Dabei wurde jedes der Netze so geschaltet, daß jeweils sechs seiner simulierten Glühlampen, die in verschiedenen Mustern flackerten, für den Gegner sichtbar waren. Das «tauglichste» Netzwerk war das mit den Flackermustern, die sich am stärksten von denen des Gegners *unterschieden*. Die Frage war, ob die Kopplung von Selektionsdruck und genetischem Algorithmus ausreichen würde, das Netz in den Bereich des Phasenübergangs zu führen, dorthin also, wo sie kurz vor dem Abdriften ins Chaos standen. In jedem Durchgang sei die Antwort Ja gewesen, sagt Kauffman, unabhängig davon, ob er und Johnsen die Netze im geordneten oder im chaotischen Bereich hätten beginnen lassen. Die natürliche Selektion führt anscheinend immer an den Rand des Chaos.

Beweist das die Behauptung? Kaum, sagt Kauffman. Eine Handvoll Simulationen beweise an sich noch gar nichts. «Wenn es sich bei vielen komplizierten Spielen herausstellen würde, daß der Rand des Chaos der beste Platz ist und daß man mit Mutation und natürlicher Selektion dorthin gelangt, dann ließe sich die ganze so herrlich einfache Vermutung vielleicht bestätigen», sagt er. Aber das sei eine jener Spuren, denen nachzugehen er noch keine Zeit gefunden habe. Es gebe noch viele andere Gedankenspiele, die ihn lockten.

Der in Dänemark geborene Physiker Per Bak war so etwas wie ein Joker im «Rand des Chaos»-Spiel. Er und seine Kollegen am Brookhaven National Laboratory auf Long Island hatten ihre Gedanken zu «selbstorganisierter Kritizität» zuerst 1987 veröffentlicht, und Phil Anderson gehörte zu denen, die seitdem von dieser Arbeit schwärmten. Als Bak im Herbst 1988 Los Alamos und das Santa-Fe-Institut besuchte, erwies er sich als rotwangiger junger Mann Mitte Dreißig, dessen herausforderndes Wesen oft schroff wirkte. «Ich weiß, wovon ich rede», antwortete er einmal, als Langton ihm in einem Seminar eine Frage stellte. «Wissen Sie, wovon *Sie* reden?» Sein Konzept des Phasenübergangs war mindestens so einfach und elegant wie Langtons und doch so völlig anders, daß es manchmal schwerfiel, einen Zusammenhang zu erkennen.

Bak erzählt, er und seine Mitarbeiter Chao Tang und Kurt Wiesenfeld hätten die selbstorganisierte Kritizität 1986 entdeckt, als sie Ladungsdichtewellen, ein Phänomen der Festkörperphysik, untersuchten. Bald schon erkannten sie darin ein viel allgemeineres und weiterreichendes Prinzip. Am anschaulichsten, sagt er, sei das Bild eines Sandhaufens auf einer Tischplatte, auf den von oben her ständig neue Sandkörner regnen. Der Haufen wächst zunächst immer höher. Dann aber fällt an den Seiten des Haufens und des Tisches der Sand genauso schnell hinab, wie oben neuer Sand hinzukommt. Denselben Zustand erreicht man, wenn man gleich mit einem großen Sandhaufen beginnt: Der Sand rinnt an den Seiten hinunter, bis aller überschüssige Sand fort ist.

So entsteht ein Sandhaufen, der insofern *selbstorganisiert* ist, als er ohne Eingriff von außen einen stationären Zustand erreicht. Er ist in dem Sinne in einem Zustand der *Kritizität*, daß die Sandkörner auf der Oberfläche gerade eben stabil sind. Der «kritische Sandhaufen» ähnelt in vieler Hinsicht der kritischen Masse von Plutonium, bei der die Kernkettenreaktion immer kurz davorsteht, in eine Kernexplosion überzugehen, es aber nicht tut. Die mikroskopisch kleinen Oberflächen und Ränder der Sandkörner sind in allen möglichen Kombinationen miteinander verbunden und bereit nachzugeben. Es ist also unmöglich vorherzusagen, was passiert, wenn ein Sandkorn auf den Haufen fällt. Vielleicht geschieht nichts. Vielleicht verschieben sich einige Körner ein bißchen. Vielleicht aber löst der winzige Stoß eine Kettenreaktion aus, und ein katastrophaler Erdrutsch reißt eine ganze Seite des Sandhaufens mit sich. All diese Dinge geschähen von Zeit zu Zeit, sagt Bak. Große Lawinen seien selten und kleine häufig. Der ständig regnende Sand aber löse Kaskaden aller Größen aus – eine Tatsache, die sich mathematisch darin zeigt, daß das Verhalten der Lawinen einem «Potenzgesetz» gehorcht: Die durchschnittliche Häufigkeit einer Lawine ist umgekehrt proportional zu einer Potenz ihrer Größe.

Das Entscheidende bei alldem sei, daß dieses Verhalten in der Natur sehr verbreitet ist. Es sei in der Aktivität der Sonne, im Licht der Galaxien, im elektrischen Strom, der durch einen Widerstand fließt, und in der Strömung des Wassers in einem Fluß beobachtet worden. Große Veränderungen seien selten, kleine häufig, aber alle kämen vor, und ihre Häufigkeit werde durch dieses Potenzgesetz bestimmt. Das Verhalten sei so verbreitet, daß seine Allgegenwart zu einem der quälenden Geheimnisse der Physik geworden sei: Warum?

Der Vergleich mit dem Sandhaufen lege eine Antwort nahe. Genau wie ein ständiger Zustrom von Sand einen Sandhaufen dazu veranlaßt, sich zu einem kritischen Zustand zu organisieren, bringt ein ständiger Zustrom von Energie oder Wasser oder Elektronen viele natürliche Systeme dazu, sich ähnlich zu organisieren. Sie werden zu kompliziert verschränkten Teilsystemen, die am Rand der Kritizität verharren – mit Zusammenbrüchen aller Größenordnungen, die die Dinge gerade so oft stören und umordnen, daß sie immer auf der Kippe bleiben.

Ein Musterbeispiel sei die Verteilung von Erdbeben, erklärt Bak. Jeder, der in Kalifornien lebt, weiß, daß die kleinen Erdbeben, bei denen das Geschirr rasselt, viel häufiger sind als die großen Erdbeben, die Schlagzeilen machen. Die Geologen Beno Gutenberg und Charles Richter (der die berühmte Richter-Skala entwickelte) wiesen 1956 darauf hin, daß diese Beben einem Potenzgesetz gehorchen: In jedem Gebiet ist die Anzahl der Erdbeben, die eine bestimmte Energiemenge freisetzen, umgekehrt proportional zu einer Potenz der Energie. (Diese Potenz wurde empirisch als etwa 3/2 bestimmt.) Das klang für Bak nach selbstorganisierter Kritizität. Deshalb simulierten er und Chao Tang eine Verwerfungszone, bei der die beiden Seiten der Verwerfung durch die stetige Bewegung der Erdkruste in entgegengesetzten Richtungen aneinander vorbeigeschoben werden. Das Standard-Erdbebenmodell besagt, das Gestein werde auf beiden Seiten der Bruchlinie durch enormen Druck und Reibung zusammengehalten; es widersteht der Bewegung, bis es zu einem ruckartigen Ausgleich der Spannung kommt. Nach Baks und Tangs Version dagegen verbiegen und verformen sich die Erdschollen auf beiden Seiten, bis sie aneinander vorbeischürfen können – woraufhin die Verwerfung in eine Kaskade kleinerer und größerer Rutschbewegungen verfällt, die eben ausreichen, die Spannung am kritischen Punkt zu halten. Man könne also davon ausgehen, schrieben sie, daß es ein Potenzgesetz für Erdbeben gebe; es sei einfach der Ausdruck dafür, daß die Erde ihre Verwerfungszonen seit langem in einen Zustand selbstorganisierter Kritizität zwinge. In der Tat gehorchten ihre simulierten Erdbeben einem Potenzgesetz, das dem von Gutenberg und Richter gefundenen sehr ähnelt.

Kurz nach Veröffentlichung dieser Arbeit, sagt Bak, habe man überall Hinweise auf selbstorganisierte Kritizität gefunden, zum Beispiel bei den Schwankungen der Börsenpreise und den Unwägbarkeiten des Stadtverkehrs. (Verkehrsstaus entsprechen kritischen Lawinen.) Zwar gebe es noch keine allgemeine Theorie, die beschreibe, welche Systeme in einen kritischen Zustand übergehen und welche nicht. Aber fest stehe, daß eine Menge Systeme genau dies täten.

Leider, fügt er hinzu, führe die selbstorganisierte Kritizität nur zu statistischen Aussagen über Lawinen; sie sage nichts über bestimmte Lawinen aus. Ein weiterer Fall, in dem man etwas noch nicht allein deshalb vorhersagen kann, weil man es verstanden hat. Die Wissenschaftler, die versuchen, Erdbeben vorherzusagen, werden schließlich vielleicht erfolgreich sein, aber nicht dank der selbstorganisierten Kritizität. Sie sind in derselben Situation wie winzige Forscher, die auf einem Sandhaufen leben. Diese mikroskopisch kleinen Forscher können sicherlich viele einzelne Messungen an Sandkörnern in ihrer unmittelbaren Umgebung durchführen und – mit großem Aufwand – vorhersagen, wann diese Sandkörner hinabrollen werden. Aber die Kenntnis des globalen Potenzgesetzes für das Verhalten von Lawinen hilft ihnen kein bißchen, weil globales Verhalten nicht von den lokalen Einzelheiten abhängt. Es macht nicht einmal einen Unterschied, ob die Sandhaufenforscher versuchen, das von ihnen vorhergesagte Hinabrieseln zu verhindern, indem sie Abstützungen und Mauern und dergleichen errichten. Damit verschieben sie die Lawine nur an einen anderen Ort, aber das globale Potenzgesetz bleibt dasselbe.

«Als Per Bak das Institut besuchte, habe ich gleich Feuer gefangen», erklärt Kauffman, und Langton, Farmer und all die anderen in Santa Fe hatten, trotz der Borstigkeit dieses Messias, ein ähnliches Gefühl. Selbstorganisierte Kritizität war offenbar ein weiteres wichtiges Teilchen des Puzzles, das einmal ein Bild vom Rand des Chaos ergeben sollte. Jetzt kam es darauf an herauszufinden, wo es hinpaßte.

Die selbstorganisierte Kritizität war offensichtlich am Rand von etwas. In mancher Hinsicht ähnelte dieses Etwas den Phasenübergängen, mit denen Langton in seiner Dissertation rang. In den Phasenübergängen «zweiter Ordnung», die ihm für den Rand des Chaos besonders wichtig erschienen, zeigt zum Beispiel eine wirkliche Substanz mikroskopisch kleine Dichteschwankungen in allen Größenordnungen; genau beim Übergang gehorchen die Schwankungen einem Potenzgesetz. In den abstrakteren Phasenübergängen zweiter Ordnung, die Langton im Von-Neumann-Universum entdeckt hatte, zeigen auch zelluläre Automaten der Klasse IV wie das «Spiel des Lebens» Strukturen und Fluktuationen und «ausgedehnte Übergänge» in allen Größenordnungen.

Die Analogie ließ sich sogar mathematisch präzise fassen. Langtons geordnetes Regime, in dem die Systeme immer zu einem stabilen Zustand konvergieren, war wie ein subkritisches Stück Plutonium, in dem die Kettenreaktionen sich immer totlaufen, oder wie ein winziger Sandhaufen, in dem die Lawinen niemals wirklich in Bewegung geraten. Sein chaotisches Regime, in dem die Systeme sich immerzu in unvorhersagbarer Weise gegen die Unbilden ihrer Umgebung behaupten müssen, war wie ein superkritisches Stück Plutonium, in dem eine Kettenreaktion durchgeht, oder wie ein riesiger Sandhaufen, der kollabiert, weil er sich nicht selbst aufrechterhalten kann. Der Rand des Chaos liegt, wie der Zustand selbstorganisierter Kritizität, genau an dieser Grenze.

Es gibt jedoch auch einige verblüffende Unterschiede. Der entscheidende Punkt in Langtons Vorstellung vom Rand des Chaos war, daß Systeme an diesem Rand die Möglichkeit haben, komplexe Berechnungen – Computationen – anzustellen und lebensähnliches Verhalten zu zeigen. Baks kritischer Zustand hatte nichts mit Leben und Computation zu tun. (Können Erdbeben rechnen?) Außerdem gab es in Langtons Formulierung nichts, das besagte, Systeme *müßten* am Rand des Chaos sein; wie Packard gezeigt hatte, können sie nur durch eine Art natürlicher Selektion dorthin gelangen. Baks Systeme hingegen kommen spontan in den kritischen Zustand, angetrieben durch die Zufuhr von Sand oder Energie oder was auch immer. Es war (und ist) ein ungelöstes Problem, genau zu verstehen, wie diese beiden Auffassungen vom Phasenübergang zusammenpassen.

Kauffman machte sich darüber keine Sorgen. Er war sicher, daß die Konzepte, jenseits von Detailfragen, stimmen und auf irgendeiner Ebene ineinandergreifen. So wurde ihm durch Baks Sicht etwas klar, das ihn schon seit einer Weile quälte. Daß einzelne Agenzien am Rand des Chaos stehen, war für ihn keine Frage – dort ist ja der dynamische Bereich, der es ihnen ermöglicht, zu denken und zu leben. Aber wie verhält es sich mit einem ganzen System von Agenzien? Die Wirtschaft zum Beispiel: Menschen sprechen von ihr, als ob sie Launen und Reaktionen und Fieberanfälle hätte. Befindet *sie* sich am Rand des Chaos? Oder Ökosysteme? Das Immunsystem? Die erdumspannende Gemeinschaft der Nationen?

Intuitiv möchte man glauben, sie seien alle dort, sagt Kauffman, und sei es nur, um Emergenz sinnvoll zu machen. Eine Gruppe von Molekülen bilde eine lebende Zelle, und die Zelle befinde sich mutmaßlich deshalb am Rand des Chaos, weil sie lebendig sei. Eine Gruppe von Zellen bilde einen Organismus und eine Gruppe von Organismen ein Ökosystem et cetera. So weitergedacht scheine die Annahme vernünftig, daß jede neue Ebene in demselben Sinne «lebe» – weil sie am Rand oder in der Nähe vom Rand des Chaos sei.

Aber genau da lag das Problem. Ob diese Auffassung nun vernünftig ist oder nicht: Wie läßt sie sich prüfen? Langton hatte einen Phasenübergang erkennen können, indem er nach zellulären Automaten suchte, die auf einem Computerbildschirm komplexes Verhalten zeigten. Wie aber sollte man analog mit Ökonomien oder Ökosystemen in der *wirklichen* Welt verfahren? Wie sollte man beurteilen, was einfach und was komplex ist, wenn man sich das Verhalten der Börse anschaut? Was genau *bedeutet* es, wenn man sagt, die Weltpolitik oder der brasilianische Regenwald stünde am Rand des Chaos?

Baks Konzept der selbstorganisierten Kritizität bot eine Lösung. Man kann davon sprechen, daß sich ein System im kritischen Zustand beziehungsweise am Rand des Chaos befindet, wenn es in allen Größenordnungen Wellen der Veränderung und der Turbulenz zeigt und wenn die Größe dieser Veränderungen einem durch das Potenzgesetz festgelegten Verhältnis entspricht. Das war natürlich nur eine mathematisch präzisere Fassung dessen, was Langton schon seit langem behauptete: Ein System kann komplexes, lebensähnliches Verhalten nur dann zeigen, wenn es genau im richtigen Gleichgewicht zwischen Stabilität und Fluidität balanciert. Aber wenn man sich am Potenzgesetz orientierte, konnte man auf exakte Messungen hoffen.

Um zu sehen, wie das funktioniert, sagt Kauffman, stelle man sich ein stabiles Ökosystem oder einen ausgereiften Industriesektor vor, in dem sich alle Agenzien gut aneinander gewöhnt haben. Es gibt wenig oder keinen Druck, sich an andere Verhältnisse anzupassen. Und doch können die Agenzien nicht immer so bleiben, weil schließlich eins von ihnen eine Mutation durchlaufen wird, die groß genug ist, es aus dem Gleichgewicht zu bringen. Vielleicht stirbt der alte Firmengründer, und eine neue Generation mit neuen Ideen übernimmt die Leitung. Oder vielleicht verleiht ein zufälliges genetisches Cross-over einer Spezies die Fähigkeit, sich viel schneller fortzubewegen als zuvor. «Dieses Agens verändert sich also, und dann bringt es einen seiner Nachbarn dazu, sich zu verändern, und es kommt zu einer ganzen Lawine von Veränderungen, bis alles wieder aufhört, sich zu verändern.» Dann komme es wieder zu einer anderen Mutation. Man könne sich vorstellen, ein stetiger Regen zufälliger Mutationen überschütte die Population, genau wie Baks Sandhaufen ständig mit Sandkörnern berieselt werde – man könne also erwarten, daß jede Population, in der die Agenzien viel miteinander wechselwirkten, in einen Zustand selbstorganisierter Kritizität komme, bei denen Lawinen der Veränderung einem Potenzgesetz gehorchen.

In den fossilen Ablagerungen, sagt Kauffman, würde sich dieser Prozeß als eine Folge von langen statischen Perioden und raschen Ausbrüchen evolutionären Wandels zeigen – genau das «durchbrochene Gleichgewicht», das viele Paläontologen, insbesondere Stephen J. Gould und Niles Eldredge, in den versteinerten Dokumenten erkennen. Daraus läßt sich folgern, daß diese Veränderungslawinen hinter den großen Aussterbephasen der Erdgeschichte stehen, in denen ganze Artengruppen verschwanden und durch völlig neue ersetzt wurden. Ein auf die Erde gefallener Asteroid oder Komet könnte vor 65 Millionen Jahren sehr wohl die Dinosaurier getötet haben; viele Anzeichen sprechen dafür. Die meisten oder alle anderen großen Perioden des Aussterbens können jedoch ausschließlich interne Ursachen gehabt haben – ungewöhnlich große Lawinen in einem globalen Ökosystem am Rand des Chaos. «Wir haben nicht genug Daten aus den fossilen Funden, um solche Ereignisse überzeugend belegen zu können», sagt Kauffman. «Aber man kann das, was man hat, grafisch darstellen, um zu sehen, ob man ein Potenzgesetz findet, und im groben erhält man auch eines.» Nicht lange nachdem er Baks Vortrag gehört hatte, versuchte er sich an einer solchen Kurve. Sie stellte keineswegs ein vollkommenes Potenzgesetz dar, denn es gab im Verhältnis zu den kleinen Lawinen nicht genug große. Dennoch – wenn das Ergebnis auch nur halbwegs befriedigend war, so ermutigte es ihn doch in Anbetracht der Unsicherheiten in den Daten, diesem Weg weiter zu folgen.

Dieser Teilerfolg führte Kauffman zu der Frage, ob die dem Potenzgesetz gehorchenden Lawinen der Veränderung ein allgemeines Kennzeichen von «lebenden» Systemen am Rand des Chaos sein könnten – des Aktienmarkts, der verwobenen Netze der Technologie, des Regenwalds und so weiter. Noch lange nicht sind alle Daten bekannt, aber ihm erscheint diese Vermutung plausibel. In letzter Zeit ist er durch sein Nachdenken über Ökosysteme am Rand des Chaos auf ein anderes Thema aufmerksam geworden: Wie kommen sie dorthin?

Packards wie auch seine ursprüngliche These war, Systeme gelangten durch Adaptation an den Rand des Chaos, und Kauffman war weiterhin davon überzeugt, daß dies im Prinzip richtig sei. Das Problem war: In den Modellen, die er und Packard entwickelt hatten, waren die Systeme an eine Definition von «tauglich» angepaßt, die *sie* ihnen willkürlich auferlegt hatten. Natürlich wird in wirklichen Ökosystemen Tauglichkeit nicht von außen vorgegeben; sie ergibt sich im Zuge der Koevolution, indem jedes Individuum immerzu bemüht ist, sich an alle anderen anzupassen. Das ist genau das Thema, das John Holland zur Beschäftigung mit seinem «Echo»-Modell veranlaßt hatte: Eine Definition der Tauglichkeit von außen vorzugeben ist Augenwischerei. Die wirkliche Frage war also nicht, ob Adaptation an sich Systeme an den Rand des Chaos führt, sondern ob die *Koevolution* dies bewirken kann.

Um das herauszufinden – oder zumindest um diese Fragen für sich zu klären –, beschloß Kauffman, wieder zusammen mit Sonke Johnsen, eine weitere Computersimulation durchzuführen. Für ein Modell eines Ökosystems war diese Simulation, wie er sagt, ein recht gutes konnektionistisches Netz. (Der Kern des Programms ist eine Variante seines «NK-Landschaftsmodells», das er in den letzten Jahren entwickelt hat, um die natürliche Selektion besser zu verstehen und zu ergründen, was es für die Tauglichkeit einer Art bedeutet, wenn sie von vielen verschiedenen Genen abhängt. Der Name bezieht sich auf die Tatsache, daß jede Art *n* Gene hat, deren Tauglichkeit jeweils von *k* anderen Genen abhängt.) Das Modell war noch abstrakter als Hollands «Echo», doch das Konzept, sagt Kauffman, sei ganz einfach. Man beginnt mit der Vorstellung eines Ökosystems, in dem die Arten frei mutieren und sich durch natürliche Auslese entwickeln, aber nur in ganz bestimmter Weise miteinander wechselwirken können. Der Frosch versucht also immer, mit seiner klebrigen Zunge die Fliege zu fangen, der Fuchs jagt immer das Kaninchen und so weiter. Das Modell läßt sich auch als Wirtschaftssystem interpretieren, in dem sich jede Firma intern nach Belieben organisieren kann, die Beziehungen zu anderen Firmen jedoch durch ein Netzwerk von Verträgen und Vorschriften bestimmt werden.

Doch im Rahmen dieser Zwänge gibt es noch reichlich Raum für Koevolution. Wenn der Frosch zum Beispiel eine längere Zunge ausbildet, muß die Fliege lernen, schneller zu entkommen. Wenn die Fliege in ihrem Körper einen Stoff bildet, der den Frosch davon abhält, sie zu fressen, muß der Frosch lernen, diese Abneigung zu überwinden. Wie läßt sich das veranschaulichen? Eine Möglichkeit, erklärt Kauffman, bestehe darin, sich eine Spezies nach der anderen anzusehen. Der Frosch zum Beispiel merke in jedem gegebenen Moment, daß sich eine bestimmte Strategie besser bewährt als alle anderen. In jedem gegebenen Moment bilde also die Menge aller ihm zugänglichen Strategien eine Art imaginärer Landschaft der «Tauglichkeit», in der die nützlichsten Strategien oben auf den Gipfeln seien und die am wenigsten nützlichen unten im Tal. Während sich die Spezies Frosch entwickle, bewege sie sich in dieser Landschaft umher, und jedesmal, wenn sie eine Mutation durchlaufe, gehe sie zu einer neuen Strategie über. Die natürliche Selektion stelle dabei sicher, daß die Bewegung im Mittel immer nach oben, zu größerer Tauglichkeit hin strebe. Mutationen, die den Organismus nach unten führten, tendierten zum Aussterben.

Dasselbe geschehe mit der Fliege, dem Fuchs, dem Kaninchen und so weiter, sagt Kauffman. Jede Art bewegt sich in ihrer eigenen Landschaft. Für die Koevolution ist entscheidend, daß all diese Landschaften *nicht* unabhängig voneinander, sondern gekoppelt sind. Was sich für den Frosch als günstige Strategie erweist, hängt davon ab, was die Fliege tut und umgekehrt. «Wenn sich jedes einzelne Agens anpaßt, beeinflußt es damit das, was alle anderen Agenzien als tauglich erachten. Man muß sich vorstellen: Der Frosch klettert den Berg hinauf zu einem Gipfel in *seinem* strategischen Raum, und die Fliege steigt in *ihrem* Raum zum Gipfel empor, aber während sie sich in dieser Weise fortbewegen, verformen sich die Landschaften.» Es ist, als gehe jeder auf Gummi.

Jetzt stelle sich die Frage: Welche Art Dynamik erhält man in einem solchen System? Welche Art globalen Verhaltens beobachtet man, und in welcher Beziehung stehen diese Verhaltensweisen zueinander? Hier komme die Simulation ins Spiel, erklärt Kauffman. Als er und Johnsen ihr NK-Ökosystem-Modell fertig hatten, fanden sie genau die drei Bereiche, auf die Langton gestoßen war: einen geordneten, einen chaotischen und einen Phasenübergang am Rand des Chaos.

Das sei sehr befriedigend gewesen, sagt Kauffman. «Es hätte nicht so sein müssen, aber es war so.» In der Rückschau sei der Grund dafür leicht zu sehen. «Man stelle sich ein großes Ökosystem vor, in dem alle Landschaften gekoppelt sind. Nur zwei Dinge können passieren. Entweder klettern die Arten alle nach oben, und die Landschaft verformt sich unter ihnen, so daß sie immer weiter umherstapfen und niemals zum Stillstand kommen –

oder eine Gruppe benachbarter Arten bleibt stehen, weil sie das erreicht haben, was John Maynard-Smith eine entwicklungsgeschichtlich stabile Strategie nennt.» Jede Art in der Gruppe habe sich dann so gut an die anderen angepaßt, daß es keinen unmittelbaren Anreiz zur Veränderung gebe.

«Nun können beide Vorgänge in demselben Ökosystem gleichzeitig ablaufen, je nach Struktur der Landschaften und ihrer Kopplung. Man schaue sich also die Spieler an, die sich nicht mehr bewegen, weil sie ein lokales Optimum erreicht haben, und male sie rot an und die anderen grün.» Das taten er und Johnsen wirklich, als sie die Simulation auf dem Bildschirm darstellen wollten. Wenn das System tief im chaotischen Regime steckt, steht fast nichts still. Der Bildschirm zeigt ein grünes Meer mit nur wenigen hier und da aufleuchtenden roten Inseln, auf denen einige wenige Arten ein vorläufiges Gleichgewicht gefunden haben. Wenn das System hingegen tief im geordneten Regime steckt, ist fast jede Art im Gleichgewicht. Man sieht also ein rotes Feld, durch das hier und da einige grüne Flecken schlängeln, einzelne Arten, die es irgendwie nicht fertigbringen, zur Ruhe zu kommen.

Beim Phasenübergang sind Ordnung und Chaos natürlich im Gleichgewicht. Dann scheint der Bildschirm vor Leben zu bersten. Rote und grüne Inseln verweben sich ineinander und werfen Fangarme aus wie Fraktale. Ständig finden Teile des Ökosystems ein Gleichgewicht und werden rot; andere blinken und werden grün, während sie neue Wege erkunden, sich weiterzuentwickeln. Wellen der Veränderung spülen in allen Größenordnungen über den Schirm – einschließlich gelegentlich auftretender Riesenwellen, die spontan über den Schirm laufen und das Ökosystem bis zur Unkenntlichkeit verändern.

Es sehe aus wie das durchbrochene Gleichgewicht in Aktion, sagt Kauffman. Aber soviel Spaß es auch mache, die drei dynamischen Bereiche auf diese Weise zu betrachten – und so befriedigend es sei zu sehen, daß das Koevolutionsmodell wirklich einen Phasenübergang vollziehe, wie es der Idee vom Rand des Chaos entspreche – es erkläre doch nur einen Teil des Ganzen, denn man wisse ja immer noch nicht, wie Ökosysteme in diesen Grenzbereich gelangen können. Andererseits seien bei alldem, was er bis jetzt über gummiartige, deformierbare Zustände der Tauglichkeit gesagt habe, nur Mutationen in einzelnen Genen berücksichtigt. Wie aber sei es, wenn die *Struktur* des Genoms der Art verändert werde – die Anweisung, die die Wechselwirkung der Gene untereinander steuert? Diese Struktur sei vermutlich ebenso ein Produkt der Evolution wie die Gene selbst. «Man kann sich also eine evolutionäre Metadynamik vorstellen, einen Vorgang, der die interne Organisation eines jeden Agens so abstimmen kann, daß sie sich alle am Rand des Chaos befinden.»

Um diesen Gedanken auszuprobieren, erlaubten Kauffman und Johnsen den Agenzien, die interne Organisation ihrer Simulation zu verändern. Das lief auf das hinaus, was John Holland «exploratives Lernen» nennt. Als Ergebnis stellte sich tatsächlich eine Bewegung des Ökosystems als Ganzes zum Rand des Chaos hin ein.

Wieder einmal, sagt Kauffman, lasse sich im Rückblick leicht ein Grund dafür finden. «Wenn wir tief im geordneten Regime sind, ist jeder auf dem Gipfel seiner Tauglichkeit, und alle kommen gut miteinander aus – aber das sind lausige Gipfel.» Jeder sei sozusagen im Vorgebirge, ohne Möglichkeit, sich loszueisen und in die eigentliche Bergwelt zu gelangen. Auf menschliche Organisationen bezogen sei das, als werde die Arbeit so aufgeteilt, daß niemand irgendwelche Freiheit hat; alles, was die Arbeiter tun könnten, sei zu lernen, wie sie die eine Arbeit ausführen müssen, für die sie angestellt worden seien, und nichts sonst. Ganz gleich, worauf man den Gedanken anwende, es sei klar, daß es jedem zum Vorteil gereiche, wenn die Individuen in den Organisationen etwas mehr Freiheit erhielten, ihren eigenen Rhythmus zu finden. Das eingefrorene System werde etwas beweglicher, die Tauglichkeit verbessere sich, und die Agenzien kämen in ihrer Gesamtheit dem Rand des Chaos etwas näher.

«Wenn wir dagegen tief im chaotischen Regime stecken, bringt jede Veränderung alles durcheinander. Keiner kommt zum Gipfel, weil sich alle gegenseitig hinunterstoßen – es erinnert an Sisyphus, der den Felsbrocken bergauf zu rollen versucht. Die Tauglichkeit des einzelnen ist dann ziemlich gering.» Auf Organisationen bezogen sei es, als wäre die Befehlsstruktur in jeder Firma so unklar, daß keiner die geringste Ahnung habe, was getan werden soll – und die Hälfte der Zeit arbeiteten sowieso alle gegeneinander. Es lohne sich also offenbar für einzelne Agenzien, in enger Beziehung zueinander zu stehen, so daß sie sich an das anpassen können, was andere Agenzien tun. Das chaotische System werde etwas stabiler, die Tauglichkeit steige insgesamt, und wieder nähere sich das Ökosystem als Ganzes dem Rand des Chaos.

Irgendwo zwischen dem geordneten und dem chaotischen Regime müsse die Gesamttauglichkeit einen Höchstwert erreichen. «Unsere numerischen Simulationen zeigen, daß die maximale Tauglichkeit genau beim Phasenübergang erreicht ist. Das Entscheidende ist also, daß jeder Spieler, wie von einer unsichtbaren Hand gesteuert, zu seinem eigenen Vorteil die Landschaft verändert und das System insgesamt zum Rand des Chaos strebt.»

So ergebe sich das Gesamtbild: Anhaltspunkte liefere eine Art Potenzgesetz, das in den Fossilien zum Ausdruck komme und vermuten lasse, daß die globale Biosphäre nahe am Rand des Chaos liege. Einige Computermodelle zeigten, daß Systeme ihren Weg an den Rand des Chaos durch natürliche Selektion finden können. Ein neues Computermodell demonstriere, daß Ökosysteme in der Lage seien, durch Koevolution an den Rand des Chaos zu gelangen. «Bis heute ist das der einzige mir bekannte Hinweis darauf, daß der Rand des Chaos wirklich dort ist, wo komplexe Systeme bei der Lösung komplexer Aufgaben eine Rolle spielen. Es ist noch ziemlich vage. Ich bin zwar in diese Hypothese geradezu verliebt – ich finde sie absolut plausibel und glaubwürdig und faszinierend –, aber ich weiß nicht, ob sie allgemein gültig ist.»

«Wenn sie es aber ist», fährt er fort, «dann ist sie von großer Bedeutung. Sie würde für Wirtschaftssysteme und alles andere gelten.» Sie würde uns helfen, unsere Welt umfassender zu verstehen, als es uns bisher möglich war. Sie wäre eine Stütze für den hypothetischen neuen Zweiten Hauptsatz. Und sie würde Stuart Kauffmans dreißigjähriger Suche nach einer gesetzmäßigen Verbindung von Selbstorganisation und natürlicher Selektion entscheidende Impulse geben können.

Schließlich, sagt Kauffman, müsse ein neuer Zweiter Hauptsatz zumindest noch einen weiteren Aspekt berücksichtigen: «Es muß in ihm etwas über die Grundtatsache enthalten sein, daß Organismen seit dem Beginn des Lebens immer komplexer geworden sind. Wir müssen wissen, *warum* sie komplexer geworden sind. Welchen Vorteil hat das?»

Die einzig ehrliche Antwort sei: Niemand wisse das – noch nicht. «Aber diese Frage habe ich immer im Hinterkopf. Es beginnt mit dem Modell vom Ursprung des Lebens und den autokatalytischen Systemen und geht weiter zu einer Theorie der Komplexität und Organisation, die daraus folgen kann.» Diese Theorie sei immer noch äußerst nebulös und im Versuchsstadium. Er könne nicht behaupten, er sei damit zufrieden. «Aber darin liegen meine eigenen tiefsten Hoffnungen auf Carnots Eingebung begründet.»

Aus seiner Sicht hatte die Idee der autokatalytischen Systeme eine Weile in der Luft gehangen. Nachdem er, Farmer und Packard die Simulation zum Ursprung des Lebens 1986 veröffentlicht hatten, beschäftigte Farmer sich weiter mit seiner Theorie der Vorhersagen, und Packard half Stephen Wolfram, an der University of Illinois ein Institut zur Erforschung komplexer Systeme aufzubauen; Kauffman hatte das Gefühl, allein mit dem Modell nicht weiterzukommen.

Deshalb arbeitete er etwa vier Jahre lang relativ wenig an der Autokatalyse und wandte sich ihr erst im Mai 1990 wieder ganz zu, als er an einem Seminar von Walter Fontana teilnahm, einem jungen Südtiroler, der kurz zuvor zu Farmers «Complex Systems»-Gruppe in Los Alamos gestoßen war.

Fontana begann das Seminar mit einer jener kosmischen Beobachtungen, die so täuschend einfach erschienen. Im Weltall gebe es von den Quarks bis zu den Galaxien ungeheuer viele Größenordnungen, und doch, sagte er, fänden wir mit Leben verknüpfte komplexe Phänomene nur in der Größenordnung der Moleküle. Warum?

Die Antwort liege auf der Hand: «Chemie». Das Leben sei offensichtlich ein chemisches Phänomen, und nur Moleküle könnten spontan in komplexer Weise chemisch miteinander reagieren. Aber wieder stelle sich die Frage: Warum? Was ermögliche Molekülen, etwas zu tun, was Quarks und Quasare nicht können?

Zweierlei, sagte er. Die erste Quelle für die Macht der Chemie sei einfach die Vielfalt: Anders als Quarks, die sich nur jeweils zu dritt zu Protonen und Neutronen verbinden könnten, ließen sich Atome zu ungeheuer vielen Strukturen ordnen und umordnen. Der Raum der molekularen Möglichkeiten sei praktisch unendlich. Die zweite Quelle der Macht sei Reaktivität: Struktur A könne Struktur B dazu bringen, etwas Neues zu bilden: Struktur C.

Natürlich lasse diese Definition eine Menge von Dingen außer Betracht, die, wie die Reaktionsgeschwindigkeit und die Temperaturabhängigkeit, für ein Verständnis der wirklichen Chemie entscheidend seien. Das sei Absicht. Er behaupte, «Chemie» sei ein Begriff, der sich auf eine große Vielfalt komplexer Systeme anwenden lasse, auf Wirtschaftssysteme wie auf Technologien und auch das Denken. (Güter und Dienstleistungen bringen in Wechselwirkung mit Gütern und Dienstleistungen neue Güter und Dienstleistungen hervor, Gedanken führen in Wechselwirkung mit Gedanken zu neuen Gedanken und so weiter.) Deshalb, sagte er, müsse ein Computermodell, das die Chemie auf ihre reinste Form – Vielfalt und Reaktionsbereitschaft – destilliere, völlig neue Betrachtungsweisen für das Wachstum der Komplexität in der Welt eröffnen.

Fontana kam auf das Wesen des Programmierens zu sprechen, um zu definieren, was er algorithmische Chemie oder «Alchemie» nannte. Wie John von Neumann vor langer Zeit betont habe, erklärte er, führe ein Teil eines Computercodes ein Doppelleben. Einerseits sei er ein Programm, eine Folge von Befehlen, die dem Computer sagen, was er tun soll. Andererseits bestehe er nur aus Daten, aus einer Kette von Zeichen irgendwo im Innern des Arbeitsspeichers. Wir können mit Hilfe dieser Tatsache eine chemische Reaktion zwischen zwei Programmen definieren. Programm A gibt einfach Programm B ein und führt es aus. Dabei erzielt es eine Reihe von Ergebnissen, die der Computer jetzt als neues Programm C deutet.

Als nächstes, sagte Fontana, nehme man ein paar Milliarden dieser Zeichenketten-Programme, tue sie in einen simulierten Topf, wo sie nach Belieben wechselwirken können, und beobachte, was passiert. Die Ergebnisse ähnelten jenen des autokatalytischen Modells von Kauffman, Farmer und Packard, aber mit seltsamen und wunderbaren Abweichungen. Es seien natürlich sich selbst erhaltende autokatalytische Systeme, doch gebe es auch Systeme, die grenzenlos wachsen, solche, die sich selbst instand setzen, wenn «Chemikalien», aus denen sie bestehen, vernichtet werden, und solche, die sich verändern und anpassen, wenn neue Bestandteile hinzukommen. Es gebe sogar Paare von Systemen, die keine gemeinsamen Elemente haben, sich aber gegenseitig katalysieren. Kurz, das Alchemie-Programm lege nahe, daß Populationen reiner Prozesse – seine Zeichenketten-Programme – für das spontane Entstehen sehr lebhafter Strukturen durchaus genügten.

«Ich fand das, was Walter Fontana gemacht hatte, sehr spannend», sagt Kauffman. «Ich hatte meine autokatalytischen Polymere schon lange als ein Modell für wirtschaftliche und technologische Netze gesehen, aber ich war nicht über Polymere hinausgekommen. Sobald ich Walter hörte, war es geschehen. Er hatte es herausgefunden.»

Kauffman beschloß, Fontanas Anregung zu folgen und wieder in das Spiel der Autokatalyse einzusteigen – aber mit einem ganz eigenen Dreh. Fontana hatte die abstrakte Chemie als Muster für eine neue Art des Nachdenkens über Emergenz und Komplexität identifiziert. Aber stellten seine Ergebnisse wirklich eine allgemeine Eigenschaft der abstrakten Chemie dar? Oder waren sie nur das Resultat seiner Programmierkunst?

Diese Frage hatte Kauffman schon 1963 im Hinblick auf Regulationssysteme für Genome gestellt, als er seine ersten Netzwerkmodelle entwickelte. «Genau wie ich damals die allgemeinen Eigenschaften von genetischen Netzen herausfinden wollte», sagt er, «wollte ich mich jetzt mit den allgemeinen Eigenschaften der abstrakten Chemie befassen. Was sind die spezifischen Folgen für das sich entfaltende Verhalten, wenn man die Komplexität der Chemie und anderer Dinge, etwa die Vielfalt im ursprünglichen Molekül-Cluster, verändert? Statt also Fontanas «Alchemie»-Ansatz direkt zu folgen, abstrahierte Kauffman den Gedanken weiter. Er verwendete weiterhin Zeichenketten zur Darstellung der «Moleküle» des Systems, doch verzichtete er darauf, sie zu Programmen zu machen. Sie konnten irgendwelche Folgen von Zeichen sein: 110100111, 10, 111111 und so weiter. Die «Chemie» seines Modells war einfach eine Reihe von Regeln, die festlegten, wie sich gewisse Zeichenketten in gewisse andere Zeichenketten verwandeln ließen. Da Zeichenketten den Wörtern einer Sprache entsprechen, bezeichnete er diese Regeln als «Grammatik». (Solche Transformationsgrammatiken für Zeichenketten werden im Zusammenhang mit Programmiersprachen ausführlich untersucht; dadurch war Kauffman überhaupt auf diesen Gedanken gekommen.) So gelangte er zur Beschreibung von Verhaltensweisen, die sich aus verschiedenen Chemien ergeben, indem er nach dem Zufallsprinzip grammatische Regeln erzeugte und dann beobachtete, welche autokatalytischen Strukturen sich daraus bilden.

«Das geht etwa so», erklärt er. «Man beginnt mit einer Menge von Zeichenketten und läßt sie nach den grammatischen Regeln aufeinander wirken. Es kann dann passieren, daß die neuen Ketten immer länger sind als die alten, so daß man niemals eine Kette erhält, die man schon einmal hatte.» Das bezeichne er als «Jet»: Im Raum aller möglichen Ketten entstehe Struktur, die immer weiter nach außen rast, ohne je zurückzuschauen. «Wenn man eine Wolke solcher Zeichenketten erzeugen will, kann man mit einer Folge anfangen, die man vorher schon irgendwie erzeugt hat. Dann sprechen wir von einem ‹Pilz›. Das entspricht meinen autokatalytischen Systemen; sie sind ein Modell dafür, wie man sich am eigenen Schopf ins Dasein ziehen kann. Man kann aber auch eine Kette bekommen, die immer nur sich selbst erzeugt und einfach dort in ihrem Raum verharrt. Das nenne ich ein ‹Ei›. Es ist ein sich selbst reproduzierendes Etwas, in dem sich aber keines seiner Elemente selbst reproduziert. Oder man kann das erzeugen, was ich einen ‹Filigrannebel› nenne – man kann alle möglichen Ketten überall erhalten, bis auf einige, die nicht möglich sind, wie zum Beispiel 110110110. Viele neue Dinge, mit denen man spielen kann.»

Und was sagt all dies über das geheimnisvolle, unausweichliche Wachstum der Komplexität? Möglicherweise viel, sagt Kauffman. «Das Wachstum der Komplexität hat wirklich etwas mit Systemen zu tun, die fern vom Gleichgewicht sind und sich selbst zu immer höheren Organisationsebenen aufbauen – Atomen, Molekülen, autokatalytischen Systemen und so weiter. Entscheidend ist, daß diese Größen, wenn sie einmal auf einem höheren Niveau entstanden sind, auch miteinander wechselwirken können.» Ein Molekül könne sich mit einem Molekül zu einem neuen Molekül verbinden. Ganz ähnliches geschehe mit den Objekten, die in der Welt der Zeichenketten entstehen: Dieselbe Chemie, die sie erschaffe, lasse es zu, daß sie in vielfacher Weise miteinander wechselwirken, einfach durch den Austausch von Ketten. «Zum Beispiel kann man eine Zeichenkette von außen in ein Ei einpflanzen, und das Ei verwandelt sich in einen Jet oder in ein anderes Ei oder in einen Filigrannebel. Das gleiche gilt für alle diese Objekte.»

Jedenfalls, sagt Kauffman, wenn es solche Wechselwirkungen einmal gebe, müßte unter den richtigen Bedingungen auch Autokatalyse eintreten – ganz gleich, ob man von Molekülen oder Volkswirtschaften spreche. «Wenn man einmal auf höherem Niveau eine hinreichende Vielfalt hat, macht man eine Art autokatalytischen

Phasenübergang durch – und erhält auf dieser Ebenc cine enorme Vielfalt von Dingen.» Diese sich vervielfachenden Entitäten träten dann wieder in Wechselwirkung miteinander und erzeugten auf einer noch höheren Ebene autokatalytische Systeme. «So erhält man eine ganze Hierarchie, von Dingen niedrigerer Ordnung bis zu solchen höherer Ordnung – jedes macht so etwas wie einen autokatalytischen Phasenübergang durch.»

Wenn das alles wirklich zutreffe, sagt Kauffman, beginne man zu ahnen, warum die Zunahme von Komplexität so unausweichlich sei: Es sei nichts weiter als der Ausdruck jenes Gesetzes der Autokatalyse, das (vielleicht) den Ursprung des Lebens bewirkt hat. Sicherlich müsse dies auch ein Bestandteil des vermuteten neuen Zweiten Hauptsatzes werden – doch das könne noch nicht alles sein. Wenn man darüber nachdenke, sei diese nach oben strebende Treppe der Ebenen ja nichts anderes als eine neue Art der Selbstorganisation. Wie komme sie durch natürliche Auslese und Anpassung zustande?

Dazu gebe es wirklich nur ein paar Vermutungen, erklärt Kauffman. Eine Idee sei ihm kürzlich gekommen: «Wenn man mit einem Startset von Zeichenketten beginnt, können sie zu autokatalytischen Systemen von Ketten führen, zu autokatalytischen Systemen, die Jets abschießen, oder zu Pilzen oder Eiern, was immer. Aber sie könnten auch tote Ketten hervorbringen. Eine ‹tote› Kette ist eine, die untätig ist. Sie kann weder Katalysator sein noch reagieren.»

Ein System, das viele tote Ketten herstelle, könne es natürlich nicht sehr weit bringen – das entspräche einem Wirtschaftssystem, das vor allem Schnickschnack herstellt, den niemand kaufen will. «Wenn aber die ‹lebendigen›, produktiven Ketten sich irgendwie so organisieren können, daß sie nicht so viele tote Ketten herstellen, gibt es immer mehr lebendige Ketten.» Dann werde die Gesamtproduktivität größer, und die Gruppe der lebendigen Ketten habe einen Selektionsvorteil gegenüber Gruppen, die nicht in dieser Weise organisiert sind. Und in der Tat, wenn man die Computermodelle betrachte, finde man, daß im Lauf der Simulation immer weniger Ketten «absterben».

«Ich denke auch, daß sich diese Idee noch verbessern läßt», sagt er. «Stellen wir uns vor, wir hätten zwei Jets, die aus einer Ausgangsmenge entstehen. Die beiden Jets können miteinander um Ketten streiten. Wenn aber ein Jet lernt, wie er einem zweiten Jet helfen kann zu vermeiden, tote Ketten zu erzeugen, dann hat man Gegenseitigkeit.» Dieses Paar kooperativer Jets könnte dann die Grundlage einer neuen «Multijet»-Struktur bilden, die sich als neuer und komplexerer Organismus auf einem noch höheren Niveau herausbildet. «Ich vermute, Dinge immer höherer Ordnung entstehen, weil sie immer mehr Dinge in sich aufsaugen können, und immer schneller dazu, ganz gleich, ob es *E. coli*, präbiotische Evolution oder Firmen sind. Es wäre schön, wenn dies zu einer Theorie von Kopplungsprozessen führt, Prozessen also, die sich selbst zu Strukturen aufbauen, die in Konkurrenz treten und an Fluß gewinnen – und dabei an den Rand des Chaos gelangen.»

Nichts von alldem sei bis jetzt mehr als eine Idee. «Aber es kommt mir richtig vor. Irgendwie ist der nächste Schritt zum neuen Zweiten Hauptsatz der Versuch, den Aufbau dieser immer breiter werdenden Treppe nach oben zu verstehen. Wenn ich nur zeigen kann, daß alles, was wir sehen, gerade die Entitäten sind, die am schnellsten sind und am meisten Fluß durch sich hindurchlassen, und daß sie eine ganz bestimmte Verteilung haben, dann ist es geschafft.»

## *Zu Hause im Universum*

Die Wissenschaft beschäftigt sich mit sehr vielen Dingen, sagt Doyne Farmer. Es gehe um die systematische Sammlung von Fakten und Daten. Es gehe um die Entwicklung konsistenter Theorien, die diese Fakten erklären. Es gehe um die Entdeckung neuer Materialien, neuer Pharmazeutika und neuer Technologien.

Im Grunde gehe es aber um das Erzählen von Geschichten – Geschichten, die erklären, wie die Welt beschaffen ist und wie sie wurde, was sie ist. Genau wie Schöpfungsmythen, Epen und Märchen, die Erklärungen früherer Zeiten, helfen uns die Geschichten, die die Naturwissenschaft erzählt, etwas davon zu verstehen, wer wir als Menschen sind und in welcher Beziehung wir zum Universum stehen. Wir erzählen zum Beispiel die Geschichte, wie das Weltall vor fünfzehn Milliarden Jahren im Urknall entstand, wie Quarks, Elektronen, Neutrinos und alles übrige als unbeschreiblich heißes Plasma vom Urknall auseinandergetrieben wurde, wie diese Teilchen allmählich zu der Materie kondensierten, die wir heute in den Galaxien, Sternen und Planeten um uns herum sehen, wie die Sonne ein Stern ist wie jeder andere und wie die Erde ein Planet ist wie jeder andere, wie das Leben auf der Erde entstand und sich in vier Milliarden Jahren entwickelte, wie die ersten Menschen vor etwa drei Millionen Jahren in der afrikanischen Savanne langsam Werkzeug, Kultur und Sprache erwarben.

Jetzt erzählen wir die Geschichte von der Komplexität. «Ich sehe es fast als religiöse Frage», sagt Farmer. «Für mich als Physiker, als Wissenschaftler, war es immer mein tiefster Beweggrund, das Weltall zu verstehen. Für mich als Pantheist *ist* die Natur Gott. Wenn ich also die Natur verstehe, komme ich Gott etwas näher. Bis in mein drittes Studienjahr hätte ich mir nie träumen lassen, daß ich einmal eine feste Anstellung als Wissenschaftler bekomme. Für mich war der Wissenschaftsbetrieb damals eine Art Kloster, in das ich eingetreten war.

Wenn wir also ergründen wollen, wie Leben entsteht und warum lebende Systeme so sind, wie sie sind – dann stellen wir fundamentale Fragen, die unser Selbstverständnis betreffen. Je mehr wir über diese Dinge wissen, um so näher kommen wir der Grundfrage nach dem Sinn des Lebens. In der Naturwissenschaft können wir solche Fragen niemals direkt angehen. Wenn wir uns aber eine andere Frage stellen, etwa: Warum nimmt die Komplexität unablässig zu? – können wir vielleicht etwas Grundsätzliches über das Leben lernen, das auf seinen Sinn hinweist. Es ist wie beim Blick durchs Teleskop: Wenn man einen sehr schwachen Stern sehen will, muß man ein bißchen seitlich schauen, weil das Auge dort, im gelben Fleck, am schärfsten sehen kann – sowie man den Stern direkt anschaut, verschwindet er.»

Entsprechend, sagt Farmer, kann uns der Versuch, die unablässige Zunahme der Komplexität zu verstehen, nicht zu einer umfassenden wissenschaftlichen Moraltheorie führen. Aber wenn ein neuer Zweiter Hauptsatz uns verstehen hilft, wer und was wir sind und welche Vorgänge dazu führen, daß wir ein Gehirn haben und uns zu Gemeinschaften vereinen, dann kann er uns viel mehr über die Moral sagen, als wir jetzt wissen.

«Die Religionen versuchen, uns moralische Gesetze aufzuerlegen, indem sie sie in Steintafeln meißeln. Wir stehen jetzt vor einem wirklichen Problem, denn wenn wir auf die Religion verzichten, wissen wir nicht, welche Gebote wir befolgen sollen. Aber im Kern weisen uns Religion und Ethik einen Weg, menschliches Verhalten so auszurichten, daß eine Gesellschaft funktionieren kann. Meinem Gefühl nach läuft alle Moral auf dieser Ebene ab. Es ist ein evolutionärer Vorgang, in dem die Gesellschaft fortwährend Versuche anstellt und je nachdem, ob diese Versuche erfolgreich sind oder nicht, bestimmt, welche kulturellen Ideen und moralischen Gebote Zukunft haben.» Wenn das so ist, sagt er, könnte uns eine exakte Theorie, die erklärt, wie koevolutionäre Systeme an den Rand des Chaos getrieben werden, viel über kulturelle Prozesse sagen und darüber, wie menschliche Gesellschaften dieses flüchtige, sich immerzu verändernde Gleichgewicht zwischen Freiheit und Kontrolle erreichen.

«Ich habe viele ziemlich spekulative Schlüsse gezogen», sagt Chris Langton. «Das kommt daher, daß ich die Welt oft durch die Brille der Phasenübergänge sehe: Man kann die Idee auf vieles anwenden, und immer paßt sie mehr oder weniger gut.»

Ein Beispiel sei der Zusammenbruch des Kommunismus in der

früheren Sowjetunion und in ihren osteuropäischen Satellitenstaaten. Die ganze Situation erinnere ihn nur zu deutlich an die dem Potenzgesetz gehorchende Verteilung von Stabilität und Turbulenz am Rand des Chaos. «Richtig betrachtet war der Kalte Krieg eine dieser langen Perioden, in denen sich nie viel ändert. Natürlich können wir es für falsch halten, daß die Regierungen der USA und der UdSSR der Welt die Pistole auf die Brust gesetzt haben – das einzige, was die Welt davor bewahrt hat, in die Luft zu fliegen, war die Garantie gegenseitiger Zerstörung –, aber so war jedenfalls viel Stabilität möglich. Diese stabile Phase ist jetzt vorüber. Im Balkan – überall: Aufruhr. Ich habe Angst vor der unmittelbaren Zukunft. Wenn man in den Modellen einmal aus einer dieser metastabilen Phasen herauskommt, gerät man in eine der chaotischen Phasen, in denen sich viel verändert. Es gibt viel mehr Möglichkeiten für Kriege – darunter solche, die zu einem Weltkrieg führen können. Das System ist jetzt viel empfindlicher gegenüber Anfangsbedingungen.

Wie verhält man sich richtig? – Ich weiß es nicht. Ich weiß nur, daß diese Zeit einem durchbrochenen Gleichgewicht in der Geschichte der Evolution vergleichbar ist. Das geht nicht ohne sehr viel Aussterben ab – und es ist nicht unbedingt ein Schritt zum Besseren. Es gibt Modelle, in denen die Arten in der stabilen Phase nach der Turbulenz weniger überlebensfähig sind als die früheren. Diese Perioden evolutionärer Veränderung können also ziemlich scheußliche Zeiten sein. Wer weiß, was dabei herauskommt?

Eines können wir allerdings tun: versuchen zu klären, ob wir dieses Modell auf die Geschichte anwenden können – und falls ja, ob wir auch dort dieses durchbrochene Gleichgewicht finden. Etwa der Untergang Roms. In diesem Fall sind wir wirklich ein Teil des Evolutionsvorgangs, und wenn wir diesen Prozeß untersuchen, können wir das Modell vielleicht in unsere politischen, sozialen und ökonomischen Theorien einbauen und uns klarmachen, daß wir sehr vorsichtig sein müssen und weltweite Übereinkünfte und Verträge brauchen, um zu überleben. Aber dann stellt sich die

Frage: Wollen wir eigentlich unsere eigene Evolution steuern oder nicht? Falls ja, könnte das die Evolution aufhalten? Es ist gut, wenn es evolutionären Fortschritt gibt. Wenn Einzeller eine Möglichkeit gefunden hätten, die Evolution aufzuhalten, um sich als dominierende Lebensform zu behaupten, gäbe es uns nicht. Also ist es besser, sie nicht zu stoppen. Andererseits möchte man natürlich ganz gern wissen, wie es ohne Massaker und Artensterben weitergehen kann.

Vielleicht lautet die Lektion, die wir lernen müssen: Die Evolution hat nicht aufgehört. Sie geht weiter, und sie prägt viele derselben Phänomene aus wie die biologische Entwicklungsgeschichte – aber jetzt spielt sie sich im gesellschaftlichen und kulturellen Bereich ab. Vielleicht sehen wir dabei ähnliche Spielarten von Auslöschung und Turbulenz.»

«Ich habe Teilantworten auf die Frage, welche Bedeutung dies alles hat», sagt Stuart Kauffman, den gute Gründe bewegen, darüber nachzudenken. Ende November 1991 waren er und seine Frau Liz bei einem Autounfall schwer verletzt worden. Der Unfall hätte leicht tödlich ausgehen können; ihre Genesung dauerte Monate.

«Nehmen wir zum Beispiel an, diese Modelle über den Ursprung des Lebens seien die richtigen. Dann liegt das Leben nicht auf einer Waagschale. Es hängt nicht davon ab, ob ein kleiner warmer Teich zufällig Schablonen replizierende DNA- und RNA-Moleküle hervorbringt. Leben ist die natürliche Ausdrucksform komplexer Materie. Es ist eine Grundeigenschaft von Chemie, Katalyse und fern vom Gleichgewicht liegenden Zuständen. Und das bedeutet, daß wir im Universum zu Hause sind. Wir wurden erwartet. Wie angenehm! Wie weit ist das von dem Bild entfernt, in dem Organismen irgendwie zusammengewürfelt wurden und alles nur blinder Zufall ist. In einer solchen Welt gäbe es für die Biologie keine anderen Prinzipien als zufällige Variation und natürliche Selektion. In einer solchen Welt wären wir nicht in gleicher Weise daheim.

Stellen wir uns vor, wir kämen viele Jahre später zurück, nachdem die autokatalytischen Systeme Koevolutionsprozesse durchlaufen haben und einander mit Zeichenketten bewerfen. Dann gäbe es nur noch Organismen, die Konkurrenz, Nahrungssysteme, gegenseitige Hilfe und Symbiose entwickelt haben. Wir sähen dann das, was die Welt ausmacht, in der sie miteinander leben. Und das erinnert uns an etwas: Wir selbst gestalten die Welt, in der wir miteinander leben. Wir haben unseren Anteil an der sich entfaltenden Geschichte. Wir sind keine Opfer, und wir sind keine Außenseiter. Wir gehören zum Universum – du und ich und der Goldfisch. Wir erschaffen gemeinsam unsere Welt.

Nehmen wir nun an, es träfe zu, daß komplexe, in Koevolution voranschreitende Systeme an den Rand des Chaos gelangen. Das klingt sehr nach Gaia, bedeutet aber letztlich, daß es einen Attraktor gibt, einen Zustand, in dem wir uns als Ganzes erhalten, einen sich fortwährend ändernden Zustand, in dem ständig Arten aussterben und neue auftreten. Oder wenn wir dies auf Wirtschaftssysteme übertragen, ist es ein Zustand, in dem immer neue technische Verfahren entstehen und andere ersetzen und so weiter. Wenn das zutrifft, ist der Rand des Chaos wohl insgesamt das beste, was wir erreichen können. Die immer offene und immer veränderliche Welt, die wir uns für uns selbst erschaffen müssen, ist in gewissem Sinne so gut, wie sie nur sein kann.»

«Aber das ist wieder eine andere Geschichte», sagt Kauffman. «Die Materie hat es geschafft, sich so gut wie möglich zu entwickeln. Und wir sind im Weltall zu Hause. Es ist kein Schlaraffenland, weil es viel Schmerz gibt. Man kann ausgelöscht werden oder zerbrechen. Aber wir sind hier am Rand des Chaos, weil das der Ort ist, wo wir am besten leben können.»

*Durchgefallen*

Ende 1989 passierte schließlich, was Doyne Farmer befürchtet hatte. Chris Langton bewarb sich beim Vorstand der Los Alamos Laboratories um ein Stipendium. Bei der Bearbeitung des Antrags entdeckte die Kommission, daß Langton seit vollen drei Jahren Doktorand war, ohne sich auch nur zur Prüfung angemeldet zu haben. «Es war schlimm», sagt Farmer. «Ich erinnere mich gut, weil ich damals gerade in Italien Urlaub machte. Irgendwie trieben sie mich in diesem kleinen Dorf an der ligurischen Küste auf, und ich mußte eine Menge Telefongespräche führen, bei denen ich immerfort Münzen in ein Telefon warf, das aussah, als ob Alexander Graham Bell es gebaut hätte. Als ich zurückkam, mußte ich mich dem Ausschuß stellen und Chris verteidigen und auch mich selbst als seinen Betreuer. Sie nahmen mich kräftig in die Mangel: ‹Wie konnte das passieren?› und so weiter, und ich konnte nur darauf verweisen, daß Chris einen ganz neuen Forschungsbereich begründet hat. Aber mein Gerede von künstlichem Leben hat natürlich ihren Argwohn noch weiter angestachelt. Und weil er immer noch nicht fertig war, mußten wir um eine dreimonatige Verlängerung seiner Doktorandenstelle bitten.»

Farmer und David Campell, der Direktor des Center for Nonlinear Studies, an dem Langton arbeitet, unterstützten ihn weiterhin. Aber der Druck war nun enorm – daran konnten weder sie noch Langton selbst länger zweifeln. Außerdem war schon eine zweite Konferenz über künstliches Leben für den Februar 1990 angesetzt. Zwar erhielt Langton diesmal von Farmer und einigen anderen etwas organisatorische Hilfe, doch die Tagung war und blieb sein Projekt. Er mußte diese verdammte Dissertation irgendwie hinter sich bringen. So arbeitete er wie besessen, und im November 1989 flog er nach Ann Arbor, um seine Arbeit vor dem Prüfungsausschuß, zu dem auch John Holland und Art Burks gehörten, zu verteidigen. Sie brauchten sie nur zu akzeptieren – dann hätte er endlich seinen Doktortitel und die Qual wäre vorüber.

Leider war die Kommission einhellig der Meinung: «Noch nicht.» Im Grunde sei diese Idee vom Rand des Chaos wunderbar, sagten sie, und er habe ja viele Computerexperimente gemacht, die sie stützten. Aber hier stünden auch ein paar ziemlich schwammige Bemerkungen über die Wolframschen Klassen, das Entstehen von Computation und ähnliches, und die Verbindung zu den Daten sei mehr als dürftig. Die Aussagen müßten also abgeschwächt, besser gestützt und mehr in Übereinstimmung mit den Daten gebracht werden.

Aber das bedeute, die ganze Disseration umzuschreiben!

Also sei es am besten, er fange gleich damit an, sagten die Mitglieder der Prüfungskommission.

«Das war eine sehr deprimierende Zeit», erinnert sich Langton. «Ich dachte, ich sei praktisch fertig. Aber ich war es nicht. Und ‹Künstliches Leben II› stand unmittelbar bevor. Ich mußte die Arbeit also wieder beiseite legen.»

# 9 Work in Progress

Kurz vor Weihnachten 1989 fuhr Brian Arthur mit einem Auto voller Bücher und Kleidung Richtung Westen, von Santa Fe zurück nach Stanford. Die untergehende Sonne tauchte die Wüste in rotes Licht. Er lacht. «Ich dachte: ‹Das ist einfach zu kitschig und romantisch, um wahr zu sein!›»

Aber es paßte. «Ich war rund achtzehn Monate lang am Institut gewesen und hatte das Gefühl, ich muß nach Hause – zum Schreiben und zum Nachdenken und um das alles für mich zu ordnen. Ich quoll einfach über vor Ideen. Es kam mir so vor, als hätte ich in Santa Fe in einem Monat mehr gelernt als in Stanford in einem Jahr. Und doch war der Abschied eine Qual. Ich war sehr traurig, auf eine gute Weise, und sehr nostalgisch. Das ganze Bild – die Wüste, das Licht, der Sonnenuntergang – ließ mich spüren: Gut möglich, daß diese achtzehn Monate der Höhepunkt meines Lebens als Wissenschaftler gewesen sind. Nun waren sie vorbei. Diese Zeit würde sich nicht leicht wiederholen lassen. Ich wußte, andere würden kommen und weitermachen. Ich wußte, ich würde wahrscheinlich zurückkommen – vielleicht sogar später wieder das Wirtschaftsprogramm leiten. Aber dann, dachte ich, würde das Institut nicht mehr dasselbe sein. Ich hatte – und darüber war ich glücklich – die goldene Zeit erlebt.»

## *Das Tao der Komplexität*

Drei Jahre später, in seinem Büro, einem Eckzimmer, von dem aus man auf die von großen Bäumen beschatteten Wege der Stanford University schaut, gibt der Dekan und Virginia-Morrison-Professor für Bevölkerungswissenschaft und Volkswirtschaftslehre zu, daß er die Erfahrungen im Santa-Fe-Institut immer noch nicht ganz verarbeitet hat. «Sie werden im Laufe der Zeit immer wertvoller, aber ich denke, wir haben noch längst nicht vollständig begriffen, was in Santa Fe erreicht worden ist.»

Ihm sei klargeworden, daß das Santa-Fe-Institut ein Katalysator für Veränderungen ist, die sich in jedem Fall abgespielt hätten – aber viel langsamer. Mit Sicherheit treffe das auf das Wirtschaftsprogramm zu. «Um 1985 herum wurden viele Wirtschaftswissenschaftler unruhig; sie spürten, daß etwas in der Luft lag und die herkömmliche neoklassische Denkweise, die die letzte Generation beherrscht hatte, an ihre Grenzen gestoßen war. Sie hatte ihnen die gründliche Erforschung der Probleme ermöglicht, die der Analyse statischer Gleichgewichtszustände zugänglich sind. Aber sie hatte die Fragen praktisch ignoriert, die mit dem Prozessualen, der Evolution und der Strukturbildung zusammenhingen – Probleme also, bei denen die Dinge nicht im Gleichgewicht sind, bei denen viele Zufälle ins Spiel kommen, bei denen die Geschichte eine große Rolle spielt, wo Adaptation und Evolution immer weitergehen können. Natürlich hatte die Wirtschaftslehre damals mit Schwierigkeiten zu kämpfen, weil Theorien nur dann für voll genommen wurden, wenn sie bis ins letzte mathematisierbar waren, und das ließ sich nur unter Gleichgewichtsbedingungen erreichen. Aber einige hervorragende Ökonomen wurden das Gefühl nicht los, daß es noch andere Aspekte geben muß, andere Perspektiven, die noch nicht berücksichtigt waren.

Santa Fe war für all das ein gigantischer Katalysator. Es war ein Ort, an dem sich phantastische Leute – vom Kaliber eines Frank Hahn und Ken Arrow – mit Wissenschaftlern wie John Holland und Phil Anderson treffen und auseinandersetzen konnten und nach ein paar Treffen feststellten: Ja, wir können mit induktivem Lernen umgehen und nicht nur mit deduktiver Logik, wir können den gordischen Knoten des Gleichgewichts zerschlagen und mit Evolution ohne Ende umgehen, weil viele von diesen Problemen schon von anderen Disziplinen bearbeitet worden sind. Santa Fe lieferte die Sprache, das Wissen und die Konzepte, die nötig waren, um diese Verfahren auf die Wirtschaft anzuwenden. Mehr noch, Santa Fe legitimierte diese neue Sicht der Wirtschaftswissenschaften. Denn als bekannt wurde, daß Leute wie Arrow und Hahn und Sargent und andere sich mit solchen Themen beschäftigten, wurden sie auch für andere vernünftig und annchmbar.»

Heute findet Arthur bei jeder Tagung zu Wirtschaftsfragen Hinweise auf diese Entwicklung. «Es hat immer Leute gegeben, die sich für Prozesse und Veränderung in der Wirtschaft interessierten» – der große österreichische Nationalökonom Joseph Schumpeter habe viele der wesentlichen Gedanken schon in den zwanziger und dreißiger Jahren vertreten. «Aber nach meinem Eindruck haben die Menschen, die so denken, in den letzten vier, fünf Jahren viel mehr Selbstvertrauen gewonnen. Sie entschuldigen sich nicht mehr, weil sie wirtschaftliche Veränderungen nur qualitativ beschreiben können. Jetzt sind sie gerüstet. Sie haben ihre eigenen Verfahren. Sie vereinen sich zu einer Bewegung, die überall in den neoklassischen Mainstream einfließt.»

Diese Entwicklung hat Arthurs Leben einfacher gemacht. Seine Gedanken über zunehmende Erträge, noch vor einigen Jahren praktisch nicht publizierbar, haben nun Anhänger gefunden. Aus aller Welt erhält er Einladungen, Vorträge zu halten. *Scientific American* bat ihn, einen Artikel über die Wirtschaft der zunehmenden Erträge zu schreiben, der im Februar 1990 in dieser Zeitschrift erschien (deutsch im April 1990 in *Spektrum der Wissenschaft*; *Anm. d. Übers.*) und dazu beitrug, daß die Internationale Schumpeter-Gesellschaft ihm den Schumpeter-Preis für die beste Forschung auf dem Gebiet der Wirtschaftsentwicklung verlieh.

Die größte Anerkennung wurde dem Santa-Fe-Ansatz in Arthurs Augen jedoch durch ein Überblicksreferat zuteil, das Ken Arrow im September 1989 anläßlich einer großen einwöchigen Konferenz hielt, auf der die Fortschritte des seit einem Jahr laufenden Wirtschaftsprogramms begutachtet wurden. Damals erfaßte Arthur allerdings wenig von dem, was Arrow sagte. An diesem Mittag hatte er sich auf dem Weg zum Mittagessen an der Klostertür den Knöchel verstaucht. Er war den ganzen Nachmittag in der Kapelle, die als Konferenzraum diente, damit beschäftigt, den von Dr. Kauffman fachmännisch verbundenen Fuß mit einem Eisbeutel zu kühlen, und verfolgte die Schlußsitzung nur in einem Nebel von Schmerzen. Die volle Bedeutung von Arrows Worten ging ihm erst einige Tage später auf, als er, dem Rat aller Ärzte, Kollegen und seiner Frau zum Trotz, zu einer lange geplanten Konferenz nach Irkutsk am Ufer des Baikalsees reiste.

«Es war eine dieser extrem klaren Einsichten, die einem um drei Uhr morgens kommen. Die Aeroflot-Maschine landete gerade in Irkutsk; ein Mann fuhr auf einem Fahrrad vor uns her und wies dem Flugzeug mit dem Leuchtstab den Weg zum Terminal. Mir ging durch den Kopf, was Arrow in seiner Zusammenfassung gesagt hatte, und plötzlich begriff ich es. Er hatte gesagt: ‹Wir können, denke ich, mit Überzeugung sagen, daß wir hier eine neue Volkswirtschaftslehre vor uns haben. Die eine ist die herkömmliche, mit der wir alle vertraut sind› – er war zu bescheiden, vom Arrow-Debreu-System zu sprechen, meinte aber im wesentlichen die neoklassische allgemeine Gleichgewichtstheorie –, ‹und dann gibt es diese neue, evolutionstheoretische Santa-Fe-Ökonomie.› Das Programm, sagte er, hätte seiner Meinung nach im letzten Jahr bewiesen, daß sie eine andere gültige, der Standardtheorie ebenbürtige Art darstellt, Wirtschaftswissenschaft zu betreiben. Die herkömmliche Beschreibung sei nicht etwa falsch, aber wir erkunden neue Möglichkeiten und betrachten Bereiche der Wirtschaft, die konventionellen Methoden nicht zugänglich sind. Diese neue Denkweise ergänze also die traditionellen Modelle. Er sagte auch, daß wir nicht wüßten, wohin uns diese neue Art der Wirtschaftswissenschaft führen wird. Es sei der Beginn eines Forschungsprogramms.»

«Das hat mir sehr gut getan», erzählt Arthur. «Aber Arrow sagte noch etwas. Er verglich das Forschungsprogramm in Santa Fe mit dem der Cowles-Stiftung, mit der er seit Anfang der fünfziger Jahre verbunden war, und sagte, der Santa-Fe-Ansatz sei jetzt, nach nur zwei Jahren, viel akzeptierter, als der der Cowles-Gruppe damals im gleichen Zeitraum. Ich war erstaunt, das zu hören, und natürlich sehr stolz. Denn zur Cowles-Stiftung gehörten die Revolutionäre jener Zeit – Arrow, Koopmans, Debreu, Klein, Hurwicz und so weiter. Vier von ihnen hatten Nobelpreise erhalten. Sie hatten die Wirtschaftswissenschaften mathematisiert und die Leitlinien für die folgenden Generationen vorgegeben. Sie waren die Menschen, die das Gebiet revolutioniert hatten.»

Aus der Sicht des Santa-Fe-Instituts ist der Versuch, eine umfassende Veränderung in den Wirtschaftswissenschaften zu katalysieren, natürlich nur ein Teil der Bemühungen, die gesamte Wissenschaft zur Erforschung komplexer Systeme anzuregen. Dieser Anspruch mag überdreht sein, sagt Arthur. Dennoch sei er davon überzeugt, daß George Cowan, Murray Gell-Mann und die anderen sich mit genau den richtigen Themen beschäftigen.

«Nichtwissenschaftler denken oft, Wissenschaft gehe deduktiv vor. Aber eigentlich arbeitet sie vor allem mit Bildern. Jetzt ändern sich die Bilder in den Köpfen der Menschen.» Man denke nur daran, wie Isaac Newton unsere Sicht der Welt verändert habe. «Vor dem 17. Jahrhundert war es eine Welt der Bäume, der Krankheiten, der Menschenseele und des menschlichen Wohlverhaltens. Die Welt war unübersichtlich und organisch. Auch der Himmel war unverständlich. Die Planetenbahnen schienen willkürlich zu sein. Der Versuch herauszufinden, was in der Welt ablief, war eine Sache der Kunst. Aber dann kamen Kepler und Galilei, und Newton stellte in den Jahren nach 1660 einige Gesetze auf, entwickelte die Differentialrechnung – und plötzlich bewegten sich die Planeten in einfachen, vorhersagbaren Bahnen!

Das hat das Selbstgefühl der Menschen bis heute unglaublich stark beeinflußt. Der Himmel – die Wohnung Gottes – war verstehbar geworden, und man brauchte keine Engel mehr, die alles regelten. Man brauchte keinen Gott mehr, der den Dingen ihren Ort zuwies. Und doch bestand angesichts von Schlangen und Erdbeben, Stürmen und Pest ein tiefes Bedürfnis nach der Gewißheit, daß alles irgendwie gelenkt wird. In der Aufklärung, so zwischen 1680 und 1800, verwandelte sich die alte Einstellung zu einem Glauben an den Primat der Natur: Wenn man die Dinge nur sich selbst überläßt, wird die Natur es schon so regeln, daß alles auf das Gemeinwohl hin wirkt.»

Zum Anschauungsbild dieser Zeit sei das Uhrwerk der Planeten geworden: die einfache, regelmäßige, vorhersagbare Newtonsche Maschine, die von selbst läuft. Und die Newtonsche Physik habe sich zum Modell für die Wissenschaft der nächsten zweieinhalb Jahrhunderte emporgeschwungen. «Die reduktionistische Wissenschaft scheint zu sagen: ‹Die Welt ist kompliziert und ein Wirrwarr – aber schaut doch! Zwei oder drei Gesetze reduzieren alles auf ein einfaches System!›»

«Man brauchte also nur noch die Maschine hinter der Ökonomie zu verstehen», sagt Arthur. «Das tat Adam Smith auf dem Höhepunkt der schottischen Aufklärung. Er behauptete 1776 in *‹Reichtum der Nationen›:* Wenn man die Menschen nur ihre individuellen Interessen verfolgen läßt, sorgt die ‹unsichtbare Hand› von Angebot und Nachfrage dafür, daß sich alles zum Besten der Gemeinschaft fügt.» Das sei natürlich nicht die ganze Miete gewesen – Smith selbst habe auf so fatale Probleme wie die Ausbeutung und Entfremdung der Arbeiter hingewiesen. Aber seine Newtonsche Sicht der Wirtschaft sei in vieler Hinsicht so einfach und aussagestark und *richtig* gewesen, daß sie das westliche Wirtschaftsdenken seitdem beherrscht habe. «Smiths Gedanke war brillant. Einmal, vor langer Zeit, fragte mich der Wirtschaftswissenschaftler Kenneth Boulding: ‹Was würden Sie in der Ökonomie gern erreichen?› Ich, jung und respektlos, sagte höchst unbescheiden: ‹Ich möchte die Wirtschaftswissenschaften ins 20. Jahrhundert bringen.› Er schaute mich an und sagte: ‹Meinen Sie nicht, Sie sollten sie erst mal ins 18. Jahrhundert bringen?›»

In der Tat, sagt Arthur, habe er das Gefühl, daß die Wirtschaftswissenschaft im 20. Jahrhundert ihre Unschuld etwa eine Generation später verloren habe als alle anderen Wissenschaften. Als das Jahrhundert begann, machten sich zum Beispiel Philosophen wie Russell, Whitehead, Frege und Wittgenstein daran zu beweisen, daß sich die gesamte Mathematik auf einfache Logik gründen läßt. Sie hatten nur zum Teil recht: In den dreißiger Jahren zeigte der Mathematiker Kurt Gödel, daß selbst einige sehr einfache mathematische Systeme – die Arithmetik zum Beispiel – notwendig unvollständig sind. Sie enthalten immer Aussagen, die innerhalb des Systems grundsätzlich keine Entscheidung darüber zulassen, ob sie wahr oder falsch sind. Etwa gleichzeitig (und im wesentlichen mit denselben Argumenten) bewies der Logiker Alan Turing, daß selbst schlichte Computerprogramme unentscheidbar sein können: Man kann nicht im voraus sagen, ob der Computer zu einer Antwort kommen wird oder nicht. In den sechziger und siebziger Jahren vermittelte die Chaostheorie den Physikern eine sehr ähnliche Botschaft: Selbst sehr einfache Gleichungen können zu Ergebnissen führen, die überraschend und prinzipiell unvorhersagbar sind. Das, erklärt Arthur, habe sich auf allen Gebieten gezeigt. «Man merkte, Logik und Philosophie sind vertrackt, Sprache ist vertrackt, genauso chemische Reaktionen und Physik – und schließlich auch die Wirtschaft: Alle sind auf natürliche Weise vertrackt. Und diese Vertracktheit kommt nicht vom Dreck auf der Linse des Mikroskops. Sie steckt unabänderlich in den Systemen selbst. Sie lassen sich alle nicht einfangen und in einen sauberen logischen Kasten packen.»

Unter dieser Maxime habe sich die Wissenschaft von der Komplexität gegen die Tradition erhoben. «In gewisser Weise ist sie das

Gegenteil des Reduktionismus. Dieses Umdenken setzte ein, als jemand zum erstenmal sagte: ‹Ich kann mit diesem ganz einfachen System anfangen, und siehe da – es führt zu unglaublich komplizierten und unvorhersagbaren Entwicklungen.›» Die Komplexitätstheorie beruhe nicht auf Descartes' und Newtons Bild eines vorhersagbaren Uhrwerks, sondern eher auf Bildern, die dem Wachstum einer Pflanze aus einem winzigen Samen ähneln oder der Entfaltung eines Computerprogramms aus wenigen Code-Zeilen, vielleicht sogar der organischen Selbstorganisation von Vogelschwärmen. Sicherlich ist das auch die Art Bild, die Chris Langton im Sinn hat, wenn er von künstlichem Leben spricht: Er betont, daß komplexes, lebensähnliches Verhalten das Ergebnis einfacher Regeln ist, die sich von unten her entfalten. Ebenso ist es die Vorstellung, die Arthur beim Wirtschaftsprogramm in Santa Fe leitete: «Wenn ich eine Absicht oder eine Vision hatte, dann die, zu zeigen, daß sich die Vertracktheit und Lebendigkeit in der Wirtschaft aus einer sehr einfachen, ja sogar eleganten Theorie ergeben können. Deshalb haben wir all diese einfachen Modelle für den Aktienmarkt geschaffen, in denen der Markt launisch erscheint, zusammenbricht, sich in unerwarteter Weise entwickelt und dabei etwas erwirbt, das sich als Persönlichkeit beschreiben läßt.»

Während seiner Zeit am Institut war Arthur kaum dazu gekommen, sich mit Chris Langtons Konzept künstlichen Lebens, dem Rand des Chaos oder der Suche nach dem neuen Zweiten Hauptsatz zu beschäftigen. Das Wirtschaftsprogramm, sagt er, habe 110 Prozent seiner Arbeitszeit in Anspruch genommen. Aber was er davon gehört habe, sei faszinierend. Die Idee vom künstlichen Leben und alles, was damit zusammenhinge, drücke etwas Wesentliches vom Geist des Instituts aus. «Martin Heidegger hat einmal gesagt, die grundlegende philosophische Frage sei die nach dem *Sein*. Was machen wir hier als bewußte Wesen? Warum ist das Weltall nicht nur ein Haufen wirbelnder Teilchen? Warum gibt es Struktur und Form? Wie ist überhaupt Bewußtsein möglich?» Nur wenige Menschen am Institut hätten sich diesen Problemen direkt gestellt wie Langton, Kauffman und Farmer, aber sein Eindruck sei, jeder habe auf die eine oder andere Weise an einem Teil davon gearbeitet.

Außerdem habe er das Gefühl, diese Überlegungen zeigten deutliche Übereinstimmungen mit dem, was er und seine Mitverschwörer in den Wirtschaftswissenschaften zu erreichen versuchten. Betrachte man die Sache zum Beispiel durch Chris Langtons Brille der Phasenübergänge, verwandle sich die ganze neoklassische Ökonomie plötzlich in die einfache Annahme, die Wirtschaft stecke tief im geordneten Regime, wo der Markt immer im Gleichgewicht ist und die Dinge sich höchstens langsam ändern. Der Ansatz von Santa Fe lasse sich entsprechend in die einfache Annahme umformulieren, die Wirtschaft befinde sich am Rand des Chaos, wo die Agenzien sich immerzu aneinander anpassen und alles ständig im Fluß ist. *Ihm* sei immer klar gewesen, welche Annahme der Wirklichkeit näherkomme.

Wie viele seiner Kollegen in Santa Fe zögert Arthur, wenn er etwas über die Bedeutung dieser Forschungen im Ganzen sagen soll. Die Ergebnisse stecken noch im Keim. Spekulationen darüber klingen leicht etwas verrückt und nach New Age. Aber wie alle anderen kann auch er sie sich schließlich doch nicht ganz verkneifen.

Man könne den Umbruch, den die Erforschung komplexer Systeme bewirke, fast in theologischen Begriffen beschreiben. «Die Sicht der Welt als Newtonsches Uhrwerk hat Ähnlichkeit mit dem üblichen Protestantismus. Im Grunde genommen herrscht im Weltall Ordnung. Wir brauchen uns nicht darauf zu verlassen, daß Gott dafür sorgt. Das wäre etwas zu katholisch. Gott hat die Welt so eingerichtet, daß sich Ordnung ganz automatisch einstellt, solange wir nur genug für uns selbst sorgen. Wenn wir als Individuen aus eigenem Antrieb, in unserem gerechten Eigeninteresse, handeln und viel arbeiten und andere Leute in Ruhe lassen, wird sich in der Welt ein natürliches Gleichgewicht einstellen. Dann ist unsere Welt die beste aller möglichen Welten – die Welt, die wir verdienen. Das ist vielleicht theologisch nicht ganz richtig, gibt aber den Eindruck wieder, den ich von der einen Richtung des Christentums habe.

Die Alternative – der komplexe Ansatz – ist totaler Taoismus. Im Taoismus gibt es keine inhärente Ordnung. ‹Die Welt begann mit Einem, und das Eine wurde zwei, und die zwei wurden viele, und aus dem vielen wurden Myriaden.› Für den Taoisten ist das Weltall ungeheuer vielfältig, amorph und in stetigem Wandel. Es läßt sich nicht festnageln. Die Elemente bleiben dieselben, aber sie ordnen sich immer wieder neu. Es ist wie bei einem Kaleidoskop: Die Welt bildet immer wieder andere Muster, die sich zum Teil, aber niemals ganz, wiederholen.

In welcher Beziehung stehen wir zu einer solchen Welt? Ganz einfach – wir sind aus denselben Elementen gemacht wie sie. Wir sind ein Teil dieses Ganzen, das sich niemals verändert und doch immer verändert. Wenn man denkt, man sei ein Dampfschiff und könne gegen den Strom schwimmen, macht man sich etwas vor. Eigentlich ist man nur der Kapitän eines Papierschiffs, das den Fluß hinuntertreibt. Wenn man versucht, sich dem zu widersetzen, kommt man nirgendwohin. Beobachtet man hingegen ruhig den Fluß und macht sich klar, daß man ein Teil von ihm ist, daß der Fluß sich fortwährend ändert und zu immer neuen Komplexitäten führt, kann man ab und zu die Ruder eintauchen und von einem Wirbel zum anderen staken.

Was hat das mit wirtschaftlichem und politischem Handeln zu tun? – Es bedeutet, daß man beobachtet und beobachtet und beobachtet und dann und wann durch Eintauchen des Ruders die Lage etwas verbessert. Es bedeutet, sich an der Wirklichkeit zu orientieren – so wie sie ist – und sich bewußt zu sein, daß man an einem Spiel teilnimmt, das sich ständig verändert, so daß man selbst während des Spiels die jeweils gültigen Regeln herausfinden muß. Es bedeutet, daß man die Japaner wie ein Falke beobachtet: Man schützt nicht länger Naivität vor, man hofft nicht mehr, sie würden fair spielen, man klebt nicht immer weiter an den Theorien, die auf veralteten Annahmen über die Spielregeln beruhen, und man sagt nicht mehr: ‹Ja, wenn wir nur dieses Gleichgewicht erreichen könnten, dann wären wir im Schlaraffenland.› Man beobachtet einfach. Und wo man einen guten Zug machen kann, macht man ihn.»

Dies sei wohlbemerkt nicht etwa eine Aufforderung zur Passivität oder zum Fatalismus. «Dies ist ein machtvoller Ansatz, der sich die natürliche nichtlineare Dynamik des Systems zunutze macht. Man setzt die verfügbaren Kräfte mit maximalem Effekt an. Man verschwendet sie nicht. Darin liegt der Unterschied zwischen der Art, wie Westmoreland in Südvietnam vorgegangen ist und wie es Nordvietnamesen machten. Westmoreland kam mit schwerem Geschütz und Artillerie und Stacheldraht und verbrannte die Dörfer. Die Nordvietnamesen zogen sich zurück wie die Ebbe. Drei Tage später waren sie wieder da, und niemand wußte, woher sie kamen. Das ist auch der Grundsatz, der hinter allen Kampfstrategien des Ostens steht. Man versucht nicht, seinen Gegner aufzuhalten, sondern man läßt ihn auf sich zukommen – und wenn er heranstürmt, gibt man ihm im entscheidenden Moment einen kleinen Schubs in die richtige Richtung. Es kommt darauf an, zu beobachten, mutig zu handeln und ein präzises Timing zu haben.»

Arthur zögert, sich zu den Konsequenzen seiner Überlegungen für die Politik zu äußern. Aber dann kommt er auf ein kleines Arbeitstreffen im Herbst 1989 zu sprechen, kurz bevor er das Institut verließ. Murray Gell-Mann hatte ihn überredet, einen Teil des Programms zu leiten. Die Tagung sollte sich mit der Frage beschäftigen, was die Komplexitätstheorie über das Zusammenspiel von Wirtschaft, Umweltschutz und Politik in einem Gebiet wie dem Amazonastiefland sagen könne, wo der Regenwald in alarmierendem Tempo abgeforstet wird. Die Antwort, die er in seinem Vortrag gab, war, daß man zu Entscheidungen hinsichtlich des Regenwaldes (und aller anderen Fragen) auf drei verschiedenen Ebenen kommen müsse.

Die erste Ebene, führt er aus, ist die übliche Kosten-Nutzen-Rechnung: Welche Kosten verursacht ein bestimmtes Vorgehen, welchen Nutzen bringt es, und wie erreicht man das optimale Gleichgewicht zwischen den beiden? «Diese Art Wissenschaft hat ihren Sinn. Sie zwingt einen dazu, Alternativen und ihre Konsequenzen zu durchdenken. Auch bei diesem Treffen gab es Teilnehmer, die Kosten und Nutzen der Regenwälder veranschlagten. Die Schwierigkeit ist, daß in diesem Ansatz die Prämisse steckt, die Probleme seien wohldefiniert, die Alternativen seien wohldefiniert und der politische Rahmen sei gesteckt, so daß der Analytiker nur noch jeweils die Zahlen für Kosten und Nutzen einzusetzen braucht. Als ob die Welt ein Weichenstellwerk ist: Wir fahren jetzt auf diesem Gleis, und wir haben Weichen, mit denen wir den Zug dann auf andere Gleise leiten können.» Aber – sosehr die Standardtheorie sich dies auch wünsche – die wirkliche Welt sei nun einmal nicht so wohldefiniert, vor allem, wenn es um Umweltfragen gehe. Nur zu oft komme die angebliche Objektivität der Kosten-Nutzen-Rechnung dadurch zustande, daß man subjektiven Urteilen beliebige Zahlen zuordne und den Aspekten, von denen keiner weiß, wie er sie einschätzen soll, den Wert null. «Ich mache mich in meinen Vorlesungen über einige dieser Kosten-Nutzen-Rechnungen lustig. Der ‹Nutzen› der Uhus hängt davon ab, wie viele Leute im Wald spazierengehen, wie viele von ihnen einen Uhu sehen, wie wichtig es ihnen ist, einen Uhu zu sehen, und so weiter. Das ist alles großer Blödsinn. Diese Art von Kosten-Nutzen-Analyse der Umwelt gaukelt uns vor, wir stünden vor einem Schaufenster der Natur, in das wir hineinblicken und sagen: ‹Ja, wir möchten gern dieses oder jenes› – aber wir sind nicht selbst darin, gehören nicht dazu. Diese Untersuchungen haben mir nie gefallen. Es ist anmaßend und arrogant, nur danach zu fragen, was für den Menschen gut ist.»

Die zweite Entscheidungsebene sei die vollständige politische Interessengruppen-Analyse: Man finde heraus, wer was wann und warum tue. «Wenn man das einmal beim brasilianischen Regenwald tut, sieht man, daß es viele Mitspieler gibt: Landbesitzer, Siedler, Politiker, die Polizei, Straßenbauer, die Eingeborenen. Sie sind nicht darauf aus, die Umwelt zu zerstören, aber sie nehmen alle an diesem verwickelten interaktiven Monopoly-Spiel teil, das sich so tiefgreifend auf die Umwelt auswirkt. Hinzu kommt, daß das politische System nicht etwas Außenstehendes ist, das nicht zum Spiel gehört. Das politische System ist sogar ein Ergebnis des Spiels – die Allianzen und Koalitionen, die sich herausbilden.»

Kurzum, man sehe das System als *System*, so wie ein Taoist in seinem Papierschiff den komplexen, sich stetig verändernden Strom beobachte. Natürlich würde ein Historiker oder Politologe die Lage ganz von selbst so sehen. Kürzlich hätten sich einige sehr schöne ökonomische Untersuchungen diesen Ansatz zunutze gemacht. Aber 1989, als die Tagung stattfand, schien der Gedanke für viele Ökonomen eine Offenbarung zu sein. «In meinem Vortrag habe ich mich sehr für eine solche Analyse eingesetzt. Wenn man wirklich tief in Umweltprobleme eindringen will, sagte ich, muß man fragen, was für wen auf dem Spiel steht, welche Allianzen sich vermutlich ergeben, und man muß die Situation wirklich verstehen. Dann findet man vielleicht bestimmte Punkte, an denen ein Eingreifen möglich ist.»

«All das führt dann zur dritten Ebene der Analyse», fährt Arthur fort. «Auf dieser Ebene schauen wir uns an, was zwei unterschiedliche Weltanschauungen zu den Umweltthemen zu sagen haben. Eine ist der herkömmliche Gleichgewichtsansatz, den wir von der Aufklärung geerbt haben – die Vorstellung, daß es eine Dualität von Mensch und Natur gibt und daß zwischen ihnen ein natürliches Gleichgewicht herrscht, das für den Menschen optimal ist. Wenn man diese Ansicht vertritt, *kann* man über ‹die Optimierung politischer Entscheidungen in bezug auf Umweltressourcen› sprechen, um einen Ausdruck aus einem der Vorträge der Tagung zu gebrauchen.

Der zweite Gesichtspunkt ist der komplexer Systeme, in denen es grundsätzlich keine Dualität von Mensch und Natur gibt. Wir sind Teil der Natur. Wir sind mittendrin. Es gibt keine Trennung zwischen Handelnden und Betroffenen, weil wir alle ein Teil dieses Netzwerks sind. Wenn wir als Menschen versuchen, zu unserem

Vorteil zu handeln, ohne zu wissen, wie das Gesamtsystem darauf reagieren wird – etwa wenn wir den Regenwald abholzen –, lösen wir eine Kette von Ereignissen aus, die wahrscheinlich wie ein Bumerang zurückkommen und zu Verhältnissen, etwa einer weltweiten Klimaveränderung, führen, an die wir uns anpassen müssen.

Läßt man also die Dualität beiseite, ändern sich die Fragen. Man kann dann nicht mehr von Optimierung reden, weil das sinnlos wird. Es ist, als ob Eltern versuchen, ihr Verhalten unter dem Aspekt ‹Wir gegen die Kinder› zu optimieren – ein seltsamer Gesichtspunkt, solange man sich als Teil derselben Familie empfindet. Man muß über Vereinbarungen und wechselseitige Anpassung reden – über das, was gut wäre für die Familie als Ganzes.

Im Grunde ist das, was ich sage, für die Philosophie des Ostens überhaupt nichts Neues. Sie hat die Welt immer als ein komplexes System gesehen. Diese Weltanschauung wird jedoch mit jedem Jahrzehnt wichtiger für den Westen – in der Naturwissenschaft wie auch in der Kultur allgemein. Ganz langsam hat eine Verschiebung von der ausbeuterischen Haltung gegenüber der Natur zu einer Sehweise eingesetzt, die die wechselseitigen Beziehungen zwischen Mensch und Natur betont. Wir verlieren allmählich unsere Unschuld oder unsere Naivität in bezug auf die Geschicke der Welt. Indem wir beginnen, komplexe Systeme zu verstehen, beginnen wir auch zu verstehen, daß wir Teil einer sich immerzu verändernden, zusammenhängenden, nichtlinearen kaleidoskopischen Welt sind.

Die Frage ist also: Wie geht man in einer solchen Welt am besten vor? Und die Antwort ist, daß man sich so viele Optionen wie möglich offenhalten sollte. Suchen wir nach dem, was brauchbar und durchführbar ist, und nicht nach dem ‹Optimum›. Viele Leute fragen: ‹Gibt man sich dann nicht mit dem Zweitbesten zufrieden?› Nein, das tut man nicht, denn Optimierung ist nicht mehr wohldefiniert. Wir versuchen, Robustheit oder Überlebensfähigkeit angesichts einer ungewissen Zukunft zu maximieren, und das wiederum erfordert, sich, so gut man kann, nichtlinearer

Beziehungen und kausaler Verbindungen bewußt zu werden. Man beobachte die Welt sehr sorgfältig und erwarte nicht, daß alles so bleibt, wie es ist.»

Welche Rolle spielt das Santa-Fe-Institut bei alledem? – Sicherlich nicht die, eine weitere Denkfabrik für Politiker zu sein, sagt Arthur, obwohl es immer einige Leute zu geben scheint, die das erwarten. Nein, das Institut hat die Rolle, uns zu helfen, diesen sich stetig verändernden Fluß schärfer in den Blick zu bekommen und das, was wir sehen, zu verstehen.

«In einem wirklich komplexen System wiederholen sich die Muster nie auf genau dieselbe Weise. Und doch gibt es erkennbare Themen. In der Geschichte zum Beispiel kann man von ‹Revolutionen› sprechen, obwohl Revolution A vielleicht ganz anders ist als Revolution B. Wir verwenden also Metaphern, und es zeigt sich, daß sehr viel strategisches Planen mit der Suche nach der geeigneten Metapher zu tun hat. Umgekehrt gehen schlechte Verfahrensweisen fast immer mit unpassenden Metaphern einher. Es ist zum Beispiel nicht angemessen, von einem Drogen-‹Krieg› mit Gewehren und Angriffen zu reden. So gesehen sollten Institute wie das in Santa Fe Metaphern und das Vokabular für komplexe Systeme schaffen. Wenn jemand eine schöne Computerstudie gemacht hat, kann man sagen: ‹Hier ist ein neues Bild. Nennen wir das doch *Rand des Chaos*› oder sonstwie. Wenn das Santa-Fe-Institut genug komplexe Systeme untersucht hat, wird es uns zeigen, welche Muster sich darin finden lassen und welche Metaphern besser zu Systemen passen, die sich bewegen und verändern und kompliziert sind, als das alte Bild vom Uhrwerk.

Ich behaupte also, es wäre klug, das Santa-Fe-Institut Wissenschaft betreiben zu lassen. Es wäre ein Fehler, es für politische Strategien einzusetzen. Das würde das Ganze irgendwie billig machen. Und letztlich wäre es kontraproduktiv, weil wir im Augenblick noch gar nicht genau verstehen, wie komplexe Systeme funktionieren. Das ist die große Aufgabe der Naturwissenschaft der nächsten fünfzig bis hundert Jahre.»

«Ich denke, dazu gehört eine bestimmte Veranlagung», sagt Arthur. «Es sind Menschen gefragt, die Abläufe und Strukturen mögen, und nicht solche, denen Statik und Ordnung lieber sind. Jedesmal, wenn ich in meinem Leben auf einfache Regeln stoße, aus denen sich komplexe und undurchsichtige Zusammenhänge entwickeln, denke ich: ‹Ach, wie schön!› Andere, glaube ich, halten sich davon lieber fern.»

Um 1980, zu einer Zeit, als Arthur noch darum kämpfte, seine eigene Sicht eines dynamischen, Evolutionen durchlaufenden Wirtschaftsystems zu formulieren, las er ein Buch des Genetikers Richard Lewontin. Dabei fiel ihm ein Abschnitt auf, in dem Lewontin schreibt, es gebe zwei Arten von Wissenschaftlern. Für die erste Spezies ist die Welt im wesentlichen im Gleichgewicht. Wenn ungebührliche Kräfte sie gelegentlich ein wenig aus dem Gleichgewicht bringen, kommt es aus ihrer Sicht nur darauf an, es wiederherzustellen. Lewontin nennt diese Wissenschaftler «Platoniker», weil sie – wie der große Philosoph der griechischen Antike – der Meinung sind, die unvollkommenen Dinge, die wir um uns herum sehen, seien die Abbilder vollkommener «Ideen».

Die zweite Forscherspezies dagegen sieht die Welt als einen fließenden und veränderlichen Vorgang, in dem derselbe Grundstoff sich in endlosen Variationen auf immer neue Weise kombiniert. Lewontin nennt diese Wissenschaftler die «Heraklitianer», zu Ehren des ionischen Philosophen, der leidenschaftlich und in poetischen Wendungen behauptete, die Welt verändere sich fortwährend. Heraklit, der fast ein Jahrhundert vor Platon lebte, ist berühmt wegen der Äußerung «Denen, die in dieselben Flüsse hineinsteigen, strömen andere und wieder andere Wasserfluten zu» – eine Aussage, die Platon selbst mit dem Satz «Du steigst nie zweimal in denselben Fluß» umschrieb.

«Was Lewontin schrieb», erzählt Arthur, «war für mich eine Offenbarung. Ich dachte: ‹Ja! Endlich beginnen wir, uns von Newton zu erholen.›»

## *Das Büßerhemd*

Etwa zur selben Zeit, als Brian Arthur in den Sonnenuntergang hineinfuhr, war der oberste Heraklitianer in Santa Fe drauf und dran, das Handtuch zu werfen. Bei allem unleugbaren Erfolg des Wirtschaftsprogramms und allem intellektuellen Gerappel, das Konzepte wie der Rand des Chaos, künstliches Leben und alles übrige hervorriefen, wußte George Cowan nur zu gut, daß die Finanzierung des Instituts auf Dauer keineswegs gesichert war. Nach sechs Jahren hatte er es satt, die Leute immer wieder um Geld anzubetteln, damit der Betrieb aufrechterhalten werden konnte. Er hatte es satt, sich mit den Leuten vom Wirtschaftsprogramm anlegen zu müssen, damit es sich nicht zu einem Vierhundert-Kilo-Gorilla auswüchse, der das Institut beherrscht. Und da gerade von Vierhundert-Kilo-Gorillas die Rede ist – er hatte es auch satt, sich in endlosen Debatten mit Murray Gell-Mann darüber auseinandersetzen zu müssen, um was es im Santa-Fe-Institut eigentlich gehen sollte. Cowan war eben – müde. Er hatte das Santa-Fe-Institut ins Leben gerufen und das Laufen gelehrt, und er wollte nun die ihm verbliebene Lebenszeit *wissenschaftlich* auf dem Gebiet arbeiten, dem sich das Institut widmete, dieser seltsamen neuen Wissenschaft von der Komplexität. Bei der ersten Gelegenheit – dem jährlichen Treffen des Vorstands im März 1990 – reichte Cowan offiziell seinen Abschied ein. Ein Jahr noch, sagte er den Kuratoren. Er gebe ihnen ein Jahr, um seinen Nachfolger zu suchen, während er sich bemühen wolle, die Finanzierung des Instituts zu sichern. Aber dann sei es genug.

«Ich hatte einfach das Gefühl, es gehört ein frischer Mann ans Ruder», sagt er. «Der Vorstand tagte in der Woche nach meinem siebzigsten Geburtstag. Ich habe mir schon als viel jüngerer Mensch vorgenommen, mich nicht mehr für unentbehrlich zu halten, wenn ich siebzig wäre. Ich hatte zu oft erlebt, wie die alten Trottel im Weg stehen. Es gab doch genug Leute mit eigenen Gedanken. Also war es höchste Zeit, ihnen eine Chance zu geben.»

Cowans Ankündigung kam für keinen, der einige Zeit am Institut zugebracht hatte, überraschend. Er hatte in der letzten Zeit so abgekämpft ausgesehen, daß seine Kollegen begannen, sich Sorgen um seine Gesundheit zu machen. Seine Stimmung war launisch wie das Wetter. Er habe, so erzählte er oft, schon 1984, an dem Tag, als er die Präsidentschaft übernommen hatte, seinen Rücktritt angekündigt und die Stellung überhaupt nur angenommen, um sie für einen Jüngeren freizuhalten. Bereits im März 1989 hatte er ein Komitee ernannt, das einen Nachfolger suchen sollte – und das mußte jetzt schleunigst tätig werden.

Aber genau da lag das Problem für das Komitee und für alle anderen. Es war doch Cowan gewesen, der als erster die Idee gehabt hatte, ein solches Institut zu gründen. Er hatte eine Wissenschaft von der Komplexität erahnt, bevor es einen Namen dafür gab. Er hatte mehr als jeder andere dafür gesorgt, daß das Santa-Fe-Institut überhaupt möglich wurde. Chris Langton sprach aus, was viele dachten: Wenn man George Cowan dort im Zimmer der Äbtissin sitzen sah, wußte man irgendwie, alles ist in Ordnung. Es war überhaupt nicht klar, ob irgend jemand das würde weiterführen können.

Wenn nicht Cowan, wer dann?

Cowan selbst wußte es nicht. Zumindest im Augenblick hatte er auch kaum Zeit, darüber nachzudenken. «Bevor ich mit gutem Gewissen zurücktreten konnte», sagt er, «wollte ich die Gelder für die nächsten drei Jahre einigermaßen sichern, so daß mein Nachfolger nicht sofort mit leerer Kasse dastünde.» Damit erhielt also die Ausarbeitung zweier umfangreicher Anträge an die National Science Foundation und das Energieministerium oberste Priorität. Die ursprünglichen Dreijahresverträge dieser Institutionen – über insgesamt rund zwei Millionen Dollar – waren 1987 unterzeichnet worden und mußten im nächsten Jahr erneuert werden.

Für Cowan jedoch stand mit diesen Anträgen viel mehr auf dem Spiel als nur Geld. Wäre es nur eine Frage des Geldes gewesen, wäre sein Leben viel einfacher gewesen. Das Institut hätte – wie es an den Universitäten üblich ist – darauf bestehen können, daß die einzelnen Wissenschaftler sich ihre eigenen Gelder von den Stiftungen besorgten. Aber eine solche Denkweise, davon war Cowan überzeugt, würde genau das zerstören, was das Institut auszeichnete – jeder würde für sich an dem Projekt arbeiten, für das er das Geld bekommen hatte.

«Für mich», sagt Cowan, «war vor allem wichtig, daß wir eine neue Gemeinschaft von Wissenschaftlern schaffen wollten – sie sollte mehr oder weniger ökumenisch sein und alle exakten Naturwissenschaften, die Mathematik, Sozial- und Wirtschaftswissenschaften umfassen. Wir haben mit den besten Leuten begonnen, die wir finden konnten. Dann haben wir etwas schwarze Magie betrieben, indem wir uns mit aller Kraft bemühten, Leute zusammenzubringen, die unweigerlich ein intellektuelles Gebrodel erzeugen würden. Ich denke, unsere Gemeinschaft ist in ihrer Breite und Qualität einzigartig.»

In der Praxis bewarben sich die Leute von Santa Fe natürlich dennoch um spezielle Forschungsgelder. Angesichts der finanziellen Verhältnisse konnte es sich das Institut einfach nicht leisten, völlig auf sie zu verzichten. Das Geld, das Citicorp für das Wirtschaftsprogramm zur Verfügung stellte, war nur ein Beispiel für solche spezifizierten Zuschüsse – Brian Arthur hatte einen ansehnlichen Teil seiner Zeit als Direktor mit der Formulierung von Anträgen an die Stiftungen verbracht. Um diesen Zentrifugalkräften entgegenzuwirken, hatte Cowan auf einer Regelung bestanden, die er «Schirmgelder» nannte: einen Fonds, aus dem er Wissenschaftler bezahlen konnte, die gute Beiträge zur Komplexitätstheorie zu leisten versprachen, unabhängig davon, ob sie in eine schon definierte Schublade paßten oder nicht. Einen Chris Langton zum Beispiel oder einen John Holland oder Stuart Kauffman. «Wenn man ein kohärentes Programm zur Erforschung komplexer Systeme aufstellen will», sagt Cowan, «muß man eine Gemeinschaft kreieren, in der sich diese Kohärenz von unten herauf ausbilden kann – ohne den Leuten vorzuschreiben, was sie tun sollen. Schirmgelder sind dafür eine wesentliche Voraussetzung.»

Deshalb hatte er vor allem bei der National Science Foundation und beim Energieministerium Geld beantragt, denn nur sie vergaben Gelder für das gesamte Institut und nicht nur für Einzelprojekte. Deshalb lag ihm soviel daran, die Zuschüsse erneut bewilligt zu bekommen: Wenn der Schirm zuklappte, würden Leute wie Arthur, Kauffman und Holland nicht mehr für das Institut arbeiten können.

Cowan verbrachte also in jenem Frühling zusammen mit Vizepräsident Mike Simmons und den Mitgliedern des Wissenschaftsrats unzählige Stunden mit der Arbeit an den neuen Anträgen. Sie alle wußten, daß daraus wirklich überzeugende Dokumente werden mußten. Es war schon in der ersten Runde 1987 schwierig genug gewesen, die beiden Geldgeber zur Unterstützung des Instituts zu bewegen; damals hatten sie nur beweisen müssen, daß sie gute Wissenschaftler waren und gute Ideen hatten. In dieser zweiten Runde, das war allen klar, würde ihr Programm viel schwieriger zu verkaufen sein. Zudem wollten sie um den zehnfachen Betrag bitten – statt zwei Millionen für drei Jahre sollten es zwanzig Millionen für fünf Jahre sein, und das in einer Zeit, in der die vom Staat für die Wissenschaft zur Verfügung gestellten Mittel immer knapper wurden.

Cowan, Simmons und Compagnie konnten sich also offensichtlich nicht länger auf Versprechen berufen. Sie mußten zeigen, daß sie in den letzten drei Jahren etwas erreicht hatten und daß sie in der Lage waren, in den nächsten fünf Jahren etwas zu tun, was zwanzig Millionen Dollar wert war – eine verzwickte Aufgabe, denn sie konnten ja nicht einfach behaupten, sie hätten das Geheimnis der Komplexität gelöst. Bestenfalls hatten sie einen Anfang gemacht. Immerhin konnten sie darauf verweisen, daß sie in den drei Jahren Laufzeit eine lebensfähige Institution geschaffen hatten, die sich der Aufgabe widmete, das Problem der Komplexität *in Angriff* zu nehmen. Wie im ersten Antrag versprochen, schrieben sie, habe das Santa-Fe-Institut «ein umfassendes Programm und ein innovatives System der Zusammenarbeit entwickelt, eine Gruppe überaus qualifizierter Forscher zusammengeführt und einen Unterstützungsfonds geschaffen, der bislang nur halbwegs den großen allgemeinen Bedürfnissen entspricht».

In der Tat konnten Cowan und Simmons recht überzeugende Argumente anführen. In drei Jahren hatte das Institut 36 interdisziplinäre Konferenzen mit mehr als siebenhundert Teilnehmern organisiert. Es hatte auch den längeren Aufenthalt von etwa hundert Gelehrten bezahlt, die ihrerseits in anerkannten wissenschaftlichen Fachzeitschriften etwa sechzig Artikel über ihre Arbeit am Institut veröffentlicht hatten. Es hatte die «Complex Systems Summer School» gegründet, in der jeweils hundertfünfzig Wissenschaftler einen Monat lang mit den Grundlagen und Verfahren der Komplexitätsforschung in Mathematik und Computerwissenschaften vertraut gemacht werden. Es hatte mit der Veröffentlichung einer Reihe von Bänden begonnen, die als «Santa Fe Institute Studies in the Sciences of Complexity» bekannt geworden waren. Außerdem verhandelte das Institut gerade mit mehreren Universitätsverlagen, die eine neue Fachzeitschrift zu Fragen der Komplexitätstheorie herausbringen wollten.

Und dann war da die Forschung selbst. «Es ist besonders beachtlich», schrieben Cowan und Simmons, «daß immer mehr Menschen sich dem Ansatz des Santa-Fe Instituts verpflichtet fühlen, junge, aufstrebende Graduierte ebenso wie Nobelpreisträger, Führungskräfte der Wirtschaft ebenso wie prominente Vertreter der Öffentlichkeit. Zu den wesentlichen Beiträgen, die das Institut bis heute geleistet hat, gehören auch die Bildung und Unterstützung interaktiver Gruppen und Netzwerke auf den höchsten Leistungsebenen der vielen betroffenen Disziplinen.»

Auch hier konnten sie die wolkigen Formulierungen des Antrags durch eine lange Liste von Einzelleistungen ergänzen. Dieser Aufzählung war sogar der größte Teil des Antrags gewidmet, wobei die Projekte, von der KL-Forschung bis zum Wirtschaftsprogramm, ausführlich erörtert wurden. «Das Wirtschaftsprogramm ist das ausgereifteste der Santa-Fe-Projekte», schrieben Cowan und Simmons, «und es wird inhaltlich wie organisatorisch als Paradigma für die Entwicklung anderer Vorhaben des Instituts gesehen.»

Natürlich gab es auch in Santa Fe, wie in jeder halbwegs glücklichen Familie, die sich von der besten Seite zeigt, wenn sie Besuch erhält, einige intime Einzelheiten, die in dem Antrag *nicht* erwähnt wurden – die Tatsache etwa, daß das Wirtschaftsprogramm George Cowan mehr als alles andere fast verrückt gemacht hatte.

Zum Teil hing dies mit den leidigen Geldproblemen zusammen. In seinen weniger wohlgesonnenen Augenblicken hatte Cowan manchmal das Gefühl, die Ökonomen erwarteten, das Institut triebe das Geld auf, damit sie es zum Fenster hinauswerfen könnten. Aber auch in nicht ganz so mürrischen Stimmungen war ihm klar, daß das Wirtschaftsprogramm vielmehr in intellektueller als finanzieller Hinsicht Erfolg gehabt hatte. Citicorp war zufrieden und hatte seine jährliche Unterstützung von 125 000 Dollar immer wieder erneuert. Aber das hatte die Kosten bei weitem nicht gedeckt. Arthurs Bemühungen, mehr Geld von den großen Stiftungen zu erhalten, waren ergebnislos geblieben. Das Institut mußte also die Zuwendungen von Citicorp durch Beträge ergänzen, die es aus den ihm bewilligten Forschungsmitteln nahm – Geld, das Cowan gern für andere Projekte genutzt hätte.

Wieder einmal ging es ihm in erster Linie nicht um das Geld, sondern um die zerbrechliche Santa-Fe-Gemeinschaft. Gerade der Erfolg des Programms drohte, den Ort in ein Wirtschaftsinstitut zu verwandeln, und das war genau das Gegenteil des ursprünglichen Konzepts. «Es ist ein Widerspruch in sich, wenn man eine Institution ohne Fachbereiche gründet und dann nur ein Gebiet beackert», sagt Cowan. «Man hätte genausogut gleich einen Fachbereich einrichten können. Wir mußten irgendwo beginnen, aber auch von Anfang an sicherstellen, daß die Wirtschaftswissenschaften nicht das einzige Interessengebiet des Instituts sein würden.»

Dies hatte zu mehr als einem Krach mit Brian Arthur geführt. «Im Wissenschaftsrat vertrat Brian den Standpunkt eines Partisanen: Das Programm sei ein großer Erfolg, und solange es dabei bleibe, dürften wir ihm doch nicht zugunsten von etwas anderem die Unterstützung entziehen. Brian ist ein glühender Verfechter seiner Ansichten – großartig. Aber der ganze Ansatz des Instituts besagt ja, daß komplexe Systeme viele Aspekte haben. Ich setzte mich also für die Förderung wenigstens eines weiteren Projekts ein, das in seiner Größe etwa dem Wirtschaftsprogramm entsprechen sollte. Wir brauchten ein breiteres Spektrum von Forschungsvorhaben. Der Wissenschaftsrat stimmte dem auch weitgehend zu – aber erst nach ausufernder Diskussion.»

Cowan hatte ein Projekt im Sinn, das «adaptive Computation» genannt wurde: der Versuch, mathematische und Computerverfahren zu entwickeln, die sich auf *alle* Wissenschaften anwenden ließen, die sich mit komplexen Systemen befassen – einschließlich der Ökonomie. «Wenn es einen gemeinsamen begrifflichen Rahmen gibt», sagt er, «sollte es auch einen gemeinsamen analytischen Rahmen geben.» Zum Teil, fügt er hinzu, würde man zu Beginn eines solchen Projekts einfach danach fragen, was es schon gebe, und die Resultate dann ausweiten. John Hollands Gedanken über genetische Algorithmen und Klassifizierersysteme würden, so vermute er, das Rückgrat der adaptiven Computation bilden. Aber man könnte darüber hinaus den vielen ähnlichen Konzepten nachgehen, die sich aus Stuart Kauffmans Booleschen Netzen und autokatalytischen Systemen ergäben wie auch aus Chris Langtons KL-Forschung und den Modellen einer Wirtschaft unter der Glasglocke, an denen Brian Arthur und die Ökonomen bastelten. Eine lebhafte Fremdbestäubung sei im Gange – wie es der Aufsatz von Doyne Farmer über den Konnektionismus beweise, der zeige, daß neuronale Netze, das Modell des Immunsystems, autokatalytische und Klassifizierersysteme im wesentlichen nur Variationen eines einzigen Themas seien. Der Ausdruck «adaptive Computation» sei von Mike Simmons 1989 geprägt worden und bei ihrer gemeinsamen Suche nach einem Namen entstanden, der *alle* diese Ideen unter einen Hut bringen sollte.

Auf einer Ebene solle das Projekt «Adaptive Computation» diesen Gedanken Anerkennung verschaffen und sie koordinieren. Auf längere Sicht jedoch hoffe er, damit Ökonomen, Soziologen, Politologen und selbst Historikern zu derselben Präzision und Stringenz zu verhelfen, wie Newton sie mit der Erfindung der Differentialrechnung in die Physik eingeführt habe.

«Wir warten noch – und vielleicht werden zehn oder fünfzehn Jahre darüber verstreichen – auf einen umfassenden, kraftvollen allgemeinen algorithmischen Ansatz zur Quantifizierung der Wechselwirkungen komplexer adaptiver Agenzien untereinander. Die Debatten werden in den Sozial- und Wirtschaftswissenschaften jetzt im allgemeinen so geführt, daß jeder einen zweidimensionalen Schnitt durch das Problem legt und dann behauptet: ‹Mein Schnitt ist wichtiger als deiner, weil ich beweisen kann, daß die Kreditpolitik wichtiger ist als die Steuerpolitik› und so weiter. Aber das kann man nicht beweisen, weil es letztlich doch alles nur Wörter sind. Eine Computersimulation dagegen liefert einen Katalog genau bestimmter Parameter und Variablen, so daß die Leute wenigstens über dasselbe reden. Ein Computer erlaubt es, mit viel mehr Variablen gleichzeitig umzugehen. Wenn eine Simulation sowohl kredit- als auch steuerpolitische Aspekte hat, kann man vielleicht sagen, *warum* sich ein Aspekt als wichtiger herausstellt als der andere. Die Ergebnisse können richtig oder falsch sein, aber die Debatte ist dann jedenfalls viel besser strukturiert.»

Doch unabhängig davon, ob die Simulationen jemals zu etwas gut sein würden oder nicht – ein Forschungsprojekt, das sich mit adaptiver Computation befaßte, hatte den angenehmen Nebeneffekt, daß es Cowan und seinen Mitstreitern guten Grund böte, John Holland, der von diesem Vorhaben begeistert war, von der University of Michigan abzuwerben und ihn als Leiter des Programms zum ersten festangestellten Fakultätsmitglied zu machen. Cowan und Simmons widmeten der adaptiven Computation also einen eigenen zehnseitigen Abschnitt ihres Antrags – zum großen Teil von John Holland selbst verfaßt – und sandten den 150 Seiten umfassenden Bericht am 13. Juli 1990 nach Washington. Von da an konnten sie nur noch die Daumen drücken.

Es lag ein gewisser Widerspruch darin, daß das Institut Holland umwarb. In den Anfangstagen hatten Cowan und die anderen Gründer die Absicht gehabt, Dauerstellen zu schaffen und aus dem Institut eine Forschungseinrichtung nach dem Vorbild der Rockefeller University in New York zu machen. Aber die harte Wirklichkeit der Finanzen hatte diesen Plänen einen Riegel vorgeschoben, und später hatte sich diese Entwicklung als Vorteil erwiesen.

«Wir waren so viel flexibler», sagt Cowan. Ein Forschungsprogramm, das von festangestellten Wissenschaftlern betrieben werde, stehe in seinen Grundzügen auf lange Sicht fest. Warum also sollte das Institut nicht einfach seine Rolle als Katalysator wahren? Bis jetzt zumindest hatte sich das bewährt. Wissenschaftler kamen zu Besuch, fielen hin und wieder übereinander her und gingen dann zurück an ihre Stammuniversitäten, wo sie die Zusammenarbeit fortsetzten und darüber hinaus die Konzepte des Instituts unter ihren Kollegen publik machten.

Und doch – alle waren mehr als bereit, in Hollands Fall eine Ausnahme zu machen. Hinzu kam – die beste Nachricht seit langem –, daß man einen Geldgeber gefunden hatte: Robert Maxwell, einen extravaganten Selfmademan, früher tschechischer Widerstandskämpfer, dann in London milliardenschwerer Pressezar und – wie sich herausstellte – ein Mann, der sich auf eine etwas schrullige Weise für die Erforschung komplexer Systeme interessierte.

Robert Maxwell ist den meisten durch seinen mysteriösen Tod durch Ertrinken Ende 1991 und den aufsehenerregenden Zusammenbruch seines hochverschuldeten Medienimperiums unmittelbar danach bekannt geworden. Damals aber erschien er wie die gute Fee aus dem Märchen. Das Institut hatte mehr als zwei Jahre zuvor Kontakt mit ihm aufgenommen, nachdem Murray Gell-

Mann zufällig Maxwells Tochter Christine kennengelernt hatte. Christine Maxwell ihrerseits hatte im Mai 1989 ein Mittagessen für Gell-Mann und ihren Vater arrangiert, und dabei hatte sich ergeben, daß Maxwell sich sehr für die Arbeit des Instituts interessierte.

Nach vielem Hin und Her erhielt das Institut im Februar 1990 ein Fax aus London, in dem Maxwell zwei Vorschläge machte. Erstens, schrieb er, sei er bereit, mit einem Betrag von 100 000 Dollar, die zur Erforschung adaptiver komplexer Systeme verwendet werden sollten, eine Verbindung mit dem Institut aufzunehmen. Zweitens gefiele ihm der Gedanke des Instituts, eine neue Fachzeitschrift zum Thema Komplexität zu gründen, und er sei daran interessiert, diese Zeitschrift in einer Tochterfirma, dem akademischen Verlag Pergamon Press, herauszubringen.

Bereit, eine Verbindung *aufzunehmen*? Cowan und Simmons grübelten eine Weile über dieses kleine Juwel nach. Schließlich beschloß Cowan, ein Risiko einzugehen und den Einsatz zu erhöhen. Mit seiner Antwort schickte er einen zusammenfassenden Bericht des Komitees, der sich mit den Plänen für die Zeitschrift befaßte, und schlug dem Verleger vor, eine «Robert-Maxwell-Professur» am Santa-Fe-Institut zu stiften, ausgestattet mit etwa 300 000 Dollar pro Jahr. Die Summe würde nicht nur das Gehalt des Maxwell-Professors decken, erklärte Cowan, sondern darüber hinaus Spielraum für die Bezahlung von Assistenten, Doktoranden, einer Sekretärin, Reisekosten und anderen Aufwendungen lassen.

Es dauerte lange, bis eine Reaktion aus London kam. Maxwell delegierte fast keine Entscheidung, wie Cowan und Simmons schon erfahren hatten. Sie konnten nur mit freundlichen Erinnerungen sein Faxgerät heißlaufen lassen und ihn mit Briefen, Telefongesprächen und über Gell-Mann, Christine Maxwell und ihre Brüder bearbeiten. Die Antwort – »Im Prinzip einverstanden» – erreichte sie gerade noch rechtzeitig: Bei der Vorstandssitzung im März 1990 konnten sie John Holland offiziell für fünf Jahre die Maxwell-Professur anbieten.

In Michigan versuchte Holland, soviel wie möglich aus dem Angebot herauszuholen. Er war noch immer verbittert über die Verschmelzung seines ehemaligen Fachbereichs für Computer- und Kommunikationswissenschaften mit der Schule für Ingenieurswissenschaften, und weil er die dort vorherrschende kurzsichtige anwendungsorientierte Einstellung haßte, hatte er sich weitgehend von der Lehrtätigkeit zurückgezogen.

Nun spazierte er mit dem Angebot aus Santa Fe in der Tasche zu Edie Goldenberg, der zuständigen Vizepräsidentin. »Die Maxwell-Professur ist geradezu ideal für die Forschung», sagte er zu ihr, «und ich würde den Ruf wohl gern annehmen, *es sei denn* – ich bekomme hier in Michigan mehr Zeit zum Forschen.» Edie Goldenberg setzte alle Hebel in Bewegung, um ihn zu halten. Sie trieb Geld auf, traf die nötigen Anordnungen und half ihm, ein *quid pro quo* auszuarbeiten: Holland erhielt eine volle Psychologieprofessur, und seine Vorlesungsverpflichtungen wurden verringert, damit ihm mehr Zeit für die Forschung blieb. Als Gegenleistung sollte er eine ständige Verbindung zwischen dem Santa-Fe-Institut und der Universität aufbauen – eine Übereinkunft, nach der Professoren, Assistenten und Studenten aus Michigan regelmäßig als Gäste in Santa Fe arbeiten und die beiden Institutionen gemeinsame Konferenzen abhalten würden. Im Schnee von Ann Arbor sollte auf diese Weise eine Art Vorposten von Santa Fe entstehen.

Der Vertrag wurde im Sommer 1990 geschlossen. Zur Einweihung der Zusammenarbeit organisierte Holland im Herbst 1990 ein zweiwöchiges Seminar mit einem Symposium, an dem Brian Arthur, Marc Feldman aus Stanford und Murray Gell-Mann teilnahmen. Seitdem verbringt Holland, von gelegentlichen Abstechern nach Santa Fe und zu Konferenzen abgesehen, den größten Teil seiner Zeit zu Hause in seinem Arbeitszimmer am Computer; von seinem Chateau oben auf dem Hügel hat er eine weite Aussicht über die Wälder im Westen von Ann Arbor. Seit neuestem spricht er davon, er wolle sich ganz von der Universität zurückziehen, um mehr Zeit für die Forschung zu haben. «Das macht der endliche

Horizont», sagt er. «Ich werde älter [er ist 63] und habe so viele Ideen in meiner Mappe, an denen ich gern arbeiten möchte.»

In Santa Fe hörte Cowan mit Bedauern von der Entscheidung Hollands. Zugleich beeindruckte ihn, daß Holland seine Stellung aufs Spiel gesetzt hatte, um die Verbindung zwischen Santa Fe und der University of Michigan zu sichern – sie wäre wohl unter anderen Umständen nie zustande gekommen.

Zur selben Zeit mußte Cowan mit Maxwell verhandeln. Er und Simmons schickten den ganzen Frühsommer des Jahres 1990 über Faxe mit freundlichen Mahnungen nach London: Bitte, denken Sie daran, uns das Geld zu schicken. Maxwells persönlicher Scheck über 150000 Dollar – die erste Rate der für das erste Jahr genehmigten 300000 Dollar – kam im August endlich an. Erst dann teilte ihm das Institut mit, daß Holland den Ruf nicht annehmen würde. «Hilft es vielleicht, wenn ich nach Michigan fahre und mit ihm rede?» antwortete Maxwell.

Nein, wohl nicht. Aber Santa Fe könne einen Kompromiß anbieten: Holland und Gell-Mann würden sich die Professur für das soeben beginnende Herbstsemester teilen, und in dieser Zeit würde Holland das neue Forschungsprogramm zur adaptiven Computation erarbeiten. Danach, 1991, würde die Professur abwechselnd von Stuart Kauffman und David Pines wahrgenommen werden. In der Zwischenzeit könnten erstklassige jüngere Leute wie Seth Lloyd, James Crutchfield und Alfred Hubler ans Institut geholt werden.

Das, sagte das Faxgerät, sei für Maxwell durchaus annehmbar. Auch war für alle Beteiligten annehmbar, daß die neue Zeitschrift in Maxwells Pergamon Press erscheinen sollte. Die Einzelheiten wurden während eines langen Ferngesprächs ausgehandelt – kurz bevor Maxwell plötzlich beschloß, Pergamon zu verkaufen, um andere Erwerbungen finanzieren zu können. Ende Februar 1991, nach einer Reihe immer dringenderer transatlantischer Mahnungen, schickte Maxwell noch einmal 150000 Dollar.

Im Sommer und Herbst 1990 konnte man Murray Gell-Mann immer dann, wenn es um die Nachfolge für Cowan ging, resigniert seufzen hören: «Dann muß *ich* es wohl tun.»

Gell-Mann, das gab er deutlich zu verstehen, *wollte* keineswegs Präsident des Instituts werden. Er hasse die Verwaltungsarbeit. Er habe solche Aufgaben sein Leben lang abgelehnt. Aber das Santa-Fe-Institut und die Erforschung des Komplexen seien ihm so wichtig, daß – nun ja, wer sonst sehe so klar, was getan werden müsse? Wer sonst könne die Wissenschaft von der Komplexität so klar beschreiben? Und wer sonst habe das Ansehen und die vielen Kontakte, die dem Institut den Einfluß verliehen, den es brauchte?

Ja, wer sonst? In dem Komitee, das Cowan ins Leben gerufen hatte, um seine Nachfolge zu regeln, machte sich keiner etwas vor: Murray Gell-Mann wollte Präsident des Santa-Fe-Instituts werden. Die Frage war, ob man sich traute, ihn dazu zu machen. Einige meinten, die Möglichkeit solle ernsthaft erwogen werden. Schließlich, sagten sie, haben wir hier mit Gell-Mann einen für die Geschichte der Naturwissenschaften enorm wichtigen Mann, der sogar einen Nobelpreis vorzuweisen hat. Wenn er den Job wirklich will, warum soll man ihm nicht eine Chance geben?

Andere, die ihn besser kannten, erbleichten bei dem Gedanken, Murray Gell-Mann würde tatsächlich versuchen, das Institut zu leiten. Niemand bezweifelte seine wissenschaftliche Kompetenz, seine Weitsicht, seine Energie, sein Geschick im Beschaffen von Geldern. Er schien jeden zu kennen und hatte ein erstaunliches Geschick, Spitzenwissenschaftler aus allen möglichen Gebieten an einen Tisch zu bringen. Ohne seine Mitwirkung wäre das Santa-Fe-Institut nicht das geworden, was es war. Aber – *Präsident?* Sie sahen auf seinem Schreibtisch die Ablagerungen nicht unterzeichneter Papiere und die Erinnerungen an nicht beantwortete Anrufe, während Gell-Mann irgendwo anders den Regenwald zu retten versuchte. Schlimmer noch, sie hatten Visionen davon, wie das Santa-Fe-Institut *de facto* zum «Gell-Mann-Institut» werden würde.

«Murray hat eine so rein intellektuelle Einstellung zum Leben, wie ich es von keinem anderen kenne», sagt ein Physiker, der schon seit vielen Jahren mit Gell-Mann befreundet ist. «Alle seine Gespräche und alles sonst in seinem Leben wird von diesem intellektuellen Anspruch angetrieben. Das Forschungsprogramm des Instituts ist ihm extrem wichtig. Er sieht die Richtung, in die er gehen möchte. Er hat darüber sehr viel nachgedacht und möchte sicher sein, daß wir uns in diese Richtung bewegen.

Das hat Vor- und Nachteile. Es ist für das Institut sicherlich gut, wenn ein so starker Geist wie Murray es in eine produktive Richtung treibt. Andererseits ist es für jeden anderen sehr schwer, auch nur zu Wort zu kommen, wenn Murray in der Nähe ist. Wenn er ein Problem analysiert hat, glaubt er, daß es vollständig analysiert ist. Stimmen andere nicht mit ihm überein, denkt er meistens, sie hätten ihm nicht zugehört oder ihn nicht verstanden. Wenn er sie dann nicht ganz abschreibt, neigt er dazu, seine eigenen Argumente der größeren Klarheit zuliebe zu wiederholen. Seine Geisteskraft und seine machtvolle Persönlichkeit bringen ihn dazu, jede andere Auffassung beiseite zu schieben. Jeder befürchtete, das Santa-Fe-Institut könnte zum Vehikel für Gell-Manns persönlichen Enthusiasmus werden.»

Genau diese Gefahr sah auch Cowan. Sicher, er hatte Gell-Mann all die richtigen Worte darüber sagen hören, wie notwendig die Vielfalt und unterschiedliche Ansichten für das Institut seien. Aber er war auch davon überzeugt, daß Gell-Mann, ohne es zu wollen, als Präsident die turbulente Gemeinschaft mit ihren vielen Facetten stören und alle wirklich originellen Denker in die Flucht schlagen würde. «Murray würde der Herr Professor sein und sagen, wo es langgeht. Er hat immer das Gefühl, sein Standpunkt sei der einzig mögliche.»

Cowan hatte in dieser Hinsicht einschlägige Erfahrung. Auf die eine oder andere Weise hatte er diesen Kampf mit Gell-Mann seit der Gründung des Instituts geführt. So tat er, was er nur konnte, um Gell-Mann in Schach zu halten. Cowan wußte nur zu gut, wie sehr er und das Institut Gell-Mann brauchten; er fühlte sich so oft gezwungen, ihm nachzugeben, daß andere sich fragten, ob er sich vielleicht durch Nobelpreisträger einschüchtern lasse. Aber es gab auch Tage, an denen Cowan der Kragen platzte.

Ein Beispiel ist ihre lang anhaltende Auseinandersetzung über die richtige Thematik für das Institut. «Ich denke, es geht um die Untersuchung von Einfachheit *und* Komplexität», sagt Gell-Mann. «Das einfache Gesetz des Universums und sein probabilistischer Charakter liegen dem Ganzen zugrunde – und das Wesen der Information und die Quantenmechanik. Wir haben uns in Santa Fe ja schon zweimal mit dem Thema Information und Universum beschäftigt. In den Anfangstagen hatten wir eine wunderbare Tagung über Superstrings, die eine Übersicht über Mathematik, Kosmologie und Teilchenphysik gab. Aber bei alldem Druck gegen die Bemühungen, Einfachheit zu studieren, haben wir uns nie wieder mit Superstrings beschäftigt. Der Präsident des Instituts, George Cowan, hat was gegen diese Themen. Ich weiß nicht warum.»

Tatsächlich haßte Cowan diese Themen gar nicht. Er fand die Superstringtheorie – eine hypothetische «Theorie für alles», die versucht, alle Elementarteilchen als unendlich winzige, heftig vibrierende Fäden reiner Energie zu beschreiben – hochinteressant. Es gab jedoch viele andere Orte, wo Wissenschaftler über Strings, Quarks und die Kosmologie arbeiten konnten, und er war der Meinung, das Institut habe weder die Zeit noch das Geld, deren Forschungen zu duplizieren. (Cowan stand damit keineswegs allein: Die Mehrheit im Wissenschaftsrat wandte sich gegen eine zweite Superstringtagung.) Aber Cowan ärgerte sich vor allem deshalb, weil ihm Gell-Manns «Einfachheit» wie ein verkleideter Reduktionismus vorkam. Verräterisch war in seinen Augen, daß Gell-Mann immer noch solch offensichtliche Freude daran fand, alles, an dem er nicht persönlich interessiert war, etwa Chemie oder Festkörperphysik, auf geschickte Weise niederzumachen.

Außenseiter erinnerte dieser Streit an jene geheimnisvollen Dispute des Mittelalters über subtile Fragen der Theologie. Aber Cowan und Gell-Mann erregten sich sehr, und das Thema führte zu vielen Verstimmungen und abrupt endenden Telefongesprächen. Cowan erinnert sich besonders gut an ein Treffen von fünf oder sechs Mitgliedern der «Stammbesetzung». Sie sprachen darüber, wie das Santa-Fe-Institut sich selbst beschreiben solle. «Jedesmal wenn wir sagten, wir seien an der Wissenschaft der Komplexität interessiert, fügte Murray hinzu ‹und an den grundlegenden Prinzipien, aus denen sie sich zusammensetzt› – womit er Quarks meinte. Er wollte also darauf hinaus, daß soziale Organisationen aus vielen ‹Quarks› bestehen und daß man diese ‹Quarks› durch alle unterschiedlichen Zustände hindurch verfolgen kann.

Ich nenne das die Religion der theoretischen Physik – dieses Vertrauen in die Symmetrie und den totalen Reduktionismus. Ich habe keinen Grund gesehen, dieser Aussage zuzustimmen, und sagte, damit würden wir uns nicht befassen.» Cowans Argument, dem die meisten der anderen Gesprächsteilnehmer zustimmten, war, daß emergente komplexe Systeme etwas Neues darstellen – daß die Grundbegriffe, die nötig sind, um ihr makroskopisches Verhalten zu verstehen, weit über die Naturgesetze der Kraft hinausgehen.»

«Murray sagte ganz direkt, daß er dabei nicht mitmachen würde», fährt Cowan fort. «Hier wurde mir zum erstenmal klar, daß er einfach erwartete, andere Menschen würden so handeln, wie er es wollte, nur weil er festgestellt hatte, *daß* er es so wollte. Das fand ich ungeheuer egozentrisch, und ich verlor die Geduld.»

Cowan packte seine Papiere zusammen, sagte «Ich gehe» und stapfte hinaus – gefolgt von Ed Knapp und Pete Carruthers, die ihm nachriefen: «George, komm zurück!»

Er kam schließlich zurück. Nach diesem Vorfall erwähnte Gell-Mann den Begriff «Einfachheit» nur noch selten.

Cowans Verdruß über das Thema Einfachheit war jedoch eine milde Aufwallung im Vergleich zu den Gefühlen, die er gegenüber dem Projekt «Globale Überlebensfähigkeit» entwickelte. Es hatte als *sein* Programm begonnen, als kleiner Versuch, der seine tiefste Überzeugung hinsichtlich der Zukunft der Menschheit widerspiegeln sollte. Er hatte es damals nicht einmal «Überlebensfähigkeit» genannt. Sein ursprüngliches Konzept lief unter dem Namen «Globale Stabilität» – oder auch «Globale Sicherheit» (so der Titel eines ersten kleinen Treffens, das er im Dezember 1988 organisiert hatte). «Das Thema bezog sich zunächst auf so etwas wie die nationale Sicherheit», erläutert Cowan, «aber es wurde rasch viel umfassender. Wie überleben wir die nächsten hundert Jahre, ohne daß es zu einer Katastrophe der ‹Klasse A› kommt? Das ist etwas, das sich nicht in einer Generation bereinigen läßt.» Man müßte, um in der Rand-des-Chaos-Terminologie zu sprechen, zur Vermeidung solch verheerender Ereignisse einen Weg finden, die allergrößten, zerstörerischsten Lawinen der Veränderung auszugleichen. «Ursprünglich war die Nummer eins auf meiner Liste der Katastrophen der Klasse A ein Atomkrieg», sagt Cowan, «und eine Katastrophe der Klasse B so etwas wie der Zweite Weltkrieg. Zur Zeit der ersten Tagung jedoch waren die Beziehungen zwischen Rußland und den USA so gut, daß der Atomkrieg auf Platz fünf rutschte. An erster Stelle stand nun die Bevölkerungsexplosion. Dann kamen mögliche Umweltkatastrophen wie die Erwärmung durch den Treibhauseffekt, die ich selbst nicht für eine Katastrophe der Klasse A hielt, die aber von anderen so eingeordnet wurde.»

Diese Bemühungen tröpfelten eine Weile vor sich hin, vor allem weil Cowan selbst, wann immer er Zeit dazu fand, kleine Treffen zu diesem Thema organisierte. Aber dann begann Gell-Mann sich stärker zu engagieren. Die Vorstellung, die Überlebensfähigkeit der Menschheit global und ganzheitlich zu erkunden, sprach ihn an. *Ihm* bereitete die Erhaltung der Umwelt im allgemeinen und der biologischen Vielfalt des Regenwalds im besonderen die größte Sorge. So mischte er sich ein und drängte Cowans Projekt unweigerlich in die von ihm gewünschte Richtung. 1990 hatte er das Programm grundlegend umformuliert und zu seinem eigenen gemacht.

Sein Programm war viel aktivistischer als Cowans. Gell-Manns Bestreben war nicht nur, eine Katastrophe zu vermeiden. Er wollte einen Zustand globaler «Überlebensfähigkeit» erreichen – was immer dieses wolkige Wort auch bedeuten mochte.

In einem Vortrag, den Gell-Mann im Mai 1990 bei einer Arbeitstagung in Santa Fe hielt – er leitete diese Tagung gemeinsam mit Cowan –, betonte er, daß «Überlebensfähigkeit» in letzter Zeit zu einem Klischee geworden sei. Für die meisten Menschen scheine es zu bedeuten: Mach ruhig weiter so – aber denk ans Überleben. Das Weitermachen sei das Problem, sagte er. Am World Resources Institute, einer in Washington beheimateten Denkfabrik, die von Gell-Mann mitgegründet worden war, hatten der Gründungsdirektor Gus Speth und andere behauptet, das globale Überleben sei nur möglich, wenn die Menschheit innerhalb weniger Jahrzehnte mindestens sechs fundamentale Übergänge vollziehe:

1. Einen *demographischen* Übergang zu einer annähernd stabilen Weltbevölkerung.
2. Einen *technologischen* Übergang zu einer minimalen Umweltbelastung pro Person.
3. Einen *ökonomischen* Übergang zu einer Welt, in der ernsthafte Versuche unternommen werden, die wirklichen Kosten für Güter und Dienstleistungen zu berechnen – einschließlich der Kosten für die Umwelt –, so daß die Weltwirtschaft einen Anreiz hat, vom «Einkommen» der Natur zu leben, statt ihr «Kapital» auszubeuten.
4. Einen *sozialen* Übergang zu einer breiteren Verteilung dieser Einkommen einschließlich besserer Möglichkeiten zu nichtdestruktiven Arbeitsbedingungen für die armen Familien.
5. Einen *institutionellen* Übergang zu einer Reihe von transnationalen Bündnissen, die es leichter machen, globale Probleme global anzugehen und die verschiedene Aspekte der Politik in ein Gesamtkonzept zu integrieren.
6. Einen *informatorischen* Übergang zu einer Welt, in der Forschung, Erziehung und globale Überwachung vielen Menschen ermöglichen, das Wesen der Herausforderungen, mit denen sie konfrontiert sind, zu verstehen.

Die Aufgabe sei natürlich, von hier nach dort zu gelangen, ohne eine von Cowans globalen Katastrophen der Klasse A auszulösen, erläuterte Gell-Mann. Wenn wir das überhaupt erhoffen können, dann komme dabei der Untersuchung komplexer adaptiver Systeme eine entscheidende Rolle zu. Wenn diese sechs grundlegenden Übergänge verstanden würden, verstehe man auch die wirtschaftlichen, gesellschaftlichen und politischen Kräfte, die eng miteinander verknüpft und voneinander abhängig sind. Man könne die Teile des Problems nicht einzeln analysieren, wie es in der Vergangenheit gemacht worden sei, und hoffen, das Verhalten des Systems als Ganzes zu beschreiben. Man könne die Welt nur als stark verknüpftes System betrachten – auch wenn die Modelle dafür grob seien.

Mehr noch, die Aufgabe, von hier nach dort zu gelangen, bestehe auch darin, sicherzustellen, daß es «dort» eine lebenswerte Welt geben werde. Eine überlebensfähige menschliche Gesellschaft könnte durchaus auch die Orwellsche Fehlentwicklung sein, die durch starre Kontrolle und enge Grenzen für fast alle, die darin leben, gekennzeichnet ist. «Wir wünschen uns eine Gesellschaft, die anpassungsfähig ist und robust und widerstandsfähig gegenüber kleineren Unglücksfällen, die aus Fehlern lernen kann, die nicht statisch ist, die aber auch ein Wachstum der Qualität und nicht nur der Quantität menschlichen Lebens zuläßt.»

Wenn man dies erreichen wolle, fuhr Gell-Mann fort, kämpfte man einen mühsamen Kampf. Im Westen neigten Intellektuelle und Manager zu einer Rationalität, die ihnen nahelege, Entscheidungen zu treffen, die unerwünschte Auswirkungen hätten, und nach technischen Mitteln zu suchen, die diese Auswirkungen blokkieren könnten. Es gebe also zwar Empfängnisverhütungsmittel, Schadstoffkontrollen, Abrüstungsabkommen und so weiter, und all diese Dinge seien wichtig, aber die wirkliche Lösung erfordere viel mehr. Sie erfordere die Aufgabe oder Sublimierung oder Umwandlung unserer herkömmlichen Lust am Ausstechen unserer Rivalen. Die Impulse, stärker zu sein als sie, mehr zu verbrauchen und sie zu besiegen, seien sicher früher einmal adaptiv gewesen. «Vielleicht sind sie in unser Gehirn eingeprägt, aber wir können uns den Luxus, sie zu dulden, nicht länger leisten.»

Darin liege eines der entscheidenden Probleme. Einerseits werde die Menschheit von Aberglauben und Mythos schwer bedroht, von der hartnäckigen Weigerung, die dringenden Probleme des Planeten zu erkennen, und von dem Gefühl einer Stammeszugehörigkeit in all ihren Formen. Wenn wir diese sechs Übergänge bewerkstelligen wollen, müssen wir uns über die Grundsätze einigen und vernünftiger über die Zukunft des Planeten nachdenken, gar nicht zu reden von einer vernünftigeren Art, uns auf globaler Ebene selbst zu regieren.

Andererseits, fragte er: «Wie ist es mit Toleranz zu vereinbaren, wenn man Fehler auffindet und benennt – und nicht nur mit Toleranz, sondern auch mit der Pflege und Bewahrung kultureller Vielfalt?» Dies sei keine Frage richtiger Politik, sondern eine Frage der Praktikabilität. Kulturen ließen sich nicht auf Befehl ausradieren. Die Welt werde pluralistisch regiert werden müssen, oder sie werde gar nicht regiert werden können. Zudem werde die kulturelle Vielfalt in einer lebensfähigen Welt genauso wichtig sein wie genetische Vielfalt in der Biologie. Wir *brauchen* interkulturelle Gärung, sagte Gell-Mann. «Besonders wichtig könnte es sein, herauszufinden, wie unsere eigene Kultur den Appetit auf materielle Güter zügeln und dafür mehr geistigen Appetit entwickeln kann.» Auf die Dauer könnte die Lösung dieses Dilemmas viel mehr als nur Sensibilität erfordern. Sie könnte neue tiefgreifende Entwicklungen in der Psychologie erfordern. Schließlich sei es schon nicht einfach, einen einzelnen Menschen von Neurosen zu heilen; das gelte erst recht für Neurosen der Gesellschaft.

Bei dem Arbeitstreffen im Mai 1990 hatte Cowan schon lange die Kontrolle über das jetzt unter dem Titel «Globale Überlebensfähigkeit» laufende Projekt verloren. Er konnte nur noch in stiller Wut zusehen. Schließlich war Gell-Mann einer der Vorsitzenden des

Wissenschaftsrats, was ihm in bezug auf die Forschungsprogramme viel mehr Mitspracherecht gab, als Cowan es hatte. Gell-Mann konnte das Programm so formulieren, wie er wollte – und das tat er auch –, während Cowan als Präsident dafür verantwortlich war, das Geld aufzutreiben.

Aber auch der Inhalt des Programms war ein Problem. Cowan hatte nicht das Gefühl, es sei falsch. Er stimmte der Auffassung, daß die Welt heute weit davon entfernt ist, überlebensfähig zu sein, und daß grundsätzliche Veränderungen dringend nötig sind, von ganzem Herzen zu. Nein, Cowan regte sich darüber auf, daß Gell-Mann und seine Kollegen von Umweltinstituten sich so *sicher* waren. Auch wenn Gell-Mann sich dagegen verwahrte – hörte man ihm genau zu, konnte man sich des Gefühls nicht erwehren, daß sie die Probleme kannten, daß sie die Lösungen kannten und daß sie eigentlich nichts anderes wollten, als weiter an der Erhaltung des Regenwalds zu arbeiten.

Cowan war nicht der einzige, der diesen Eindruck hatte. Viele Menschen am Institut waren (und sind es noch heute) voller Argwohn, daß das Projekt «Globale Überlebensfähigkeit» sich in eine Art globalen Umweltaktivismus verwandeln könnte. «Wenn man schon weiß, was man tun muß, hat man kein Forschungsprogramm mehr», sagt einer vom «Stamm». «Es ist dann ein Programm zur politischen Durchsetzung einer bestimmten Vorgehensweise, und das ist nicht unsere Rolle.»

Cowan jedenfalls hatte es aufgegeben, weiter gegen Gell-Mann anzukämpfen. Sollte er doch das verdammte Projekt übernehmen! «Ich habe das Gefühl, zwischen Murray und mir gibt es eigentlich gar keine wirklich grundlegenden intellektuellen Unterschiede», sagt Cowan. «Wir sind uns zu ähnlich. Vielleicht liegt darin das Problem. Sein Umgangston ist so, daß ich mich leicht von Murray getroffen fühle. Das geht nicht nur mir so. Aber ich habe keinen Grund, das hinzunehmen, und deshalb verliere ich wohl leichter die Geduld. Wenn ich ein vollkommenerer Mensch wäre, hätten wir diese Probleme nicht. Ich habe nur das Alter erreicht, in dem ich mich einfach nicht mehr mit Leuten abgebe, bei denen ich zurückstecken muß.»

Gegen Ende 1990, zu einer Zeit, als Gell-Mann der einzige ernsthafte Kandidat für die Präsidentschaft des Santa-Fe-Instituts war, kam Cowan einmal mit dem Physiker Ed Knapp ins Gespräch, der jetzt wieder in Los Alamos arbeitete. Knapp erwähnte, daß Los Alamos reizvolle Möglichkeiten zur frühzeitigen Emeritierung biete; zum Teil sollten dadurch die durch das Ende des Kalten Krieges bedingten Kürzungen des Verteidigungshaushalts erträglicher gemacht werden. Er denke daran, sagte Knapp, diese Regelung zu seinem Vorteil zu nutzen. Er war damals 58 Jahre alt.

Keiner der beiden erinnert sich genau daran, wer zu diesem Zeitpunkt den Anstoß gab, aber schon sehr bald lag die Frage in der Luft, ob Knapp nicht Interesse habe, Präsident des Santa-Fe-Instituts zu werden.

Knapp war von Anfang an dabeigewesen, schon damals, als das Institut nicht mehr war als eine Idee, mit der seine Kollegen im Labor liebäugelten. Er war immer bereit gewesen auszuhelfen, wenn es ihm möglich war – er hatte sogar zwei Jahre lang den Vorsitz des Vorstands geführt. Er war Direktor der National Science Foundation in Washington gewesen, dann Leiter der Universities Research Association, einer Vereinigung von 72 Universitäten, die das Fermi National Accelerator Laboratory in der Nähe Chicagos betreibt. Ihm lag ganz offenbar am Institut und an dem, wofür es stand. Und doch hatte er, im Gegensatz zu gewissen anderen Kandidaten, keine persönlichen Vorlieben hinsichtlich der Frage, was das Institut tun oder lassen sollte.

«George», protestierte Knapp, «vergiß nicht, daß ich kein theoretischer Kopf bin – ich bin ein Verwaltungsmensch.»

«Großartig», sagte Cowan.

Das war ein guter Ausgangspunkt für weitere Gespräche. Schließlich stimmte Knapp zu. Als Cowan diese Nachricht bekanntgab, war die Erleichterung unter den Vorstandsmitgliedern deutlich zu spüren. Die wenigsten trauten Gell-Mann zu, daß er sich in einen Verwaltungsmenschen verwandeln würde. Jetzt, wo ein annehmbarer Gegenkandidat zur Verfügung stand, wurde jedem – Gell-Mann eingeschlossen – klar, daß er bei einer Abstimmung verlieren würde.

Inzwischen hatte Gell-Mann selbst ein Gefühl für die Aufgabe bekommen, um die er sich bewarb. David Pines hatte ebenso wie andere viel Zeit darauf verwandt, ihm zu erklären, was die Verwaltung eines Instituts bedeutet – die Budgets, die Treffen, die endlosen Auseinandersetzungen mit den Angestellten. «Murray», sagte Pines immer wieder, «das ist nicht das, was du am Santa-Fe-Institut tun willst; du möchtest *Professor* sein.»

So verlief schließlich alles in ruhigen Bahnen. Für den Dezember 1990 wurde eine Sondersitzung des Vorstands einberufen. Gell-Mann selbst nominierte Knapp. Und Knapp wurde einstimmig gewählt.

«Ich war etwas enttäuscht», sagte Gell-Mann. «Ich wäre gern Präsident geworden. Zum erstenmal in meinem Leben habe ich mich für eine solche Arbeit interessiert. Aber ich bin mit der Wahl von Ed Knapp sehr zufrieden. Ich freue mich, daß wir einen guten Mann gewählt haben, mit dem die Zusammenarbeit einfach ist.»

Wie er es ein Jahr zuvor angekündigt hatte, trat George Cowan bei der Vorstandssitzung im März 1991 von seinem Präsidentenamt zurück. Wie erhofft, konnte er es mit gutem Gewissen tun. Die National Science Foundation und das Energieministerium hatten ihre Förderung für drei statt für fünf Jahre verlängert und waren bereit, weiterhin zwei Millionen Dollar statt der erbetenen zwanzig Millionen zu zahlen. Aber immerhin hatten beide ihre Zusicherung gegeben. Die MacArthur-Stiftung hatte beschlossen, ihre jährlichen Beiträge von 350000 auf 500000 Dollar zu erhöhen, und auch mehrere private Stifter, darunter Robert Maxwell, hatten weitere Zuschüsse gewährt. Cowan ließ das Institut also für das nächste Jahr in gesunden finanziellen Verhältnissen zurück; Ed Knapp würde über genügend Geld verfügen können, ohne sich ständig um die täglichen Betriebskosten kümmern zu müssen. (Die Praxis sah dann nicht ganz so rosig aus: Die Robert-Maxwell-Professur mußte nach dem Tod des Spenders 1991 aufgelöst werden, und das hinterließ ein großes Loch in Knapps Haushalt für 1992 und zwang das Institut, die Anzahl der Gäste und Postdoktoranden zu verringern. Zum Glück ließ sich diese Kürzung nach einiger Zeit ausgleichen.)

Als Amt und Würden übergeben waren, gehörte Cowan nicht mehr zum Institut. Er war jetzt 71 Jahre alt, und nach sieben Jahren mühseliger Verwaltungsarbeit hatte er Ruhe bitter nötig, was in seinem Fall bedeutete, daß er sich in das Doppel-Beta-Experiment vertiefte, an dem er und mehrere seiner Kollegen aus Los Alamos seit fast einem Jahrzehnt arbeiteten und das sich jetzt der Vollendung näherte. Monatelang wurde er nur selten im Institut gesehen. (Der doppelte Betazerfall ist eine exotische und extrem seltene Form der Radioaktivität, die eine empfindliche experimentelle Überprüfung der herkömmlichen Elementarteilchentheorie zuläßt. Sehr zur Freude Cowans gelang es ihm und seinen Kollegen, den doppelten Betazerfall zu entdecken und nachzuweisen, daß er mit den Standardtheorien übereinstimmt.)

Für Cowan hatte die Unterbrechung offensichtlich heilende Wirkung. Im Herbst 1991 gehörte er wieder zu den regelmäßigen Besuchern des Instituts, wo er sich mit Chris Langton ein kleines Arbeitszimmer teilte. «Ich weiß nicht so recht, wie ich meine Gefühle beim Rücktritt erklären soll», sagt Cowan heute. «Ich könnte die Geschichte von dem Mann erzählen, der in einem Raum sitzt, in dem immer Lärm herrscht. Als der Lärm aufhört, sagt er: ‹Was war das!?› Wenn man immer ein Büßerhemd getragen hat, fühlt man sich ohne das Hemd etwas komisch. Wer eine Spur Puritanismus in sich hat, fühlt sich sogar ein wenig schuldig, wenn er es ablegt. Aber jetzt trage ich ein etwas anderes Modell eines Büßerhemds, und ich fühle mich viel wohler.»

Vor allem habe er jetzt viel mehr Zeit, über die neue Wissenschaft von der Komplexität nachzudenken; er sei davon so gebannt wie eh und je. «Erzählen Sie mir nichts darüber, welcher Zwang von einer Idee ausgeht! Ich habe das Gefühl, ich sei mehr als jeder andere ihrem Zwang erlegen. Diese Dinge haben mich gefangengenommen und in einen Zustand ständiger Erregung versetzt. Ich habe das Gefühl, als ob mein Leben sozusagen oben im Kopf neu begonnen hat. Das ist für mich ein großer Schritt. Dadurch bekommt all das, was ich hier getan habe, einen Wert.»

Das Thema, das ihn am meisten fesselt, ist Adaptation – genauer: die Adaptation unter den Bedingungen der ständigen Veränderung und der Unvorhersagbarkeit. Er sieht darin eine der wichtigsten Fragen bei der schwierigen Suche nach den Voraussetzungen globaler Überlebensfähigkeit. Nicht zufällig hält er es für ein Thema, das all die Entwürfe von «Übergängen» in eine überlebensfähige Welt nicht berücksichtigen. «Irgendwie», sagt er, «redet man immer darüber, wie sich Übergänge von Zustand A – der Gegenwart – zu einem Zustand B, der überlebensfähig ist, zuwege bringen lassen. Einen solchen Zustand gibt es aber gar nicht. Die Übergänge werden immer wieder stattfinden. Man muß über Systeme reden, die immer dynamisch bleiben und die eingebettet sind in Umgebungen, die sich selbst fortwährend dynamisch entwickeln.» Stabilität sei, wie John Holland sage, der Tod; irgendwie müsse die Welt sich an einen Zustand ständiger Neuheit am Rand des Chaos anpassen. «Ich habe noch nicht die richtigen Worte dafür. Vor kurzem habe ich Havelock Ellis' Buchtitel ‹Der Tanz des Lebens› dafür ausprobiert, aber das trifft es auch nicht ganz. Es ist kein Tanz des Lebens. Nicht einmal ein Tempo ist vorgegeben. Wenn schon, dann kehren wir zurück zu Heraklit: ‹Alles ist im Fluß›. Ein Ausdruck wie ‹überlebensfähig› fängt das nicht wirklich ein.»

Natürlich, fügt Cowan hinzu, könnte es sein, daß Begriffe wie Rand des Chaos und selbstorganisierte Kritizität uns bedeuten, Katastrophen der Klasse A seien, ganz unabhängig von dem, was wir tun, unvermeidlich. «Wie Per Bak gezeigt hat, sind Turbulenzen und Lawinen in allen Größenordnungen, auch den allergrößten, ein ziemlich grundsätzliches Phänomen», sagt er. «Ich bin bereit, das zu glauben.» Aber er finde auch Grund für Optimismus in dieser geheimnisvollen, anscheinend unerklärlichen Zunahme von Komplexität im Laufe der Zeit. «Die Systeme, die Per Bak analysiert, haben kein Gedächtnis und keine Kultur. Für mich ist es eine reine Glaubensfrage, ob man wirklich Wissen und Weisheit erwirbt, wenn man Erinnerungen und genaue Informationen von einer Generation zur nächsten ansammeln und weitergeben kann – noch dazu besser, als wir es in der Vergangenheit konnten. Ich bezweifle sehr, daß die Welt sich je in ein Paradies ohne Schmerzen und Tragödien verwandeln wird. Aber es gehört wohl notwendig zu unserem Menschsein, zu glauben, wir könnten unsere Zukunft beeinflussen. Zumindest aber sind wir, meine ich, zu einer Art Schadenskontrolle fähig. Vielleicht können wir die Wahrscheinlichkeit für Katastrophen von einer Generation zur nächsten verringern. Vor zehn Jahren betrug die Wahrscheinlichkeit für einen Atomkrieg einige Prozent. Jetzt ist sie viel geringer. Deshalb vermute ich – wenn wir von einem Tag zum anderen leben und immer Kurskorrekturen vornehmen, tun wir mehr dafür, daß die Gesellschaft schließlich eine etwas bessere Zukunft hat, als wenn wir sagen: ‹Alles liegt in Gottes Hand.›»

In einem anderen Bereich bewertet Cowan seine Leistung als Gründer des Santa-Fe-Instituts mit der für ihn typischen Vorsicht: «Ich bin sehr froh, daß ich es versucht habe. Das Urteil über den Erfolg steht noch aus. Viele meinen, wir hätten es legitimiert, daß Naturwissenschaftler sich für das interessieren, was sie «softe» Wissenschaften nennen – Ökonomie, Soziologie oder was auch immer. Tatsache ist, daß Wissenschaftler, die sich diesen Bereichen zuwenden, einen Grundgedanken aufgeben, der für ihre Laufbahn sehr wichtig gewesen ist: man dürfe sich nur mit Phänomenen abgeben, die sich analytisch und streng behandeln lassen. Statt dessen wagen sie sich auf Gebiete, die immer als ‹schwammig› galten. Das setzt sie der Kritik einiger ihrer konversativeren Kollegen aus, sie seien selbst etwas schwammig geworden. Aber die Vorstellung, daß da eine Disziplin daherkommt, die sich Wissenschaft von der Komplexität nennt, hat diesem Versuch zu Ansehen verholfen. Es ist respektabler geworden, sich mit den Fragen zu beschäftigen, die für das Wohl der Nation und, genau betrachtet, der ganzen Welt wesentlich sind. Darin zeigt sich ein Trend, der weithin Auswirkungen haben wird. Denn wenn er sich durchsetzt, ist etwas sehr Wichtiges passiert. Er stellt für mich die Wiedervereinigung eines wissenschaftlichen Unterfangens dar, das in den letzten Jahrhunderten fast völlig in Bruchstücke zerfallen war: die Verbindung der Analyse und Strenge der exakten Naturwissenschaften mit den Visionen der Gesellschaftswissenschaften und der Humanisten.»

Bis jetzt, fügt er hinzu, habe dieses Bemühen in Santa Fe beachtliche Erfolge gehabt, besonders im Wirtschaftsprogramm. Aber wer weiß, wie lange das dauern werde? Eines Tages könnte trotz aller Anstrengungen der Beteiligten auch das Santa-Fe-Institut gesetzt, konventionell und alt werden. So ergehe es Institutionen. «Es ist wie ein wanderndes Glücksspiel. Vielleicht muß man es an einem Ort beenden und an einem anderen neu beginnen. Ob es hier überlebt ist oder nicht, es muß auf jeden Fall weitergehen.»

## *Sonnige Momente*

Kurz nach dem Mittagessen an einem Freitag Ende März 1991, als das klare Sonnenlicht New Mexicos den winzigen Innenhof des Klosters von Cristo Rey überflutete, saß Dr. rer. nat. Christopher G. Langton an einem der blendendweißen Patio-Tische und tat sein Bestes, die Fragen eines besonders hartnäckigen Journalisten zu beantworten.

Langton sah seit einiger Zeit so entspannt und zuversichtlich aus wie lange nicht mehr. Nachdem er sechs Monate zuvor, im November 1990, endlich mit seiner Arbeit über den Rand des Chaos promoviert hatte, war eine riesige schwarze Wolke aus seinem Leben gewichen. Jetzt gehörte er zur Zunft. Das Santa-Fe-Institut hatte ihn sofort als Mitglied seiner «externen Fakultät» angeheuert, einer Reihe von Forschern, deren Verbindung mit dem Institut als dauerhaft angesehen wird und die mit über die Forschungsprojekte entscheiden. Nachdem die Gelder in Los Alamos immer knapper wurden und es dort um das reine Überleben ging – der Kalte Krieg war abgeblasen –, war jetzt das Santa-Fe-Institut wichtigster Träger der Forschung im Bereich künstlichen Lebens. Langton konnte sich im Institut in einer Weise zu Hause fühlen, wie er es zuvor nie erlebt hatte.

Er war offenbar nicht der einzige, der sich hier zu Hause fühlte. In der hellen Nachmittagssonne drängten sich im Innenhof Besucher und ständige Mitarbeiter gleichermaßen. An einem Tisch breitete Stuart Kauffman vor Walter Fontana und mehreren anderen seine neuesten Gedanken zur Autokatalyse und der Evolution von Komplexität aus. An einem anderen sprach David Lane, einer der Direktoren des Wirtschaftsprogramms, mit seiner Studentin Francesca Chiaromonte über das neueste Projekt des Wirtschaftsprogramms: eine Computerstudie zur Erkundung der Dynamik multiadaptiver Firmen, die im Bereich technischer Innovation arbeiten. In der Nähe erzählte Farmer einigen anderen jungen Wilden von seiner soeben gegründeten Firma «Prediction, Incorporated». Angesichts der notorisch knappen Gelder und der bürokratischen Liebedienerei in Los Alamos war Farmer am Ende seiner Geduld angelangt; er hatte erkannt, daß es für ihn nur einen Weg gab, seinen wirklichen Forschungsinteressen auf vernünftige Weise nachzugehen, und beschlossen, das Institut für einige Jahre zu verlassen und mit seinen prognostischen Modellen so viel Geld zu verdienen, daß er nie wieder einen Antrag zu schreiben brauchte. Das Gefühl war so ausgeprägt, daß er sich sogar sein Haar hatte trimmen lassen, um es besser mit den Geschäftsleuten aufnehmen zu können.

Doch lag an diesem Freitagnachmittag auch eine gewisse Nachdenklichkeit in der Luft; man spürte jetzt das Ende einer Ära. Mehr als vier Jahre lang war das Kloster von Cristo Rey klein, primitiv, überfüllt und doch irgendwie vollkommen gewesen. Aber das Institut wuchs weiter, und man konnte einfach nicht noch mehr Schreibtische in den Fluren aufstellen. Außerdem lief der Mietvertrag aus, und die Kirche wünschte ihr Kloster zurück. Innerhalb eines Monats sollte das Santa-Fe-Institut in ein größeres Quartier im «Land of the Lawyers» umziehen – einem neugebauten Bürokomplex draußen am Old Pecos Trail. Dieser Ort schien sehr geeignet zu sein – nur, leider gab es dort keine Mittagessen auf einer sonnendurchfluteten Patio.

Während Langton seine Bemühungen fortsetzte, den Reporter über die Nuancen künstlichen Lebens und den Rand des Chaos zu informieren, rückten mehrere der jüngeren Mitarbeiter, die nicht gemerkt hatten, daß es sich um ein Interview handelte, mit ihren Stühlen näher. Der Baumeister des künstlichen Lebens war in ihren Kreisen so etwas wie eine Berühmtheit; es lohnte sich immer, ihm zuzuhören. Das Interview verwandelte sich schnell in eine Diskussionsrunde. Woran erkennt man Emergenz? Was macht eine Ansammlung von Entitäten zu einem Individuum? Jeder hatte eine Meinung dazu, und niemand schien irgendeine Scheu zu spüren, sie kundzutun.

Melanie Mitchell, eine Computerwissenschaftlerin aus Michigan und dort neuestes Mitglied der BACH-Gruppe, fragte: «Gibt es Entwicklungsgrade individuellen Seins?» Langton zuckte mit den Schultern. «Ich kann mir eine Evolution, die auf Individuen wirkt, nicht mehr vorstellen», sagte er. «Sie wirkt immer auf ein Ökosystem, eine Population, bei der ein Teil liefert, was ein anderes braucht.»

Das führte zu weiteren Fragen: Geht es bei der Evolution um das Überleben des Anpassungsfähigsten oder des Stabilsten? Oder ist sie einfach das Überleben der Überlebenden? Was genau ist Adaptation? In Santa Fe sehe man in der Adaptation die Veränderung interner Modelle, à la John Holland. Ist das die einzig mögliche Betrachtungsweise?

Und was die Emergenz betrifft, fragte jemand, gibt es davon

mehr als *eine* Art? Und wenn ja, wie viele? Langton versuchte zu antworten, hielt inne und lachte. «Darüber muß ich erst einmal nachdenken», sagte er. «Ich habe auch keine gute Antwort. All diese Begriffe wie Emergenz, Adaptation, Komplexität – wir sind ja noch dabei, herauszufinden, was sie bedeuten.»

# Bibliographie

*Für die Leser, die mehr über Komplexität wissen möchten, können die unten aufgeführten Bücher und Artikel ein Anfang sein. Leider sind nur wenige von ihnen für Laien geschrieben; das Fach ist noch so neu, daß die meisten schriftlichen Darstellungen Konferenzberichte und Fachartikel sind. Trotzdem sollten viele der Literaturhinweise auch Nichtfachleuten einigermaßen zugänglich sein. Und fast alle verweisen auf weitere Fachliteratur.*

## *Das Santa-Fe-Institut und die Wissenschaft von der Komplexität*


Paul C. W. Davies (Hg.), *The New Physics*. New York: Cambridge University Press (1989).

Erica Jen (Hg.), *1989 Lectures in Complex Systems*, Santa Fe Institute Studies in the Sciences of Complexity, Lectures vol. 2. Redwood City: Addison-Wesley (1990).

Roger Lewin, *Die Komplexitäts-Theorie: Wissenschaft nach der Chaosforschung*. Hamburg: Hoffmann und Campe (1993).

Grégoire Nicolis / Ilya Prigogine, *Die Erforschung des Komplexen*. München: Piper (1987).

Alan S. Perelson (Hg.), *Theoretical Immunology, Part One,* und *Theoretical Immunology, Part Two*. Santa Fe Institute Studies in the Sciences of Complexity, Proceedings vols. 2 und 3. Redwood City: Addison-Wesley (1988).

Alan S. Perelson / Stuart A. Kauffman (Hg.), *Molecular Evolution on Rugged Landscapes: Proteins, RNA, and the Immune System*. Santa Fe Institute Studies in the Sciences of Complexity, Proceedings vol. 9. Redwood City: Addison-Wesley (1990).

David Pines (Hg.), *Emerging Syntheses in Science*. Santa Fe Institute

Studies in the Sciences of Complexity, Proceedings vol. 1. Redwood City: Addison-Wesley (1986).

Ilya Prigogine, *Vom Sein zum Werden: Zeit und Komplexität in den Naturwissenschaften*. München: Piper (1980).

Santa Fe Institute, *Bulletin of the Santa Fe Institute* (erscheint seit 1987 zwei- bis dreimal jährlich).

Daniel L. Stein (Hg.), *Lectures in the Sciences of Complexity*. Santa Fe Institute Studies in the Sciences of Complexity, Lectures vol. 1. Redwood City: Addison-Wesley (1989).

Daniel L. Stein / Lynn Nadel (Hg.), *1990 Lectures in Complex Systems*. Santa Fe Institute in the Sciences of Complexity, Lectures vol. 3. Redwood City: Addison-Wesley (1991).

Wojciech H. Zurek (Hg.), *Complexity, Entropy, and the Physics of Information*, Santa Fe Institute Studies in the Sciences of Complexity, Proceedings vol. 8. Redwood City: Addison-Wesley (1990).

### *Wirtschaftswissenschaften und das Wirtschaftsprogramm des Santa-Fe-Instituts*

Philip W. Anderson / Kenneth J. Arrow / David Pines (Hg.), *The Economy as an Evolving Complex System*. Santa Fe Institute Studies in the Sciences of Complexity, vol. 5. Redwood City: Addison-Wesley (1988).

W. Brian Arthur, «Positive Rückkopplung in der Wirtschaft», *Spektrum der Wissenschaft*, April 1990.

W. Brian Arthur et al., *Emergent Structures: A Newsletter of the Economic Research Program.* Santa Fe: Sante Fe Institute (März 1989 und August 1990).

### *Evolution und Ordnung*

Peter Coveney / Roger Highfield, *Anti-Chaos: Der Pfeil der Zeit in der Selbstorganisation des Lebens*. Reinbek: Rowohlt (1992).

Manfred Eigen / Ruthild Winkler, *Das Spiel: Naturgesetze steuern den Zufall*, München: Piper (1975).

James Gleick, *Chaos – die Ordnung des Universums*. München: Droemer Knaur (1988).

Hermann Haken, *Erfolgsgeheimnisse der Natur: Synergetik: Die Lehre vom Zusammenwirken*. Stuttgart: Deutsche Verlagsanstalt (1981).

Erich Jantsch, *Die Selbstorganisation des Universums: Vom Urknall zum menschlichen Geist*. München–Wien: Hanser (1979).

Horace Freeland Judson, *Der achte Tag der Schöpfung: Sternstunden der neuen Biologie*. München: Meyster (1980).

Stuart A. Kauffman, «Leben am Rande des Chaos». *Spektrum der Wissenschaft*, Oktober 1991.

Stuart A. Kauffman, *Origins of Order: Self-Organization and Selection in Evolution*. Oxford: Oxford University Press (1992).

## *Neuronale Netze, genetische Algorithmen, Klassifizierersysteme und Koevolution*

James A. Anderson / Edward Rosenfeld (Hg.), *Neurocomputing: Foundations of Research*. Cambridge, MA: MIT Press (1988).

Robert Axelrod, *Die Evolution der Kooperation*. München: Oldenbourg (1991).

Stephanie Forrest (Hg.), *Emergent Computation: Self-Organizing, Collective, and Cooperative Phenomena in Natural and Artificial Computing Networks*, Cambridge, MA: MIT Press (1991).

David E. Goldberg, *Genetic Algorithms in Search, Optimization, and Machine Learning*. Reading: Addison-Wesley (1989).

John H. Holland, *Adaptation in Natural and Artificial Systems*. Ann Arbor: University of Michigan Press (1975).

John H. Holland / Keith J. Holyoak / Richard E. Nisbett / Paul A. Thagard, *Induction: Processes of Inference, Learning, and Discovery*. Cambridge, MA: MIT Press (1986).

## *Zelluläre Automaten, künstliches Leben, der Rand des Chaos und selbstorganisierte Kritizität*

Per Bak / Kan Chen, «Selbstorganisierte Kritizität», *Spektrum der Wissenschaft*, März 1991.

Arthur W. Burks (Hg.), *Essays on Cellular Automata*. Champaign-Urbana: University of Illinois Press (1970).

A. K. Dewdney, «Computerkurzweil», *Spektrum der Wissenschaft* (verschiedene Hefte).

Claus Emmeche, *Das lebende Spiel: Wie die Natur Formen erzeugt*. Reinbek: Rowohlt (1994).

Doyne Farmer / Alan Lapedes / Norman Packard / Burton Wendroff (Hg.), *Evolution, Games, and Learning*. Amsterdam: North-Holland (1986).

Christopher G. Langton (Hg.), *Artificial Life*. Santa Fe Institute Studies in the Sciences of Complexity, Proceedings vol. 6. Redwood City: Addison-Wesley (1989).

Christopher G. Langton / Charles Taylor / J. Doyne Farmer / Steen Rassmussen (Hg.), *Artificial Life II*. Santa Fe Institute Studies in the Sciences of Complexity, Proceedings vol. 10. Redwood City: Addison-Wesley (1992).

Steven Levy, *KL – Künstliches Leben aus dem Computer*. München: Droemer (1993).

John von Neumann, *Theory of Self-Reproducing Automata*. Vervollständigt und herausgegeben von Arthur W. Burks. Champaign-Urbana: University of Illinois Press (1966).

Stephen Wolfram, «Software für Mathematik und Naturwissenschaften», *Spektrum der Wissenschaft*, November 1984.

Stephen Wolfram (Hg.), *Theory and Applications of Cellular Automata*. Singapur: World Scientific (1986).

# Dank

Den vielen Menschen, die mir so großzügig ihre Zeit und Aufmerksamkeit gewidmet haben, um dieses Buch zu dem zu machen, was es ist: Herzlichen Dank. Alle Bücher sind eine Gemeinschaftsleistung, und dieses mehr als die meisten.

Brian Arthur, George Cowan, John Holland, Stuart Kauffman, Chris Langton, Doyne Farmer, Murray Gell-Mann, Kenneth Arrow, Phil Anderson und David Pines: Ganz besonderen Dank für das Erdulden endloser Gespräche und Nachfragen und Telefonate, dafür, daß ich Anteil nehmen durfte an ihrer Arbeit, für das, was sie mich über Komplexität lehrten, und, nicht zuletzt, für das Lesen mehrerer Fassungen des Manuskripts im ganzen oder zum Teil. Für mich jedenfalls war die Zusammenarbeit eine Freude, und ich hoffe, das war es auch für sie.

Ed Knapp, Mike Simmons und den Mitarbeitern des Santa-Fe-Instituts: Dank für die Gastfreundschaft und Hilfe, die weit über das Übliche hinausging. Das Santa-Fe-Institut ist wahrlich ein Ort, an dem man sich zu Hause fühlen kann.

Meinem Verleger Peter Matson: Dank für Rat und Hilfe und Ermutigung, die stets einen oft genervten Autor beruhigten.

Meinem Lektor Gary Luke und der Herstellung bei Simon & Schuster: Dank für ihre enthusiastische Unterstützung – und ihren Feuerwehreinsatz zugunsten eines Buches, dessen Manuskript sehr spät kam.

Und Amy: Danke. Für alles.

# Personen- und Sachregister